海洋石油工业节能低碳管理

张俊峰　编著

中国石化出版社

内 容 提 要

海洋石油生产远离陆地，生产环境恶劣，在生产组织及管理方面异于陆地，同时，在节能低碳管理方面也有一定的特殊性。中国海洋石油集团有限公司在海洋石油节能低碳管理方面，做了大量开创性的工作。本书对中国海油的节能低碳管理思路进行了全面的总结，从组织机构建设、制度体系建设、战略规划、节能统计管理、监督考核、绿色制造体系建设等方面系统性地描述了中国海油践行绿色低碳的实践过程；在管理的实践过程中，中国海油各级人员通过一系列管理及技术手段在海上及陆地企业发掘了大量的节能潜力，并通过实施节能技改项目将潜力转化为实际的节能量，本书同时对中国海油已实施的、较有代表性的节能技改项目进行了系统性的分类总结。

本书可为企业节能低碳管理工作的开展、培训及节能低碳措施的实施提供借鉴与帮助。

图书在版编目(CIP)数据

海洋石油工业节能低碳管理 / 张俊峰编著 . —北京：中国石化出版社，2020. 11
ISBN 978-7-5114-6031-8

Ⅰ. ①海… Ⅱ. ①张… Ⅲ. ①海洋石油工业-节能-管理-研究 Ⅳ. ①F407. 22

中国版本图书馆 CIP 数据核字（2020）第 224862 号

中国石化出版社出版发行

地址：北京市东城区安定门外大街 58 号
邮编：100011 电话：(010)57512500
发行部电话：(010)57512575
http://www. sinopec-press. com
E-mail：press@ sinopec. com
北京科信印刷有限公司印刷
全国各地新华书店经销

*

710×1000 毫米 16 开本 26. 5 印张 496 千字
2020 年 12 月第 1 版 2020 年 12 月第 1 次印刷
定价：98. 00 元

《海洋石油工业节能低碳管理》

编　委　会

前言

随着我国经济的持续健康发展，我国已成为世界第一大能源消费国，能源供应为经济社会发展提供了重要的支撑。能源消费的持续增长带来了一系列的问题，包括能源安全问题、环境污染问题、温室气体过度排放问题等。面对能源消费增长过快、能源安全形势严峻、生态环境压力增加等一系列问题，国家推出了一系列的措施，而节能减排是解决上述问题的重要措施之一，已成为中国经济社会发展长期而艰巨的战略任务。“十一五”开始，我国把能源消耗强度降低和主要污染物排放总量减少确定为国民经济和社会发展的约束性指标，同时对重点企业的管控不断升级。

党的十八大以来，以习近平同志为核心的党中央更是把生态文明建设作为统筹推进“五位一体”总体布局和协调推进“四个全面”战略布局的重要内容，谋划开展了一系列根本性、长远性、开创性的工作，推动生态文明建设和生态环境保护从认识到实践发生了历史性、转折性、全局性的变化。党的十九大首次将“必须树立和践行绿水青山就是金山银山的理念”写入了报告，与“坚持节约资源和保护环境的基本国策”一并成为新时代中国特色社会主义生态文明建设的基本思想和方略。中国特色社会主义进入新时代，我国社会主要矛盾已经转化为人民日益增长的美好生活需要和不平衡不充分的发展之间的矛盾，为了使人民获得感、幸福感、安全感更加充实、更有保障、更可持续，就必须树立绿色的发展理念。这种发展模式对建设美丽中国、实现中华民族伟大复兴中国梦具有重大的现实意义。

中国海油作为大型能源企业，既是能源的消费者，同时又是能源的供应者，深刻理解能源节约、绿色发展的重大意义。中国海油在保障国家能源供给的同时，准确把握新时代生态文明建设总体布局，深入贯彻“四个革命、一个合作”的能源安全新要求，积极响应国家节能减排、绿色低碳政策，持续提升行业竞争力，并充分考虑海洋石油工业的特殊性，在节能低碳方面做了大量开创性的工作。中国海油以绿色低碳战略为导向，通过建立健全组织保障、制度标准、监测考核机制，积极推进低碳产业转型，严格执行过程清洁生产，主动利用信息化和智能化手段，全面实施国际先进对标，并以先进节能技术应用为抓手，以创新节能管理方式为突破，实施全员、全过程的节能管理，将低碳发展融入企业文化中。同时，中国海油重视节能项目的实施，每年投入大量的资金并通过先进节能技术的应用、节能技改项目的实施实现了节能降耗、降本增效的目的。通过节能低碳管理工作的不断积累，中国海油探索创建了中国特色国际一流特大型能源公司的全方位绿色发展体系，为助力打赢污染防治攻坚战、建设美丽中国贡献了海油力量。

为了深入践行“绿水青山就是金山银山”的理念，中国海油组织制定并发布了“绿色发展行动计划”，明确了近期2020年、中期2035年和远期2050年三个阶段的绿色发展目标，通过一系列方案的实施，推动公司自身绿色发展和助力国家高质量发展。中国海油集团公司党组提出了面向2050年分“两个阶段”建设中国特色国际一流能源公司的战略目标和“五个战略”，绿色低碳列入“五个战略”之中，作为中国海油建设中国特色国际一流能源公司的重要途径之一。

为了进一步推动海洋石油工业节能低碳管理的提升，中国海洋石油集团有限公司组织编写了《海洋石油工业节能低碳管理》，深入介绍了中国海油节能低碳组织机构建设情况、制度体系建设情况、绿色低碳战略规划情况、节能统计计量管理、节能低碳源头管理、信息化管理、监督考核情况、绿色制造体系建设情况及节能低碳科研管理等，同时，对节能技术应用情况及案例做了详细介绍，希望本书可以为企业节能低碳管理工作的开展、培训及节能低碳措施的实施提供帮助。本书由张俊峰负责策划、总体构思和设计，担任编委会主任；李强、张海滨任副主任。

由于编者水平有限，本书难免存在不足之处，恳请广大读者不吝赐教，提出宝贵意见，以便在今后的修订中加以改进和完善。

目　录

上　篇

下　篇

上　篇

1 政策概述

改革开放以来，我国进入了经济飞速发展期，但随着经济的发展，付出了巨大的资源和环境代价，经济发展与资源环境的矛盾日趋尖锐。三废的大量排放，造成大气、水源及土壤的污染，危害人民的生活环境，群众对环境污染问题反应强烈；化石燃料使用量的不断倍增，进一步造成了污染物排放的增加，同时温室气体排放与化石燃料使用量呈正比，温室气体排放的增加也带来了一系列的环境问题。我国化石燃料资源的特点是富煤少油贫气，石油需求量的不断增加也对我国的能源安全造成了较大的影响。

国家面对资源约束趋紧、环境污染严重、生态系统退化的严峻形势，确定了坚持节约资源和保护环境的基本国策，坚持节约优先、保护优先、自然恢复为主的方针，着力推进绿色发展、循环发展、低碳发展，形成节约资源和保护环境的空间格局、生产生活方式，从源头上扭转生态环境恶化趋势，把生态文明建设放在突出地位。为推进节能减排工作，国家不断调整和优化产业结构，控制高耗能、高污染行业过快增长，加快淘汰落后生产能力，持续推进节能减排资金投入并扩大融资渠道，全面推进清洁生产，加快节能减排技术产业化示范和推广，节能减排工作取得了非常大的成效。

为了节能减排工作的持续性，国家重点在政策方面进行了保障，建立了政府节能减排工作问责制，建立和完善了节能减排指标体系、监测体系和考核体系，加大了监督检查执法力度。“十一五”开始，国家把能源消耗强度降低和主要污染物排放总量减少确定为国民经济和社会发展的约束性指标，差别化地将节能减排目标分解落实到各地区、重点用能企业，将能源消费总量控制目标分解到各省（区、市），并逐渐开始对中央企业及重点用能企业进行节能减排的考核。通过发布、实施一系列的绿色低碳政策，加强节能节水制度体系建设，我国正在实现人与自然的和谐共生、社会经济的可持续发展。

1.1 节能政策

节能减排是调整经济结构、转变发展方式、推动科学发展的重要抓手。从“十一五”开始，我国政府把能源消耗强度降低和主要污染物排放总量减少确定为国民经济和社会发展的约束性指标，之后节能减排工作越来越受到重视，走绿色发展的道路在全社会达成共识，越来越多的节能减排政策制定出来。

2005年，国家制定《国民经济和社会发展第十一个五年规划纲要》时，将“十一五”时期单位GDP能耗降低20%作为约束性指标，充分体现了落实科学发展观，加快经济增长方式转变，建设资源节约型、环境友好型社会和实现可持续发展的要求。

2006年8月，为深入贯彻科学发展观，落实节约资源基本国策，调动社会各方面力量进一步加强节能工作，加快建设节约型社会，实现“十一五”规划纲要提出的节能目标，促进经济社会发展切实转入全面协调可持续发展的轨道，国务院下发《关于加强节能工作的决定》(国发〔2006〕28号)，从充分认识加强节能工作的重要性和紧迫性、用科学发展观统领节能工作、加快构建节能型产业体系、着力抓好重点领域节能、大力推进节能技术进步、加大节能监督管理力度、建立健全节能保障机制、加强节能管理队伍建设和基础工作以及加强组织领导共九个方面，对加强节能工作提出了明确要求。

2006年9月，国资委为深入贯彻《国务院关于加强节能工作的决定》(国发〔2006〕28号，以下简称《决定》)，进一步加强中央企业的节能工作，给各中央企业印发了《关于报送节能工作实施方案的通知》(国资厅发考核〔2006〕49号)，通知按照《决定》中关于“中央企业要在本决定下发后2个月内提出本企业节能工作实施方案，由国资委汇总报国务院”的要求，要求各中央企业结合本企业特点和工作实际，制定并报送节能工作实施方案。节能工作实施方案的主要内容包括：本企业“十五”期末(2005年)能源资源消耗的基本情况、本企业“十一五”节能工作目标和本企业拟采取的具体工作措施。节能工作目标要按照《决定》提出的“到‘十一五’期末，万元国内生产总值(按2005年价格计算)能耗下降到0.98t标准煤，比‘十五’期末降低20%左右，平均年节能率为4.4%。重点行业主要产品单位能耗总体达到或接近21世纪初国际先进水平”的要求研究制订。

2007年4月，全国节能减排工作电视电话会议召开，国务院总理温家宝作重要讲话。温家宝在电视电话会议上强调，加强节能减排工作，各级政府要加强领导，狠抓落实，要将思想统一到贯彻落实科学发展观、实现国民经济又好又快发展的决策部署上来；要加强组织领导，全面落实责任，建立健全责任制、问责制，将目标任务分解到各地。

2007年5月，为落实《中华人民共和国国民经济和社会发展第十一个五年规划纲要》提出了“十一五”期间单位国内生产总值能耗降低20%左右，主要污染物排放总量减少10%的约束性指标，由发展改革委会同有关部门制定的《节能减排综合性工作方案》，上报国务院后，国务院向各省市和直属机关印发了节能减排综合性工作方案的通知(国发〔2007〕15号)。方案要求，进一步明确实现节能减排的目标任务。到2010年，万元国内生产总值能耗由2005年的1.22t标准煤下降到1t标准煤以下，降低20%左右；单位工业增加值用水量降低30%。“十一五”期间，主要污染物排放总量减少10%，到2010年，二氧化硫排放量由2005年的2549万t减少到2295万t，化学需氧量(COD)由1414万t减少到1273万t；全国设市城市污水处理率不低于70%，工业固体废物综合利用率达到60%以上。加快实施十大重点节能工程。着力抓好十大重点节能工程，“十一五”期间形成2.4亿t标准煤的节能能力。2007年形成5000万t标准煤节能能力，重点是：实施钢铁、有色、石油石化、化工、建材等重点耗能行业余热余压利用、节约和替代石油、电机系统节能、能量系统优化，以及工业锅炉(窑炉)改造项目共745个。

2007年11月，国务院同意以下6个文件，并以《国务院批转节能减排统计监测及考核实施方案和办法的通知》(国发〔2007〕36号)正式下发。国家发展改革委、统计局和环保总局分别会同有关部门制订了《单位GDP能耗统计指标体系实施方案》《单位GDP能耗监测体系实施方案》《单位GDP考核体系实施方案》(以下简称“三个方案”)和《主要污染物总量减排统计办法》《主要污染物总量减排监测办法》《主要污染物总量减排考核办法》(以下简称“三个办法”)6个文件。

2011年8月，《国务院关于印发“十二五”节能减排综合性工作方案的通知》(国发〔2011〕26号)。方案主要目标：到2015年，全国万元国内生产总值能耗下降到0.869t标准煤(按2005年价格计算)，比2010年的1.034t标准煤下降16%，比2005年的1.276t标准煤下降32%；“十二五”期间，实现节约能源6.7亿t标准煤。2015年，全国化学需氧量和二氧化硫排放总量分别控制在2347.6万t、2086.4万t，比2010年的2551.7万t、2267.8万t分别下降8%；全国氨氮和氮氧化物排放总量分别控制在238.0万t、2046.2万t，比2010年的264.4万t、2273.6万t分别下降10%。

2011年12月，国家发展改革委等12部委联合下发了《关于印发万家企业节能低碳行动实施方案的通知》(发改环资〔2011〕2873号)。通知要求，“十二五”期间，国家将通过开展万家企业节能低碳行动来重点加强对年综合能源消费量1万t标准煤以上重点用能单位的节能管理。根据《万家企业节能低碳行动实施方案》，年综合能源消费量1万t标准煤以上独立核算的重点用能单位都将列入国家万家企业名单，并在“十二五”期间不予调整；国家发改委每年将公布各地区万家企业节能目标考核结果、中央企业节能目标完成情况、未完成节能目标的企业名单，并将考核结果抄送国务院国资委，国务院国资委将中央企业节能目标完成情况纳入企业业绩考核范围，作为企业领导班子和领导干部综合评价的重要内容。

2012年7月，为深入推进万家企业节能低碳行动，确保实现万家企业“十二五”节能2.5亿t标准煤的目标，国家发展改革委印发了《万家企业节能目标责任考核实施方案》(发改办环资〔2012〕1923号)，方案中明确了考核对象为国家发展改革委公告的万家企业节能低碳行动企业名单内的用能单位；考核内容包括节能目标完成情况和节能措施落实情况两个部分。节能目标完成情况指“十二五”节能量目标进度完成情况，节能措施落实情况包括组织领导、节能目标责任制、节能管理、技术进步、节能法律法规标准落实情况。考核方法采用量化评价办法，包括节能目标完成情况指标和节能措施落实情况指标，满分为100分。节能目标完成情况为定量考核指标，分值为40分，未完成下达节能目标值的，按否决性执行，考核结果直接评定为未完成等级，超额完成的适当加分。节能措施落实情况为定性考核指标，根据企业落实各项节能政策措施情况评分，满分60分。考核结果分为四个等级，95分及以上为超额完成、80分—95分为完成、60分—80分为基本完成、60分以下为未完成。国家发展改革委将考核结果及时向社会公告，并抄送国资委、银监会等有关部门，对考核等级为未完成企业，要予以通报批评，一律不得参加年度评奖、授予荣誉称号，并按银行监管和国资委监管相关规定实施限制措施。

2012年8月，为扎实推进中央企业所属万家企业节能低碳行动有效开展，确保实现万家企业“十二五”节能目标，国务院国资委下发了《关于做好中央企业所属万家企业节能有关工作的通知》，要求中央企业组织所属万家企业对照国家发展改革委公布的“十二五”节能量目标和评价考核要求，就落实节能目标及其存在的问题等方面编制专项报告上报国资委。

2012年12月，国务院国资委发布第30号令，公布的《中央企业负责人经营业绩考核暂行办法》中提到，对符合以下条件之一的企业，授予“节能减排特别奖”：

任期末，主要产品单位能耗、污染物排放水平达到国内同行业最好水平，接近或者达到国际同行业先进水平的。

任期内，单位综合能耗降低率、主要污染物排放总量降低率在中央企业居于前列的。

任期内，节能减排投入较大，在节能减排技术创新方面取得重大突破，在推动全行业、全社会节能减排方面做出突出贡献的。

2016年12月，《国务院关于印发“十三五”节能减排综合工作方案的通知》(国发〔2016〕74号)。方案主要目标：到2020年，全国万元国内生产总值能耗比2015年下降15%，能源消费总量控制在50亿t标准煤以内。全国化学需氧量、氨氮、二氧化硫、氮氧化物排放总量分别控制在2001万t、207万t、1580万t、

1574 万 t 以内，比 2015 年分别下降 10%、10%、15%和 15%。全国挥发性有机物排放总量比 2015 年下降 10%以上。

2017 年 11 月，国家发展改革委印发了《关于开展重点用能单位“百千万”行动有关事项的通知》(发改环资〔2017〕1909 号)。纳入重点用能单位“百千万”行动实施范围的包括工业、建筑、交通运输、商贸流通、公共机构等领域的重点用能单位。各级人民政府管理节能工作的部门会同有关部门，将本地区 2015 年综合能源消费量 10000t 标准煤以上的用能单位，和国务院有关部门或省级人民政府管理节能工作的部门指定的 2015 年综合能源消费量 5000t 以上不满 10000t 标准煤的用能单位，纳入“百千万”行动实施范围。

全国能耗最高的一百家重点用能单位(简称“百家”企业)，由省级人民政府管理节能工作的部门会同有关部门，将本地区 2015 年综合能源消费量 300 万 t 标准煤以上的重点用能单位名单报送国家发展改革委，国家发展改革委会同有关部门进行审核并确定“百家”企业名单。

能耗较高的一千家重点用能单位(简称“千家”企业)，由省级人民政府管理节能工作的部门会同有关部门，从本地区 2015 年综合能源消费量 50 万 t 标准煤以上的重点用能单位中确定。“百家”“千家”企业以外的其他重点用能单位(简称“万家”企业)，原则上由地市级(包括特殊情况下的区、县或县市级，下同)人民政府管理节能工作的部门会同有关部门，将本地区 2015 年综合能源消费量 50 万 t 标准煤以下的重点用能单位纳入“万家”企业名单。

1.2 节水政策

我国是水资源比较匮乏的国家，从“十一五”开始，我国政府在《节能减排综合性工作方案的通知》中把水消耗确定为国民经济和社会发展的约束性指标，之后逐渐全面推动节水工作，其他节水政策逐步出台，主要政策介绍如下：

2017 年 1 月，国家发展改革委、水利部、住房和城乡建设部印发了《节水型社会建设“十三五”规划》。主要目标：全国用水总量控制在 6700 亿 m^3 以内，非常规水源利用量显著提升；万元国内生产总值用水量、万元工业增加值用水量较 2015 年分别降低 23%和 20%，农田灌溉水有效利用系数提高到 0.55 以上；水资源管理制度进一步完善，节水约束与考核机制逐步优化，水权水价水市场改革取得重要进展。水资源监控能力显著提高，城镇和工业用水、农业灌溉用水计量率分别达到 85%、70%以上，用水计量准确度、可靠性显著提升；节水标准体系进一步完善；研发推广一批先进适用节水技术。提高公众对我国水情的认知，加强公众参与水资源节约保护的能力。全国北方 40%以上、南方 20%以上的县级行政区达到节水型社会标准。

2019年4月，国家发展改革委、水利部印发了《国家节水行动方案》。方案主要目标：到2020年，节水政策法规、市场机制、标准体系趋于完善，技术支撑能力不断增强，管理机制逐步健全，节水效果初步显现。万元国内生产总值用水量、万元工业增加值用水量较2015年分别降低23%和20%，规模以上工业用水重复利用率达到91%以上，农田灌溉水有效利用系数提高到0.55以上，全国公共供水管网漏损率控制在10%以内。

到2022年，节水型生产和生活方式初步建立，节水产业初具规模，非常规水利用占比进一步增大，用水效率和效益显著提高，全社会节水意识明显增强。万元国内生产总值用水量、万元工业增加值用水量较2015年分别降低30%和28%，农田灌溉水有效利用系数提高到0.56以上，全国用水总量控制在6700亿m^3以内。

到2035年，形成健全的节水政策法规体系和标准体系、完善的市场调节机制、先进的技术支撑体系，节水护水惜水成为全社会自觉行动，全国用水总量控制在7000亿m^3以内，水资源节约和循环利用达到世界先进水平，形成水资源利用与发展规模、产业结构和空间布局等协调发展的现代化新格局。

1.3 低碳政策

1.3.1 国际情况

20世纪70年代以来，气候变化问题开始进入国际社会的视线。为有效解决气候变化问题，世界各国展开了多次会谈和磋商，以下会议成为国际社会应对气候变化的里程碑：

1979年2月，第一届世界气候大会在瑞士日内瓦举行，大会以"气候与人类"为主题进行了讨论，并通过了《世界气候大会宣言》。宣言指出，粮食、水源、能源、住房和健康等各方面均与气候有密切关系。人类必须了解气候，才能更好地利用气候资源和避免不利的影响。

1988年11月，由世界气象组织和联合国环境规划署共同建立的联合国政府间气候变化专门委员会(IPCC)召开了第一次会议，并成立了三个工作组。第一工作组评估气候系统和气候变化的科学问题；第二工作组评估社会经济体系和自然系统对气候变化的脆弱性、气候变化正负两方面的后果和适应气候变化的选择方案；第三工作组评估限制温室气体排放并减缓气候变化的选择方案。

1990年8月，IPCC通过了气候变化第一次评估报告。报告指出，在过去一百多年里，全球平均气温已经上升了0.3~0.6℃；与此同时，全球海平面平均上升了10~20cm。报告认为，人类活动排放的大气污染物，正在使大气中的温室气体浓度显著增加，它们使地球温室效应加强，气候变暖。该报告为1992年《气候变化框架公约》提供了较为充分的科学和技术基础，对于促进公约的形成起到了关键性的作用。

1992年6月，在巴西里约热内卢举行的联合国环发大会(地球首脑会议)上通过并签署了《联合国气候变化框架公约》是世界上第一个为全面控制二氧化碳等温室气体排放，以应对全球气候变暖给人类经济和社会带来不利影响的国际公约。1994年3月21日，公约生效，缔约方自1995年起每年召开缔约方会议，以评估应对气候变化的进展。

1997年12月，《联合国气候变化框架公约》第三次缔约方大会在日本京都召开。经过激烈和艰难的谈判磋商，通过了具有里程碑意义的《京都议定书》，使得公约的实施向前迈出了极其重要的一步，标志着气候变化的国际谈判进入了建设性的发展阶段。它规定从2008到2012年期间，主要工业发达国家的温室气体排放量要在1990年的基础上平均减少5.2%，其中欧盟温室气体的排放削减8%，美国削减7%，日本削减6%。为了促进各国完成温室气体减排目标，《京都议定书》还确定了联合履行机制、清洁发展机制和国际排放贸易机制。

2004年12月，第十次缔约方大会在阿根廷布宜诺斯艾利斯举行。本次大会期间，与会代表围绕《联合国气候变化框架公约》生效十周年来取得的成就和未来面临的挑战、气候变化带来的影响、温室气体减排政策以及在公约框架下的技术转让、资金机制、能力建设等重要问题进行了讨论。(俄罗斯于2004年11月做出关键性的决定，加入议定书90天后，即2005年2月16日，《京都议定书》正式生效，标志着深化缓解气候变化行动的新时代的开始)。

2009年12月，第十五次缔约方大会在丹麦哥本哈根举行。经过马拉松式的艰难谈判，大会分别以《联合国气候变化框架公约》及《京都议定书》缔约方大会决定的形式发表了不具法律约束力的《哥本哈根协议》。《哥本哈根协议》维护了《联合国气候变化框架公约》及其《京都议定书》确立的“共同但有区别的责任”原则，就发达国家实行强制减排和发展中国家采取自主减缓行动作出了安排，延长了“巴厘路线图”的授权，从而保证了“双轨”谈判继续工作，以最终达成具有法律约束力的协议。

2012年11月，第十八次缔约方大会在卡塔尔多哈举行。会议通过了《京都议定书》第二承诺期修正案，为相关发达国家和经济转轨国家设定了2013年1月1日至2020年12月31日的温室气体量化减排指标。会议要求发达国家继续增加出资规模，帮助发展中国家提高应对气候变化的能力。

2013年9月，联合国政府间气候变化专门委员会(IPCC)发布了第五次评估报告第一工作组报告《气候变化2013：自然物理基础》，报告进一步确认气候变暖的事实，并提高了对人类引发气候变化的确信程度。之前三次评估报告分别于1995年、2001年与2007年发布，所提出的可能性依次是50%以上、66%以上以及90%以上，本次报告显示过去130年全球升温0.85℃，人为因素影响可能性上升至95%。

2016年11月，《巴黎协定》正式生效，共有195个国家签署该《协定》，从谈判、通过到生效的过程，凝聚了世界各国携手推动低碳转型、共同应对气候变化的决心和意志。《巴黎协定》是继《联合国气候变化框架公约》、《京都议定书》之后，人类历史上应对气候变化的第三个里程碑式的国际法律文本，它为2020年后全球应对气候变化行动作出安排，即：全球平均气温升幅控制在工业化前水平2℃之内，并为把升温控制在1.5℃之内努力；尽快实现温室气体排放达峰；2023年进行第一次全球行动总结，此后每五年进行一次，以帮助各国提高自主贡献承诺；加强气候行动国际合作，实现全球应对气候变化长期目标。

2017年4月，《第二十四次"基础四国"气候变化部长级会议联合声明》(四国包括：中国、南非、巴西和印度)发布，部长们重申，全球应对气候变化的进程不可逆转，更不能推迟。应对气候变化为推动可持续发展提供了宝贵的机会。鉴于此，部长们强调了"基础四国"将全面、有效、持续实施《联合国气候变化框架公约》及其《京都议定书》和《巴黎协定》中各项要素的最高政治承诺。

2018年7月，《中欧领导人气候变化和清洁能源联合声明》发布，中欧双方承诺展现坚定决心，并与所有利益相关方一道应对气候变化，落实2030年可持续发展议程，推动全球温室气体低排放、气候适应型和可持续发展。双方强调其全面、有效实施《巴黎协定》的最高政治承诺，包括在减缓、适应、资金、技术开发和转让、能力建设、行动和支持透明度等各方面。中欧双方认可碳排放交易是一项重要的具有成本效益的气候政策工具，并同意在欧盟碳排放交易体系改革和中国启动全国碳排放权交易体系的背景下，进一步推动和强化碳排放权交易领域的双边合作，使全球最大的两个碳市场相互交流经验与专业知识。

2018年10月，联合国政府间气候变化专门委员会(IPCC)第48次全会在韩国仁川召开，会议审议通过了《全球1.5℃增暖特别报告》决策者摘要并接受了报告全文。报告指出全球温升2℃的真实影响将比预测中的更为严重，意味着将升温控制在2℃以内的目标并不能有效避免气候变化带来的最坏影响。若将目标调整为1.5℃，则能避免大量因气候变化带来的损失与风险。

1.3.2 国内情况

中国作为一个负责任的国家，对气候变化问题给予了高度重视，国务院成立了由多个相关部门组成的国家应对气候变化领导小组，并根据国家可持续发展战略的要求，采取了一系列与应对气候变化相关的低碳政策和措施，把积极应对气候变化作为国家经济社会发展的重大战略之一，为减缓和适应气候变化做出了积极的贡献。

（1）家信息通报

截至目前，中国已分别于2004年12月、2012年11月、2016年12月和2018年12月，向《联合国气候变化框架公约》秘书处提交了《中华人民共和国气候变化初始国家信息通报》《中华人民共和国气候变化第二次国家信息通报》《中华人民共和国气候变化第一次两年更新报告》《中华人民共和国气候变化第三次国家信息通报》和《中华人民共和国气候变化第二次两年更新报告》，报告了既定年份的国家温室气体清单，并向国际社会全面反映了中国应对气候变化的政策与行动。

前两次气候变化国家信息通报公布的中国温室气体清单分别为1994和2005年数据。其中，1994年中国温室气体净排放总量为36.46亿t二氧化碳当量，其中二氧化碳、甲烷、氧化亚氮分别占73.05%、19.73%和7.22%；2005年中国温室气体净排放总量为70.46亿t二氧化碳当量，其中二氧化碳、甲烷、氧化亚氮和含氟气体所占的比重分别为78.82%、13.25%、5.59%和2.34%。《第一次两年更新报告》披露了我国2012年温室气体净排放总量为113.20亿t二氧化碳当量。

《第三次信息通报》和《第二次两年更新报告》中披露了我国2010年和2014年温室气体排放总量(不包括土地利用、土地利用变化和林业)分别为105.44亿t和123.01亿t二氧化碳当量。从气体类型看，二氧化碳是我国排放的最主要的温室气体，分别占到82.6%和83.5%，甲烷分别占10.7%和9.1%，氧化亚氮分别占5.2%和5.0%，含氟气体分别占1.5%和2.4%。从排放领域看，能源活动仍是我国温室气体最大的排放来源。2010年和2014年土地利用、土地利用变化和林业的温室气体吸收汇分别为9.93亿t和11.15亿t二氧化碳当量，考虑温室气体吸收汇后，温室气体净排放总量分别为95.51亿t和111.86亿t二氧化碳当量。此外，2010年和2014年国际航空和航海温室气体排放0.48亿t和0.52亿t二氧化碳当量，生物质燃烧排放7.76亿t和8.98亿t二氧化碳，作为信息项报告不计入清单排放总量。

（2）国家低碳规划

2011年12月，国务院印发《“十二五”控制温室气体排放工作方案的通知》（国发〔2011〕41号），主要目标：大幅度降低单位国内生产总值二氧化碳排放，到2015年全国单位国内生产总值二氧化碳排放比2010年下降17%。应对气候变化政策体系、体制机制进一步完善，温室气体排放统计核算体系基本建立，碳排放交易市场逐步形成。通过低碳试验试点，形成一批各具特色的低碳省区和城市，建成一批具有典型示范意义的低碳园区和低碳社区，推广一批具有良好减排效果的低碳技术和产品，控制温室气体排放能力得到全面提升。

2015 年 6 月，中国向《联合国气候变化框架公约》秘书处提交了应对气候变化国家自主贡献文件《强化应对气候变化行动—中国国家自主贡献》。中国高度重视气候变化问题，把积极应对气候变化作为国家经济社会发展的重大战略，把绿色低碳发展作为生态文明建设的重要内容。2020 年行动目标是：单位国内生产总值二氧化碳排放比 2005 年下降 40%~45%，非化石能源占一次能源消费比重达到 15%左右，森林面积比 2005 年增加 4000 万公顷，森林蓄积量比 2005 年增加 13 亿 m^3。2030 年行动目标是：二氧化碳排放 2030 年左右达到峰值并争取尽早达峰；单位国内生产总值二氧化碳排放比 2005 年下降 60%~65%，非化石能源占一次能源消费比重达到 20%左右，森林蓄积量比 2005 年增加 45 亿 m^3左右。

为实现应对气候变化自主行动目标，中国将在已采取行动的基础上，在国家战略、区域战略、能源体系、产业体系、建筑交通、森林碳汇、生活方式、适应能力、低碳发展模式、科技支撑、资金政策支持、碳交易市场、统计核算体系、社会参与、国际合作等 15 个方面持续不断地做出努力。

2016 年 11 月，国务院发布了《“十三五”控制温室气体排放工作方案》(国发〔2016〕61 号)，主要目标为：到 2020 年，单位国内生产总值二氧化碳排放比 2015 年下降 18%，碳排放总量得到有效控制，力争部分重化工业 2020 年左右实现率先达峰；加强能源碳排放指标控制，实施能源消费总量和强度双控；国有企业、上市公司、纳入碳排放权交易市场的企业要率先公布温室气体排放信息和控排行动措施。

全国碳排放权交易市场启动运行，应对气候变化法律法规和标准体系初步建立，统计核算、评价考核和责任追究制度得到健全，低碳试点示范不断深化，减污减碳协同作用进一步加强，公众低碳意识明显提升。

“十三五”期间，北京、天津、河北、上海、江苏、浙江、山东、广东碳排放强度分别下降 20.5%，福建、江西、河南、湖北、重庆、四川分别下降 19.5%，山西、辽宁、吉林、安徽、湖南、贵州、云南、陕西分别下降 18%，内蒙古、黑龙江、广西、甘肃、宁夏分别下降 17%，海南、西藏、青海、新疆分别下降 12%。

在经济发展进入“新常态”的同时，应对气候变化和低碳绿色发展已经成为“十二五”乃至“十三五”期间基本政策方向。中国低碳发展的长期路线图要求加快应对气候变化立法进程；加快建立健全应对气候变化的基本制度；尽快促成以转方式、调结构为特点的“倒逼机制”。对于能源和工业结构调整目标，碳排放权交易市场可以直接或间接实现能源消费量控制任务，并与可再生能源发展目标挂钩，也可以推动落后产能退出、加快新型战略产业发展。

（3）全国碳市场建设

2014 年 12 月，国家发改委发布《碳排放权交易管理暂行办法》（国家发改委令第 17 号），推动我国碳交易市场建立和规范，完善目前试行的区域碳交易市场。这是首次正式发布国家层面碳市场建设政策，明确了全国碳市场建立的主要思路和管理体系。

2017 年 12 月，国家发改委发布了《全国碳排放权交易市场建设方案（发电行业）的通知》（发改气候规〔2017〕2191 号），明确了国家碳市场的参与主体，即发电行业年度排放达到 2.6 万 t 二氧化碳当量（综合能源消费量约 1 万 t 标准煤）及以上的企业或者其他经济组织为重点排放单位。年度排放达到 2.6 万 t 二氧化碳当量及以上的其他行业自备电厂视同发电行业重点排放单位管理。在此基础上，逐步扩大重点排放单位范围。全国碳排放权交易市场建设方案提出分三个阶段实现市场的全面运作，具体内容如下：

★ 基础建设期：用一年左右的时间，完成全国统一的数据报送系统、注册登记系统和交易系统建设。深入开展能力建设，提升各类主体参与能力和管理水平。开展碳市场管理制度建设。

★ 模拟运行期：用一年左右的时间，开展发电行业配额模拟交易，全面检验市场各要素环节的有效性和可靠性，强化市场风险预警与防控机制，完善碳市场管理制度和支撑体系。

★ 深化完善期：在发电行业交易主体间开展配额现货交易。交易仅以履约（履行减排义务）为目的，履约部分的配额予以注销，剩余配额可跨履约期转让、交易。在发电行业碳市场稳定运行的前提下，逐步扩大市场覆盖范围，丰富交易品种和交易方式。创造条件，尽早将国家核证自愿减排量纳入全国碳市场。

2018 年 9 月，由生态环境部主办、中国电力企业联合会承办的“发电行业参与全国碳排放权交易市场动员部署会”在北京召开，李高司长在会上指出，本次会议是碳排放交易体系启动和机构改革完成后，落实习近平总书记在全国生态环境保护大会讲话精神、《全国碳排放权交易市场建设方案（发电行业）》、提升发电行业参与全国碳市场能力建设的积极行动，涵盖碳市场建设背景及相关问题，国际碳市场概况，碳市场配额分配，监测、报告和核查体系，碳市场风险防控以及电力低碳技术等方面内容。

2019 年 5 月，为落实 2017 年底发改委出台《全国碳排放权交易市场建设方案（发电行业）》，气候司继续推动全国碳市场基础设施建设，发文《关于做好全国碳排放权交易市场发电行业重点排放单位名单和相关材料报送工作的通知》（环办气候函〔2019〕528号），要求报送全国碳排放权交易市场发电行业重点排放单位名单，排放单位完成全国发电行业碳排放权系统和碳排放权交易系统的注册登记，为2020年实现发电行业全国碳交易做好了准备。

另外，生态环境部气候司组织召开各类政策和制度建设研讨会，如《全国碳排放权交易第三方核查机构管理办法（试行）》《重点排放单位温室气体排放报告管理办法（试行）》《温室气体自愿减排交易管理办法》和《全国碳排放权配额总量设定与分配方案（征求意见稿）》等相关制度文件，并组织开展了多项行业温室气体排放核算和报告的国家标准编制工作，为全国统一碳市场建设制定相关的制度和规范体系。

《温室气体自愿减排交易管理暂行办法》为温室气体自愿减排交易市场搭建起了整体框架，对温室气体自愿减排量从产生到交易的全过程进行了系统规范。规定经备案的减排量称为“核证自愿减排量（CCER）”，单位以“吨二氧化碳当量（tCO_2e）”计。国家共分12批发布了200个国家温室气体自愿减排方法学，申请备案的温室气体自愿减排项目必须是在2005年2月16日之后开工建设，可以申请备案为CCER项目的类型包括：第一类：采用经国家主管部门备案的方法学开发的自愿减排项目；第二类：获得国家发展改革委批准作为清洁发展机制项目，但未在联合国清洁发展机制执行理事会注册的项目；第三类：获得国家发展改革委批准作为清洁发展机制项目且在联合国清洁发展机制执行理事会注册前就已经产生减排量的项目；第四类：在联合国清洁发展机制执行理事会注册但减排量未获得签发的项目。

2 组织机构设置

中国海油建立了以董事长为组长的节能减排低碳领导小组，设立节能减排低碳办公室作为节能工作的日常管理机构，各所属单位设置了从公司到班组的节能减排低碳管理三级网络。成立了节能减排低碳专业技术机构，从源头设计、过程实施等环节将绿色低碳理念、技术嵌入到企业的制度体系、生产过程；成立了集团公司节能减排监测中心，从督查审计、监测评价、技术咨询、智能管控等方面提供全过程一体化专业技术支撑。通过构建组织机构、培育专业队伍，形成了上下联动、多维互促的绿色低碳组织保障体系。

2.1 集团公司

中国海洋石油集团有限公司在集团层面成立了节能减排工作领导小组，之后为了加强集团公司节能减排和低碳管理工作，将原集团公司节能减排工作领导小组调整为集团公司节能减排低碳工作领导小组，由集团公司董事长任组长，总经理、分管质量健康安全环保部的副总经理任副组长。

(1) 节能减排低碳工作领导小组

节能减排低碳工作领导小组主要职责为：按照国家节能减排低碳工作的方针政策，部署集团公司节能减排低碳工作；研究、协调和解决节能减排低碳工作中的重大问题，并做出决策；审查集团公司对国资委、发改委等国家部委下达节能减排低碳考核指标的完成情况，审定对所属单位的节能减排低碳考核年度计划指标。

节能减排办公室为领导小组日常管理机构。领导小组更名之后，集团公司原节能减排办公室更名为节能减排低碳工作领导小组办公室，办公室由原规划计划部调整设在质量健康安全环保部；办公室主任由分管质量健康安全环保部的副总经理担任，办公室副主任由质量健康安全环保部总经理担任。

(2) 节能减排低碳工作领导小组办公室

节能减排低碳工作领导小组办公室主要职责为：承担节能减排低碳工作领导小组的日常工作，承办节能减排低碳工作领导小组召开的会议和重要活动，督促、检查节能减排低碳工作领导小组会议决定事项的贯彻落实情况；研究国家在节能减排低碳方面的重大方针政策，及时跟踪了解集团公司能源利用状况、水资源消耗管理情况、低碳管理情况、污染物排放情况，定期做好节能减排低碳形势预测分析，并就重大问题向节能减排低碳工作领导小组提出对策建议；研究、制定和完善集团公司节能减排低碳指标、目标责任及评价考核体系，分解落实年度节能减排低碳工作考核指标，并向节能减排低碳工作领导小组提出实施建议；监督检查、指导协调集团公司各所属单位的节能减排低碳工作，及时研究分析节能减排低碳工作中出现的各类问题，及时向节能减排低碳工作领导小组报告，并且按照国务院国资委的要求，定期向国资委和政府有关部门报送集团公司的节能减排低碳统计报表及有关情况的报告；承办节能减排低碳工作领导小组交办的其他事项。

2.2 各所属单位机构情况

中国海油各所属单位自觉遵守和贯彻执行集团公司有关文件，并根据文件精神强化企业节能减排低碳管理，完善组织机构。各所属单位设立了三级节能减排低碳管理网络并明确了人员岗位职责，分别为“公司节能减排低碳工作领导小组-节能减排低碳工作办公室-生产单位”。

(1) 公司节能减排低碳工作领导小组

所属单位节能减排低碳工作领导组主要职责为：按照国家节能减排低碳工作的方针政策和集团公司有关工作的要求，规划部署公司节能减排低碳工作总体方案，协调和解决节能减排低碳工作中的重大问题。

(2) 节能减排低碳工作办公室

所属单位节能减排低碳工作办公室主要职责为：组织节能减排低碳领导小组会议和重要活动，负责公司节能减排低碳的日常管理工作，督促、检查公司节能减排低碳领导小组会议决定事项的贯彻落实情况，对各单位节能减排工作实施情况和效果进行检查。

研究国家、集团公司在节能减排方面的重大方针政策，及时跟踪了解公司能源利用状况，定期做好节能减排形势预测分析，并就重大问题向上级节能减排低碳主管部门提出对策建议。

负责公司节能减排新技术、新设备、用电新技术、节能新产品推广，研究制订公司节能减排低碳目标责任及评价考核体系，分解落实年度节能减排低碳工作考核指标，对各生产单位节能减排低碳指标和项目的完成情况进行绩效考核，向公司节能减排低碳领导小组提出实施建议。

监督检查、指导协调公司各生产单位的节能减排低碳工作，及时研究分析节能减排低碳工作中出现的各类问题，及时向公司节能减排领导小组报告，定期向集团公司和政府有关部门报送公司节能减排低碳统计报表及有关情况的报告。

（3）生产单位

生产单位主要职责为：执行国家、地方节能减排低碳工作的方针政策、法律、法规和集团公司及上级单位节能减排低碳工作的要求；及时跟踪了解本单位能源利用状况，污染物、温室气体排放情况，定期做好节能减排低碳形势预测分析。

负责制定、完善本单位节能减排低碳指标体系，配合各级节能减排低碳监督监测机构开展工作；负责生产装置节能减排低碳的统计分析工作，按时上报节能减排低碳工作的各类报告及报表。

2.3　支撑单位机构情况

中国海油为做好节能减排低碳管理工作，不但在集团公司和各所属单位建立了相应的组织体系，还成立了从事不同业务领域的专业机构，为集团公司节能减排低碳管理工作提供技术支撑。各专业机构技术方向各有侧重，在技术发展上互相支持，互补性很强。

（1）集团公司节能减排监测中心

该中心成立于 2007 年 12 月，是执行集团公司节能减排监督监测职能的唯一机构，业务上受集团公司节能减排低碳领导小组办公室的指导，肩负集团公司节能减排监督管理的八项职能。主要负责中国海油所属单位的能源利用状况、污染物排放情况的监督、检测、分析和认定工作，具体开展环境监测与评价、温室气体排放监测/审计与核查、固定资产投资项目碳排放影响评估、清洁生产审核、能源审计、节能监测与评价、固定资产投资项目节能评估、节能量审核、节能后评价等工作。

（2）节能环保公司工程中心

该中心成立于 2012 年 1 月，主要从事节能、环保、低碳工程项目的实施。主营业务包括四部分：一是水处理工程服务，包含生产污水处理（数字化在线管理）和生活污水处理技术服务（海上平台）；二是机电节能工程服务，包含机电节能、系统节能优化（循环水）和绿色照明技术服务；三是气体净化工程服务，包含烟气脱 S、N、天然气脱 S、C、H_2O 和 VOCs 气体检测、治理技术服务；四是新能源工程服务，包含余热利用技术服务和新能源技术服务。

（3）研究总院新能源研究中心

2016 年，中国海油研究总院组建新能源研究中心，主要从事国内外碳税调研，低碳方法学研究、碳减排项目研究、新建项目碳评、低碳发展对标研究、CCUS（二氧化碳捕集、运输和综合利用技术）以及二氧化碳在煤层气、致密气开采中作为驱气介质的探索性研究等工作。

（4）研究总院节能减排室

研究总院节能减排室成立于2012年，属于研究总院工程研究设计院内部，有大量的各个工程专家和设计人员，负责海上油气田开发ODP和基本设计节能篇编写，海上油气田开发项目节能评估报告编写和审查工作，陆上工程节能篇、节能评估等相关工作的审查，节能减排标准或相关领域的研究工作，公司有关节能减排方面的技术支持工作。

（5）冷能利用公司

2016年，原北京冷能利用研究所改组为冷能利用公司并迁址珠海，主要从事LNG冷能回收利用技术研究和产业化、碳资产开发与管理等工作。冷能利用公司成功开发了中国海油第一个国际碳减排CDM（清洁发展机制）项目、第一个CDM方法学，完成多个国内碳减排CCER（中国核证自愿减排）项目的开发，涉及风电、光伏、沼气、冷能空分等项目类型。

3 制度体系建设

制度体系是节能工作的保障，中国海油积极开展节能、减排、环保、低碳制度体系建设，规范各环节的能源利用、碳排放管理等工作。目前，公司已形成节能、减排、环保、低碳管理等多个办法与实施细则，管理制度结构更加清晰，内容更加完善，特别是新制定的《低碳管理办法》和其相关细则，明确了低碳职责分工以及统计、核证减排量(CCER)、碳评、碳资产、考核等各项低碳管理要求，在国内大型企业中率先建成较为完善的碳资产管理制度体系，为开展碳排放管控和积极参与碳排放权交易市场奠定了基础。

3.1 制度体系建设历程

中国海油节能节水与低碳制度体系的建设历程可归纳为以下三个阶段：

3.1.1 制度体系起步探索阶段(2006~2010年)

该阶段属于中国海油节能工作起步期，主要开展报告及考核等制度建设工作。2006年9月，集团公司制定并向各所属单位印发了《中国海洋石油总公司节能工作暂行办法》，首次将节能计划和考核纳入对节能工作的管理范围内，集团公司与列入国家千家企业的所属单位签订节能目标责任书，落实目标分解。

为落实《国资委关于报送节能工作实施方案的通知》要求，集团公司编制了《关于中国海洋石油总公司节能工作实施方案的报告》(海油总计〔2006〕452号)和《中国海洋石油总公司节能减排考核奖惩办法》(海油总计〔2007〕768号)，明确了节能考核和激励机制的管理要求，把所属企业节能减排情况纳入集团公司绩效考评办法，作为企业负责人经营业绩考核的重要内容。在以上制度的保障下，该阶段主要工作包括：

(1) 建立节能目标责任制和评价考核制度

集团公司把节约能源工作作为公司的基本政策，列入年度考核范畴。从2007年起，集团公司在中国海油系统内全面贯彻、深化节能工作，把节能指标落实到各个单位，在下达年度计划预算任务时加以明确，并与各单位签署“节能目标责任书”。每年年初，各所属单位要根据本企业的生产工作要点，把节能工作任务层层分解落实到各基层单位，并对基层单位进行监督和考核。每年年底，集团公司对各单位节能目标实现情况进行检查，并将节能目标实现情况作为考核各单位领导班子和单位业绩的一项重要指标。

(2) 建立和推行“节能有奖、浪费处罚”的能耗奖罚制度

能耗奖罚制度包括能源定额管理考核和节能技改管理考核两方面。

能源定额管理考核是指，对耗能低于定额的车间和班组，公司将按能耗节约效益的一定比例进行奖励，而耗能超出定额的则扣发相当于超出定额部分一定比例的奖金。能耗定额随着生产技术条件的变化，定期进行调整。为鼓励员工积极投身节能技术改造，对有效节约能源的技术改造项目进行奖励；在集团公司层面设立节约能源奖，对在节能或节能推广中有显著贡献的单位和个人予以奖励。

(3) 建立节能工作报告制度

为了加强对所属单位的能源消耗和节能工作的监督管理，集团公司决定在中国海油系统建立节能工作报告制度。《节能工作报告》为季度报送，主要包括能源消耗情况、节能目标完成情况、单位产品能耗、主要耗能设备和工艺能耗、能源利用效率、能源管理、节能措施、节能经济效益分析、能源消耗预测以及下阶段节能工作安排等内容。

3.1.2 制度体系发展完善阶段(2011~2015 年)

该阶段中国海油节能制度建设工作进一步得到了完善，加大了对重点用能单位的考核。2012 年 3 月，集团公司印发了《关于加强中国海油所属年综合能源消费量 1 万 t 标准煤以上重点用能单位节能工作的通知》，要求各单位高度重视，并积极和属地政府对接沟通，制定合理的节能目标。集团公司梳理了系统内所属年综合能源消费量达到 1 万 t 标准煤以上的企业，并加强对其监督管理，对未完成节能目标，而被国家发改委通报的所属万家企业，集团公司对其及其所在二级单位实行“一票否决制”，给予年度节能目标责任考核零分处理。

2013 年 2 月，为确保“十二五”节能目标的实现和加快“资源节约型、环境友好型”企业的建设，切实发挥节能在转变经济发展方式中的重要抓手作用，集团公司对纳入集团公司 2012 年度生产经营业绩考核的所属单位及部分万家企业进行了现场评价考核。

3.1.3 制度体系建设全面推动阶段(2016~2019 年)

该阶段为节能工作制度建设全面推动阶段，建立了节能、减排、环保、低碳管理等多个办法与实施细则，管理制度结构更加清晰。为树立“清洁、绿色、低碳和循环经济”的发展理念，促进节能降耗，建设资源节约型、环境友好型企业，2016 年，集团公司发布了《关于进一步加强节能管理工作的通知》(海油总安

〔2016〕1 号）。通知对节能的目标管理、组织管理、资金管理等提出了进一步要求，主要包括以下内容：

（1）明确管理原则，确保完成目标

宗旨与原则。坚持以节能为抓手，持续推进降本增效的原则；坚持节能与产业结构调整、生产运行、科技创新和技术改造相结合的原则；突出源头管控与能效提升相结合的原则；强化管理与政策激励相结合的原则；坚持全员参与的原则。要将节能作为一项基本制度，纳入各所属单位的发展战略规划、年度生产建设计划和日常的生产经营管理。

重点关注与目标。密切跟踪国家对能源消费总量、能耗限额、节能量、产值能耗等节能目标要求，确保完成各项节能指标。同时建立能源消费总量预测预警机制，关注重点用能单位节能指标落实情况。

规划与计划。各所属单位按照五年周期编制节能滚动规划，并根据集团公司下达的年度目标形成年度节能计划，予以层层分解落实到各基层单位。

创建绿色企业。实施能效提升、清洁生产、节水治污、循环利用等专项改造，开展重大节能环保、资源综合利用、低碳技术产业示范项目，推动中国海油内部形成一批“绿色制造”企业。

（2）建立组织管理，完善内控制度

建立健全节能领导机构。节能领导机构负责本单位节能总体工作，所属单位负责人为第一责任人。各所属单位应划分节能管理界面，在管理制度中明确各部门、各级所属单位的节能管理责任，落实节能工作的具体责任部门。

优化节能组织管理体系。明确节能主管部门，设立节能管理岗位，具体负责本单位的节能管理工作。

完善节能内控制度。根据集团公司 QHSE 内控制度体系，结合本单位的生产经营实际，建立健全节能内控制度，并保持正常运行和持续改进。

（3）做好源头管控，狠抓项目落实

建立节能专项资金。按照总公司节能专项资金管理细则要求进行申报。同时，所属单位应设立年度节能专项资金，用于本单位的节能工作。

落实节能技改项目。滚动制定节能项目计划，用项目推动节能规划实施落地。确保节能改造项目资金投入，积极引进、推广先进的节能技术。

加强节能评估和审查。切实落实总公司对固定资产投资项目实行节能评估和审查制度的要求。项目在设计阶段，应对节能评估文件及其审查意见要求的节能措施予以落实。

开展节能后评价。项目建成正常运行后，应进行节能后评价，评价其是否落实了节能评估和审查意见，以及节能设施运转效果和能效指标的达标情况，并将此项工作纳入竣工验收程序。

推动市场化的项目实施模式。对于具有行业先进性的技术或技术风险较高的应用项目，鼓励采取合同能源管理模式，降低技术风险，保证项目节能效果。

2017 年 1 月，集团公司发布了《中国海洋石油总公司节能管理办法》(QHSE-01-23)，2018 年 5 月，集团公司发布了《中国海洋石油集团有限公司低碳管理办法》(QHSE-01-24)，两个管理办法的发布标志着中国海油节能低碳管理制度体系已全面建成。

3.2 节能管理办法

《中国海洋石油总公司节能管理办法》(QHSE-01-23)明确了集团公司节能管理的组织机构体系、职责分工、管理原则、规划与计划管理、固定资产投资项目节能评估和审查管理、专项资金管理、监督管理、宣传教育与培训等方面的要求，规范了节能管理程序。

该管理办法共包含 6 个管理细则，分别是：固定资产投资项目节能审查管理细则、节能监测管理细则、节能监督管理细则、节能考核奖惩管理细则、节能专项资金管理细则以及节水管理细则。

(1) 固定资产投资项目节能审查管理细则

为了加强中国海油固定资产投资项目节能管理，规范固定资产投资项目节能审查工作程序和要求，该细则依据《中华人民共和国节约能源法》《固定资产投资项目节能审查办法》以及《中国海洋石油总公司节能管理办法》等法律法规与管理制度，规定了集团公司各有关部门和所属单位的职责分工以及审查制度、审查原则等管理要求。

(2) 节能监测管理细则

为了加强中国海油对所属单位节能工作的监测管理，该细则依据《重点用能单位节能管理办法》《中央企业节能减排监督管理暂行办法》以及《中华人民共和国节约能源法》等法律法规与管理制度，规定了集团公司各所属单位开展节能监测的内容、形式及要求、结果处理程序。对检测、评价企业能源利用效率、用能设备/机具运行效率、有无使用国家明令淘汰的耗能设备以及与产品能耗有关的工艺系统、过程和国家节能强制性标准落实情况做出了详细规定。

(3) 节能监督管理细则

为了有效实施中国海油对所属单位节能法律、法规、规章、规定和标准执行情况的监督管理，该细则依据《中国海洋石油总公司节能管理办法》规定了集团公司对所属单位实施节能监督管理的事项，包括：贯彻执行国家及集团公司有关节能的法律、法规和标准情况；节能组织管理体系和节能内控制度体系建设情况；节能目标责任分解及落实情况；节能年度计划制定及执行情况以及节能目标责任考核奖惩制度建立及执行等情况。

（4）节能考核奖惩管理细则

为了规范中国海油节能考核奖惩的原则、内容与形式、方法及工作程序，该细则依据《中国海洋石油总公司节能管理办法》《关于印发万家企业节能目标责任考核实施方案的通知》以及《中央企业节能减排监督管理暂行办法》规定了集团公司节能考核的工作程序，包括节能目标完成和节能措施落实等情况。

（5）节能专项资金管理细则

为了规范中国海油节能专项资金的管理，提高资金使用效益，该细则依据《中华人民共和国节约能源法》《中国海洋石油总公司节能管理办法》规定了节能专项资金使用范围、项目申请和确定以及节能专项资金管理等内容。要求节能专项资金必须专款专用，任何单位不得以任何形式、任何理由截留或挪用。对弄虚作假、挪用、挤占专项资金的，应当收回已拨付资金，并提请相关部门按照有关规定追究有关单位和人员的责任。

（6）节水管理细则

为了加强中国海油对所属单位的用水管理，规范取水定额，明确建设项目节水管理要求，该细则依据《中华人民共和国水法》《中国海洋石油总公司节能管理办法》规定了所属单位节水基础管理、取水定额管理以及节水技术要求等工作内容，要求所属单位设立节水机构，配备专职或兼职节水管理人员，建立节水责任制，把节水工作纳入本单位日常生产经营管理。采取分质用水，一水多用，中水回用，提高水的重复利用率，减少取水量和废水排放量，推广废水资源化和“零”排放技术。

3.3 低碳管理办法

《中国海洋石油集团有限公司低碳管理办法》(QHSE-01-24)明确了集团公司低碳管理的组织机构体系、职责分工、管理原则、规划与计划管理、固定资产投资项目碳排放影响评估管理、碳资产管理、国家核证自愿减排量(CCER)项目开发管理、监督管理、宣传教育与培训等方面的要求，规范低碳管理程序。

该管理办法共包含5个管理细则，分别是：碳排放统计与报告管理细则、固定资产投资项目碳排放影响评估和审查管理细则、CCER项目开发管理细则、碳资产管理细则以及低碳考核管理细则。

（1）碳排放统计与报告管理细则

为了规范中国海油各所属单位对温室气体排放的统计、管理工作，促进企业及时、准确报告自身的温室气体排放数据，该细则依据《省级温室气体清单编制指南(试行)》、国家发改委 24 个行业温室气体排放核算方法与报告指南等的要求，规定了所属单位对温室气体排放的统计、管理工作内容，要求企业温室气体排放管理人员须依照集团公司管理要求开展数据统计工作，对下属填报单位报送的统计数据进行认真审核，确保数据的完整性与准确性。

(2) 固定资产投资项目碳排放影响评估和审查管理细则

为了加强中国海油固定资产投资项目碳排放管理，规范固定资产投资项目碳排放影响评估和审查工作程序，为投资项目评价提供参考，该细则依据《碳排放权交易管理暂行办法》《国家发展改革委办公厅关于切实做好全国碳排放权交易市场启动重点工作的通知》等政策文件，规定了集团公司各有关部门和所属单位的职责分工以及审查制度、审查原则等管理要求。

(3) CCER 项目开发管理细则

为了规范中国海油 CCER 项目的开发程序和要求，充分发掘企业潜在碳资产资源，该细则依据《"十三五"节能减排综合工作方案》《温室气体自愿减排交易管理暂行办法》以及《碳排放权交易管理暂行办法》等政策文件，规定了集团公司内部 CCER 项目的开发流程，明确集团公司各有关部门、所属单位和低碳专业服务机构的职责分工。对符合 CCER 项目要求、有经济效益的碳减排项目，原则上必须进行开发并报集团公司备案。

(4) 碳资产管理细则

为了明确中国海油碳资产管理的组织机构体系、职责分工、管理原则、管理要求，规范中国海油碳资产管理程序，该细则依据《碳排放权交易管理暂行办法》《"十三五"控制温室气体排放工作方案》等政策文件，规定了中国海油碳资产管理的体系建设、账户管理、配额管理以及交易管理等内容。明确由集团公司对碳资产管理进行指导和监督，碳交易企业为碳资产管理及碳排放权交易的责任主体。

(5) 低碳考核管理细则

为了规范中国海油低碳考核的原则、内容与形式，该细则依据《国务院关于印发"十三五"控制温室气体排放工作方案的通知》《碳排放权交易管理暂行办法》以及《中国海洋石油集团有限公司质量健康安全环保管理制度》等政策文件，规定了集团公司对所属单位实施低碳考核的工作流程。包括：建立低碳管理组织机构，设立低碳管理岗位情况；执行政府、集团公司低碳规章制度情况；编制实施低碳规划和年度工作方案等情况。

4 战略与规划管理

节能低碳、绿色发展已上升到国家战略层面。从 2012 年 11 月召开的中国共产党第十八次全国代表大会以来，以习近平同志为核心的党中央把生态文明建设作为统筹推进“五位一体”总体布局和协调推进“四个全面”战略布局的重要内容，谋划开展了一系列根本性、长远性、开创性的工作，推动生态文明建设和生态环境保护从认识到实践发生了历史性、转折性、全局性的变化。党的十八大从新的历史起点出发，做出“大力推进生态文明建设”的战略决策。

2017 年 10 月，党的十九大首次将“必须树立和践行绿水青山就是金山银山的理念”写入了报告，与“坚持节约资源和保护环境的基本国策”一并成为新时代中国特色社会主义生态文明建设的基本思想和方略。加快生态文明体制改革，建设美丽中国。推进绿色发展，建立健全绿色低碳循环发展的经济体系，构建市场导向的绿色技术创新体系，发展绿色金融，壮大节能环保产业、清洁生产产业、清洁能源产业。推进能源生产和消费革命，构建清洁低碳、安全高效的能源体系。

2018 年 5 月，国家召开了全国生态环境保护大会，习近平总书记把绿色低碳发展提升到构建高质量现代化经济体系的战略高度，提出“绿水青山就是金山银山”等六个推进生态文明建设的基本原则，并对生态文明建设提出了“全面推动绿色发展”等五项要求，把推动绿色发展作为解决污染问题的根本之策，重点要调整经济结构和能源结构，培育壮大节能环保产业、清洁生产产业、清洁能源产业，推进资源全面节约和循环利用等要求。

2018 年 6 月，国务院公布《国务院关于全面加强生态环境保护坚决打好污染防治攻坚战的意见》，提出推动形成绿色发展方式，坚持节约优先，加强源头管控，转变发展方式，培育壮大新兴产业，推动传统产业智能化、清洁化改造，加快发展节能环保产业，全面节约能源资源，协同推动经济高质量发展和生态环境高水平保护。

中国海油坚决落实以习近平同志为核心的党中央提出的生态文明建设战略决策，高度重视绿色低碳发展，布局绿色低碳战略，制定绿色发展行动计划，绿色发展在中国海油已深入人心。

4.1　绿色低碳发展战略

2018 年 7 月，中国海油召开了 2018 年生态环境保护工作会。集团公司党组书记、董事长强调全面贯彻落实全国生态环境保护大会精神和国务院国资委中央企业生态环境保护工作会议的要求，助力国家打好污染防治攻坚战，动员集团公司各方面力量，开创中国海油生态环境保护工作新局面。集团公司董事长表示，在全新的环保形势下，要正视成绩和不足，认清挑战与机遇，进一步明确公司中长期绿色低碳发展方向，推动公司绿色低碳发展迈向更高层次。中国海油要积极践行绿色低碳发展战略，以安全环保率先达到国际一流为目标，制定并实施"绿色发展行动计划"，使公司成为让人民满意、让员工自豪、受同行尊重的世界一流能源企业。

集团公司党组在 2018 年底工作会上结合十九大报告提出的"两个一百年"奋斗目标以及培育具有全球竞争力的世界一流企业的新要求，提出面向 2050 年分"两个阶段"建设中国特色国际一流能源公司的战略目标和创新驱动、国际化发展、绿色低碳、市场引领、人才兴企"五个战略"，将实施"五个战略"作为中国海油建设中国特色国际一流能源公司的重要途径，绿色低碳发展成为集团公司的核心发展战略。2020 年 3 月 25 日，集团公司正式印发了《中国海油落实"五个战略"实施方案》。

中国海油作为大型国有能源企业，肩负着为国家社会发展、经济发展提供能源保障的使命和责任，在当前国际社会普遍倡导绿色发展的主旋律下，中国海油有责任，有义务，也有能力，为生态环境保护和建设美丽中国做出更大贡献。公司贯彻落实绿色发展新理念，全面推动践行绿色低碳核心发展战略，组织制定"绿色发展行动计划"，明确了近期 2020 年、中期 2035 年和远期 2050 年三个阶段的绿色发展目标，通过实施绿色油田、清洁能源、绿色低碳三个具体行动计划，推动公司自身绿色发展和助力国家高质量发展充分融合，努力成为中国特色国际一流的清洁能源生产和供给企业。绿色发展行动计划见图 4-1。

4.1.1　战略目标

到 2020 年，中国海油绿色低碳主要指标同比达到国内领先水平，完成绿色制造试点建设，为建设中国特色国际一流的清洁能源生产和供给企业打下坚实基础。

到 2035 年，中国海油绿色低碳整体指标同比达到国际先进水平，基本完成绿色制造体系建设，初步建成中国特色国际一流的清洁能源生产和供给企业。

到 2050 年，中国海油绿色低碳整体指标同比达到国际领先水平，完成绿色制造体系建设，全面建成中国特色国际一流的清洁能源生产和供给企业。

图 4-1 绿色发展行动计划

4.1.2 具体目标

（1）绿色油田

到 2020 年，环境友好主要指标同比达到国内领先水平；
到 2035 年，环境友好整体指标同比达到国际先进水平；
到 2050 年，环境友好整体指标同比达到国际领先水平。

（2）清洁能源

到 2020 年，成为国内领先的清洁能源生产和供应企业；
到 2035 年，成为国际先进的清洁能源生产和供应企业；
到 2050 年，成为国际领先的清洁能源生产和供应企业。

（3）绿色低碳

到2020年，相比2015年实现碳减排量320万t，绿色低碳发展的主要指标同比达到国内领先水平，完成绿色制造体系试点建设；

到2035年，绿色低碳发展的主要指标同比达到国际先进水平，绿色制造体系基本建成；

到2050年，绿色低碳发展的主要指标达到国际领先水平，绿色制造体系全面建成。

4.2 绿色发展行动计划

4.2.1 行动计划实施内容

4.2.1.1 绿色油田计划

（1）建立海洋生态保护长效机制

开展海上油气田生产水、生活污水、有组织排放大气污染物在线监测技术的研究与推广，将环境监测落到实处。不断更新环境保护体系制度并建立完善的环境监测体系，切实维护海洋环境监测体系，并加强宣传培训。

建立海洋生态保护、补偿及修复长效机制。采取有效环保措施，降低对海洋生态环境的损害。将海洋生物资源和生态服务功能损失补偿纳入建设项目环保投资。在新建项目中开展海洋生物资源的增殖放流、海洋生物资源的养护与管理、人工鱼礁及相关研究和监测工作。

开展海洋生态文明建设。积极参加海洋生物多样性保护、海洋生态修复项目、海岸带综合整治修复工程、油田服役期满的生态环境恢复研究，积极履行海洋生态环境保护的政治责任与社会责任。支持海洋生态环境基础科学研究、海洋保护区基础建设、海洋生态保护宣传教育基地建设以及生态文明建设公益活动。

（2）加强资源和能源的综合利用

优化供电结构与来源，因地制宜利用岸电资源，优选伴生气进行燃气发电；推广透平尾气和生产水余热、余压等回收利用；对主要耗能设备加强经济运行和优化控制，提高换热效率。

开展海上区域电力组网，有效提高电站利用率，实现发电设备互用互备，充分考虑无功补偿系统，提高用电效率；优化输气管网建设，实现区域气网集中调度和互联互通。

提高油田伴生气和轻烃资源回收率。加大油田伴生气的综合利用，开发低压伴生气回收利用技术。加强对海上油气田伴生气凝液、凝析油回收利用。

推动海水淡化资源的应用，逐步提高淡化海水使用比例；优先利用处理合格的生产水作为注水水源；采取海水淡化、污水综合治理回用、中水回用等技术和措施，加强水资源循环利用；加强陆上终端中水回用，如绿化、景观等。

（3）提高油气生产环境友好水平

降低生产水的外排浓度和外排量。优化生产水处理工艺，降低石油类等污染物浓度；通过关停高含水井、增加回注井、新增小平台就地回注等措施，提高采出水回注率，减少污水排放量。2020 年实现渤海油气田生产水全部回注，其他海域增加回注，减少生产水的排放量。

减少油气开发废气排放。加大海上油气田及陆上终端低压气的回收力度及实施回注等方式，降低伴生气排放量。通过火炬系统燃烧处理放空伴生气，减少伴生气直接冷放空。开发天然气中硫化氢高效脱除及硫黄回收利用技术。

加强噪声的控制和管理。优先选用低噪设备、设施，设置减振设施，厂房内设置隔音设施，有效管控作业噪声。在终端厂界充分进行绿化，火炬放空加设消声器，削弱噪声的影响。加强设备的维护，减少因不良运行状态产生的噪声。

强化固体废物污染防治。加强固体废物的体系化管理，切实做到减量化、无害化、资源化；推广使用环保钻井液，严格监测钻井液和钻屑中石油类及重金属含量，确保达标排放；进一步加大海上钻井液、钻屑源头及过程减量技术攻关。

加大污染源管控。按国家有关规定完成污染源排污许可证申领，适时开展环境影响后评价、环境质量现状调查和环境保护督查等相关工作。

（4）提升环境风险分级防控能力

提高环境风险防范技术。推广地质性溢油风险识别与评估技术应用，从源头严控溢油事故；加强报警预警系统和紧急关断系统的应用；强化海上油气田井控措施；推广采用路由勘察、通球、智能内检测、腐蚀检测和基线检测等技术，提升海管的安全运行水平。

实施环境风险分级管控。建立环境风险排查与预测预警机制；明确风险分级管控要求，分类别、分层级对环境风险进行评估、管控，提升环境风险防控能力。

加强应急管理体系建设。持续完善应急预案、应急指挥中心、应急管理信息系统、应急救援队伍“四位一体”应急管理体系建设，提升海上溢油应急能力和井控应急救援能力。

加强突发环境事件应急预案的演练，提升预案的针对性、可操作性。依托应急响应基地，充分利用政府、企业及社会应急资源，强化区域联防联控，提升突发环境事件响应处置能力。绿色油田计划见图 4-2。

图 4-2 绿色油田计划

4.2.1.2 清洁能源计划

(1) 加大天然气勘探开发力度

进一步加强海上天然气勘探开发，大幅提高天然气储量和产量。立足近海，加快深水，不断突破深水天然气勘探开发。以近养远，远近结合，逐步走向深海、远海。持续优化资产组合和布局，不断拓展资源发展空间。

加快非常规天然气的开发，支持天然气产量的持续增长。落实总体勘探开发布局，加大投资力度，建成煤层气产业基地；加快致密气区块产能建设，迅速提高致密气产量规模；进一步加大外围区块的勘探力度，力争实现多区块商业发现；积极获取新的煤层气区块和页岩气区块，为产能接替提供后备资源。

积极推动勘探开发技术攻关，为天然气产量的持续增长提供科技支撑和引领。建设核心技术体系，部署海洋深水区油气勘探关键技术研究，突破深层低渗-致密天然气勘探开发技术，探索煤层气、页岩气和致密砂岩气高效勘探开发技术。

（2）增加液化天然气（LNG）供应量

拓展 LNG 资源，增加 LNG 引进量。充分利用国际国内两种资源两个市场，积极布局全球资源，扩大规模，打造国际 LNG 贸易网络；深入研究 LNG 市场规律，加大资源采购，锁定一批资源；依托国内市场和基础设施，发挥国际 LNG 资源采购优势，实施全球 LNG 资源采购，做强做优 LNG 贸易。

完善基础设施，保障 LNG 稳定供应。加强 LNG 接收站新建和扩容、陆上天然气管网建设及下游终端利用设施建设，提高天然气的供应能力和稳定性；加快推进基础设施互联互通，形成互保互供局面，提高基础设施综合利用效能。

加大科研投入，推动 LNG 供应能力的持续提升。加强与 LNG 生产、利用、储存、供应相关的科研开发工作，力争在天然气净化和液化关键技术、接收、储罐、加注、输送等方面取得重大技术突破和标志性科技成果，并努力完善和推动工程应用转化。

（3）保证清洁炼化产品生产

优化炼化产业布局，推进一体化炼化基地建设。通过有序进退，实现炼化产业布局的优化和调整，提高炼化产业的集中度，实现炼化产业的园区化、基地化、大型化、一体化，保障高品质炼油产品的生产。

提升清洁油品生产能力，满足最新产品质量标准的要求。对现有装置进行清洁生产技术改造，生产符合国家最新质量标准的清洁炼油产品；建设技术先进的炼油装置，提升清洁生产水平，增加清洁炼油产品的生产能力。

加强科研开发，保障清洁油品生产。提升清洁炼油产品生产的脱硫、降芳、调组分等关键技术，为清洁油品生产和炼油产品质量升级提供技术支撑。

（4）发展新能源新业务

开拓新型能源业务。大力推进海上风电产业开发，积极探索天然气水合物商业化开发，拓展能源业务新领域，增大清洁能源供应量。

发展清洁能源技术。持续关注氢能和海洋能等技术的发展动态和产业化进程，积极开展专项研发工作，推动清洁能源技术的发展。

创建能源服务新模式。发展天然气和 LNG 分布式利用为主的冷、热、电联供能源服务业务，提供高效用能解决方案，创新能源供应新模式。清洁能源计划见图 4-3。

图 4-3　清洁能源计划

4.2.1.3　绿色低碳计划

(1) 推进节能增效和数字化发展

持续推进能效提升工程。能效提升以“全局用能最优”为原则，不断优化生产工艺流程，提高换热效率和热联合直供比例，深化热量梯度利用，持续推动生产过程操作优化，实现最低用量的能平衡、最小的消费强度。重点推广能量系统优化技术、蒸汽系统运行优化技术在炼油、化工及油气田等装置的应用。

实施节能改造重点工程。推动海上伴生气回收及电力升级工作，近海油气田积极推进自发电改用“岸电”技术，并联合研究“海上核电”技术在深海油气田的应用。开展余热余压、LNG 冷能回收项目的建设，关注加热炉陶瓷涂层等先进技术的应用。推广大型往复式压缩机流量无级调控、螺杆膨胀动力驱动技术、永磁涡流柔性传动、变频等一系列设备能效提升技术，不断改善设备能效。

继续加大节能低碳监督监测力度。强化目标责任考核，完善节能低碳监督监测体系，制定严于国家及行业的监测指标，明确须定期开展的节能低碳监督监测工作，强化集团公司节能低碳监督监测内控机构的职责。贯彻执行强制性能耗限额和产品能效标准，落实能源计量统计制度，淘汰落后工艺和用能设备产品，开展重点单位能效水平对标达标工作。

积极开展能管中心系统建设。加快推进能源信息化建设，通过制定相关文件、标准、技术指南，明确建设方针、目标、范围、内容、技术路线、时间节点等要求，根据“总体推进、分步实施、试点先行”的原则，在油气开采、炼油化工、化肥、发电等板块全面有序推进能耗在线监测系统、能源管理中心建设，实现能耗实时监测、优化控制，确保满足政府、集团公司的监管要求及企业数字化、高质量发展需求。

（2）打造全过程低碳控制体系

全面推进国际先进对标。制定能效及碳排放指标体系，从能源消费总量、碳排放总量、单位产品能耗、单位产品碳排放量、火炬放空气管控、节能减碳措施等方面进行定量、定性分析，并与国际大型能源公司进行详细对标，分析差距及原因，制定提升计划。推动绿色低碳关键指标数据库的建立，实现“既可纵向对标、又可横向对标”。

持续强化源头及过程控碳。严格按照要求对新建项目开展节能评估，并继续深化碳排放评估工作，项目完工后开展后评估及全面回查工作，确认节能评估及碳排放评估的执行情况。鼓励各单位通过持续加强节能优化设计、加大项目设计过程中节能技术的研究与应用，从项目源头提升工艺、能效的先进性。深化油气田逸散检测工作，提升生产过程甲烷逸散排放控制水平。

提高清洁能源使用比例。推进“燃油替代”和“燃煤替代”工作，逐步降低高碳排放燃料的使用量，减少生产过程碳排放。利用天然气或 LNG 等清洁燃料部分替代锅炉及加热炉使用的燃料油，逐步降低自备电厂煤炭使用比例，考虑淘汰部分老旧燃煤锅炉，研究生物质燃料替代化石能源的可行性，加快 LNG 双燃料船舶的建设。

积极应对碳交易和资产管理。制定集团公司碳交易战略，编制碳交易管理细则，开发中国海油低碳管理信息系统，夯实基础、理清层次，形成与碳市场运行要求相匹配的统筹管理机制，全面筑牢中国海油碳交易管理的根基。加强集团所属重点控排单位的配额履约管理工作，积极开发和利用碳市场交易规则，实现控排企业低成本履约和碳资产保值、增值。

探索二氧化碳综合利用方式。研究二氧化碳综合利用方式，针对部分上游终端二氧化碳纯度高、排放量大的特点，根据市场需求，研究用于化工产品、食品的可能性，配套建设二氧化碳直接利用装置，将高碳天然气中的二氧化碳直接转化到化工产品中。对存在高浓度二氧化碳排放的投资项目，综合分析技术、市场、投资等因素，考虑在项目建设阶段配套建设二氧化碳综合利用项目。

关注碳汇控碳新技术。发挥中国海油的优势，进一步开展海洋碳汇研究工作，评估各海域固碳能力和储碳潜力，筛查海洋固碳和储碳关键微型生物种质资源，推进海洋碳汇功能细菌、微藻种质资源库的建立，探索海洋碳汇储碳机制。积极参与国际、国内生态项目，寻求地方政府合作，考虑设置林业碳汇基金，探索林业碳汇试点建设。

(3) 构建绿色一体化产业链

创建绿色工厂。持续推进绿色油气田、绿色终端、绿色炼厂、绿色化工厂、绿色电厂、绿色 LNG 接收站、绿色制造基地、绿色建筑、绿色码头等建设工作，查找各级企业在绿色工厂建设过程中存在的不足，并按照绿色工厂标准持续改进，通过集团内的公示为其他企业提供示范作用，推动所有企业完成绿色工厂建设工作。

开发绿色产品。加快实施炼油、化工等产品升级改造项目，持续提升产品质量，通过“标杆”示范，带动构建绿色油品、绿色沥青、绿色化肥等绿色产品体系。布局发展炼油、化工领域新型催化剂产品，实现化工产品向环保、低碳、高端化升级。积极推广炼油/化工产品催化剂、环保高端树脂涂料和水处理化学品的生产，并将其打造为绿色品牌。

打造绿色制造装备。加强海洋工程装备重要原材料技术研发，实施关键技术平台搭建及绿色化创新，建立和完善以海洋工程装备为主体的质量服务技术创新体系。推进海洋工程大型装备和 LNG 成橇设备的绿色制造体系建设，提升典型海洋工程装备绿色制造水平。

构建绿色供应链。从绿色采购、勘探开发、绿色制造、绿色产品和绿色销售出发，打造绿色供应链，建立以资源节约、环境友好为导向的采购、生产、营销、回收、物流等环节的绿色供应链体系，推动上中下游企业共同提升资源利用效率，改善环境绩效，达到资源利用高效化、环境影响最小化。

共建绿色园区。以共建绿色园区、发展循环经济为目标，以加快企业“供给侧改革”和开展“环境治理”为手段，大力引进先进技术及设备，加快淘汰企业落后产能，变末端治理为源头减量，实现企业能源资源全过程控制，提高企业与工业园区的产业耦合度，协同打造循环可持续发展的绿色园区。

开展绿色标准化建设。大力开展绿色油气田、绿色炼厂、绿色化工厂、绿色电厂、绿色建筑、绿色制造、绿色产品等方面的绿色标准研究及制定工作，逐步填补各项评价标准空白，起到绿色低碳发展的示范作用。

（4）推进治污减排工作

推进废气治理提标改造。重点区域企业二氧化硫、氮氧化物、颗粒物、挥发性有机物率先执行大气污染物特别排放限值；推进脱硫脱硝、有色烟羽治理等设施建设与升级改造；深入实施泄漏检测与修复，加强扬尘综合治理，强化装置、废水处理系统等逸散恶臭废气收集治理；有效推进海上油气田及船舶废气治理工作。

加快污水处理设施提标改造。以高含盐、高含酸、高氨氮和难降解等高难废水治理为重点，提升污水处理及回用能力，确保海上与陆地各类污水稳定达标排放。

加强固体废物合规处置。制定固体废物分类及土壤污染防治管理制度，定期实施危险废物处置专项审核，对危险废物处置企业开展延长监管。推进加油站等地下储罐防渗改造，开展土壤与地下水环境现状调查和监测，对存在污染风险的地块进行风险管控和专项治理。

提升环境监测能力。完善各排污单位生产装置、总排口等位置的监测因子，实时监控污染物排放情况，及时发现与排查超标排放风险。加大厂界污染物在线监测力度，加强勘探、开发活动所在海域环境在线与遥感监测，开展海上生产水、生活污水、大气污染物和海洋环境质量在线监测技术的研究与推广，预防海洋环境污染。绿色低碳计划见图 4-4。

4.2.2 行动计划贯彻落实

2019 年 6 月，集团公司质量健康安全环保部组织牵头编制完成了《绿色发展行动计划》，在北京组织召开发布会，集团公司董事长和总经理正式签署发布了《绿色发展行动计划》，国内多家主流官媒参会并进行了报道。中国海油向各所属单位印发了集团公司《绿色发展行动计划实施方案》，要求各单位结合自身实际情况和各业务板块生产经营特点，按照实施方案的目标指标和框架要求将《绿色发展行动计划》夯实落地，融合于各单位的规划与生产中。

2019 年 12 月，集团公司质量健康安全环保部印发了各所属单位《绿色发展行动计划实施方案》，作为各单位今后绿色低碳发展的行动方向和重要抓手。

图 4-4 绿色低碳计划

4.3 绿色低碳路线图

为更全面推进践行绿色低碳核心发展战略，推动“绿色发展行动计划”进一步落实，突出绿色低碳的核心战略地位，集团公司制定了更加详细的发展路线，组织研究了“绿色低碳发展路线图”，作为“绿色发展行动计划”的补充。“绿色低碳发展路线图”战略目标为：

2020 年，污染物排放指标、能耗指标、水耗指标、碳排放指标达到国内先进水平，初步建成清洁、低碳、高效、循环的绿色企业；

2035 年，环保与节能指标达到国际一流，新能源产业或其他新兴产业成为公司支柱产业之一；

2050 年，环保与节能指标达到国际领先，成功转型为一家致力提供高效用能解决方案的综合能源产品生产和服务商。

具体任务包括以下内容：

4.3.1 提升清洁能源供给能力

（1）加大国内天然气勘探开发力度

坚持“稳油增气”，在保持原油稳产基础上逐步增加天然气产量比重。抓住东海和南海天然气储量增长重点领域，坚持大中型油气田的勘探理念，加快深水勘探。在稳步进行成熟区、滚动区勘探的同时，继续加强新区、新领域的探索，寻找油气战略性突破和油气储量新的增长点。

推进海上低渗气藏和深水油气的开发，做好科研攻关，抓好现场试验推广，推动海上低渗致密气和深水油气开发技术进步和装备能力升级，走出一条海上低渗油气田和深水油气经济有效开发的新路。

（2）积极拓展非常规天然气资源

把握国家大力发展天然气的重要战略契机，统筹公司国内外非常规油气资源，积极加大致密气、煤层气、页岩气产业发展力度。

发展煤层气、强攻致密气，实现勘探开发一体化、生产销售一体化、自营合作一体化、致密气煤层气一体化，积极推动国内陆上非常规油气勘探开发。提前落实勘探部署并尽快提交探明储量，采用滚动勘探开发模式，加快致密气区块产能建设、释放煤层气区块已建产能。

通过国内外并购、投标积极获取新矿区，扩大非常规油气规模，加快非常规油气勘探开发节奏，打造中国海油非常规油气新的增长点，为公司增储上产和可持续发展提供技术支撑。

（3）巩固LNG的领军地位

抓住国内天然气市场迅速增长的机遇，优化资源池，做强、做优、做大市场群，深化产业布局，巩固国内LNG行业领军地位，成为集团公司重要支柱产业。

加大资源获取力度。抓住国内天然气市场迅速增长的机遇，一方面在现有海气、LNG、煤层气等资源的基础上，进一步加大对国内资源的开发力度和国际资源的获取力度；另一方面抓住LNG发展机遇，优化长、中、短期现货资源，降低资源池成本，形成互补体系，提高资源池竞争力。

融入全国产供储销体系大局，拓展国内市场布局，提升天然气保供能力和抗风险能力。强化终端市场开发。坚持差异化发展，重点拓展工业、发电、分布式能源、城市燃气、车船加注等天然气利用领域，提高自有终端占比，提升市场份额。扩大LNG国际贸易范围和模式，拓展海外LNG接收站项目投资运营，开辟新增利润点。

（4）做优做强海外业务

将海外业务作为公司做大储量和产量规模的必由之路，积极参与世界级大项目开发，争当作业者，努力建设生产基地，形成规模效应。

4.3.2 增强可持续发展能力

(1) 能源生产

① 海上风电

依托自身丰富的海洋工程经验，作为海上风电投资商/运营商、EPCI 总包商，或者海上地质勘察与运维服务商，介入海上风电业务。

② 地热能

鉴于目前我国的地热产业政策和地热能分布的特征，寻求以独资运营、合作参股等形式参与东北地区地热采暖产业的机会。

③ 燃料乙醇

介入重点放在技术成熟的玉米或木薯燃料乙醇产业上，考虑采用控股或参股的方式进入。参股企业优选东北等玉米原料主产区的燃料乙醇生产企业或者汽油消费量大的区域(如珠三角、长三角)的燃料乙醇生产企业。

关注纤维素燃料乙醇技术，做好技术储备，在条件成熟的时候，进入纤维素燃料乙醇产业，为大规模发展燃料乙醇产业奠定基础。

根据燃料乙醇原料资源和市场全球分布不均的特点，结合国家“一带一路”倡议和公司国际化战略，借鉴公司丰富的 LNG 贸易经验、人才优势等，从东南亚国家进口木薯原料或从美国、巴西进口燃料乙醇产品等，推动公司尽快进入燃料乙醇产业，并逐步做强、做大，为国内能源市场贡献绿色低碳的新能源产品。

④ 海上核能

单纯购电模式，在国家发改委和能源局大力推进的海洋核动力平台示范工程项目中，考虑成为该类项目的首批用户。考虑联合核能公司共同出资组建业主模式的公司。

⑤ 光伏

开展工业光伏系统的开发。利用闲置的工厂屋顶(或闲置空地)建设光伏电站项目，实现电能自发自用、余电上网，节能减排的同时带来经济效益。

考虑采取多种方式拓展光伏产业版图，包括：购买已建成光伏电站；与光伏产业上游企业进行合作，开发平价上网光伏电站项目；投资具有核心技术实力的光伏企业。

⑥ 氢能

依托自有炼化企业及煤化工企业，成为氢气供应方；开展加油站和加气站合建的示范项目，积极开展氢能产业示范的政府合作，在局部市场提前布局。

⑦ 温差能

现阶段可充分发挥自身海洋工程、研究、人才方面的优势，有重点地开展技术研发和项目规划等前期研究工作，逐步推进温差能开发的产业化。

（2）能源服务

① 天然气分布式能源

以区域型天然气分布式能源项目为主择优选择，考虑单纯供气、合作开发、运营维护等多种商业模式。

② 海上风电工程一体化服务

考虑结合自身海上施工建造的优势，介入海上风电服务产业，成为海上风电安装船业主，满足企业自身海上风电项目的安装需求，同时可以对外提供海上风电安装及维护服务。

③ 规模化储能

结合自身新能源业务的市场定位和发展需求，适时通过和业内领先企业的合作，进行储能技术的深入研究，以储能技术和方案提供商的角色进入储能领域。

4.3.3 实施能效提升和节能减排

（1）加强源头管控

加强对传统产能改造，淘汰落后产能，推动新旧动能转换和产业转型升级。对于低产低效生产井，结合经济性评价结果，考虑关停措施，消减能耗和温室气体排放总量。

严格落实新建项目节能审查和碳排放影响评估审查制度，把好项目准入关。从源头把控生产工艺选择、设备选型，实现能源利用效率最大化，温室气体减排措施最优化和项目经济利益最大化。将节能减排融入新建设项目的全生命周期，建立审查意见层层落实制度，着力实施固定资产投资项目全过程闭环节能减排低碳管理。

（2）优化能源消费结构

大力推进能源消费结构绿色低碳转型。鼓励开发利用可再生能源，持续推进风能、核能、海洋能等海洋新型能源及其他新型绿色低碳能源的探索、研究、试开发，在具备条件的生产设施或园区实施可再生能源替代化石能源，推广绿色照明。

拓展能源供应模式。因地制宜，加快推进海上油田电力组网工程，开展渤海油田岸电应用规划研究，适时开展岸电工程示范，提升能源利用率，降低温室气体排放。

（3）强化技术节能减排

以先进适用技术装备应用为手段，强化技术节能。深入研究海上油气田余热回收技术，有效提升海上油气田能源利用率。推进发电机、压缩机等耗能设备的优化改造工程，提升主要耗能设备负荷率和效率。增加 SVG 无功补偿装置，提高电网功率因数。加强节能新技术、新工艺、新设备的运用，推动绿色低碳技术成果转化工作。

推进低碳生产技术改造。以减少温室气体排放为目标，通过资源回收利用、减少工艺放空和设施逸散及研发后处理利用技术实现减排。研发推广火炬气、放空气的回收回注和综合利用技术。加强对阀门、法兰等部件设施的管理，采用红外摄像技术识别和干预渗漏点，减少作业过程甲烷的泄漏和逸散。跟踪研究二氧化碳捕集封存驱油(CCUS)、二氧化碳压裂和海洋碳汇等技术，对已产生的二氧化碳进行后处理或利用，减少脱碳工艺产生的高纯度二氧化碳排放。

(4) 深化低碳示范试点引领

深化低碳示范试点引领，促进低碳发展模式。开展绿色油气田试点示范建设，加大低碳逐步建立绿色油气田评价标准、指标体系和激励约束机制，开展重大节能环保、资源综合利用、低碳技术产业示范项目，培育低碳标杆生产单位，推动中国海油内部形成一批“绿色制造”企业。

(5) 健全绿色标准体系

聚焦公司绿色发展需求，围绕碳排放影响评估、节能评估、绿色油气田、智能油气田等构建企业标准体系，加快能耗、碳排放、清洁生产等标准制修订，提升绿色发展标准化水平。积极参与行业、国家、国际标准化工作，围绕节能、低碳、新能源等领域，主导或参与标准制修订工作，提升行业影响力。加强强制性标准实施的监督评估，开展实施效果评价。

4.3.4 探索油气田开发新模式

(1) 探索实践区域化联网开发模式

探索油气田的区域化联网开发模式。将油气田现有的局部区域网络连成一片，从“孤岛”型向“网状”型转化，实现天然气、电力、注水水源、生产污水等资源共享、优势互补，促进区域的滚动勘探开发。未来全面建成一体化油网、气网、水网、电网、信息网和陆海互联网建立健全污染物处置技术及管理体系，实现全面零排放目标。

(2) 推动能耗排放管理数字化

加大能源管控系统建设力度，普及和完善能源管控中心建设，实施动态监测、控制和优化管理，提升能源分析、预测和平衡调度能力，实现能源管理的数字化和精细化。

推进低碳管理平台建设，优化碳排放数据监测、统计、分析及碳配额指标交易等关键模块的设计，完善数据信息的填报、分析和管理功能，为公司碳资产管理奠定数字化基础。

(3) 实现油气田开发智能化

大量应用人工智能技术、智能机器人操作，持续推进无人化管理，推动现行无人驻守井口平台设计标准更新升级，构建简易无人驻守平台新模式，减少能源消耗和污染物排放量，打造海上绿色低碳智能气田。

4.3.5 提升科技支撑能力

（1）坚持绿色科技创新，实现绿色发展

支持节能环保、绿色低碳、新型能源等核心技术的开发研究，提高产业低碳竞争力。重点研发适合海上生产的余热高效利用、火炬气综合利用等节能减排新方法、新技术和新工艺。跟踪储备二氧化碳捕集、封存和驱油，海洋碳汇等二氧化碳利用技术。持续推进海洋能、氢能、海上核能等海洋新型能源及其他绿色低碳能源的探索、研究、试开发，支撑先导性能源技术的研发和转化。

4.3.6 提升低碳管理水平

（1）建立碳预警机制

密切关注全球的碳约束政策及碳价格变化趋势，积极参与碳市场交易，加强对碳履约企业的指导监督。建立公司的碳预警机制，逐步完善将碳排放影响纳入投资决策的制度流程。

（2）健全碳资产管理体系

对碳资产实施集中管理和交易。坚持“统一管理、统一核算、统一报送、统一交易”的“四个统一”原则，设立专门部门进行碳资产的集中管理和交易，做好公司的碳排放数据管理、碳资产管理和碳交易管理工作，实现碳资产的保值增值。

（3）强化低碳培训和宣传

强化培训宣传。鼓励多种培训形式，提升主管人员、专兼职人员、生产作业人员等相关人员的节能低碳意识和技能，重点培育一批素质过硬的节能低碳管理专业人员，提升员工的整体节能低碳意识和技能，将节能低碳工作层层落实。

加强宣传引导，开展多层级、多形式的宣传教育，大力传播绿色发展理念，倡导勤俭节约、绿色低碳的社会风尚。组织开展全民绿色低碳行动，推动全员参与节能减排工作，提升企业的绿色低碳软实力。

（4）深度参与低碳交流合作

深度参与应对气候变化国际交流合作。积极参与企业间的交流互动，加强节能减排、气候变化、清洁能源开发等方面的国际交流对话，深度参与应对气候变化国际合作，提升公司的国际影响力，营造绿色企业的良好形象。

强化绿色科技合作。紧跟国内外绿色科技和产业发展动向，加强绿色发展交流与合作，加强节能、低碳、新型能源等领域科技合作研究，鼓励与国内外研发机构建立合作关系，广泛开展科研人员交流培训，推动绿色科技合作。

4.4 规划计划

中国海油定期编制五年节能低碳规划，对上个五年期取得的成效做全面的总结，包括完成国资委“任期”情况、完成上个五年期规划情况、产品能耗完成情况、取得的成绩及荣誉、上个五年期节能重点工作等。在总结及对内外部环境和节能低碳形势分析预测的基础上，提出规划期面临的主要形势，并对形势进行详细分析。

在结合五年期的形势分析及中国海油的发展战略及产业规划基础上，提出五年期的节能低碳战略思路、具体目标与指标。具体指标包括集团公司及各二级公司年度节能量、年度节水量、年度能源消费量、年度万元产值能耗、年度水消费量、年度万元产值水耗、年度碳排放量等。同时，对于重点板块，提出产品能耗的具体指标，油气板块指标包含单位油气产量综合能耗、单位油气产量水耗，炼油板块指标包含吨原料油加工能耗、吨原料油加工水耗，化工化肥板块指标包含合成氨单位产品综合能耗、尿素(纯氮)单位产品综合能耗、甲醇单位产品综合能耗、磷复肥单位产品综合能耗，气电板块指标包含单位供电煤耗、单位 LNG 储存与气化综合能耗。同时，重点用能企业需单独确定指标，并在以上指标的基础上提出企业产品能耗指标。

为保障指标的完成，在规划中提出重点工作方向并确定重点项目。以“十四五”节能规划为例，重点工作方向为：加强能源和资源的综合利用；绿色制造体系建设，创建绿色工厂；加大碳管理力度；节水管理。重点项目分业务板块提出，包括油气开发板块、炼化板块、化肥化工板块、气电板块及综合技术服务板块。具体包括项目内容、项目投资、项目节能量等，重点节能项目的实施作为指标完成的主要保障。

为确保规划的科学、实效，中国海油在编制节能五年规划的基础上，每年均综合考虑外部政策形势变化及内部组织机构、产品结构、产能变化等因素制定滚动规划，及时优化规划内容，并将节能计划、节能减排投资计划纳入年度生产计划和预算体系，以集团公司计划大本形式下发，年度计划考核内容包括综合能源消耗量、新鲜水用量，产值能耗(可比价)、产值水耗(可比价)，节能量、节水量等通用指标以及吨油气生产、炼油、供电、甲醇、合成氨的综合能耗、水耗等针对性单耗指标，将节能作为约束性指标层层分解到各单位，切实做到用计划保规划、用项目保计划。

5 统计计量管理

5.1 节能统计管理

节能统计是节能工作的基础，为此中国海油高度重视节能统计工作，建立了从上到下的统计网络，要求各用能单位指定一名主管领导负责本单位的节能统计工作，并责成相关部门设置专人具体负责组织落实节能统计工作，确保节能统计渠道畅通、数据准确。同时，为了规范统计工作，2008 年集团公司发布了企业标准《能源消耗统计指标与计算方法》，2009 年发布了企业标准《节能统计管理规范》。为了满足节能工作要求的改变，两项标准均及时进行了更新，在执行的均为 2019 年版。

集团公司要求各企业统计的内容主要包含能源消费统计、单位能源消耗量统计、节能量统计、主要用能设备情况统计、节能项目实施情况统计。在统计的基础上需要对数据进行分析，概述用能基本情况，分析数据发展趋势，甄别异常数据并进行原因分析。集团公司对节能统计人员开展了系统培训，通过培训统计人员掌握了比较分析法、结构分析法、因素分析法、动态分析法和平衡分析法等各种数据分析方法。数据的质量是统计工作精准性的保障，集团公司对数据质量控制工作提出了很高的要求，包括：

★ 用能单位应加强节能统计数据质量管理，建立节能统计数据质量控制的各项管理制度和评估制度，确保数据准确、可靠，统计数据小数点后保留两位有效数字，特别要求除外。

★ 用能单位应严格审核报表数据，确保上报的能源品种、计量单位、核算方法等内容符合能源统计制度的规定，发现问题应及时更正。上级用能单位对接收的基层单位能源统计报表应进行严格审核，发现问题应及时跟踪修正，并留有审核跟踪的详细记录。

★ 用能单位在统计报表报出前，应将统计数据与生产经营、效益等相关指标进行逻辑审核，运用趋势分析等方法对数据质量进行评估。上级用能单位不仅应对所属基层单位上报的数据进行评估，也应对本级综合汇总数据进行评估，确保数据的准确性和合理性。

★ 统计数据报出后，如果发现差错，应及时向受表单位更正并留有记录。

在能源统计报表接收和数据处理过程中审核出问题或接到上级单位查询，应及时向填表单位核证，查询结果和修正情况应进行记录。上级用能单位不得代替所属基层单位填写统计报表或更改统计数据。

在众多统计数据中，能源消耗统计作为最重要的一项，涉及多项统计指标。集团公司制定了指标体系，将能源消耗指标体系分为一级能耗指标和二级能耗指标。一级能耗指标主要用于集团公司统计、考核所属企业的用能水平。二级能耗指标主要为用于集团公司所属企业统计、考核下属单位用能水平的能源消耗指标。一级能耗指标包含单位生产价值量、油气生产、炼化生产、化工化肥生产、天然气与发电、新能源、专业服务及其他等七类，每一大类根据生产的特点确定了指标，一级能耗指标见表 5-1。

表 5-1　中国海油一级能耗指标

指标分类	指标名称
单位生产价值量	单位产值综合能耗
	单位增加值综合能耗
	可比价单位产值综合能耗
	可比价单位增加值综合能耗
油气生产	单位油气生产综合能耗
	单位液量生产综合能耗
	单位天然气生产综合能耗
	单位非常规气生产综合能耗
炼化生产	炼油(单位)综合能耗
	单位能量因数能耗
	乙烯单位产品综合能耗
	对二甲苯单位产品综合能耗
	对苯二甲酸单位产品综合能耗
	煤制氢单位产品综合能耗
化工化肥生产	合成氨单位产品综合能耗
	尿素单位产品综合能耗
	甲醇单位产品综合能耗
	纯碱单位产品综合能耗
	煤制天然气单位产品综合能耗
天然气与发电	发电标准煤耗
	供电标准煤耗
	单位输气周转量综合能耗
	单位 LNG 生产综合能耗
	单位 LNG 外输量综合能耗

续表

指标分类	指标名称
新能源	风电场等效利用小时数
	光伏电站等效利用小时数
专业服务及其他	单位钻井进尺综合能耗
	单位地震资料采集综合能耗
	单位钢材加工量综合能耗
	船舶单位马力船天综合能耗
	运输船舶单位周转量综合能耗
	单位面积建筑能耗

二级能耗指标包含油气生产、炼化生产、化工化肥生产、天然气与发电、新能源、专业服务及其他等六类，每一大类根据生产的特点确定了指标，二级能耗指标见表 5-2。

表 5-2　中国海油二级能耗指标

指标分类	指标名称
油气生产	单位油气处理综合能耗
	单位天然气处理综合能耗
炼化生产	炼油加工单位耗电
	炼油装置单位加工量能耗
	炼油综合损失率
	乙烯单位产品耗电
	煤制氢单位产品耗标准原料煤
化工化肥	合成氨单位产品耗天然气
	合成氨单位产品耗电
	合成氨单位产品耗标准原料煤
	合成氨单位产品耗标准燃料煤
	甲醇单位产品耗天然气
	甲醇单位产品耗标准原料煤
	甲醇单位产品耗标准燃料煤
	甲醇单位产品耗电
	纯碱单位产品耗电
	煤制天然气单位产品耗标准原料煤
	煤制天然气单位产品耗标准燃料煤

续表

指标分类	指标名称
天然气与发电	厂用电率
	单位输气周转量电耗
	单位输气周转量气耗
	单位 LNG 外输量电耗
新能源	风电上网电量
	光伏发电上网电量
专业服务及其他	单位钢材加工量耗电
	单位面积建筑耗电

在确定指标的基础上，集团公司参照国家、行业等相关标准，制定了科学的指标计算方法。上述所有指标均对应着详细的计算边界及计算方法，通过培训等方式，各用能单位统计人员对计算方法均有了很好的理解，确保了统计过程中计算的准确性。

5.2 计量管理

准确的计量数据采集、科学的能耗统计分析能为企业的节能工作提供可靠、准确的指导方向。为此，中国海油高度重视对各用能单位能源计量和统计工作的监管，要求各用能单位按照国家有关技术标准要求，完善能源计量器具、原始记录、基础台账，加强用能计量和检测，做好能源计量及能源统计资料记录及积累和分析等工作，并在此基础上，参照国家及行业标准制定了《能源计量器具配备和管理要求》企业标准。

集团公司要求重点用能单位需建立能源计量管理体系，并实施、保持和持续改进，并建立、保持和使用文件化的程序来规范人员行为、管理计量器具和进行计量数据的采集、汇总和处理。对于所有用能单位，要求设有专人负责能源计量器具和计量数据的管理；对于重点用能单位，要求能源计量管理人员、能源计量操作人员和能源计量器具的维修人员，需通过相关管理部门的培训考核，持证上岗。

配备率、完好率高的计量系统是能源统计工作的基础保障。集团公司对用能单位的能源计量器具配备率和技术性能做出了明确要求，并要求用能单位需备有完整的能源计量器具配备一览表，表中需列出计量器具的名称、型号规格、准确度等级、测量范围、生产厂家、出厂编号、所属用能组织名称或编号、安装使用地点、状态(指合格、准用、停用等)和量值溯源方式等。一览表中按用能组织层次分级，按计量品种分类。为确保计量器具计量的准确性，集团公司要求用能单位需制订能源计量器具的周期检定/校准计划，并按计划对能源计量器具实施检定/校准，确保计量器具量值能溯源到国家计量基准。同时，用能单位需建立能源计量器具档案，档案内容主要包括：使用说明书；出厂合格证；历次(或最近两个连续周期的)检定或校准证书；检修记录；其他相关的信息。

计量数据对于能源统计管理是非常重要的，集团公司要求能源统计报表数据需能追溯至计量检测记录。并对计量检测记录做出了如下要求：

★ 用能单位能源计量数据记录应采用表格式样，计量检测记录表格应便于对数据的汇总与分析，应说明直接读数与被测量或记录量之间的转换方法或关系。

★ 能源计量数据应如实读取并准确记录，应记录读取量值的时间和人员。

★能源计量数据应分级采集，按级统计。

★ 对能源计量器具的检定/校准结果或其他方法进行数据修正时，应制定程序文件规定数据修正依据、修正理由、修正幅度和修正人员等，并保存修正的数据记录。

★ 重点用能单位可根据需要建立能源计量数据中心，利用计算机技术实现能源计量检测数据的网络化管理。能源计量数据及有关记录保存期限应不低于5年。

中国海油所属用能单位严格执行集团公司的管理制度及标准，建立了能源计量管理制度，计量仪表的配备率、完好率均符合集团公司的相关要求。以下以中海石油(中国)有限公司湛江分公司为例，介绍中国海油所属公司的能源计量器具管理工作。

(1) 能源计量器具分类

用能单位(一级计量器具)：即湛江分公司，包括输入到分公司的能源(油气井产油产气；输入平台的柴油、淡水；外购电等)，外售的能源(天然气、原油、凝析油、LPG 等)，火炬或冷放空的计量等属于此类。

主要次级用能单位(二级计量器具)：即油气田、终端，包括分公司范围内油田、气田、终端之间能源输入输出的计量属于此类(例如海上平台外输的天然气进入终端时平台的外输计量和终端接收计量、电力组网中油气田间的电力输入和输出)。

主要用能设备(三级计量器具)：即达到 GB 17167—2015 表 2 内规定限值的用能设备输入输出的能源计量属于此类。另外根据标准的解释，对于可单独考核的用能单元(装置、系统、工序、工段等)和集中管理同类用能设备的用能单元(锅炉、泵、压缩机组等)的单元能源计量也属于此类。

(2) 计量器具配备要求

能源计量种类：包括原油、天然气、电力、柴油、轻油、液化石油气等各种资源；蒸汽、热水、压缩空气、氮气、新水等载能工质。

计量范围：包括输入、输出海上油气田的能源及载能工质；海上油气田主要用能设备消耗的能源及载能工质；海上油气田主要用能设备自产的能源及载能工质；海上油气田和主要用能设备可回收利用的余能资源。

配备的基本要求：满足能源分类计量的要求；满足湛江分公司实现能源分级分项考核的需求。

（3）计量器具管理

湛江分公司建立了完善的能源计量器具检验制度，仪表部门负责进行流量计的半年自检，并委托有资质的单位进行年度校准、校验。湛江分公司组织建立了各油气田能源计量器具管理档案，各油气田建立了《计量器具全生命周期管理表》，各计量器具整个生命周期都有完整的管理记录。

5.3 能耗在线监测系统建设

能耗在线监测系统是从企业能源综合利用角度出发，深入到车间和重点用能设备，对各种耗能设备实现精准用能采集计量和能源利用效率分析，是工业数字化、智能化发展和实际应用落地的重要细分应用场景。

2013年，发改委印发《关于开展重点用能单位能耗在线监测试点工作的通知》（发改办环资〔2013〕330号），首次提出要在石油、石化和电力行业试行能耗在线监测系统建设。2017年9月，国家发改委联合国家质检总局共同印发《关于印发〈重点用能单位能耗在线监测系统推广建设工作方案〉的通知》（发改环资〔2017〕1711号），要求各地方加快建设重点用能单位能耗在线监测系统，健全能源计量体系，加强能源消费总量和强度“双控”形势分析和预测预警，推动完成“双控”目标任务。2019年4月，国家发改委、市场监管总局《关于加快推进重点用能单位能耗在线监测系统建设的通知》（发改办环资〔2019〕424号）要求确保2020年底前，完成各地区全部重点用能单位的接入端系统建设，并实现数据每日上传。

中国海油顺应形势，积极推进在海上能耗在线监测系统建设。集团公司印发《关于进一步落实能耗在线监测系统建设的通知》（中国海油安字〔2018〕23号），要求各所属单位高度重视能耗在线监测系统的建设，针对海上油气田生产设施：（1）上游已投产项目，2010年后投产的油气田要3年内完成能源在线监测系统的建设；处于中后期阶段的油气田，根据自身情况进行改造完善；不满足建设条件的油气田，要逐一进行说明。（2）上游未投产项目，要将能耗在线监测系统纳入到项目整体方案中，若无配套建设方案，将不予通过节能审查。

由中国海洋石油集团有限公司颁布，2019年4月1日实施的《海上油气田能耗在线监测系统建设指南》中，海上油气田监测指标主要分为两类：能耗参数指标和能效参数指标。能耗参数监测项目如下：

（1）输入输出能源总量

输入输出海上油气田的原油、天然气，进入火炬或冷放空排放的天然气量，输入淡水量，输入柴油量，输入输出平台的电量。

进入终端的原油、天然气、生产水总量，原油外输量、天然气外输量、稳定烃外输量、液化气外输量，进入火炬或冷放空排放的天然气量，蒸汽用量，输入新鲜水量，输入柴油量，输入终端的电量，输出终端的电量等。

（2）用能单元使用的能源及载能工质：包括生产系统用电量，电站用气量、用油量，热站用气量、用油量，主要柴油用户的用量，其他重点监测系统/设备的耗能量。

（3）自产能源：主电站的发电量。

（4）低热值：所消耗能源品种的低位发热值。

海上油气田能效参数指标主要为体现海上油气田主要系统或装置能效水平的典型指标，包括能效评价参数和能效监测参数，重点监测对象为能源消耗大于或等于表 5-3 中的一种或多种能源最低消耗量的系统或装置。

表 5-3　重点监测系统/装置的能源最低消耗量

能源种类	电力/kW	原油、成品油、液化石油气/（t/h）	重油、渣油/（t/h）	天然气/（m^3/h）	蒸汽、热水/MW	新水/（t/h）	其他/（GJ/h）
最低消耗量	100	0.5	0.5	100	7	1	29.26

海上油气田能耗在线监测系统架构分为数据采集、数据传输、数据储存和数据应用四个层次结构：

数据采集主要来源于中控系统（DCS）、电力系统（PMS/DMS）和其他方式。通过中控系统采集流量表、压力表、温度表等主要耗能设备不同功能仪表的数据，并将采集到的数据通过有线或无线方式传输至能耗在线监测系统海上数据库。通过电力系统采集电压、电流等主要耗能设备不同功能仪表的数据，并将采集到的数据通过有线或无线方式传输至能耗在线监测系统海上数据库。其他方式主要指通过仪表控制盘（PLC）和人工填报等，原则上采用在线直接采集方式。采用标准数据接口实现数据共享。采集数据应符合企业规定的安全要求。

数据传输充分利用现有网络资源，根据油气田规模及环境条件选择通信介质和组网方式；新搭建传输网络时，根据海上油气田的实际情况，确定数据传输的方式，如光纤、微波和卫星传输等。

数据存储主要依托陆地数据库服务器，由于海陆通信的不稳定，在海上设置数据采集服务器，用于自动采集数据点、数据缓存、断点续传等功能。

数据应用，即系统的功能，主要指数据的统计、计算、汇总、预警和对比等，在能耗在线监测系统中占据核心地位，其总体规划非常重要，系统构架设计必须能够满足规划期内任何可能出现的需求，保证系统建设可以根据企业实际情况和需求分步实施，保证系统的健全性、可扩展性和可维护性。因此，根据业界实践经验，系统构架应该基于一个天然的微服务开发脚手架，涵盖注册中心、网关、配置中心、熔断等常用的可拔插组件，以及标准化的前后端通信接口标准、统一的异常处理方案、RBAC 和 UBAC 融合鉴权体系、基于 OAuth2 的分布式鉴权模组、常用工具类，前端模组，Swagger 注解编写规范和代码注释检测规范等。

系统通过数据采集、数据传输和数据存储，已经能够将数据持久化保存到关系型数据库和实时数据库中。数据应用构架建立在数据持久层之上，包含业务层、接口层、前端 UI 层和访问层。通过前期调研，为了满足上述构架，将能耗在线监测系统功能按递进关系划分为计量级、监测级、分析级、优化级和智能级。

（1）计量级

仪表计量是能源在线监测系统运行的基础，主要负责能源数据的采集和感知。

按照《用能单位能源计量器具配备和管理通则》（GB 17167）及政府、海上油气田能源管理信息化的要求/需求配备可远传的能耗和能效计量器具。通过配备、维护和检定能源计量器具，实现主要能源实物消耗数据的准确计量。其中，能耗计量器具主要为与能耗参数计量相关的仪表，包括衡器、电能表、液体流量计、气体流量计等；能效计量器具主要为与能效参数计量相关的仪表，包括压力计、温度计、液体组分分析仪、气体组分分析仪等。

（2）监测级

监测级能耗在线监测系统，是在计量级能耗系统的基础上，建立和完善的海上油气田能源监测管理平台，以提高能源管理信息化水平，实现能耗数据的统一实时监测。通过增加能源计量数据自动采集功能，以及能源绩效参数在线计算和异常报警，实现对用能水平的及时监测，确保快速定位能耗超限环节，加快能源使用管理的响应速度。

目前海上油气田的能源管理仍以统计和上报为主，且能源数据分散，管理相对粗放，缺乏集中监控平台和系统性节能手段。在帮助海上油气田完成其计量仪表配备的情况下，为其建立能源监测管理平台，实时采集生产数据、能源消耗数据，并保证数据的真实可靠，为能源信息化管理提供数据支持。监测级能耗在线监测系统的建设以满足国家有关的建设要求为基础，其建设功能主要满足能耗数据的采集、展示、分析、汇总和上传。

（3）分析级

分析级能耗在线监测系统，在能源数据可视化的基础上，进行数据挖掘，可实现数据的综合分析。针对油气田的主要产用能环节、单元、区域等，开展能源绩效参数的在线历史趋势纵分析和同类型油气田横向对标分析，提出节能增效建议。

基于实时采集的能源数据，并结合海上油气田的能源管理体系或能源管理流程，开发具有不同功能模块的能源管控系统，按照岗位职责划分，实现能源数据的实时监测、能耗异常管理；能源计划（定额）管理、能源指标跟踪，能源统计分析；能源效率监测，能源实绩管理，能源绩效评估和考核等功能。

（4）优化级

针对油气田的主要产用能环节、单元、区域等的模拟优化模型和完善能源优化管理制度，实现能源管控单元生产过程中能源使用的日常优化管理，确保能源管控单元可根据生产需求设定科学合理的能源消耗目标值，并及时提出能源使用的计划、调度和操作优化方案，促进其用能水平的持续改进。

优化级能耗在线监测系统，利用专业软件建立流程模型，进行模型优化设计计算和实施。

增强系统建模能力和优化控制能力，将先进 IT 技术结合 APC 和 RTO 等先进控制策略，深度挖掘生产和能源数据，利用相关参数变量信息建立系统模型，采用优化算法处理复杂的多变量过程控制问题，并对模型开展分析，优化运行关键设备和工艺，实现基于多变量耦合和约束的动态优化控制，提供智慧用能服务解决方案，实现节能增效。

（5）智能级

通过能源使用管理与主要生产过程闭环优化等的集成，实现对能源管控单元的全方位闭环管理，促进其生产全过程的能源使用科学化管理和精细化控制。以大数据为基础的智能级能源管控，通过大数据模型运算、机器学习等先进信息技术，深入挖掘生产和能源两者之间的相关性，建立合理的分析模型，并结合优化控制，逐步实现能源管理智能判断（自动化）、能源管理自主决策化，使生产设施系统可以独立承担分析、判断、决策等任务，实现智能制造。

6 固定资产投资项目能评和碳评管理

固定资产投资项目能源消耗源头管控，是落实节能工作的一项重要举措。通过对固定资产投资项目的审查，可以发掘投资项目节能减排的空间，并通过项目在设计、建设阶段的改进，使新建项目在投产后能耗、碳排放等指标上达到先进水平。中国海油高度重视固定资产投资项目审查工作，通过实施内部碳定价、新建固定资产投资项目节能评估和碳排放影响评估制度，从项目设计源头实施能源消耗与碳排放管控。

6.1 能评管理

国家发展和改革委员会于2010年9月制定并发布了《固定资产投资项目节能评估和审查暂行办法》，由此开始，我国正式开始推行能评制度。为了加快推进能评制度，中国海油在此基础上，发布了《中国海洋石油总公司固定资产投资项目节能评估和审查管理办法》，中国海油能评工作就此揭开大幕。此后中国海油高度重视该项工作，2016年集团公司发布的《关于进一步加强节能管理工作的通知》中重申了能评工作的重要性：切实落实总公司对固定资产投资项目实行节能评估和审查制度的要求；项目在设计阶段，应对节能评估文件及其审查意见要求的节能措施予以落实。

在制度保障的同时，为了规范能评工作，集团公司发布了Q/HS 13018—2013《炼油化工固定资产投资项目可行性研究及初步设计节能篇(章)编写规范》、Q/HS 13023—2014《海上油气田节能评估报告书编制规范》，确保了能评工作标准的统一。

2017年1月集团公司发布的《中国海洋石油总公司节能管理办法》(QHSE-01-23)中，《固定资产投资项目节能审查管理细则》作为《节能管理办法》细则之一，列入管理办法之中，标志中国海油能评工作制度化、系统化建设完毕。

6.1.1 审查管理与要求

中国海油明确了固定资产投资项目需实施审查：集团公司对固定资产投资项目实行节能审查制度；所属单位项目的可行性研究报告及初步设计中需包含节能篇(章)；固定资产投资项目节能报告需要在可研/ODP阶段编制完成。

中国海油对固定资产投资项目节能审查要求如下：

（1）各所属单位根据建设项目所在地或公司注册所在地，按各省级政府的报送要求，报送固定资产投资项目节能报告。

（2）节能评估综合能耗大于3万t标准煤的海上工业项目、综合能耗大于10万t标准煤的陆地工业项目、建筑面积大于5万m^2的公共建筑项目，所属单位在上报省政府主管部门审查前，需先上报集团公司QHSE部，集团公司QHSE部将组织对节能报告的预审。

（3）集团公司质量健康安全环保部在收到项目节能报告书后15个工作日内将节能预审意见反馈给所属单位。

（4）在基本设计/初步设计阶段，设计文件需逐一说明节能报告及其审查意见要求的节能措施落实情况。设计时需依据已经批准的节能审查相关文件，不得随意变更。

（5）节能审查意见自印发之日起2年内有效。通过节能审查的固定资产投资项目，其建设内容、能效水平等发生重大变动的（按照各省市的要求），所属单位需向节能审查机关提出变更申请。

（6）项目建设过程中，由集团公司质量健康安全环保部组织，对项目执行节能标准和规范、节能措施落实等情况实施监督检查。对未落实节能措施、未按节能标准和规范建设的项目，有权责令有关建设主体限期改正。

（7）建设项目未进行节能审查，或节能审查未通过的项目，所属单位不得开工建设，已经建成的不得投入生产、使用。

6.1.2 工作内容

中国海油开展固定资产投资项目节能审查的具体内容包括：

★ 依据法律和法规、政策和规划等规定和要求，分析项目用能的法律和政策的符合性；

★ 通过对项目能源购入和储存、加工和转换、输送和分配、使用等环节的系统分析和用能方案比选分析，分析项目用能方案的合理性；

★ 依据相关标准和规范及行业统计指标，分析项目主要生产工艺系统、辅助生产系统和附属生产系统工艺选择和设备选型用能的合理性，分析主要工艺环节能耗指标和能效水平以及主要耗能设备能效水平；

★ 通过核算项目能耗，对主要能效指标进行对标分析，分析项目能效水平及单位产品能耗指标先进性和真实性；

★ 分析评价节能技术措施的合理性、可行性及节能效果，并对节能管理措施进行分析评价。

6.1.3 后评价

为确认固定资产投资项目节能评估报告中评估意见、节能审查意见的落实情况，中国海油实行节能固定资产投资项目后评价制度。后评价项目范围：节能审查报告综合能耗大于 3 万 t 标准煤的海上工业项目，综合能耗大于 10 万 t 标准煤的陆地工业项目，建筑面积大于 5 万 m^2的公共建筑项目。

项目建设完成之后，集团公司质量健康安全环保部派人参加投产前竣工验收工作。建设项目正常运行后，实施节能后评价。通过固定资产投资项目节能后评价，核查项目建设方案、技术、管理等各项节能措施的落实情况、项目建成后的能源利用情况等，总结项目节能方面的相关经验和教训。后评价制度的实施使固定资产投资项目节能审查实现了闭环管理，固定资产投资项目节能审查制度真正起到了源头管控的作用。

6.2 碳评管理

为了加强碳排放源头管控，2017 年开始中国海油对固定资产投资项目开始实施碳排放影响评估工作，2018 年 5 月集团公司发布的《中国海洋石油集团有限公司低碳管理办法》(QHSE-01-24)中，《固定资产投资项目碳排放影响评估和审查管理细则》作为《低碳管理办法》细则之一，列入管理办法之中，标志中国海油碳评工作开始制度化、系统化建设。

6.2.1 审查管理与要求

中国海油是目前国内唯一实行碳排放影响评估工作的企业，该项工作填补了国内在固定资产投资项目碳排放影响评价领域的空白。碳排放影响评估从专业角度为中国海油科学测算、管控碳排放量及碳排放成本，为积极有效应对国家低碳政策形势提供技术支撑。

碳排放影响评价是在项目实施前可研阶段，对项目的碳排放总量、碳排放强度进行测算，并结合行业标准及国家相关政策对未来碳价进行预测，进而对项目的全生命周期碳排放水平及经济性进行评估，从碳排放及碳资产管理角度出发，论证项目的可行性，给出节能减碳的相关措施与建议。

中国海油对固定资产投资项目碳评审查要求如下：

(1) 对于油气田项目，在可行性研究与 ODP 阶段要求开展碳排放影响评估及减排措施的研究工作，在 ODP 上报投委前完成碳排放影响评估报告的编制。对于中下游项目，在可行性研究阶段开展碳排放影响评估工作并完成报告的编制。非重点控排企业可适当简化，合作项目可参照执行。

(2) 固定资产投资项目碳排放影响评估报告的编制费用应参照国家节能评估的有关规定，列入项目前期研究。

(3) 纳入固定资产投资项目碳排放影响评估的范围，包括：

① 油气田开发项目：年综合能耗大于20000t标煤(改扩建项目按照建成投产后年综合能源消费增量计算，电力折算系数按当量值)或二氧化碳的年直接排放量大于10000t的固定资产投资项目。

② 中下游项目：年综合能耗大于50000t标煤(改扩建项目按照建成投产后年综合能源消费增量计算，电力折算系数按当量值)的固定资产投资项目。

(4) 需报集团公司/有限公司投资决策审查委员会审批的项目，碳排放影响评估报告应由集团公司质量健康安全环保部组织审查后，再按程序报集团公司相关部门；不需报集团公司/有限公司投资决策审查委员会审批的项目，应报所属单位低碳主管部门审查。

6.2.2 工作内容

碳排放影响评价主要工作内容为分析、评估固定资产投资项目全生命周期碳排放量、碳排放盈亏测算以及碳排放成本测算等。具体包括：

★ 确定企业计算边界；

★ 确定计算的排放源和气体种类；

★ 识别流入流出企业边界的碳源流及其类别；

★ 估算各个碳源流的活动水平数据；

★ 确定排放因子数据；

★ 依据相应的公式分排放源计算各种温室气体的排放量；

★ 计算净购入的电力和净购入的热力导致的CO_2的排放量；

★ 测算企业温室气体排放总量；

★ 研究碳排放基准值；

★ 测算碳配额盈亏额度；

★ 建立碳价模型；

★ 测算碳排放成本；

★ 提出减少碳排放成本措施。

6.2.3 评价成果

碳排放影响评价工作在国内没有可参照的标准、规范与成果案例，该项工作开展过程中，中国海油开创性地研究了碳排放量测算、配额盈亏测算、碳排放成本测算方法，形成了碳排放影响评价技术，并成功应用。在上游油气田，通过对各海域油气田的碳排放量数据全面分析，并综合考虑油气田的地质油藏情况和开发阶段，构建了数据模型，以数据分析为抓手，研究确定了海上油气田开采过程的碳排放基准值。

固定资产投资项目碳排放影响评价已列入中国海油《绿色发展行动计划》中，碳排放影响评价技术研究与应用可科学指导新建项目从设计阶段入手、减碳降耗，从源头管控项目碳排放量，降低碳排放成本，保障新建项目满足国家低碳管理要求，对深入践行集团公司绿色低碳发展战略具有重要意义。目前中国海油已完成 30 余个固定资产投资项目碳排放影响评价项目，涉及常规石油天然气开采、非常规天然气开采、石化、LNG 以及发电等多个行业领域。

7 节能项目管理

大力实施节能减排项目，是企业降低能耗、提升能效、减少排放的最为直接的手段，是实现企业绿色低碳发展的现实路径。中国海油一方面通过强化新建项目对先进工艺、装置、设备和管理的利用，从源头上进行能源消耗管控；另一方面通过深入挖潜实施节能减排改造，提升生产过程绿色清洁生产。为确保节能减排项目按计划实施并发挥预期效益，中国海油严格落实项目过程管控和效果后评价，并将项目实施情况列入年度绩效考核，形成全过程管理闭环。

在海上油气开发业务板块，中国海油通过推动油田群电网重组和无功补偿、油田伴生气回收、余热利用、重点用能设备(压缩机、大排量传输泵)节能改造等，提升综合能效；有效应用生产生活污水深度处理和回用技术手段，减少污水排放。炼油化工及气电业务板块，通过加强加热炉能效提升、余热余压回收、工艺操作优化、热物料直供、循环水系统节电、大型耗能机泵节能改造等，降低能源消耗；持续开展污水处理、烟气脱硫脱硝和低氮燃烧的提标改造项目，实现节能增效，促进管理提升。

7.1 项目管理

(1) 节能项目实施制度建设

节能减排改造项目涉及大量改造资金的使用，因此，完善的制度是推动改造项目的保障。在2006年集团公司制定并向各所属单位印发的《中国海洋石油总公司节能工作暂行办法》中，首次提出实施节能重点工程(即节能项目)实现节能量，并根据国家关于实施重点节能工程的有关内容，确定了节能工程重点领域，包括重大耗能设备、锅炉等的改造；区域热电联产；余热余压及冷能利用工程；电机系统节能工程；能量系统优化以及建筑节能等。

2007年8月，集团公司印发的《中国海洋石油总公司节能减排工作实施方案》中，提出了建立节能减排专项资金的投入机制和节能减排工作的激励机制，并明确了实施一批重点节能减排项目的专业范围，包括：

① 海油油气勘探开发领域

★ 油田伴生气回收；

★ 平台透平和船舶燃油添加剂；

★ 平台透平燃料优先利用油田伴生气；
★ 油田天然气回注；
★ 油田生产污水回注；
★ 洗井、压井柴油的回收利用；
★ 氮气泡沫液洗井；
★ 水处理系统改造；
★ 优选化学药剂；
★ 风力发电技术在海上平台应用；
★ 生活楼安装利用太阳能；
★ 电机系统节能；
★ 三用工作船耗油总包策略等。
② 中下游企业
★ 高温烟气能量回收；
★ 瓦斯气的利用；
★ 瓦斯脱硫系统；
★ 常减压装置节能挖潜；
★ 优化换热工艺流程；
★ 蒸汽系统改造；
★ 燃料油系统改造；
★ 成品油、燃料油调和系统改造；
★ 高压蒸汽锅炉改造；
★ 雨水收集、直排水、中水回收二次利用；
★ 使用天然气替代燃料油；
★ 推广使用油品自动脱水器；
★ 节约和替代石油；
★ 能量系统优化等。

2008年7月，为了引导所属单位加大节能减排资金投入，大力推进节能减排工作，加快资源节约型和环境友好型企业的建设，集团公司决定设立节能减排专项资金。为加强节能减排专项资金的管理，提高资金使用效益，制定了《中国海洋石油总公司节能减排专项资金管理暂行办法》。根据规定，专项资金是指列入集团公司年度预算，用于专项支持节能减排工作的集团公司资金，各所属单位每年也需安排相应的专项资金来支持节能减排工作。集团公司计划部是节能减排专项资金的管理部门，负责根据节能减排年度计划确定集团公司年度节能减排专项资金预算，组织节能减排专项资金项目的申报、筛选和评审，管理资金使用和项目验收以及实施情况监督检查。

2017 年 1 月，集团公司发布的《中国海洋石油总公司节能管理办法》(QHSE-01-23)中，《节能专项资金管理细则》作为《节能管理办法》细则之一，列入管理办法之中，进一步明确了节能技术示范引导项目可以使用节能专项资金，包括高效节能节水产品、技术和节能新机制的研究及示范推广。

(2) 节能项目实施情况

在制度的保障下，中国海油大力推进节能改造项目建设。“十一五”期间，中国海油共投资 36.62 亿元用于节能减排技术改造，共实施了 1031 个节能减排技术改造项目，见表 7-1。这些项目的实施，为中国海油实现“十一五”目标和提升公司节能减排水平做出了重要贡献。以 2005 年可比价计算，中国海油 2010 年万元产值综合能耗和万元增加值综合能耗分别为 0.2958t 标准煤/万元和 0.4724t 标准煤/万元，与 2005 相比，分别下降了 22.18%和 12.43%，实现节能量 170.70 万 t 标准煤。5 家千家企业中，有 4 家考核结果为超额完成等级，1 家为完成等级，考核成绩总体优异。

表 7-1 中国海油“十一五”节能减排投入情况

序号	2006 年	2007 年	2008 年	2009 年	2010 年	合计
资金投入/亿元	3.6	9.6	6.4	7.99	9.03	36.62
项目数量/个	51	103	289	284	304	1031

“十二五”期间，中国海油在节能技改方面累计投入 17.53 亿元，开展了 650 个项目，年收益 9.74 亿元，平均投资回收期 1.80 年。项目主要包括伴生气综合利用、余热余压回收利用、能量系统优化等，其中，投资额前十位的大型节能技改项目总投入 9.44 亿元，占“十二五”总投入的 53.85%，平均投资回收期 3.66 年；其余 640 个项目累计投入 8.09 亿元，占总投资额的 46.15%，平均投资回收期 1.12 年。“十二五”期间，中国海油实现节能量 189 万 t 标准煤，所属 30 家万家企业均完成发改委及当地政府下达的节能目标。

2016~2018 年，中国海油组织开展了大量节能减排技术改造，三年累计节能项目投资超过 10 亿元，共实施了 324 个项目，实现节能量 86.80 万 t 标准煤，项目获得收益 5.40 亿元，投资回收期平均在 3 年以内。

7.2 节能量审核

为保证企业节能改造项目节能量数据的准确性，中国海油实行节能量审核制度，通过对节能改造项目的节能量审核，总结项目的实际节能情况及项目运行情况，分析类似节能项目在海油其他企业推广的可行性。节能量审核制度实现了节能改造项目的闭环管理。

集团公司为了规范节能项目节能量的审核方法、审核程序，发布了企业标准《节能技改项目节能量审核规范》(Q/HS 13014)、《节能量计算方法》(Q/HS 13027)，规定了中国海油节能量的分类、节能量计算的基本原则和节能量的计算方法，充分考虑了海油各板块的业务特点，从而使企业标准既符合国家、行业节能标准的一般原则，又能确保企业标准的先进性、实用性和可操作性，以满足国家对实现节能量的要求和为中国海油开展节能管理工作提供科学依据。根据所属单位各板块业务特点，标准中规定了企业对不同业务可采用不用的方法计算节能量，但对相同业务的计算方法应统一的原则。企业各业务节能量推荐算法见表 7-2。

表 7-2 企业各业务节能量推荐算法

类 别	节能量		
	产品	产值	技术措施
油气生产	* *	*	* * *
炼油	* * *	* *	*
化工化肥	* * *	* *	*
天然气发电	* * *	* *	*
专业服务	* *	* * *	*

注：表中 * 的多少表示计算方法的推荐程度，* 越多表示推荐程度越高。

集团公司对节能量审核工作不断总结，通过对项目类型、项目金额、项目节能量及项目推广价值等进行综合分析，逐步确定了纳入节能量审核的项目范围，包括：

★ 投资金额 1000 万元以上或年节能量折合标煤 3000t 以上的节能技改项目建成投产运行满 1 年后，应在当年或下一年度组织开展节能量审核工作。

★ 投资金额 1000 万元以下及年节能量折合标煤 3000t 以下的节能技改项目，如项目节能效果纳入报送地方政府或集团公司节能量考核完成指标的统计范围，各所属单位应将该类项目以总体打包形式，在当年或下一年度组织开展综合节能量审核工作。

在国家大力提倡节能减排，低碳经济、保护环境，促进经济可持续发展的大背景下，集团公司每年组织专业机构对所属单位实施的重点节能减排技术改造项目开展节能量审核工作，截至 2019 年底，已累计完成节能量审核项目约 60 余个，涉及项目类型包括余热回收项目、电力组网项目、放空天然气回收项目、凝析油回收利用项目以及工艺系统优化、无功补偿及谐波治理等其他类型项目。

7.3　合同能源管理

合同能源管理是一种基于市场的节能专业化和先进管理模式，可实现节能项目的低成本和高效率运作。但在实际应用中，存在着和企业原有的投资采办、项目建设、财务资产等多方面管理流程壁垒和矛盾冲突。

中国海油为将合同能源管理模式落地实施，做了多方面适应性制度规范和流程再造工作。在项目招投标中强化节能技术含量和项目长期运营服务质量等因素的权重，明确了投标资格审查方式，规定了项目节能效果和投资回收期的核算方法，制定了项目合同期内节能服务费的财务记账和合同结束后的资产处置方式，创立能源托管型一站式综合解决方案，在集团内联合多部门理顺和规范了管控流程，构建合同能源管理项目实施新机制。

随着管理制度的逐步完善，所属单位的积极性显著提高，成功打开了合同能源管理模式实施节能项目的市场需求，开展的合同能源管理项目量大幅增加，项目实施效益逐步显现。2016 年以来，共推动实施 21 项目合同能源管理项目，吸引投资额 1.76 亿元，年均效益 4967 万元，节能量达 2.9 万 t 标煤。合同能源的实施，有效利用外部技术和资金，防范管理、技术、资金风险，实现零成本投入节能增效。

7.3.1　发展历程

20 世纪 70 年代以来，一种基于市场的、全新的节能新机制——“合同能源管理”(EMC)在市场经济国家中逐步发展起来。1997 年，合同能源管理模式登陆中国。国家发改委同世行、全球环境基金共同开发和实施了“世界银行/全球环境基金中国节能促进项目”，在北京、辽宁、山东成立了示范性能源管理公司，项目一期示范的节能新机制获得很好的效果，运用合同能源管理模式运作节能技改项目很受用能企业的欢迎，获得了较大的节能效果、温室气体减排效果和其他环境效益。

随着我国社会经济的逐步发展，高耗能企业的降本增效意识不断提高，中国在 2000 年以后逐渐推行了一系列政策支持合同能源管理产业的发展。

2007 年 5 月，国务院向各省市和直属机关印发了《国务院关于印发节能减排综合性工作方案的通知》(国发〔2007〕15 号)。

方案要求，加快节能减排技术产业化示范和推广。实施一批节能减排重点行业共性、关键技术及重大技术装备产业化示范项目和循环经济高技术产业化重大专项。落实节能、节水技术政策大纲，在钢铁、有色、煤炭、电力、石油石化、化工、建材、纺织、造纸、建筑等重点行业，推广一批潜力大、应用面广的重大节能减排技术。加强节电、节油农业机械和农产品加工设备及农业节水、节肥、节药技术推广。鼓励企业加大节能减排技术改造和技术创新投入，增强自主创新能力。

加快建立节能技术服务体系。制订出台《关于加快发展节能服务产业的指导意见》，促进节能服务产业发展。培育节能服务市场，加快推行合同能源管理，重点支持专业化节能服务公司为企业以及党政机关办公楼、公共设施和学校实施节能改造提供诊断、设计、融资、改造、运行管理一条龙服务。

其中，2010 年国务院办公厅发布了《关于加快推行合同能源管理促进节能服务产业发展的意见》，财政部、发改委、国家税务总局及地方政府随之推出一系列关于合同能源管理节能项目的财政奖励及税收优惠政策，这标志着我国合同能源管理行业的发展进入了一个新的时期，在石油、化工、钢铁、金属冶炼、电解铝等高耗能企业中大力实施。合同能源管理已发展成为新兴的节能产业。其实质是：以减少的能源费用来支付节能项目全部成本的节能项目运营方式。允许用户使用未来的节能收益为企业的设备升级，以及降低目前的运行成本。

7.3.2 模式分类与意义

(1) 合同能源管理分类

合同能源管理是一种以节省的能源费用来支付节能项目全部成本的节能投资方式。根据投入与受益的商业模式不同，传统的合同能源管理可分为三类。

一是节能效益分享型。即由节能公司提供资金和全过程服务，在客户配合下实施节能项目，在合同期间与客户按照约定的比例分享节能收益；合同期满后，项目节能效益和节能项目所有权归客户所有。

二是节能量保证型。即客户分期提供项目资金并配合项目实施，节能公司提供全过程服务并承诺项目节能量，且节能效益能弥补所有项目还款额和一切为节能公司提供的服务费用。如果项目没有达到承诺的节能量，由节能公司承担相应的责任和经济损失；如果实现的节能效益超过项目还款额，客户和节能公司可以共享超额收益。

三是能源费用托管型。即客户委托节能公司进行能源系统的节能改造和运行管理，并按照合同约定支付能源托管费用；节能公司通过提高能源效率降低能源费用，并按照合同约定拥有全部或者部分节省的能源费。

(2) 合同能源管理意义

合同能源管理(EMC)与企业自身投资开展节能工作相比，具备多种优势：

一是节能项目的全过程专业化服务。实施节能项目的 EMC 公司向用能企业提供了项目全过程的专业化服务，包括设计、施工、项目资金、设备采购、运行维护等，用能企业风险几乎为零。

二是EMC公司承担了节能项目的全部风险。EMC公司用合同方式保证用能企业获得足够的节能量，而且以分享项目获得的部分节能效益收回投资和利润，为用能企业承担了技术风险和经济风险。

三是节能项目的融资形式有利于用能企业。用能企业接受合同能源管理模式，即可实现自身不投入或少投入资金就可以完成节能技术改造。

四是专业化的服务，效率高、成本低。按照合同能源管理模式运营的EMC公司是专业化的节能服务企业，一般具有节能信息广泛、项目运作经验丰富、可以成捆实施节能项目等优势，这为减少项目的前期投入、采购低价设备、降低施工费用奠定了基础。

合同能源管理模式是一个全过程的服务，所以对于用能企业来说应该从企业战略、业务层面、财务层面等企业管理的全过程进行规划，才能实现预期的目标。一个合同能源管理项目的成功实施将使介入方包括EMC公司、用能企业、节能设备制造商等都能从中分享到相应的收益，从而形成多赢的局面，可以提高资源综合利用水平和能源利用效率，推动能源节约型、环境友好型社会的建设。

合同能源管理方式与企业自身投资方式对比见表7-3。

表7-3　合同能源管理方式与企业自身投资方式对比

序号	分项	合同能源管理方式	企业自身投资方式
1	资金风险	甲方零投资，项目实施的设计、技术方案、融资、设备采购、施工等均由节能服务公司负责，不需要甲方投入资金。支付乙方费用从节约费用中支付	项目由甲方投资，占用甲方资金计划及现金流
2	人力成本	节能服务公司提供专业技术服务，不占用甲方人力资源	项目的实施需要甲方工程、采购、装备、生产等部门共同协调，占用大量人力资源
3	设备质保	项目实施和分享期内，项目设备的质保和维保由节能服务公司负责。节能分享期一般在3—5年，相当于延长设备质保，降低甲方费用	甲方投资购买设备质保期自到货之日起，一般为1年，超过质保期后的费用甲方承担，且甲方承担维保费用
4	节能保证	节能服务公司的收益与项目节能量密切相关，节能压力转移到乙方。节能公司提供专业化技术服务保证自身利润	节能压力由甲方承担，且超过设备质保期后，设备提供厂商不负责节能效率
5	技术风险	技术风险由节能服务公司承担，利用专有技术完成节能公司并获取合理利润	技术风险完全由甲方承担

7.3.3 制度建设与实践

(1) 管理制度建设

为贯彻落实国务院国资委2012年中央企业节能减排视频会议精神，深入推进集团公司节能减排工作，中国海油创新节能减排管理，大力推行合同能源管理模式，建立健全节能减排管理、监督、服务“三位一体”的节能减排管理体系。

2015年1月，集团公司QHSE部在北京组织召开了节能专题会议，对推进合同能源管理做出要求。一要加大合同能源管理宣传力度，提高各单位和部门对合同能源管理的认识；二要大力开展同中海油节能环保服务公司等节能服务公司的合作，促进节能深入挖潜；三要加强对合同能源管理政策与制度的研究，及时解决合同能源管理推行中存在的问题，促进合同能源管理的良性发展。

2017年2月，为充分调动用能单位节能改造积极性，推动节能项目的实施，体现节能项目实施在降本增效工作中的作用，引导并鼓励用能单位采取合同能源管理模式实施，降低用能单位技术应用风险和资金投入风险，充分发挥节能服务公司作用，集团公司QHSE部印发了《关于发布合同能源管理项目实施要求的通知》(海油安字〔2017〕7号)，集团公司QHSE部结合国标《合同能源管理技术通则》(GB/T 24915)的有关规定和公司所属生产企业实际，制定了企业标准《合同能源管理项目实施指南》(Q/HS 13029)，明确了合同能源管理项目立项、项目合同、项目建设、项目运营、项目资产移交、项目风险管理和项目财务管理方面的规范要求，并联合集团公司规划计划部、财务资产部、采办部，理顺并规范了内部管控流程，共同发布了合同能源管理项目实施要求，以便于推动合同能源管理项目有序开展。

① 项目立项

用能单位根据当前用能状况，提出编制项目节能技术方案的需求。节能服务公司通过现场调查用能单位工艺、设备等的运行状况，收集运行数据，必要时辅以测量，确定用能单位工艺、设备等的用能状况，判断是否存在节能潜力。

用能单位参照采办管理模式，通过综合考虑节能技术、效益分享比例、分享周期及项目生命周期收益等因素，比选确定节能技术方案和节能服务公司。根据技术方案的比选结果，按照生产经营性项目进行内部立项审批。

② 项目合同签订

项目立项审批通过后，用能单位和节能服务公司双方签订合同能源管理项目的合同。

项目合同文本中除常规合同条款之外，体现合同能源管理特有的约束性内容，主要有以下几个方面：规定明确的项目建设期和节能效益分享期限；规定项目立项、设计、建设、运行、验收、资产转移等全过程用能单位和项目实施单位的责任义务；规定明确的项目节能量计算方法和节能效益分享方式；规定项目实施后所形成固定资产所有权和风险责任。

③ 项目建设和运营

项目合同签订后，项目实施单位制定项目施工方案，并报用能单位进行审核批准。节能措施改造完成后，连续正常运行时间达到合同约定的试运行时间，性能满足正常生产要求，技术指标达到合同约定，则试运行通过。试运行时间由用能单位和节能服务公司根据节能改造项目特点协商确定。

项目在合同期内的资产属于项目实施单位所有，其运营维护主要由项目实施单位承担，用能单位有义务做好运行和维护的配合工作。

(2) 项目运行情况

近年来，集团公司 QHSE 部积极组织召开多部门联席会议，打通了合同能源管理模式的制度流程，明确了合同能源管理项目的操作细则，为合同能源管理项目的顺利实施做好制度保障。同时，积极组织所属单位推动采用合同能源管理模式实施节能项目，吸引外部专业技术和资金，实施节能技改项目，有效规避了投资风险，取得了良好的效益和节能成效。

① 海南化学循环水节能改造项目

海南基地共有 4 套循环水系统，主要为海南基地化肥和甲醇生产装置提供循环冷却水，主要耗能设备为循环水水泵和凉水塔风机。年耗电量为 8600 万 kWh，年上缴电费为 6270 万元。

通过邀请节能服务公司对循环水系统耗能进行用能状况诊断，认为该系统存在“低效率、高能耗”现象。主要表现在以下三个方面：(a)水泵运行效率低，根据水泵实际运行状态参数(实际压力、总循环水流量及输入总功率)，分析了水泵的性能特征，水泵实际运行效率偏低只有 65%~67%，与高效节能泵(88%以上)有较大的差距；(b)水泵出口存在阀门调节，主要是根据工艺参数需求以及控制电机电流不超载而被迫进行人工调节，引起局部管网的输送效率严重下降；(c)循环水系统存在富裕的能量，循环水管网压力均在 0.40~0.46MPa，循环水换热器高度最高在 33m 左右，富余压头在 10~13m 左右。

经过对节能技改方案进行对比分析，结合海南基地实际及改造风险可控原则，海南基地确定循环水系统整体优化节能改造思路为：通过更换高效节能水泵和定制高效叶轮，提高循环水水泵运行效率；通过循环水系统余压驱动水轮机替代原有风机电机节电；通过安装换热器在线优化监测系统，合理分配循环水流量和压力，对系统进行优化调整。

化肥一期：更换 7 台高效节能水泵与电机；新上 6 台无齿轮箱水轮机代替原

有风机电机；更换高效碳纤维风机叶片；增加换热器在线优化监测系统，对系统优化调整。

化肥二期：循环水泵原设计两台汽轮机、一台电机运行，一台电机备用，因化肥二期蒸汽不足，目前2台电机运行，一台汽轮机只能作为备用，紧急情况下不能及时启动。计划将汽轮机改为电机备用，备用泵可以迅速启动，消除主装置停车隐患。

甲醇一期：新上2台无齿轮箱水轮机代替原有风机电机；更换高效碳纤维风机叶片；增加换热器在线优化监测系统，对系统优化调整。

甲醇二期：新上2台无齿轮箱水轮机代替原有风机电机；更换高效碳纤维风机叶片；增加换热器在线优化监测系统，对系统优化调整。

项目实施后，年可节约电量2573万kWh，电费约1801万元(含税)，节电率28.7%，设备使用寿命预计20年，总计可节约成本3.6亿元。

② 华鹤煤化循环水系统整体优化项目

中海石油华鹤煤化有限公司循环水系统水泵和风机年耗电量约为6518万kWh，经检测分析，系统在换热器、管网、冷却塔、机泵效率等方面存在节能潜力。通过项目的实施，可提升循环水系统的装备水平和运行控制水平，实现关键换热器可视化监控、水压/水量精细化管理和设备的高效化运行，在节电的前提下实现循环水系统管网水量合理分配，强化瓶颈换热器换热能力。

系统扬程优化。释放系统背压，供水压力由0.46MPa降至0.44MPa，回水压力由0.33MPa降低至0.28MPa，系统整体压差由13m升高至16m。系统流阻降低，系统流量升高，同时保持最高位换热器压差(压差不变，其通过流量不变)保持不变。

更换高效叶轮。针对系统特点，水泵进口管径DN900，出口管径DN800，如单泵流量过大，则会导致泵进出口流速过大，引起水泵汽蚀现象。改造后单泵叶轮实际设计流量最大可达11500~12000m^3/h，运行4台水泵最大流量达到46000~48000m^3/h。根据系统运行压力与实际所需流量，利用开发专有技术"基于三维CAD-CFD联合的叶片泵整体优化技术"，设计并加工制造高性能循环水泵叶轮，以满足系统实际运行的需要。

采用整体优化技术后，预期每365个生产日节电量为1204万kWh，节电率18%，节电效益为349万元。

③ 泰州石化一体化项目循环水系统项目

中海油气(泰州)石化有限公司一体化项目冷却循环水场坐落于室外地面，设计循环水冷却量12000t/h。采用3个额定流量为4000t/h的钢筋混凝土结构逆流式冷却塔，风机驱动为两台电力加一台水力。配备4台(三用一备)额定流量为

4000t/h 循环水泵，额定功率 710kW。

循环水系统根据生产负荷及环境温湿度变化，采用调节冷却塔风机开启台数，采用水力驱动风机。从运行管理和设计角度来讲已实现了优化管理节能的目的，但从系统整体耗能情况分析，该系统仍存在“低效率、高能耗”现象。

为进一步降低循环水能源消耗，提高节能优化空间，提高管网运行效率及流量有效利用效率。增加冷却塔风机变频系统 1 套，优化母管供回水压力以及流量平衡调整，更换高效节能循环水泵 4 台及配套出口微阻水利阀，安装冷却塔高压变频系统，循环水系统参数实时监控系统，并新增一台小泵及其配套设施。

通过节能技改，每年预计可节省用电约 506.1 万 kWh，折合人民币约 309.6 万元，平均节电率达到 24.5%左右。

④ 东营终端光伏发电项目

东营属于太阳能资源较丰富区。东营终端处理厂日常运行时用电量较高，其地理环境和现场条件适宜分布式光伏发电系统的建设。经过前期现场调研，确定以合同能源管理模式实施分布式光伏发电项目，利用太阳能替代终端厂部分电力供应，实现节能减排、降本增效的目标。

在东营终端办公楼顶实施 34kW 的光伏发电项目，安装太阳能光伏组件 134 块，20kW 并网逆变器 2 台，环境监测仪一套，交流配电柜一台，混凝土底座 27 根，以及部分钢结构支架。项目实施后，光伏组件年发电量约 4.4 万 kWh。

8 监督考核与宣传培训

监督考核是工作的“指挥棒”，中国海油通过组织开展年度节能目标责任评价考核、评选节能先进，严格落实工作责任制，确保事有人干、责有人担。同时，中国海油每年以文件形式下发《节能减排监督监测和能源审计计划》，组织对有关企业进行审计、监测和节能诊断，帮助企业挖掘节能潜力、提高节能管理能力。

8.1 督察考核

(1) 制度搭建

2006 年 9 月，总公司制定并向各所属单位印发了《中国海洋石油总公司节能工作暂行办法》，首次将节能考核纳入对节能工作的管理范围内。为贯彻落实集团公司系统节能工作，确保节能工作目标的实现，重点开展了以下工作：

① 集团公司与列入国家千家企业的所属企业[包括有限公司天津分公司、深圳分公司、天野化工、化学公司(含富岛股份)、湛江燃料油公司]签订了节能目标责任书，落实了目标分解。

② 集团公司系统其他未纳入国家千家企业节能行动方案的各企业尽快摸清各公司能源消耗现状(2005 年为基础)，每个单位要提出“十一五”期间的节能目标、措施，落实责任制，签署节能目标责任书，使节能工作贯穿于整个总公司系统。

③ 各单位将“十一五”规划节能目标按年度进行分解，节能降耗指标列入总公司年度工作计划中。总公司将检查落实各单位年度节能工作目标计划完成情况，并将节能工作列入各单位绩效考核的一项内容。

同时集团公司要求各单位应根据自己的实际业务，在深入调查分析的基础上，结合本单位的实际情况及“十一五”规划，研究制定本单位“十一五”节能降耗指标(指在 2005 年单位能耗基础上，通过采取节能降耗措施，降低单位产品或增加值能耗，在 2010 年可以达到的总能源节约量)及分年指标安排、重点节能工程及时间表，并提出节能工程实施的保障措施。一是研究抓好现有生产系统的综合节能措施及改造工作，二是对新建设项目要从设计源头上落实节能问题，三是要从调整产业结构、促进技术进步、加强管理等方面有重点稳步推进各项节能工作开展，大力发展可再生能源和可替代能源，促进节能目标的落实。对重大投资项目，根据国家要求及安排，做好项目节能评估。对节能项目的实施要落实项目责任制，加强节能项目的跟踪和管理，发挥节能项目实施的经济效益，实现节能目标。

2007年，集团公司发布了《中国海洋石油总公司节能减排考核奖惩办法》，使得考核工作具有了科学性、规范性。集团公司把节能指标落实到各个单位，在下达年度计划预算任务时加以明确，并与各单位签署“节能目标责任书”，每年年底，集团公司对各单位节能目标实现情况进行检查，并将节能目标实现情况作为考核各单位领导班子和单位业绩的一项重要指标。

（2）考核实践

2011年3月，集团公司节能减排办公室第一次开展了现场考核工作。节能减排办公室组织两个节能减排目标责任现场评价考核小组，对所属单位2010年度及“十一五”节能减排目标完成情况进行了现场评价考核。该次考核共现场评价考核了14家所属重点耗能单位，涵盖了中国海油上、中、下游各业务板块(包括并购企业和新建企业)。为了保证考核工作的质量，并通过此次考核来促进各单位进一步做好节能减排工作，考核采取了听取工作汇报、详细查阅相关文件资料和现场检查相结合的考核方式。之后集团公司每年度均在考核基础上抽取部分单位进行现场评价考核，取得了非常好的效果。

为了加强重点用能单位管理，集团公司计划部于2012年3月印发了《关于加强中国海油所属年综合能源消费量1万t标准煤以上重点用能单位节能工作的通知》，对于系统内所属年综合能源消费量达到1万t标准煤以上的企业，加强对其监督管理，对未完成年度或“十二五”节能目标，而被国家发改委通报的所属万家企业，集团公司将对其及其所在二级单位实行“一票否决制”，计于年度节能目标责任考核零分处理。

2013年2月，为确保“十二五”节能目标的实现和加快“资源节约型、环境友好型”企业的建设，切实发挥节能在转变经济发展方式中的重要抓手作用，集团公司公司决定对所属单位2012年度节能目标完成情况进行现场评价考核。

考核对象：纳入总公司2012年度生产经营业绩考核的所属单位及部分万家企业。其中，进出口公司、中海信托、财务公司、投资控股公司、中海油基建管理公司和海西宁德开发公司以定性考核为主，仅需向总公司节能减排办公室上报一份关于本单位2012年度节能工作开展情况的文字报告(包括开展节油、节电、节水、节材，以及围绕本单位生产经营业务特点所开展的相关节能活动)；中海油研究总院按照有限公司节能考核办法进行考核。

考核与检查内容：年度节能计划完成情况；属万家企业年度节能目标完成情

况及“十二五”节能量进度情况；年度节能减排投资项目计划完成情况；年度节能工作开展情况；年度节能目标责任现场评价考核所发现问题整改落实情况；节能减排监测与能源审计所发现问题整改落实情况；下年度节能目标责任分解落实情况。

考核方法：参照《中国海洋石油总公司节能减排考核奖惩管理办法》及相关文件要求，由总公司节能减排办公室组织专家组进行现场评价考核。

考核形式及安排：听取所属单位节能工作汇报与资料查阅、现场检查相结合；分别对每家单位安排一天的时间进行现场评价考核。在听取各单位年度节能目标完成情况和下一步工作计划汇报的基础上，现场检查所属单位一家下属企业。

（3）深化完善

2016 年 3 月，为了进一步加强集团公司节能绩效考核工作，集团公司质量健康安全环保部根据注重万家企业、突出降本增效的原则，综合考虑各单位的实际情况，经过广泛征求意见，制定并发布了《中国海洋石油总公司节能目标责任评价考核指标及评分标准》(海油总安〔2016〕133 号)。该制度再次明确将节能工作列入了总公司对所属单位综合绩效考核的指标体系，体现了对节能工作的重视程度。该考核指标及评分标准将节能指标分为约束性指标、专项工作、精细管理和项目支撑四个部分。具体的考核细项可根据年度的具体工作重点略有不同，但总体框架仍然围绕上述四个方面进行考核。

在考核的基础上，2016 年开始，集团公司增加了督查工作，督查工作抽取部分企业，并再以文件形式在下发的《节能减排监督监测和能源审计计划》中明确，由集团公司节能减排监测中心具体执行。主要督查内容包括：节能、低碳规划计划制定及指标分解落实情况；节能、低碳组织领导机构情况；固定资产投资能评、碳评落实情况；能效提升计划情况；碳排放监测、统计情况；节能、低碳管理体系建设与规章制度执行情况；低碳信息化建设情况；节能激励约束机制情况；节能与项目管理结合情况；节能与科研生产结合情况；主要耗能设备运行情况以及能耗在线监测系统建设情况；碳履约情况；绿色低碳工厂建设情况；碳减排项目开展及新技术、新工艺研究应用情况。督查结果将作为年度考核的重要依据。

2017 年 1 月，集团公司发布的《中国海洋石油总公司节能管理办法》(QHSE-01-23)中，《节能监督管理细则》《节能考核奖惩管理细则》作为《节能管理办法》细则列入管理办法之中，标志中国海油监督考核工作制度化、系统化建设完毕。细则中明确要求考核与企业年度绩效考评相结合，纳入总公司绩效考评指标体系；定量考核与定性评价相结合；考核与奖惩相挂钩；公开、公正、透明。

2018 年，集团公司下发了《关于节能低碳定期监督监测工作要求的通知》(中国海油安字〔2018〕33 号)，进一步明确了节能低碳督查工作，要求：集团公司统一组织，督查对象及督查频次集团公司将根据国家相关政策的变化及企业实际工作开展情况确定。监督考核工作在中国海油已完全实现制度化、流程化，对节能工作起到了极大的促进作用。

8.2　监测审计

对企业的监测审计是企业实现节能科学管理的重要举措，自 2009 年开始，中国海油以文件形式下发《节能减排监督监测和能源审计计划》，文件中根据所属企业实际用能情况及需求，确定开展节能监测、能平衡测试及能源审计的企业名单，自此中国海油开始了全面的监测审计工作。通过监测审计工作，三方机构对用能单位和主要耗能设备的能源利用状况进行监督、检测、评价、分析、认定，并对浪费能源的行为提出整改意见。

8.2.1　管理规定

在工作开展过程中，中国海油重视监测审计的标准化、流程化工作。针对海洋石油的特点，集团公司发布了企业标准《海洋石油船舶节能监测评价方法》(Q/HS 13017—2013)、《石油化工管式加热炉节能监测规范》(Q/HS 13026—2015)、《能源审计规范》(Q/HS 13013—2016)，牵头制定了行业标准《海上油气田节能监测规范》(SY/T 6953—2013)，标准的制定对监测审计工作的规范化起到了极大的促进作用。

2017 年 1 月，集团公司发布的《中国海洋石油总公司节能管理办法》(QHSE-01-23)中，《节能监测管理细则》作为《节能管理办法》细则之一，列入管理办法之中，标志中国海油监测审计工作制度化、系统化建设完毕。细则中明确要求了节能监测的工作内容：

★ 监测评价所属单位用热、用电、用油、用气、用煤、用水的状况。

★ 依照国家、地方及行业颁布的能耗标准，检测、评价耗能产品的生产能耗情况，并对影响产品能耗的关键工艺、设备及主要运行参数等技术性能指标实施检测、评价。

★ 检测、评价企业能源利用效率、用能设备、机具运行效率以及与产品能耗有关的工艺系统和过程等。

★ 检测、评价能源转换、输配及利用系统的配置与运行状况。

★ 检查有无使用国家明令淘汰的耗能设备及违反国家节能强制性标准的产品。

★ 检测、评价节能用材和余能资源的回收利用情况。

★ 对新建、改建、扩建的固定资产投资项目竣工验收的节能评估和节能审查意见落实情况、节能措施及能耗指标达标情况实施检测、评价。

★ 检查所属单位办公用能管理是否符合国家有关规定。

2018 年，集团公司下发了《关于节能低碳定期监督监测工作要求的通知》(中国海油安字〔2018〕33 号)，对监测审计工作要求进一步进行了细化，明确要求：各单位根据企业生产情况，制定年度审计监测计划，上报集团公司 QHSE 部备案。同时对监测审计边界进行了确认。

节能监测边界包括：

★ 因技术改造或其他原因造成主要耗能设备、生产工艺、能源消耗结构等发生重大变化(因改造发生的能源消耗量变化幅度超过 20%)的用能单位，应在下一年度开展综合节能监测工作；

★ 年综合耗能折合标煤 1 万 t 及以上的用能单位，每 3 年开展一次综合节能监测工作；

★ 年综合耗能折合标煤未超过 1 万 t，但达到 1000t 及以上的用能单位，每 5 年开展一次综合节能监测工作。

能源审计边界：

★ 年综合能耗折合标煤 1 万 t 以上的工业企业及万家企业每 3 年开展一次；

★ 年综合能耗折合标煤 1 万 t 以下的工业企业每 5 年开展一次；

★ 年能源消费量达 500t 标准煤以上或年电力消耗 200 万 kWh 以上或建筑面积 1 万 m^2以上的建筑、运输等非工业行业企业每 5 年开展一次；

★ 在集团公司年度检查或节能督查中发现存在以下问题之一的企业或在国家检查中被通报的企业应在下一年度针对整改情况开展能源审计工作：企业未完成年度节能、节水任务目标；企业未完成集团公司综合能源消费总量控制指标；企业单位产品能耗临近或超过国家限额值。

8.2.2 工作实践

中国海油目前已形成了完善的监测审计制度体系，“十二五”期间，中国海油共对所属企业进行能源审计、节能监测和诊断 181 次，发现问题 1219 个，提出节能方案 452 项，有力地推动有关企业提升了节能管理水平。2016~2019 年，中国海油以年度节能监督监测计划形式，结合各年度的政策形势变化和企业实际需求，针对性地组织对重点用能单位进行节能监测和能源审计工作，共开展 56 次，发现不符合项 329 项，需改进项 256 项，对于监测审计中发现的管理问题下达整改通知，督导其整改，进一步完善和提高企业的节能低碳管理能力。

在中国海油的审计与监测工作开展过程中，一直将锅炉、加热炉与机泵的监测审计视为重点工作：

(1) 锅炉、加热炉是中国海油海上油气田的主要耗能设备之一，通常情况下其在海上设施(包括陆地终端)能源消耗仅低于发电机组，其运行状态将直接影响到海上设施的能耗水平。它主要用于工艺、公用系统内设备的加热和保温、舱室空调及生活楼中央空调的热源以及 FPSO 洗、扫舱的加热等。中国海油海上油气田热站一般包括热介质加热炉、水套炉、锅炉、余热回收装置及其附属设施。锅炉、加热炉作为中国海油系统内企业的重要耗能设备，保障企业正常生产必不可少。

同时，锅炉、加热炉运行过程中，也消耗了大量的能源，造成了一定的环境污染问题。由于生产工艺的调整、锅炉、加热炉装备水平、辅机不匹配、燃料管理的忽视、控制与操作水平以及锅炉、加热炉运行负荷低等诸多因素，设备运行中各项热损失比较大，能耗高，效率低，排放量大，随着节能技术的发展以及对节能管理的正确认识与理解，锅炉、加热炉系统仍有节能空间，为了更深入地挖掘节能潜力以及推广节能技术，很有必要对中海油所属企业在运行锅炉、加热炉进行持续的监测审计工作。加强锅炉、加热炉技术节能、管理节能，深挖节能潜力已成为企业所要面临的必然选择。

中国海油对所属海上油田(包括终端处理厂)各生产设施中的加热炉进行了研究，调研海上油气田在役加热炉炉型、数量、型号、运行参数等基本情况。根据相关国家、行业和企业标准对油气田部分运行加热炉进行热工测试，评价其运行水平，分析油气田加热炉节能潜力。收集分析行业内加热炉相关管理制度、规范，能效先进产品和节能技术，并编写了《海上油气田加热炉经济运行规范》。建议加热炉使用单位定期组织对加热炉的热效率测试，并根据测试结果进行加热炉节能运行的分析和调整。积极推广应用新技术，以实现状态监测、温度监测、故障监测等技术在加热炉管理方面上的应用，确保加热炉节能高效运行。加热炉应配备热电偶、负压表和在线氧含量分析仪，并定期校验保证其正常使用；每台加热炉应按规定设置烟气取样点。在系统运行过程中应检查和测试排烟温度、含氧量等参数。在技术及经济条件允许的情况下，宜采用在线监测方式。

2017 年，集团公司组织监测中心在华鹤煤化有限公司、中捷石化、化学公司海南片区、山东海化集团、湖北大峪口化工开展了大量的锅炉、加热炉及辅机的监测及效率测试。绝大部分锅炉运行效率高于设计值，对于少量低于设计效率的锅炉进行了分析，并提出多项解决方案及建议，形成了锅炉节能潜力专项调研报告。对中国海油所属企业锅炉现状、燃煤质量、燃烧情况、燃烧设备、运行控制、辅机配套、蒸汽质量等因素进行了分析对比，共发现问题 22 个，并针对所发现问题提出了相应的22条建议，共挖掘节能潜力点16个，年节能量约为9.92万t标准煤，约占调研5家企业年燃料消耗量的3%。

（2）机泵在上游公司生产过程中的应用，主要是原油和天然气等液体气体的分离和输送过程。在这些过程中，泵起到了输送液态物质和提供化学反应的压力及流量的作用。

在炼化企业生产过程中，原料、半成品及成品多为液态，而将原料制成半成品及成品，需要经过复杂的工艺过程。在这些过程中，泵起到了输送液态物质和提供化学反应的压力及流量的作用。因此，石油化工用泵在炼化生产中的作用就好比心脏一样，将各种液体介质输送到各个地方。泵是在石油化工生产中用量最多的设备，一般在中型炼厂所需量大约1000台，由此可见泵类设备的电耗占炼厂耗电量比例之大，不容小觑。

电厂类企业的主要泵与风机存在于锅炉给水、散热系统给水和散热用风扇等各处，同样为了运行的安全的考虑，存在一定功率、流量和扬程匹配过大的情况。LNG企业，主要用能为气化过程中系统的散冷消耗，LNG冷量传递给海水，而LNG与海水均由泵输送，因此泵是主要耗能设备。

在化工生产中，原料、半成品及成品多为液态，而将原料制成半成品及成品，需要经过复杂的工艺过程。在这些过程中，泵起到了输送液态物质和提供化学反应的压力及流量的作用。同样，泵与风机机组有不在“额定性能点”或“最佳效率”区域运行的现象；机组的使用有随意的现象；机组的结构不合理，机械效率低的现象等。针对以上机组运行存在的问题，需要针对不同的情况采取不同的改进措施，制定合理可靠的改造方案。

综合服务板块的企业，如中海油服、海油工程、海油发展和中海实业，主要为海洋石油勘探、开发、生产、销售、油气加工和LNG等业务提供技术、装备、人力资源、物流、通信、后勤等综合性、系统性支持和服务。在这些过程中，虽然泵与风机不是主要生产设备及生产设施，但是泵与风机是企业保证正常生产运行的主要附属生产设施，是保证系统可靠运行的重要手段，因此，同样存在泵与风机与实际需要匹配的问题，因此节能改造潜力也巨大。

在上述各类型实践生产中，为保证生产秩序的持续稳定进行，泵与风机机组存在大量机组配功率偏大的现象；机组不在“额定性能点”或“最佳效率”区域运行的现象；机组的使用有随意的现象；机组的结构不合理，机械效率低的现象等。综上所述，在中国海油下属各个企业和生产的各个主要环节，泵与风机都是重要的生产辅助设备，其存在的数量巨大，规格千差万别，因此对泵与风机的监测审计，是提升海油总体用能水平的重要环节之一。

为持续推进中国海油石油集团有限公司节能工作，中海油组织了对下属企业所配属的泵及风机的全面调研及排查，系统内合计调研企业和下属单位 47 家，共收集调查表格 40 份，调查泵与风机数量 596 台套。结合《泵类及液体输送系统节能监测方法》(GB/T 16666)、《风机机组与管网系统节能监测》(GB/T 15913)、《空气压缩机组及供气系统节能监测方法》(GB/T16664)等相关标准，发现泵与风机机组存在的节能改造潜力，为下一步开展节能改造做好基础数据准备。

8.3　宣传培训

中国海油把绿色低碳发展理念上升到企业文化建设的高度，通过长期树立低碳经营意识和增强企业社会责任感，将低碳发展融入企业文化的构建中。公司在战略规划、生产计划、经营管理等各个方面，绿色低碳均是关键考虑因素和重要组成部分。坚持每年发布可持续发展报告和环境、社会及管治报告(ESG)，披露应对气候变化和绿色低碳发展的实际行动。

加强低碳知识的教育培训和宣传推广，提高员工的低碳意识，发动全员参与，使绿色低碳成为公司员工的自觉行动。组织开展“全国节能宣传周和低碳日活动”“绿色低碳办公生活方式创意活动征集”“绿色出行倡议”“垃圾分类”等系列活动，创建中国海油蚂蚁森林公益林，倡导人与自然和谐共处，培养绿色低碳的办公和生活方式。见图 8-1、图 8-2。

集团公司每年制定年度培训计划，按照计划安排，组织所属二级单位和重点用能单位的节能管理人员参加培训。培训内容主要是对制度、规定、制修订标准和重点工作进行培训宣贯，并邀请国家发改委、工信部、国资委、行业协会等领导和专家开展政策解读与技术交流。

图 8-1　节能宣传周和低碳日

图 8-2 《绿色发展行动计划》发布会

在集团公司的带领下，各所属单位对节能宣传工作高度重视，结合自身特点开展了形式多样的节能低碳宣传活动。

（1）悬挂节能宣传条幅，制作宣传板报，张贴宣传画

各所属单位在办公楼、生产场地等人员流动较大区域分别悬挂节能宣传条幅（图 8-3），设置节能宣传板报和专栏，张贴宣传画，大力宣传党和国家有关节能的方针政策以及各种节能降耗、低碳生活的小知识。通过一系列的宣传活动，大大提高了员工对资源的忧患意识和节能意识，增强紧迫感和责任感，形成了浓厚的节能减排氛围。

图 8-3 节能宣传条幅

（2）标新立异启新章，拓宽节能宣传载体

各所属单位积极利用网站、微信、LED 显示屏等网络及多媒体资源，实现节能低碳的无纸化宣传(图 8-4)。有限公司天津分公司、海油工程公司、气电集团公司、化学公司等单位利用微信、微博等网络平台，发布节能低碳宣传，形式新颖，接收范围广，效果良好。

图 8-4　节能宣传新载体

（3）开展节能主题签名活动，增强员工责任感

在节能宣传周和全国低碳日期间，除了总部机关，签名承诺活动也分别在各所属单位举办。各级领导和广大员工都纷纷踊跃参与(图 8-5)。通过开展这些活动，在中国海油系统积极推广了绿色、低碳的发展理念，提高了全体员工的节能低碳意识，引导员工自觉养成节约、节俭、保护环境的良好习惯，营造了浓厚的节能减排氛围，让节能低碳的生产、生活方式深入人心，并将节能低碳理念转化为全民行动。

图 8-5　节能宣传签名活动

（4）以赛促学，举办节能知识竞赛

以赛促学一直以来是各单位提高员工节能知识技能水平的有效方式，竞赛中大家竞相抢答，并将自己生活中的节能低碳故事娓娓道来(图 8-6)。节能宣传周期间，公司所属有限湛江分公司、海油工程公司等举行了节能低碳系列竞赛类活动，员工们积极参与到这些活动中来，分享实际工作和生活中的节能低碳小妙招，互相提高节能低碳专业水平。

图 8-6 节能知识竞赛

（5）履行社会责任，宣传节能低碳

化学公司等公司通过组织骑行活动、健步走、拔河赛等时尚精彩的方式向社会大力宣传中国海油“清洁、绿色、低碳和循环经济”的发展理念以及“绿色低碳”发展战略。在节能宣传周期间张贴低碳宣传画、上街发放技能低碳宣传册、开展节能低碳骑行活动，倡导部门员工从点滴做起、从细节做起，争取人人讲低碳，人人成为节能低碳的倡导者和宣传者(图 8-7、图 8-8)。通过各项活动的开展，营造了部门内部乃至全社会共同参与节能减排、低碳生活的良好氛围，为碧水蓝天生态环境的可持续发展贡献力量。

图 8-7 节能低碳宣传大使在生活区发放节能低碳宣传册及环保宣传袋

图 8-8　节能低碳骑行队伍整装待发

(6) 以身作则，开展节能低碳宣誓

气电集团珠海电力组织开展“节能低碳，我们的约定”主题宣誓活动。公司员工活动热情高涨，在行政楼一楼排着长长的队伍，等待着大家见证他们一颗颗想要节能低碳的决心。“我宣誓，我将不断优化运行操作，精益求精，多提节能金点子，多写节能新闻宣传，做节能低碳先行者。”“我宣誓，我自愿成为一名节能低碳志愿者，从个人做起，从身边的小事做起，从娃娃抓起，节约每一滴水每一度电，将节能低碳进行到底。”活动完全自愿，员工的节能誓言也别出心裁，每个人的节能誓词都是自创的，既是他们想对自己说的话，也是对公司、对社会的一个承诺。本次活动共 65 名志愿者对节能低碳进行了宣誓，节能低碳的良好风气已经吹向公司每一个角落、每一个人的心里。

(7) 扩大宣传范围，促进社会营造节能低碳氛围

气电集团福建 LNG 节能办公室联合公司团委在湄洲湾平海沙滩举办了节能宣传活动，沿海几公里发放节能宣传单，拾捡废品，志愿者们纷纷在节能减排承诺书上签字为证。交通新能源海盛路加气站发动员工主动向柴油用车大型物流车队宣传国家的节能低碳政策和发展趋势，同时宣传站内的天然气价格、位置便利等优势，加快淘汰柴油用车更新为燃气用车的脚步，促进国家绿水青山的建设；广东管道利用中山市安全生产委员会组织的“安全生产月”活动，开展管道保护与节能低碳宣传工作，向坦洲镇居民和企业客户宣传节能低碳知识，普及天然气常识。见图 8-9。

(8) 提升物业全方位节能管理

物业全方位节能管理以理念节能为抓手，通过加强员工的节能意识，营造人人参与的节能氛围；以管理节能为手段，培养参与节能管理的习惯和设施设备管理能力，提高节能力度；以技术节能为支撑，通过适当投入技术改造，提高设施设备节能效率；以成本控制为管理目标，降低人力、物料的成本消耗，打造物业

图 8-9　福建 LNG 在湄洲湾平海沙滩开展节能宣传活动

管理核心竞争力，形成物业全方位节能管理。

为了提高节能效果，注重营造节能环境，从细节开始，在每一处能够节能的地方粘贴了节能小提示，引导员工参与。

在饮水机上方放置“请关闭饮水机电源”，提醒员工在下班时关闭饮水机。如果按照 12h 计算，关闭 1 台饮水机每天可节电 1.3kWh。中国海油大厦共有 295 台饮水机，仅按时关闭年可节电 14.5 万 kWh；在卫生间的三联开关中设立一个节能开关，提醒保洁员或服务人员看到后主动关闭，需要时自行打开。如果关闭全楼节能开关，1h 可节电约 88kWh。见图 8-10。

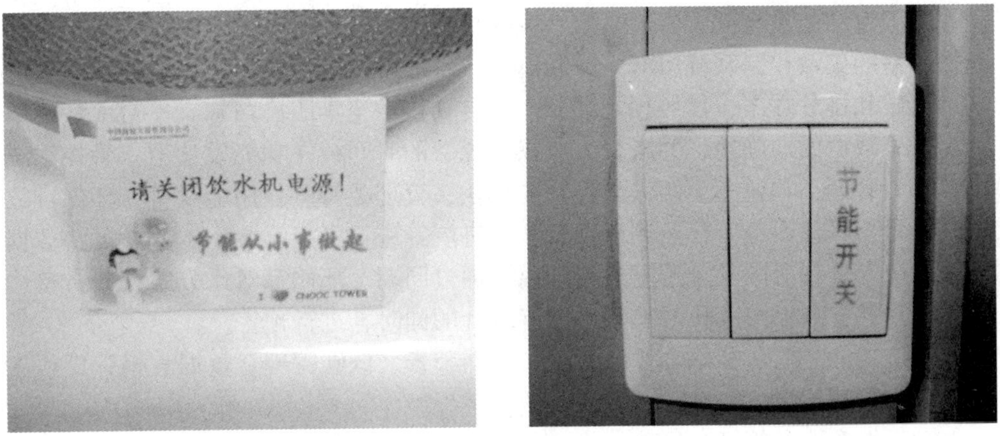

图 8-10　饮水机(左)、扶梯(右)节能提示

9 信息和标准化建设

2010 年，中国海油上线“中国海洋石油总公司节能减排管理信息系统”，实现了海油系统内企业能源消耗基础数据的汇总，加强了对能源消耗情况的监督管理，建立了能源消耗信息的初步统计，系统强化了有关能源消耗情况的统计分析与决策支持功能，提供了功能丰富的能源消耗统计报表与数据分析平台，为中国海油节能减排工作提供了技术支持。

2019 年，中国海油对原有“节能减排管理信息系统”进行了优化升级，利用先进信息化技术将节能、低碳与企业生产管理相衔接，按照“三融合”(节能、低碳、生产相融合)的目标，建立了全新的综合信息管控系统(中国海油能控与低碳管理系统)，全面涵盖了节能、节水、低碳业务管控，实现了与生产的本质一体化。

9.1 能控与低碳管理系统

中国海油能控与低碳管理系统在主体框架上，以生产装置为基础，直接由现场操作室的集散控制系统(DCS)或制造执行系统(MES)以及污染物排放口获取能耗、低碳和排放数据，按照预定的频率，自动传送至集团公司综合平台，从根本上保证了数据的准确性，并减少人工操作耗费的时间；在功能设计上，管控系统主要分为管理类和业务类两大类型功能模块，管理类将重点用能设备、环保排放口、计量器具仪表、监督监测、项目实施进展等进行了汇总展示，业务类将数据填报、统计分析、图表分析等进行列出，通过同期、环比等对比方式，分析整体能耗、水耗、环保与碳排放趋势，做好统计的同时，进行预警。

系统功能主要包括综合业务管理、新闻公告、低碳管理、数据直报管理、业务基础维护等板块。

(1) 综合业务管理

综合业务管理有重点耗能设备、计量器具管理、监督监测、能源低碳审计、节能投资项目、节能审查管理、层级探索查询、能源消耗分析、综合能耗分析等内容。

其中，重点耗能设备模块用于重点耗能设备信息的添加、删除、搜索、修改与导出。其功能维护要求：①填报重点耗能设备，如发电机、加热炉、锅炉、压缩机、空压机、200kW 以上的大型机泵等，未包含以上设备的企业应根据设备用能大小情况进行判定。②如设备类型在系统中未包含的，各所属单位需联系项目组由项目组进行配置后填报。③要求系统中各能管中心只维护 10 台左右重点用能设备，如企业重点用能设备较多，建议维护数量控制在 20～30 台左右。④要求每台设备除系统中要求维护的相关信息外，必须上传设备照片。

计量器具管理模块用于计量器具的添加、删除、搜索、修改、导出。其功能维护要求：①企业根据能源计量器具配备率表，对能源计量器具应配数、实配数及检定数量等信息进行维护；②企业如新增相关能源计量器具，可及时在系统内进行更新。

监督监测模块用于节能监测的添加、删除、搜索、修改、导出。其显示内容主要包括：节能监测、节能量审核、能量系统优化、固定资产投资后评估四项项目。

能源低碳审计模块用于能源低碳审计的添加、删除、搜索、修改、导出。其显示内容主要包括能源审计、低碳审计两项内容。

节能投资项目模块用于节能投资项目的添加、删除、搜索、修改、导出。其功能维护要求：

① 将年度计划实施的节能节水技改项目进行填报，如个别项目已经实施，应按照系统各项内容逐项如实填报；

② 企业根据项目进度情况定期对系统内未投产运行的项目状态（状态：计划、在建、已投产、续建、终止）进行维护；

③ 企业需根据项目实施情况定期对已投产运行项目的节能效果（效果：实物节约量、效益、节能量、节水量）进行维护。

节能审查管理模块用于节能审查管理的添加、删除、搜索、修改。其功能维护要求：要求各所属单位将新、改、扩建项目能评报告进行填报，无论是集团公司审核的还是地方政府审核都需要填报。

层级探索查询模块用于层级显示海油总部及各分公司组织机构、设备及人员信息。

能源消耗分析模块用于对资源消耗分析对比。可查看不同公司、不同时间段、不同资源类别能源消耗情况。

综合能耗分析模块用于综合能耗分析。可查看不同公司、不同时间段综合能耗。

（2）新闻公告

新闻公告包括能管系统新闻公告和外部资讯。主要用于查看能源管控系统的新闻公告信息及从外网爬取的外部资讯信息。

(3) 低碳管理

低碳管理主要有碳评管理、履约管理、配额行情、低碳排放数据填报与统计以及低碳报表监控等内容。

碳评管理模块用于碳排放影响评估的添加、删除、搜索、修改、导出。其显示内容主要为新建项目的碳排放影响评估报告。

履约管理模块用于履约管理的添加、删除、搜索、修改。其功能维护要求：控排企业定期开展企业自身碳排查，政府碳核查，碳交易履约等工作，并填报相关内容。

配额行情模块用查看全国碳市场行情和各地碳市场成交量，并提供碳交易所链接，便于企业收集碳交易的相关信息，为企业碳配额交易提供数据支持。

低碳排放数据填报与统计模块用于低碳温室气体排放数据的填报。各排放单位定期对企业的温室气体排放数据进行填报。

低碳报表监控模块主要用于用户查看各单位的低碳报表填报情况。在低碳报表监控模块用户可以按企业、行业、企业层级、行业层级、有限口径、国家口径进行低碳数据报表的统计与查看。

(4) 数据直报管理

数据直报管理实现了基层单位的能源消耗、水消耗、产品/工作量的台账管理。包括能耗水耗台账、加工转换台账、产品工作量台账、电力数据台账、报表生成与查看、贸易数据填报以及工作报告上传等功能。

其中能耗水耗台账、加工转换台账、产品工作量台账、电力数据台账模块，企业根据相关要求，对上述内容进行填报，生成相应的台账。

报表生成与查看模块主要用于用户填报完台账后，提交、查看、退回节统表，补录公司数据。

贸易数据填报模块主要用于集团公司用户填报每年的贸易数据。

上报国资委报表模块为集团公司用户上报国资委数据用。上报国资委报表模块包含国资委报表、单位产品能耗分析表、能耗板块比例分析表三个模块。

(5) 业务基础维护

业务基础维护模块主要包括节能指标配置、节能报表配置、节能台账配置等内容。

节能指标配置主要用于配置单位产品能耗报表中的指标。配置权限：用户只可配置当前公司的指标，不可配置下级公司指标。

节能报表配置模块主要功能：根据公司管理需求，上级公司可控制下级公司报表是否开启，控制节能报表的显示。

节能台账配置模块的主要功能：公司可配置自己下属能效中心台账，不能跨级配置。

9.2 能管中心

为积极响应国家节能减排政策要求，践行绿色低碳核心发展战略理念，中国海油坚持自上而下，从政策要求、技术支撑和应用推广三方面大力推动能源管理中心建设，并形成了有海油特色的软硬件接口标准和建设流程。

能源管理中心以整合自动化和信息化，借助数据采集网络获取生产过程的重要参数和相关能源数据，经过处理、分析并结合对生产工艺过程评估，实时提供在线能源系统平衡信息和调整决策方案，改进和优化能源平衡，从而实现复杂工艺多操作条件下的节能降耗。

中国海油在上下游企业分别创建能源管理中心试点，通过建立健全能源计量体系、完善能源数据采集网络、建立能源集中监控平台，实现全厂能耗、装置能耗、公用工程能耗的汇总、实时报表及消耗趋势分析；全厂各种能源平衡分析；主要耗能设备的运行参数监控及各项节能评价指标的监测、计算、分析；主要工艺参数的在线监控和优化，进而形成了有海油特色的软硬件接口标准和建设流程，实现了大型用能单位复杂工艺条件下的节能降耗和管控一体化。

（1）政策要求

2016 年，集团公司印发《关于进一步加强中国海油节能管理工作的通知》(海油总安〔2016〕1 号)，提出新建项目要建设能耗在线监测系统，已有项目要逐渐完善。

2018 年，集团公司印发《关于进一步落实能耗在线监测系统建设的通知》(中国海油安字〔2018〕23 号)，要求各所属单位重视能耗在线监测系统的建设工作，并要求到 2020 年完成既有设施的能耗在线监测系统建设工作，使得集团公司能源管控能力建设迈上新台阶，达到国内先进水平。

对于海上油气田等上游产业，要求：2010 年后投产的油气田要 2020 年内完成能源在线监测系统的建设；处于中后期阶段的油气田，根据自身情况进行改造完善；不满足建设条件的油气田，要逐一进行说明；上游未投产项目，要将能耗在线监测系统纳入到项目整体方案中，若无配套建设方案，将不予通过节能审查。

对于石油化工等中下游企业，要求：已投产项目要进行筛查，未建设的须 2020 年内改造完善；新建项目必须在方案中配套建设该系统，若无配套建设方案，不予通过节能审查。

（2）技术支撑

“十一五”以来，集团公司节能减排监测中心开始积极探索能耗在线监测系统建设相关工作，并专注于石化化工企业能源管理信息化相关研究工作，先后开展了海上油气田能耗数据采集与分析方法研究、绿色低碳油气田能源管控技术研究与应用等数百万级别的集团公司科技项目，进行了中海油能源管理中心建设方案研究、典型企业能源管理中心建设试点等，开发了自主知识产权的“绿色低碳智慧能源管控系统”软件平台，以“互联网+智慧能源”为理念，打造智慧用能平台，提供石油石化行业智慧用能服务解决方案，以帮助企业解决节能天花板效应，深度挖掘能源大数据，实现企业持续节能增效，完成绿色低碳智能油气田和能源管理中心建设。

同时，为指导所属单位开展能源管理中心建设，集团公司发布了两项企业标准：《能源管控中心建设指南》(Q/HS 13032—2017)、《海上油气田能耗在线监测系统建设指南》(Q/HS 13035—2018)。

(3) 应用推广

① 惠州石化能源管理中心

惠州石化能源管理中心于2014年5月筹建，2014年11月竣工。能源管理中心依托于惠州石化MES系统，MES基于DCS系统，将各装置运行数据在MES建立实时数据库，涵盖全厂综合能耗监控、装置用能监控、设备能效监控、公用工程消耗监控，实时报表生成、区间趋势查询，节能技改项目进度跟踪，实现“数据驱动”提升节能管理，可实现全厂能耗、装置能耗、公用工程能耗的汇总、实时报表及消耗趋势分析；全厂各种能源平衡分析；加热炉等主要耗能设备的运行参数监控及排烟温度、氧含量、热效率各项节能评价指标的监测、计算、分析；分馏塔的工艺参数监控等。其中，综合能耗监控包含全厂能耗日报，各装置能耗日报汇总、装置实时能耗报表、装置能耗日报、装置能耗月报；公用工程消耗监控包含装置公用工程消耗日报、趋势按区间查询、按公用工程介质分类生成报表、按公用工程介质装置组合查询；设备能效监控包含热效率汇总柱图、排烟温度柱图，氧含量柱图、加热炉运行参数监控、分馏塔回流温度监控，回流量监控，防止过冷。

通过能源管理中心的运行，用能单位及时了解全厂和各装置能耗变化及主要耗能设备的能效水平，为制定改进措施提供了科学依据；同时，在各装置同台竞技的基础上，惠州炼化采取了定期通报、组织研讨相结合的措施，营造了“比、学、赶、帮、超”的节能工作氛围。根据测算，惠州石化通过建设能源管理中心，取得了显著效果，单位产品综合能耗下降了0.9%，年收益可达1800万元。

通过能源管理中心建设，实现的功能如下：

★ 加热炉监测及改造：加热炉热效率、氧含量和排烟温度得到明显改善，加热炉热效率92.7%，氧含量控制在3%以下，炉膛负压也得到明显改善。

★ 分离塔操作效果：全面实施监控前分馏塔操作水平差距较大，经过一段时间运行，冷后温度和回流量控制在设计值范围内，杜绝回流和产品过冷现象发生，有利于降低能耗。

★ 生产优化指导：在根据市场价格优化生产过程中，可以及时查询公用工程消耗并生成报表，指导生产优化。有利于及时发现公用工程消耗变化情况，及时调整生产操作。

② 中捷石化能源管理中心

中捷石化能源管理中心于 2011 年 11 月筹建，并于 2012 年 10 月项目上线试运行。中捷石化通过能源管理中心的建设，建立了以实时数据库为核心，以计划管理、调度管理、统计核算、操作管理等模块为关键应用的高度集成信息共享和应用平台，使企业实现了集成化管理，打破了传统企业信息隔离状态，实现了公司各种生产要素的优化配置和规范化的业务流程，并使企业组织结构逐渐扁平化，对整合组织的资源起到了战略支撑作业。

中捷石化的能源管理中心建设确定了以信息基础设施、生产管理、生产经营管理和综合信息管理为核心的全厂信息化系统建设主线，以 ERP 为核心的经营管理系统和生产运行管理系统建成应用，办公 OA 系统成为日常办公平台，先进的网络基础设施基本建成，技术队伍能力持续提升，管理制度体系日趋完善，取得了一系列成果和进展。

其中公用工程，根据生产计划和调度计划，指导公用工程操作，进行能量计量的管理；监控管理能量生产和消耗，对用能超差进行预报警，实现能量运行的可视化管理，以及平衡统计，给调度部门和生产装置提供公用工程的运行、装置能源消耗动态，完成能源报表处理业务。根据测算，中捷石化通过建设能源管理中心，单位产品综合能耗下降了 2.4%，年收益可达 1200 万元。通过能源管理中心建设，实现的功能如下：

★ 自动获取公用工程所需 DCS 数据。

★ 具备权限管理功能，可按岗位赋予不同的权限。

★ 计量人员审核完数据后，系统自动生成公用工程能耗报表。

★ 纠正差异数据并对数据差异较大数值进行提醒。

★ 为公司的高层决策、生产经营管理提供坚实的信息化支撑；

★ 实现从原料选择、采购、进厂、计量、加工、调和到出厂的全过程管理，保证生产装置的稳定运转与优化操作，达到效益最大化；

★ 实现“差异化、清洁化、高价值”的战略目标，提升企业的核心竞争力；

★ 提高公用工程的频率，缩短能耗报表所需时间；

★ 为不同的业务需求提供基础数据；

★ 系统自动进行能耗平衡计算，并提供跑、冒、滴、漏等物料丢失查询功能；

★ 为跟踪仪表精度提供参考数据；

★ 减少统计人员的工作强度，提高效率；

★ 具备对比分析信息，并及时反馈给生产管理人员、调度人员和计划人员，实现节能减排功能。

③ 海上油气田能源管理中心

考虑到海上油气田能源管理的信息化现状的特殊性，中海油不能直接照搬陆地石油石化企业的建设方式，需要探索出适合并具有海油特色的海上油气田能耗系统建设方案。由于海上油气田能源管控系统建设内容多、周期较长，为了配合企业自身生产和管理发展需求，宜采用“试点先行—全面推广”的模式，并按照统一建设、统一部署和统一功能的建设要求，统一规划建设方案。在后期完成试点建设的基础上，再逐步推广至海上油气田的建设。

根据规划，海上油气田能源管控系统结合分公司、作业区和海上生产设施不同层级对能源管理的需求，其功能可分为三级，分别为：分公司级功能、作业区级功能和海上生产设施级功能。

分公司级功能，负责各作业区的能源消耗总量、能源消费强度、碳排放总量、碳排放强度等日、月度数据的汇总分析，以及关键设备的能效数据分析，监督“双控”指标的落实情况，实现分公司的能源计划、实绩管理和考核管理等工作。

作业区级功能，负责所属生产设施的能源消耗总量、能源消费强度、碳排放总量、碳排放强度的日度数据分析汇总，对关键设备的能耗运行状态和能效运行状态实时分钟级监控，同时负责海上生产设施关键绩效指标、能源计划、能源实绩、能源成本等管理，帮助提高海上生产设施的能源管理水平。

海上生产设施级功能，负责对本平台关键指标、能耗定额跟踪、计划与实绩、管控、优化的管理，通过对生产运行过程中的关键指标、设备运行状态、计划与实绩的实时监控、跟踪，实现及时发现问题、分析原因、问题即时处理，逐步实现生产过程中能耗的动态调整优化的能源管控闭环管理，确保生产系统安全高效运行。

文昌 13-2 油田综合调整开发工程项目作为上游新建项目，配套建设了能源管控系统，以能源动力系统环节为切入点，采用自动化、信息化技术，对各类能源的生产、输配和消耗环节实施集中扁平化的动态监控和数字化管理。文昌 13-2 油田综合调整开发工程项目能源管控系统的建设，根据现场的通信条件建立完善的数据采集传输方案，在完善能源信息采集的同时保障现场生产工控网络的安全性。整个系统网络拓扑包括三层设计，分别为系统主控层、通信网络层和现场设备层。

★ 系统主控层：在文昌 13-2 WHPB 平台设置数据库服务器、WEB 应用服务器和能源管理工作站，对各类型能源、用能分布、能效指标等数据统计结果进行集中展示查看。该能源管理工作站通过数据传输网络与下行读取网络层上送的数据，上行与作业公司/分公司进行对接，将处理后的能耗数据传输到节能办公室。

★ 通信网络层：主要通过工业级现场通信网络，实现现场仪表基础数据的汇总、存储，并将相关数据向上层系统传送。主要包含以太网交换机等网络通信管理设备以及以太网、总线等传输介质。

★ 现场设备层：配置主要由各类计量仪表组成，主要包括高级电能质量监测装置、多功能电表、流量计和烟气含氧量分析仪等能耗计量仪表，通过 RS485 接口和 Modbus、M-bus、645、IEC61850、TCP/IP 等标准协议接入。

文昌 13-2 能源管控系统通过实时采集现场的数字仪表、传感器数据，并提取现场既有自控系统记录，进行海量数据在线分析，为用户提供了实时的在线分析、决策平台，并实现如下目标：完善能源信息采集；实时监测、自动统计分析；建立客观能源消耗评价体系；减轻员工的劳动强度，提高劳动生产率。通过实施能源管理系统，辅助管理人员及时发现能源浪费现象，提高经济、合理用能，促进企业管理水平的提高。

9.3 标准体系框架

标准是节能工作的有效支撑，节能减排办公室积极组织开展节能标准的制修订工作，不断完善节能标准体系，规范生产各环节的能源利用。

集团公司标准化委员会节能工作组是节能标准的管理组织机构，工作组办公室设置在集团公司 QHSE 部，统一负责节能标准化的相关工作。标准体系框架分为两个层次：

第一层次：分为四类，包括节能标准、节水标准、低碳标准、绿色标准。

第二层次：节能标准分为节能统计与计量、节能设计与验收、节能监测与审计、经济运行、能耗与能效定额；节水标准分为消耗定额与计量、节水计算与测试；低碳标准分为术语及定义、温室气体排放核算与监测；绿色标准分为绿色产品、绿色工厂。

每年下半年，集团公司组织开展下一年度标准的立项申报工作，并且在下一年初，发布该年度标准的制修订计划；各标准编制单位按照计划要求，在规定时间内分别完成标准征求意见一稿、征求意见二稿、送审稿以及报批稿的编写工作；制修订的标准在通过节能工作组和集团公司总标委组织开展的专家评审后，统一进行发布与出版。

每年节能工作组将组织一次年度工作会，各二级单位和重点用能单位的节能管理人员广泛参与，在节能工作组开展年度汇报的同时，邀请标准化相关讲师为参会人员进行培训，并由上一年度新发布标准的起草人对标准进行宣贯与答疑。

节能标准体系结构如图 9-1 所示。

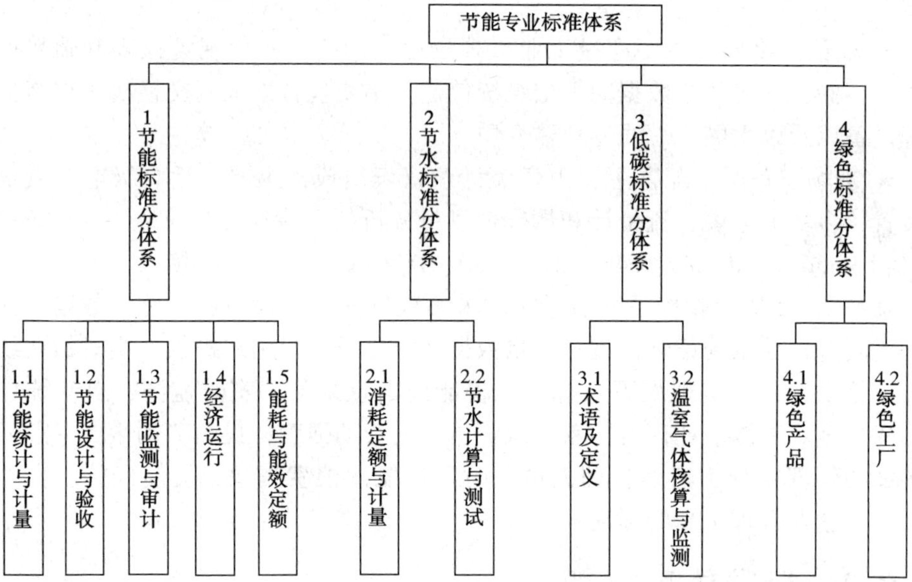

图 9-1　标准体系结构框图

9.4　标准内容概述

9.4.1　中国海油现行标准

中国海油注重企业标准化管理，强化标准化体系建设。承担和参与了 2 项行业标准编制，组织制修订企业标准共 35 项（见表 9-1），将标准贯穿于项目设计、运行、操作、维护等全过程，充分体现标准化引领的作用。

表 9-1　中国海油标准一览表

序号	标准编号	标准名称
1	Q/HS 13000—2019	能源消耗统计指标与计算方法
2	Q/HS 13001—2014	能源消耗定额编制与考核规范
3	Q/HS 13002—2014	能源消耗定额指标体系

续表

序号	标准编号	标准名称
4	Q/HS 13004—2009	船舶能源消耗定额编制方法
5	Q/HS 13005—2019	节能统计管理规范
6	Q/HS 13006—2017	固定资产投资工程项目可行性研究及初步设计节能篇(章)编写通则
7	Q/HS 13007—2017	能源计量器具配备和管理要求
8	Q/HS 13008—2017	海上油气田工程设计节能技术规范
9	Q/HS 13011—2016	海上油气田能源计量器具配备要求与统计分析方法
10	Q/HS 13013—2016	能源审计规范
11	Q/HS 13014—2012	节能技改项目节能量审核规范
12	Q/HS 13015—2018	用水单位水计量器具配备和管理要求
13	Q/HS 13017—2013	海洋石油船舶节能监测评价方法
14	QHS 13018—2013	炼油化工固定资产投资项目可行性研究及初步设计节能篇(章)编写规范
15	Q/HS 13019—2018	温室气体排放管理术语
16	Q/HS 13021—2019	海上油气田温室气体排放核算方法
17	Q/HS 13022—2014	液化天然气接收站经济运行规范
18	Q/HS 13023—2019	固定资产投资项目节能报告编制规范
19	Q/HS 13024—2019	固定燃烧源二氧化碳排放监测规范
20	Q/HS 13026—2015	石油化工管式加热炉节能监测规范
21	Q/HS 13027—2015	节能量计算方法
22	Q/HS 13028—2015	节水量计算方法
23	Q/HS 13029—2016	合同能源管理项目实施指南
24	Q/HS 13030—2016	单位产品能源消耗定额
25	Q/HS 13031—2016	取水定额
26	Q/HS 13032—2017	能源管控中心建设指南
27	Q/HS 13033—2017	楼宇节能设计和运行规范
28	Q/HS 13034—2018	海上油气田余热余压与伴生气利用导则
29	Q/HS 13035—2018	海上油气田能耗在线监测系统建设指南
30	Q/HS 13036—2018	海上油气田绿色工厂评价导则
31	Q/HS 13037—2019	中下游企业绿色工厂评价导则
32	Q/HS 13038—2019	石油化工建设工程项目绿色施工规范
33	Q/HS 13039—2019	海上油气田加热炉经济运行规范
34	Q/HS 13040—2019	固定资产投资项目节能后评价通则
35	Q/HS 13041—2019	固定资产投资项目碳排放影响评估报告编制指南
36	HG/T 5512—2018	合成氨行业绿色工厂评价导则
37	SY/T 6953—2013	海上油气田节能监测规范

在标准制修订过程中，一方面以企业的需要作为出发点和落脚点，使标准用得上、踩得准、打得牢；另一方面，会同国家、行业和同行企业的专家参与审查，保证了标准的高质量和行业水平。将标准化工作内容拓展和衍生到节能、节水、绿色、低碳领域，构建上中下游生产过程绿色低碳发展、生产过程能源利用效率提升、单位产品能耗和水耗下降、温室气体排放控制的新型节能标准化体系。

下面分别从节能、节水、绿色、低碳等方面对典型标准的特点及主要内容进行简要介绍。

(1) 节能量计算方法

该标准规定了集团公司所属单位节能量分类、计算的基本原则和计算方法，将节能量分为产品节能量、产值节能量、技术措施节能量。节能量计算的基本原则包括：节能量计算应根据不同的目的和要求，采用相应的比较基准；产品产量(工作量、价值量)应与能源消耗量的统计计算口径保持一致；当采取一个考察期间能源消耗量推算统计报告期能源消耗量时，应说明理由、推算方法和数据的合理性等。标准正文详见附件。

(2) 楼宇节能设计和运行规范

该标准规定了在楼宇的设计和使用过程中，采用节能型的技术、工艺、设备、材料和产品，提高保温隔热性能和采暖供热、空调制冷制热系统、照明效率，加强建筑物用能系统的运行管理，利用可再生能源，在保证室内热环境质量的前提下，可以减少供热系统、空调制冷制热、照明、热水供应因大量热消耗而产生的能耗。标准正文详见附件。

(3) 用水单位水计量器具配备和管理要求

该标准规定了集团公司所属单位水计量器具的配备与管理要求，将用水组织分为用水单位、次级用水单位、用水系统(用水设备)三个层级。水计量器具配备的配备原则包括：应满足取水量、用水量、重复利用水量、排水量、回用水量等分项统计的需要；公共供水与自建设施供水应分别计量；生活用水与生产用水应分别计量等。标准正文详见附件。

(4) 合成氨行业绿色工厂评价导则

该标准规定了合成氨行业绿色工厂评价的基本原则、评价指标及要求、评价程序。该标准适用于以煤炭、天然气为原料的合成氨行业的绿色工厂评价，以渣油、重油、褐煤、焦炉气为原料的合成氨行业绿色工厂评价可参照使用。提出了合成氨行业绿色工厂评价体系应分为一级指标和二级指标。一级指标包括基本要求、基础要求、管理体系要求、能源与资源要求、生产过程及产品要求、环境要求和绩效要求，共 7 个方面；二级指标是一级指标的细化，并细化为要求和预期性要求，其中预期性要求为可选项。标准正文详见附件。

（5）海上油气田绿色工厂评价导则

该标准规定了海上油气田绿色工厂评价的评价指标及要求，海上油气田绿色工厂应保证海上油气开采以及生产过程中健康安全的前提下，优先选用绿色工艺、技术和设备，满足基础设施、管理体系、能源与资源投入、产品、环境排放、绩效等方面评价要求。标准正文详见附件。

（6）温室气体排放管理术语

该标准规定了温室气体排放管理的常用术语，涉及温室气体排放核算与碳排放权交易等内容，同时还对温室气体排放管理单位、符号及换算规则进行了详细规定。标准正文详见附件。

9.4.2　中国海油标准化发展规划

（1）发展目标

① 总目标

全面加强集团公司节能专业标准化工作，持续推进节能标准制修订、研究工作，到2025年基本建成具有中国海油特色的节能标准体系，标准化工作实现闭环管理，标准化组织和人才建设满足公司发展需要，为集团公司建成国际一流能源公司提供技术支撑和基本保障。

② 具体目标

到2025年，制修订标准37项，其中制定标准12项、修订标准25项。具体目标如下：

★ 制修订企业标准37项。

★ 科技成果转化形成标准2项。

★ 标准复审率、宣贯完成率达到100%。

（3）重点工作

节能标准化工作紧紧围绕影响集团公司发展的重大问题，对相关标准的制修订统筹计划推进，重点任务如下：

① 优化完善标准体系。按照“准确定位、系统配套、市场导向”的原则，做好标准体系顶层设计，满足集团公司“全面落实绿色低碳发展战略，大力推进绿色低碳发展规划”战略规划要求。

② 加快重点领域标准的研制。根据国家、行业及集团公司节能发展要求，加快节能监测、温室气体核算、绿色评价等重点领域节能标准的制修订，指导企业节能绿色低碳发展。同时在标准的修订工作中，加大现行标准的整合力度，倡导形成综合性标准，合理提高单项标准的集成度。

③ 强化标准的宣贯实施。重点对设计人员、生产运行管理人员进行节能节水设计、经济运行、绿色低碳等标准的宣贯培训，标准宣贯要以服务企业、贴近生产为宗旨，注重宣贯的有效性。

(4) 重点领域、重点技术

节能专业标准化工作的重点领域、重点技术确定为四个方面：节能标准、节水标准、低碳标准和绿色评价标准。

① 节能标准：主要包括石化企业加热炉经济运行、固定资产投资项目节能验收工作指南、压缩机组能效测试与评价规范、海上油气田主要用能设备能效限定值等。

② 节水标准：主要包括水平衡测试工作指南等。

③ 低碳标准：主要包括煤层气生产过程温室气体排放核算方法、海上油气田开发项目温室气体排放量计算方法等。

④ 绿色评价标准：主要包括绿色船舶评价导则、绿色码头评价导则、绿色供应链评价导则等。

(5) 重点项目

重点制定标准和标准研究项目见表 9-2、表 9-3。

表 9-2 重点制定标准

序号	专标委/工作组	标准名称	制定/修订	拟定级别
1	节能工作组	煤层气生产过程温室气体排放核算方法	制定	Q/HS
2	节能工作组	海上油气田开发项目温室气体排放量计算方法	制定	Q/HS
3	节能工作组	绿色船舶评价导则	制定	Q/HS
4	节能工作组	绿色码头评价导则	制定	Q/HS
5	节能工作组	绿色供应链评价导则	制定	Q/HS
6	节能工作组	石化企业加热炉经济运行规范	制定	Q/HS
7	节能工作组	海上油气田注水系统经济运行标准	制定	Q/HS
8	节能工作组	压缩机组能效测试与评价规范	制定	Q/HS
9	节能工作组	固定资产投资项目节能验收工作指南	制定	Q/HS
10	节能工作组	海上油气田主要用能设备能效限定值	制定	Q/HS
11	节能工作组	水平衡测试工作指南	制定	Q/HS
12	节能工作组	节能监测工作指南	制定	Q/HS

表 9-3 标准研究项目

序号	标准研究项目	时间
1	海上油气田主要用能设备能效限定值研究	2022~2023 年
2	海上油气田注水系统经济运行研究	2023~2024 年

10 节水管理

中国海油高度重视节水管理工作，持续加强节水管理，定期开展节水宣传与培训，每年对所属单位及重点用能企业下达新鲜水用水总量及节水量指标，并编制了《取水定额》标准，结合企业实际生产特点，规定了取水量范围、取水量供给范围、取水量的计算方法、企业现有取水定额及先进值。同时，集团公司积极采取水平衡测试、提高循环水浓缩倍数、深度水处理、中水回用、雨水收集、冷凝水回用、海水淡化等措施，成效显著。

10.1 管理内容

水在集团公司的生产运营中起着至关重要的作用，为加强节水管理，中国海油采取了一些列措施，如引进先进节水技术、购置高新设备、对现有工艺进行改造或研发新的生产工艺；建立健全企业管理制度，加强集团公司的用水管理，规范取水定额管理，明确建设项目节水管理要求，完善节水基础管理，加强节水减排指标考评。

10.1.1 节水基础管理

集团公司要求所属单位必须设立节水机构，配备专职或兼职节水管理人员，建立节水责任制，把节水工作纳入本单位日常生产经营管理；建立健全节水规章制度和节水指标体系，明确节水目标、节水措施，定期做合理用水分析或者水平衡测试，提高用水效率。加强用水、节水的统计管理，建立和完善用水的原始记录、统计台账，及时向集团公司报送用水统计报表和节水工作分析报告等材料。

10.1.2 取水定额管理

集团公司所属单位必须依据国家、地方和行业制定的取水定额，结合本单位的生产技术水平，制定和完善本单位的取水定额，并组织实施；加强对本单位用水的监督管理，制止超额取水行为。取水定额需依据用水需求变化、技术进步和经济发展状况及时修订。

10.1.3 节水技术要求

集团公司所属单位需积极推广和采用节水新技术。上游勘探开发领域着重推广应用海水淡化、油气处理污水回用、回注技术；中下游领域全面开展水平衡、水夹点技术分析，优化循环水系统运行，回收利用凝结水，提高工业水重复利用率。开发利用雨水资源和使用海水、苦咸水、再生水等非传统水资源。禁止使用国家明令淘汰的耗水量高的工艺、设备和产品，以及未通过节水产品认证、不符合节水标准的用水器具。

10.2 海水淡化

中国海油海上生产设施淡水的需求主要包括生活和生产消耗，常规情况下采用运输船从陆地购买、采装淡水；但淡水携带量有限，容易受天气、船舶等诸多因素影响，成本高且常常不能及时到位，直接影响到海上作业人员的生活质量和生产需求。

随着科学技术水平的不断提高，海水淡化装置的使用越来越广泛。原料直接采集于大海，自给自足，可以有效减少淡水运输量、费用成本和因天气等因素限制淡水用量的情况。海水淡化后的生活用途为淋浴、洗涤，生产用途为设备冷却水、工艺流程添加淡水、井口作业用淡水、甲板清洁淡水等。

10.2.1 海水淡化简述

海水淡化是指从海水中获取淡水的技术和过程，通过脱除海水中的大部分盐类，使处理后的海水达到生活和生产用水标准的水处理技术。目前，海上生产设施常用的海水淡化方式有负压闪蒸和反渗透膜过滤两种。

负压闪蒸方式是利用喷射器创造真空环境，使海水在较低的温度沸腾蒸发，从而产生淡水。海水蒸发需要一定的热负荷，所需的热负荷可由余热回收系统提供。造淡水量为60m^3/d的负压闪蒸造淡系统消耗海水为3120m^3/d，需要的电负荷约为30kW，需要的热负荷约为2000kW。为了防止海水结垢，需要注入防垢剂。

反渗透膜过滤法是一种膜分离技术，利用膜的渗透作用将海水中的水和溶解盐分离的过程。其处理过程是在膜的一侧加压，在压力驱动下，水流向膜的另一侧，与原来海水中的溶解盐类分离，成为洁净淡水。原有的溶解盐和剩余的水（称为浓缩海水）排回大海。反渗透膜过滤法海水淡化系统主要包括预处理系统、海水淡化反渗透系统。造淡水量为60m^3/d的反渗透膜过滤造淡系统消耗海水为400m^3/d，需要电负荷约25kW，无热负荷需求。

两种海水淡化方法的主要优缺点如下：

（1）负压闪蒸法

优点：可利用平台上废热，产水品质高，成品水的含盐量可以达到5mg/L以下，可用作锅炉的补给水；受海水水质环境影响小，预处理简单；在长期的发展过程中已形成标准化、系列化的产品，维修、更换配件方便，操作、维护成本低。

缺点：对于没有废热可以利用或运行时不方便进行废热利用的平台无法产水。

(2) 反渗透膜过滤法

优点：结构简单紧凑，节省空间；不需要热源，无相变，不存在结垢问题；采用模块化结构，设计方案适应现场各种情况。

缺点：维护保养成本高，反渗透膜的实际使用寿命一般为 1~2 年，更换膜的费用高；海水预处理复杂，在水质环境比较恶劣的海域特别是污染严重的近海海域对装置的使用和寿命将产生不良影响。

10.2.2　海水淡化节水应用介绍

中国海油通过大力推广海水淡化技术应用，为海上生产设施稳定供应淡水，用于生产和生活，提高平台淡水供应的可靠性，降低对陆地供水的依赖并减少船运次数，整体降低供水的综合成本；充分利用淡化水冲洗甲板，降低平台甲板腐蚀速度，并减少除锈刷漆的次数，减少平台及相关设备、管线的维护费用。

2011 年，涠洲终端建造一台海水淡化装置，造淡水能力 $70m^3/d$，造出的淡水为软水，不存在浓缩问题，不需要排污，可有效减少循环消耗，2011 年 8 月 25 日开始投入使用。海水淡化装置主要设备包括海水提升泵、过滤器、造淡机、热水缓冲罐、淡水罐和淡水泵。

海水淡化方式为负压蒸馏，造淡机采用增压喷射方式造负压，这种方式有两个好处：(1)造出负压低，可达到-70~100kPa；(2)海水经增压喷射后以水雾形式散开，加热速度快，海水在负压条件下 65℃就能沸腾蒸发，能耗低。

2013 年，文昌 14-3A 平台安装 1 套海水淡化装置，造淡水能力约 $15m^3/d$，并将新装置并入原淡水系统。包括安装 1 个造淡机橇、安装 1 个淡水泵、制作安装 1 个淡水压力罐及相应管线的连接、改造，其淡化水用户主要是各层甲板公用站、洗衣机、卫生间淋浴等。

2015 年，文昌 15-1A 平台海水管网引出一条海水管线到新增海水淡化系统橇块，造淡水能力约 $10m^3/d$；经过活性炭过滤器、初级过滤器、一级精密过滤器、二级精密过滤器、增压泵、反渗透膜和矿化罐处理后，合格的淡水进入平台淡水 A 罐储存，淡水 A 罐出口新增一台稳压泵将淡化水泵入新增淡水稳压罐，供给下游用户使用，主要有公用站、化验室、洗眼站、化学药剂撬、洗衣房、淋浴间和洗手池等。

10.3　循环水利用

工业生产过程中往往会产生大量热量，使生产设备或产品的温度升高，必须及时进行冷却，否则将影响生产的正常运行、产品的质量和产量。水具有热容量大、传热好、化学稳定性好、常温下呈液态、便于管道输送、使用方便，且具有价格较低、来源广泛等特点，工业生产中常采用水作为冷却介质。

冷却水系统通常分为直流冷却水系统和循环冷却水系统。在工业生产过程中，冷却水用量相当大，采用直流冷却水系统的情况很少，多数采用循环冷却水系统。循环冷却水系统是指以水作为冷却介质，并循环使用的一种冷却水系统，主要由换热设备(换热器、冷凝器)、冷却设备(如冷却塔、空气冷却器等)、水泵、管道和其他有关设备组成。在循环水系统中，冷却水被反复使用，大大提高了水的重复利用率。

10.3.1 循环水系统类型

由于冷却设备有敞开式和封闭式之分，所以循环冷却水系统分为敞开式循环冷却水系统和封闭式循环冷却水系统。

(1) 敞开式循环冷却水系统

在敞开式循环冷却水系统中，经换热器换热升温后的冷却水，于冷却塔内与空气直接接触，一方面与空气换热降温；另一方面部分水在冷却过程中会被持续蒸发，蒸发耗热使水降温。蒸发降温是冷却塔降温的主要降温方式。水的蒸发是循环水损失的主要原因，同时，由于风吹损失、系统泄漏等原因，也会损失一部分冷却水系统中的水量。由于蒸发，水中的各种矿物杂质和离子会不断被浓缩，使得水质杂质与含盐量不断增加。因此，为了保证系统正常运行，维持系统水量平衡并使各种矿物质和离子的含量稳定在一定数值范围，必须向系统中补充水，同时排出一定量的浓缩水。敞开式循环水系统是目前应用最广、类型最多的一种冷却水系统。敞开式循环冷却水系统的流程如图 10-1 所示。

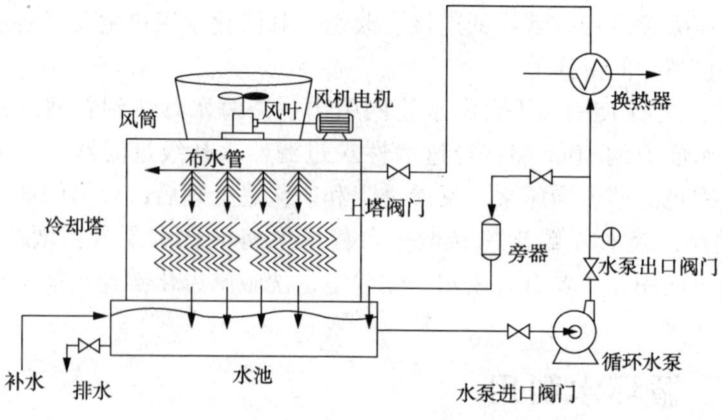

图 10-1 敞开式循环冷却水系统的流程示意图

（2）封闭式循环冷却水系统

在封闭式循环冷却水系统中，冷却水升温后不与大气直接接触，而在另一台换热设备中经其他冷却介质换热降温后再回用，以冷却高温热介质。在封闭循环冷却水系统中，冷却水不暴露于空气中，水量损耗很少；水中各种矿物质和离子含量一般不发生较大的变化，水质污染也不易发生。如果选用密封性良好的循环水泵，基本可以保证循环冷却过程中不消耗水，一般使用除盐水。封闭式循环冷却水系统的投资和运行费用较高，通常只适用于被冷却装置散热量较小、工作安全可靠度要求较高或具有特殊要求的工业生产系统，如发电机、内燃机、高炉的风口与冷却壁以及转化炉的氧仓与烟罩等系统中。封闭式循环冷却水系统的流程如图 10-2 所示。

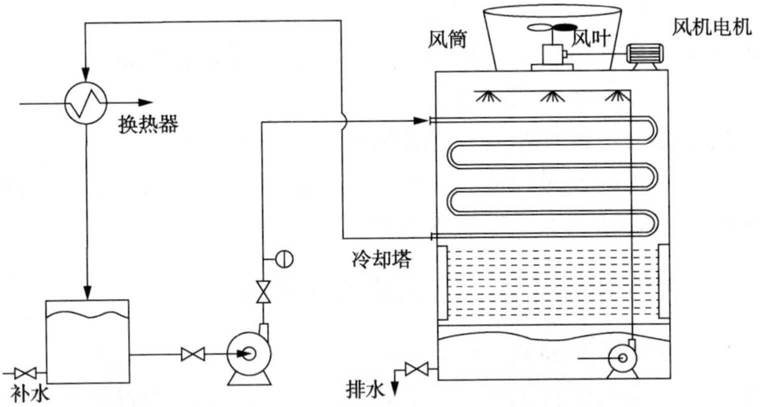

图 10-2 封闭式循环冷却水系统的流程示意图

10.3.2 循环冷却水系统能耗与水耗

循环冷却水系统是企业处理工艺装置热负荷不可或缺的重要公用工程装置，其能源消耗约占石化企业总能耗的 4%～6.5%。循环冷却水系统的能耗由机械设备(泵、风机)消耗的能量和所消耗的水组成。在机械设备能耗中，循环水泵的能耗占循环水系统全部能耗的 80%以上，其动力消耗的主要体现为电耗，所以循环冷却水系统节能分析中重点应关注机械动力设备的能耗，特别是循环水泵的能耗。

循环水系统温差是分析循环水系统节能潜力的重要参数，如果温差增大，那么循环水流量需求减少，同样换热量的情况下，循环水泵的能耗就低。温差与冷却塔效率，冷却塔风冷效果，入口热水流量、温度，环境温度、湿度等有关。

在敞开式循环冷却水系统中，循环水系统的补水量约占石化企业取水量的 30%～45%。补水是补充系统的蒸发损失、飞溅损失、排污损失以及泄漏等其他损失。其中蒸发损失和排污损失占比最大，因此减少循环系统水耗重点方向是减少排污损失和蒸发损失，可通过提高浓缩倍数，减少排污损失；通过强化塔的通风冷却效果或直接回收已蒸发的水汽，减少蒸发损失。

10.3.3 循环水精细化管理措施

（1）加强循环水技术月报管理。循环水技术月报应至少包含以下内容：循环水系统能耗、循环水量、每天排水量、每天补水量、每天补水率、每天循环水给回水温度及温差、循环水及补水化验结果、浓缩倍数、药剂添加情况、装置节能降耗工作、循环水系统运行情况等。

（2）加强循环水冷却器台账管理。建立水冷器台账，包括水冷器型号、历次检修情况、垢样分析、泄漏情况记录等。

（3）加强循环水耗电设备运行管理，注意节能操作，根据温度变化主动调节循环水泵、循环水冷却塔电机启动台数。

（4）实现水冷器与循环水场一体化管理。水冷器分布于各个生产装置，应建立各装置与循环水场的及时沟通、协调机制，根据加工负荷、季节气温变化水冷器、循环水场同步实施调整，以实现节能节水。

10.3.4 循环水系统节能节水应用介绍

（1）循环水泵加装变频器或叶轮切削

营口沥青循环水场3台机泵全部安装变频器，可根据装置加工负荷、环境温度调整循环水泵出口流量，节电量可达20%。

中海福建燃气有限公司自行对海水循环泵进行技术改造，将6台海水泵中的2台增加了变频设施，节电效果明显。

湖北大裕口化工自行对磷酸一工段1#循环水场P-2C（同组共4台）、磷酸一工段2#循环水场P-3B（同组共2台）循环水泵叶轮进行了切割，节电效果良好。

（2）循环水阶梯利用

营口沥青通过对常减压装置内各水冷器进行流程优化，将三级抽真空用后的二次水用于装置各外送油品水冷器和其余水冷器，实行循环水阶梯利用。项目实施后，可减少一台循环水泵运行，降低循环水流量约30%，节电、节水效果明显。

（3）蒸汽透平取代电机，充分利用富余蒸汽

惠州石化根据全厂3.5MPa蒸汽富裕状况，将三循循环水泵P-301D（额定功率1120kW）改为3.5MPa蒸汽驱动（背压1.1MPa），节省电能消耗。

化学公司海南片区根据3.5MPa蒸汽富裕状况，将化肥二期循环水场2台水

泵(电机额定功率 1650kW)、甲醇一期循环水场 1 台水泵(电机额定功率 2000kW)、甲醇二期 1 台水泵(电机额定功率 1850kW)由电机改为 3.5MPa 蒸汽驱动，节电效果明显。

10.4 节水型企业

为切实加强对节水型企业创建工作的组织和领导，健全和完善公司节水管理的组织机构和工作机制，扎实推进公司节水工作，中国海油各所属分公司推动节水型企业的创建。以中海化学公司海南基地为例，海南基地成立了创建节水型企业组织管理机构，由基地总经理任创建节水型企业工作领导小组组长，主管副总经理任副组长，并下设创建节水型企业工作办公室。

(1) 领导小组的主要职责：按照国家创建节水型企业工作的方针政策和集团公司、化学总部关于节水工作的要求，规划部署公司创建节水型企业工作总体方案，协调和解决创建节水型企业工作中的重大问题。

(2) 公司创建节水型企业工作办公室设在生产管理部，主要职责：

★ 组织创建节水型企业领导小组会议和重要活动，负责公司节水的日常管理工作，督促、检查公司创建节水型企业领导小组会议决定事项的贯彻落实情况。对各单位节水工作实施情况和效果进行检查。

★ 研究国家、集团公司在节水方面的重大方针政策，及时跟踪了解公司水资源利用状况，定期做好节水形势预测分析，并就重大问题向化学总部节水主管部门、公司创建节水型企业领导小组提出对策建议。

★ 负责公司节水新技术、新设备推广，研究制订公司节水目标责任及评价考核体系，分解落实年度节水工作考核指标，向公司节水领导小组提出实施建议。

★ 监督检查、指导协调公司各生产单位的节水工作，及时研究分析节水工作中出现的各类问题，及时向公司节水领导小组报告，定期向集团公司和政府有关部门报送公司节水统计报表及有关情况的报告。

★ 组织开展公司节水工作的内外合作、交流与培训工作，组织开展节水新技术、新工艺、新设备、新材料的交流活动；编写海南基地节水推广技术及设备目录；组织节水技术开发和技术攻关；向公司各单位推广节水技术。

★ 及时掌握各单位节水工作动态，下达节水计划，分析评估主要节水指标完成情况。

公司节水领导小组每半年召开一次会议，听取创建节水型企业办公室工作汇报，总结、研究、布置、检查和协调公司整体的节水工作。公司节水办公室每月对外发布水耗数据，在工艺月度例会上通报各生产装置节水情况并发布预警分析，听取各单位节水工作汇报，总结、研究、布置、检查和协调各单位节水的具体工作。节水领导小组根据工作需要可随时召开节水工作会议。

（3）加大节水奖惩力度，充分调动生产单位和基层员工的积极性

各生产单位通过绩效考核等多种手段充分调动广大员工的节水积极性，对于个人在运行操作、技改技措、合理化建议等方面的措施和行为起到明显节水效果的，加大奖励力度，以完成创建节水型企业目标任务和远期构建经济、环境双赢的“资源节约型、环境友好型”企业目标，使基地的资源综合循环利用、能源和环保经济技术指标领先国内同行、靠拢国际先进。

（4）加强节水工作的宣传教育

各单位各部门紧紧围绕创建节水型企业工作目标，把提升员工节水意识作为宣传和教育的重点，通过大力开展节水宣传、节水管理培训等活动以达到启发人、教育人、提高人、约束人和激励人的目的，使员工自觉参与到“资源节约型和环境友好型”企业长效机制的构建工作之中，树立企业节水良好形象，促进节水目标的顺利完成。

（5）依靠技术进步，发展循环经济

各生产单位各部门依靠科技进步，通过自主创新、引进，推广应用节水和治污减排新技术、新工艺、新设备和新材料，促进企业生产工艺的优化，走出一条符合公司实际的科学、经济、合理的资源综合利用最大化、排污量最小化的可持续发展之路，全面提升企业节水管理工作。

（6）制定节水规划计划

公司科学制定了“十二五”和“十三五”节水规划，并每年制定节水计划。

11 低碳管理

11.1 国际碳市场发展现状

11.1.1 碳交易机制原理

碳排放权交易，依据其权利赋予的内涵和权利实现方式的不同，可以分为总量-交易型的许可交易和基准线-信用交易两大类。总量-交易型许可交易是指，先由监管部门确定管制对象和管制目标，监管部门将总量目标按照一定的标准分割成配额，并将这些配额分配给管制对象，管制对象在获得这些配额后，就可以在市场上进行自由交易，并保证在合规期末其所持有的配额数量大于其允许使用的温室气体排放量，否则将接受惩罚。

基准线-信用交易由两大类主体构成：一类是承担特定节能减排义务或责任的主体，即“责任主体”，它们的机理与总量控制交易模式下的管制对象类似，需要在规定期限内完成特定的节能减排义务。另一类是“信用证书”的创制者，它们无需承担特定的节能减排义务，在交易体系中的主要角色是通过实施特定的节能减排活动或项目并将所产生的节能减排量权利化，即创制信用证书，信用证书具有可交易的性质，可以出售给责任主体。由于那些具有较低节能减排成本的企业能够主动开发项目并创制出信用证书以出售获得收益，从而产生了市场供给。

11.1.2 碳市场发展现状

2005 年《京都议定书》正式生效后，欧盟碳排放权交易体系(EU ETS)开始第一阶段运行。随后新西兰、美国东北部 9 个州、美国加州、加拿大魁北克、韩国等多个国家和地区也先后纷纷通过立法，建立了国内或区域碳市场。

(1) 欧盟碳交易市场

在参与《京都议定书》谈判和加入《京都议定书》之前，欧盟在是否征收碳税或能源税上激烈争议多年。2000 年欧盟委员会发布的《温室气体绿皮书》正式考虑将碳排放交易作为欧洲气候政策主要部分。2001 年 10 月，欧盟委员会发布了《排放交易指令》(2003/87/EC 号指令)草案，2003 年 7 月 22 日欧洲议会和理事会达成协议并最终通过了欧盟委员会建议的立法草案。

2003/87/EC 号指令于 2003 年 10 月 13 日正式生效颁布。根据该指令，EU ETS 于 2005 年 1 月 1 日正式开始试运行，成为全球第一个强制性跨国碳排放交易机制。EU ETS 是迄今为止世界范围内覆盖最多国家、横跨最多行业的温室气体排放交易体系，纳入了能源、钢铁、水泥、玻璃、陶瓷以及造纸等行业下的 12000 个排放设施，约覆盖欧盟温室气体排放总量的 50%。

EU ETS 目前共确定了三个执行阶段，分别为 2005 至 2007 年的第一阶段(试运行阶段)，2008 至 2012 年的第二阶段，以及 2013 至 2020 年的第三阶段。

(2) 美国东北部区域温室气体减排行动(RGGI)

RGGI 创立于 2003 年 4 月，是由美国纽约州前州长乔治·帕塔基(George Pataki)创立的区域性强制减排组织。2009 年，美国东北部地区十个州(康涅狄格、特拉华、缅因、马里兰、马萨诸塞、新米尔斯海默、新泽西、纽约、罗德岛和佛蒙特)共同签署了应对气候变化协议，RGGI 这一美国首个减少温室气体排放的区域性减排组织正式建立。RGGI 是美国第一个强制性碳排放交易体系，也是世界上首个通过拍卖形式分配配额的碳排放权交易体系。建立之初，RGGI 仅纳入电力行业，将该区域 2005 年后所有装机容量超过 25MW，且化石燃料占 50% 以上的电厂纳入排放管控单位，共约 160 多家企业，纳入气体仅为 CO_2。RGGI 的初始配额总量由各成员州的配额总量加总确定，各成员州根据其 2000 至 2008 年的历史碳排放情况设定各自初始配额总量。与历史碳排放总量相比，除了特拉华州和罗得岛州两州外，其余成员州均设定了较为宽松的配额总量。2011 年，新泽西州作为首批共同签署谅解备忘录的州宣布退出 RGGI，并于 2012 年正式退出。

(3) 美国加州碳交易体系

美国加州于 2006 年通过《加州应对全球变暖法案》(AB32)提出建立碳排放权交易机制，要求到 2020 年将温室气体排放降至 1990 年水平。加州的碳排放权交易机制于 2013 年 1 月开始执行，并于 2014 年 1 月 1 日通过西部气候倡议(Western Climate Initiative)与加拿大魁北克省碳交易体系进行了链接。

2020 年前，加州碳市场分为三个阶段，第一阶段是 2013 年和 2014 年，随后每三年为一个阶段。碳市场为 2013 年和 2014 年设定的排放目标是碳排放总量分别比前一年减少 2%。从 2015 年到 2020 年，其设定的排放目标为每年的排放总量比前一年减少 3%。

2013 年纳入加州碳市场的行业包括电力和其他的高耗能工业领域，约覆盖加州温室气体排放总量的 35%；2015 年，天然气、交通燃料和其他燃料的供应企业也被纳入了加州碳市场。上述行业年排放量超过 2.5 万 t 的企业都要参与到碳市场中，总共涉及约450个排放实体，约覆盖加州温室气体排放的85%。覆盖的温室气体包括二氧化碳、甲烷、氧化亚氮、氢氟碳化物、全氟化碳、六氟化硫和三氟化氮7种气体。

在加州碳市场中，对于大型的工业排放源，为了不影响其市场竞争力，在碳市场启动初期配额发放以免费为主。随着碳市场的深入进行，更高比例的配额将通过拍卖进行分配。对于大多数工业行业来说，配额的分配标准采用了基准线法设定。为了鼓励使用高能效设施，基准线设置在整体排放强度的前10%。工业行业每年根据实际的生产情况调整配额的额度。加州碳市场同时预留了一部分配额用于拍卖，拍卖的价格可以为碳市场的价格设定提供参考。且为了避免价格过低，加州设定了拍卖保留价格(10美元/t，并且逐年提高5%)。目前，只有发电企业需要通过拍卖来获得全部配额，而其他行业内的企业都是以免费发放为主。

加州碳市场为电力行业的参与设计了比较特殊的机制。发电企业是不能获得免费配额的，履约所需的全部配额都需要在一级或二级市场中购买。而输配电企业会根据上一年的输配电情况获得相应的免费配额。输配电企业本身没有排放，不需要履约，可以将其所获得的免费配额全部出售。这么做的目的是平抑电价。输配电企业在市场中出售其所获得的免费配额，产生收益，并在向用户售电时将这部分收入作为补贴返还给电力用户，可以减轻碳市场对电力消费者的经济负担。

(4) 韩国碳交易体系

2015年1月12日，韩国碳交易体系(Korean Emission Trading Scheme，KETS)正式启动，称为东亚地区第一个全国性的碳交易体系，也是继欧盟之后第二大的碳市场。KETS分为三个阶段：2015至2017年实行配额100%免费分配；2018至2020年实行97%的配额免费分配；到2021至2025年，小于90%的配额实行免费分配。在第一阶段，韩国碳交易体系纳入6种温室气体，覆盖23个行业，纳入标准为年排放量12.5万t以上的企业以及2.5万t以上的设施。KETS的建立预期将为韩国实现到2030年温室气体排放量较正常发展水平降低37%的减排目标发挥重要作用。

韩国碳交易体系具有充分完备的立法依据。2010年，韩国制定通过了《低碳绿色成长基本法》，其第46条引入了碳交易机制。2012年，韩国通过了《温室气体排放配额分配与交易法》及其实施法令，为其碳交易体系的运行打下了坚实的基础。2014年出台的《2015—2024十年计划》和配额分配方案，则明确了碳交易体系的具体运行细节。

2018年，韩国碳市场进入了其第二个运行阶段。2018年7月24日，韩国内阁批准了“2030年温室气体减排路线图”和韩国碳交易体系第二阶段(2018—2020年)的分配计划，两者均是韩国为达成其在《巴黎协定》下2030年目标所制定战略的重要组成部分。路线图概述了三年期内的指示性排放水平，设定该水平的目的是实现韩国2030年排放量控制在5.36亿t二氧化碳当量的目标。

(5) 加拿大碳定价体系

2016年3月，加拿大特鲁多政府第一部长们在温哥华会晤，发表了《关于清洁增长和气候变化的温哥华宣言》(《温哥华宣言》)，表示要采取雄心勃勃的行动，支持实现或超过加拿大2030年的减排目标，即在2005年的温室气体排放水平基础上降低30%。根据《温哥华宣言》，政府建立了专门的网站收集公众、商界及民间团体提出对应对气候变化和促进清洁增长的建议，并基于这些建议在2016年12月通过了《清洁增长和气候变化泛加拿大框架》。该框架旨在对抗气候变化，采取措施适应气候变化的影响，增强应对能力，以及推动经济的清洁增长。该框架要求所有省在2019年以前引入碳定价机制。加拿大联邦设定的碳排放基准价格为2018年每吨二氧化碳当量征收10美元，并以每年10美元速度的增长，到2022年达到每吨二氧化碳当量征收50美元。各省可以选择制定碳税，或建立碳排放总量与交易体系。

目前，加拿大各省在应对气候变化方面，主要采取了以下几种不同的态度和措施：

① 建立和实施本省的碳交易体系(ETS)：魁北克省、新斯科舍省等。

魁北克省是加拿大最早出台碳交易法规的省份，早在2012年12月，该省就通过了碳排放交易机制法规，并于2014年1月与加州碳排放交易市场正式链接运行，成为北美地区最大的碳市场。

作为“泛加拿大清洁增长和气候变化框架”的签署省之一，新斯科舍省于2016年11月21日宣布将于2018年建立与联邦碳价一致的碳排放总量控制与交易体系。2017年3月8日，新斯科舍省发布了一份关于碳排放总量控制与交易机制设计方案的讨论文件，就本省碳交易机制的建设和细节设计的建议征求意见和反馈。2019年1月，该省的碳交易体系已正式启动。

② 建立和实施本省的碳税制度：不列颠哥伦比亚省、纽芬兰和拉布拉多省、爱德华王子岛省。

不列颠哥伦比亚省早在2008年就开始征收碳排放税，该省的碳税系统覆盖了电力、热力、交通和工业部门。自2008年引入碳排放税以来，该省的碳排放已下降15%，且该省经济在可持续增长方面领先全国。

2019年1月，纽芬兰和拉布拉多省启动了其碳税系统，覆盖该省的工业部门；爱德华王子岛省也于2019年4月推出了其碳税系统。

③ 反对联邦碳税：新布伦瑞克省、安大略省、曼尼托巴省和萨斯喀彻温省。

加拿大的十个省份中仍有新布伦瑞克省、安大略省、曼尼托巴省和萨斯喀彻温省四个省未实施自己的碳定价政策。

(6) 日本碳交易体系

目前，日本尚未建立全国性的碳交易体系，正在运行的是一个区域碳交易体系——日本东京都碳市场。

东京都从 2002 年起实行强制的温室气体排放数据上报制度，2005 年开始对历史年度上报数据进行总结分析，2008 年制定了相应的政策条例。2010 年，东京都碳市场开始试运行，同时根据排放目标制定了排放总量。根据 2016 年 3 月设定的《东京都环境基本计划》，东京都的减排目标是到 2030 年温室气体排放比 2000 年降低 30%，能源消耗比 2000 年降低 38%，电力使用中可再生能源占比达到 30%左右。

11.2　国内碳市场发展现状

11.2.1　试点碳市场概况

2011 年 10 月，国家发展和改革委员会印发了《关于开展碳排放权交易试点工作的通知》，批准在北京、天津、上海、重庆、湖北、广东和深圳等 7 个地区开展碳排放权交易试点工作。深圳率先于 2013 年 6 月 18 日启动全国首个碳交易市场，国内其他试点碳市场于 2013、2014 年相继启动并开市交易。此外，福建省也于 2016 年启动其省内的碳交易市场。经过多年的试点运行，8 个碳交易地区已分别完成三至六次履约，基本建设成权责明晰、运行顺畅、履约积极的区域碳市场。碳交易试点建设运行的经验和教训，为全国碳交易市场建设提供参考。国内碳交易地区覆盖范围和配额分配方式等要素见表 11-1。

表 11-1　国内碳交易地区要素汇总

试点地区	控排范围	覆盖行业	配额分配方法	自愿减排量抵消要求
北京	市行政区域内的固定设施和移动设施年二氧化碳直接排放与间接排放量 5000t(含)以上的有关单位	电力、热力、制造业、建筑业、事业单位、高校	水泥、石化、其他行业、其他服务业(单位)、交通运输行业企业、供热企业(单位)、燃气及水的生产和工业企业按照历史法；发电企业(热电联产)按照基准线法分配配额	不超过配额的 5%，京外项目不超过 2.5%

续表

试点地区	控排范围	覆盖行业	配额分配方法	自愿减排量抵消要求
天津	重点排放行业年碳排放量2.6万t及以上的企业或其他经济组织	电力、热力、石化、化工、建材、钢铁、有色、造纸、航空	按各行业历史排放水平确定(历史总量、历史强度),配额分配以免费发放为主、以拍卖或固定价格出售等有偿发放为辅	不超过排放量的10%
上海	年碳排放量2万t及以上的工业行业企业及年碳排放量1万t及以上非工业行业	电力、钢铁、石化、有色、建材、化工、造纸、橡胶、化纤、航空、港口、机场、铁路、商业、宾馆、金融	行业基准线法、历史强度法和历史排放法。发电、电网和供热等电力热力行业企业，采用行业基准线法；其他行业采用历史强度法和历史排放法。对配额总量中的部分储备配额组织开展有偿竞买	不超过配额的1%
广东	年排放2万t CO_2(或年综合能源消费量1万t标准煤)及以上的工业行业企业	电力、钢铁、石化、水泥、造纸、航空	采用基准线法、历史强度下降法和历史排放法；电力企业的免费配额比例为95%，钢铁、石化和水泥企业的免费配额比例为97%。配额以免费发放为主，有偿发放采用不定期竞价的形式发放	粤内不超过排放量的7%；粤外不超过排放量的3%
深圳	碳排放量达到3000t CO_2e以上的工业行业企业；大型公共建筑和建筑面积达到1万m^2以上的国家机关办公建筑的业主	工业、建筑、交通、食品饮料、医药等多个行业	采取以碳强度为基础的分配方法	不超过排放量的10%，有地域要求
湖北	综合能耗1万t及以上的工业企业	电力、热力及热电联产、钢铁、石化、水泥、造纸、汽车制造、有色、化工、玻璃及其他建材、陶瓷、设备制造、食品饮料、医药、水生产与供应、纺织等	配额免费分配。水泥、电力行业采用标杆法，热力及热电联产、造纸、玻璃及其他建材行业采用历史强度法，其他行业采用历史法	不超过配额的10%；为本省或合作省项目，不超过5万t

续表

试点地区	控排范围	覆盖行业	配额分配方法	自愿减排量抵消要求
重庆	年度综合能源消费总量达到1万t标准煤以上（含）的有关单位	电解铝、铁合金、电石、烧碱、水泥、钢铁	根据企业历史排放水平和产业减排潜力等因素确定，通过登记簿向配额管理单位发放配额	不超过排放量的8%
福建	综合能源消费量达1万t标准煤以上（含）的企业法人单位	发电、水泥、电解铝、平板玻璃、电网、铜冶炼、钢铁、化工、原油加工、乙烯、纸浆制造、机制纸和纸板、航空旅客运输、航空货物运输、机场、建筑陶瓷、日用陶瓷及卫生陶瓷	配额实行免费分配，采用基准线法、历史强度法相结合的方法计算。其中，发电、水泥、电解铝、平板玻璃等行业采用基准线法分配配额；其他行业重点排放单位采用历史强度法	林汇项目不超过排放量的10%；其他项目不超过排放量的5%

注：不同年份的政策性文件会存在一定差别，此表仅供参考。

各试点碳市场大都采取了线上转让与协议交易相结合的方式，但各市场在交易品种、交易规则与开发程度等方面各不相同，表11-2对8个碳交易地区制度的建设进行了梳理。

表11-2 国内碳交易地区交易制度汇总

试点地区	交易品种	交易方式	交易参与者	开放程度
北京	北京碳配额（BEA）、CCER	公开交易、协议转让	履约机构交易参与人、非履约机构交易参与人和自然人交易参与人	已开放个人投资者，并适度放开非履约机构入市条件，对经营范围不再做具体要求
天津	天津碳配额（TJEA）、CCER	网络现货交易、协议交易和拍卖交易	纳入企业及国内外机构、企业、社会团体、其他组织和个人	已开放个人和机构投资者（包括境外）
上海	现货：上海碳配额(SHEA)、CCER 远期：上海碳配额远期	现货：挂牌交易、协议转让 远期：询价交易	纳入配额管理的单位，以及符合投资者适当性制度要求的企业或组织	已开放机构投资者，未开放个人投资者
广东	广东碳配额（GDEA）、CCER、广东省林业碳普惠	挂牌点选、协议转让、拍卖	控排企业和单位、新建项目企业、符合规定的投资机构、其他组织和个人	已开放个人和机构投资者

续表

试点地区	交易品种	交易方式	交易参与者	开放程度
深圳	深圳碳配额(SEA)、CCER	电子竞价、定价点选、大宗交易	管控单位，以及投资机构或自然人	已开放个人和机构投资者(包括境外)
湖北	湖北碳配额(HBEA)、CCER	协商议价转让、定价转让	纳入碳排放配额管理的企业、国内外机构、企业、组织和个人	已开放个人和机构投资者(包括境外)
重庆	重庆碳配额(CQEA)、CCER	意向申报、成交申报、定价申报	配额管理单位、其他符合条件的组织和个人	已开放个人和机构投资者
福建	福建碳配额(FJEA)、CCER、福建林业碳汇(FFCER)	挂牌点选、协议转让、单向竞价、定价转让	重点排放单位和新纳入项目业主(单位)、符合条件的企业法人	已开放机构投资者，未开放个人投资者

注：不同年份的政策性文件会存在一定差别，此表仅供参考。

11.2.2 全国碳市场最新进展

(1) 全国碳市场建设现状

自2011年国家发改委发布《关于开展碳排放权交易试点工作的通知》，试点碳市场建设步入轨道起，我国就已开始为建立全国性的碳排放权交易体系做准备。国家主管部门先后制定发布了24个行业企业碳排放核算报告指南(其中10个行业企业碳排放核算指南已升级为国家标准)；在全国范围组织开展了对电力等8个行业的7000余家重点排放单位的历史碳排放数据核算、报告与核查工作，组织建设全国温室气体排放数据报送系统，确定了全国碳排放权注册登记系统和交易系统建设的工作方案，针对不同市场参与主体开展了大规模的能力建设培训。其中，2017年12月19日国务院颁布的《全国碳排放权交易市场建设方案(发电行业)》标志着全国碳排放权交易市场正式起航。方案明确提出在发电行业率先启动全国碳排放权交易市场，这一市场涵盖约1700家发电企业，年排放二氧化碳30多亿t，占全国碳排放量的1/3左右，并逐步扩大纳入行业范围。

(2) 全国碳市场建设最新进展

2018年，气候变化相关职能从国家发展和改革委员会划转至生态环境部，碳市场建设工作也进行了相应划转。2019年4月3日，生态环境部公布了《碳排放权交易管理暂行条例(征求意见稿)》并公开征求社会意见。这是原国家发改委气候司转隶生态环境部一周年之际，我国碳交易立法迈出的重要一步。

目前，全国碳市场建设正处在关键时期，既需要大力推动《碳排放权交易管理暂行条例》等法规制度尽早出台，为碳市场建设奠定法律制度基础，也需要加快注册登记系统和交易系统建设等实操层面工作的推进；既需要全面落实非试点地区重点单位完成碳排放数据的报送与第三方核查工作，夯实数据基础，也需要妥善处理试点碳市场顺利过渡到全国市场过程中的配额结转等问题；既需要稳步组织发电行业做好启动工作，开展电力企业配额测算，也需要大力开展面向生态环境系统各相关部门、第三方核查机构等各类市场参与主体的能力建设和培训活动，为碳市场的顺利运行提供人才保障和技术支撑。推动符合国情、基础坚实、减排有效的全国统--碳市场的建成与顺利运行。

未来的一段时间将形成“国家控排”与“地方控排”两套不同的管理体系和交易场所同时并存的局面。

11.3　中国海油碳排放管理

中国海油积极响应国家应对气候变化的政策要求，采用国家发布的温室气体排放核算行业指南，全面核实所属生产企业的碳排放状况，为碳排放管控和资产管理奠定了良好基础。在控制碳排放方面，公司实施了源头管控、过程减排和末端治理的全方位管理措施。碳资产管理方面，在所属中山嘉明电力、惠州石化等单位示范实施了中国自愿核证减排量（CCER）置换、线上线下碳配额交易、公司内部单位碳配额平衡等多种碳资产管理模式，探索构建碳交易低成本合规履约和交易风险防范机制，持续以全过程减碳和碳资产优化管理为目标，推进公司绿色低碳发展。

随着国家碳排放管理要求的强化，低碳政策对企业的生产、经营等方面已经产生了越来越显著的影响，为了不断提高中国海油碳排放管理能力，集团公司制定了相关政策，明确了管理机构，开展了相应工作，加大了低碳政策研究与碳排放管理能力建设。

11.3.1　低碳政策要求

2007 年，集团公司决定开展 CDM（清洁发展机制）业务，由新能源开发办公室负责集团公司 CDM 项目的管理、开发。

2010 年，集团公司 QHSE 部牵头组织编制并发布了《中国海油应对气候变化政策》，做出五个方面的承诺，选择低碳发展模式。

2013 年，集团公司发布了《温室气体排放统计管理细则》，开发了碳排放数据报送信息系统，实现各所属单位碳排放数据的初步统计。

2016 年 11 月，集团公司政策研究室编制了《“巴黎协定”对油气行业和公司发展影响分析》报告，规划计划部组织 QHSE 部、政策研究室以及海油发展等单位召开了会议，对董事长批示的研究内容进行了研讨与安排；QHSE 部起草了

《关于加强海油低碳管理的报告》，全面系统地分析现有国家政策、要求和形势，对新政出台前公司的低碳管理情况、新政出台提出的新要求、新政对海油的影响以及公司下一步低碳管理重点工作等内容做了详细的研究与论述。

2018 年 5 月，集团公司发布了《中国海洋石油集团有限公司低碳管理办法》及其实施细则，对企业碳排放统计与报告、碳减排项目开发、固定资产投资项目碳排放影响评估、碳资产管理以及低碳考核等各项重点工作制定了详细的管理流程与责任分工。

2018 年 12 月，为进一步推动节能低碳工作，践行中国海油绿色低碳核心发展战略，夯实管理基础，提升管理水平，集团公司发布了《关于节能低碳定期监督监测工作要求的通知》，对各所属单位开展节能低碳监督监测的工作内容、开展频次等做了详细的规定。

2019 年 6 月，集团公司发布了《绿色发展行动计划》，明确了近期 2020 年、中期 2035 年和远期 2050 年三个阶段的绿色发展目标，通过实施绿色油田、清洁能源、绿色低碳三个具体行动计划，推动公司自身绿色发展和助力国家高质量发展充分融合，努力成为中国特色国际一流的清洁能源生产和供给企业。

11.3.2 低碳重点工作

（1）碳盘查与审计

中国海油分别在 2010 年和 2017 年开展了两次集团公司层面的碳盘查工作，其中，第一个碳盘查项目是根据国际标准组织开展的全系统碳盘查工作，使集团公司成为国内首家完成碳盘查的中央企业；第二个碳盘查项目依据的标准是国家发改委发布的重点行业温室气体排放报告指南，共完成系统内 35 家重点企业碳盘查工作，主要内容包括：对海油系统内重点排放单位开展温室气体排放数据计算与分析、配额盈缺数据测算与低碳管理技术培训，查找企业低碳管理的薄弱环节，并提出管理建议与改进措施，准确掌握温室气体重点排放源与重点排放单位的排放数据。

中国海油在开展集团公司碳盘查工作的同时，每年定期对各所属重点单位实施低碳审计，为企业准确获取自身碳排放家底，摸清碳排放总量与强度数据打下坚实基础。

（2）节能低碳督查

中国海油为了监督各所属单位节能低碳管理工作落实情况，集团公司依据《中国海洋石油总公司节能管理办法》《关于节能低碳定期监督监测工作要求的通知》等文件要求，定期开展重点企业节能低碳督查工作，主要督查内容包括：节能低碳计划制定及指标分解落实情况；节能低碳组织领导机构设置情况；固定资产投资能评、碳评落实情况；能效提升计划情况；碳排放监测、统计情况；节能低碳管理体系建设与规章制度执行情况以及节能低碳信息化建设等情况。对企业存在的节能低碳工作落实不力情况要求限期整改，不断促进集团公司绿色低碳发展。

(3) 低碳信息化建设

中国海油利用信息化技术将节能减排低碳管理与企业生产管理相衔接，按照“四融合”(节能、低碳、生产、环保相融合)的目标，建立了全新的综合信息管控系统，全面涵盖了节能、节水、低碳、环保业务管控，实现了与生产的本质一体化。

集团公司能控与低碳管理系统中开发了低碳管理板块，包括 CCER 项目管理、碳评管理、履约管理、低碳数据填报与报表查询等功能。各基层单位可通过该系统完成企业月度温室气体排放数据的上传与计算，系统自动生成的碳排放统计报表可以为集团公司以及各所属企业掌握碳排放量数据提供技术支持。通过系统优化设计，实现同一数据单次录入即可完成不同应用程序的自动采集，极大简化操作流程，降低基层数据填报人员工作强度，同时又可以减少数据重复录入可能带来的潜在错误。

11.3.3　面临风险与应对策略

中国海油坚持走国际化的绿色发展道路，努力朝着具备全球视野、全球战略、全球管治及全球责任的国际一流水平迈进。“十二五”以来，中国海油纳入国内碳排放交易试点的企业数量增长至 9 家，公司在英国北海、加拿大项目受碳定价机制的影响日渐加深。随着国内外碳政策日益严格，中国海油面临的碳履约风险逐年增大，碳成本压力持续增加。

(1) 面临风险

① 政策风险

碳排放权交易市场本质上是政策创设的市场，其运行高度依赖于制度约束和政府监管，目前国家碳市场有关政策出台较慢、地方试点对接全国统一碳市场的政策不明朗、自愿减排项目的备案和签发政策发生变动，存在政策不确定带来的风险。

② 市场风险

中国海油目前已有九家重点企业纳入地方碳交易试点，未来全国碳市场正式启动交易后，还将纳入更多的企业；对控排企业而言，最直接面临的就是碳市场价格波动带来的风险。存在配额缺口的企业，临履约期前购入配额，会面临碳价上涨履约成本提高的风险；存在配额盈余的企业，如果未对碳资产进行合理处置，则面临着未来碳价下跌而资产价值缩水的风险。目前，由于碳交易产品以现货为主，缺乏碳期货交易等风险对冲机制，企业有效应对碳价格波动的有效措施较少。

③ 流动风险

目前，国内试点碳市场面临市场分割的问题，八个区域性碳市场相互独立（碳交易试点地区政府发放的配额只能用于本区域企业的履约，无法跨区域交易），单一市场的规模较小，且企业多以履约交易为主，常常出现履约期前交易集中、量价齐升，履约期后交易清淡的潮汐现象，碳市场配额流动性相对较差，存在交易数量、交易时间和交易对手方不匹配的问题；在极端情况下，如果某一企业存在较大规模的配额缺口时，可能出现在本区域碳市场内短时间无法购买到充足配额的风险。

④ 管理风险

目前，中国海油缺乏精通碳交易规则、碳市场价格预测分析、碳资产管理和碳金融交易操作的复合型人才，没有设立专门的碳交易管理岗位，对系统内碳交易工作没有制定详细的管理措施，碳交易决策依据尚不明确。

海油系统内各控排企业负责碳排放管理的工作人员大多为节能环保岗位的兼职人员，普遍存在一人多岗的现实状况，缺乏足够的碳交易管理精力与风险控制经验，缺少碳金融产品交易实战经验，企业内部碳交易决策机制的不完善进一步导致碳交易缺乏有效的策略与控制措施，过分冲动或保守的交易行为都可能会给企业参与碳市场带来一定的风险。

大多数控排企业都是在履约前依据自身碳配额盈缺情况进行买卖交易，其交易的首要目标也只是完成每年的履约任务。企业没有建立明确的碳资产管理审批流程，碳主管部门的责任分工不明确以及缺少相应的碳交易奖惩机制，无法充分调动碳排放管理人员的积极性。

（2）积极开展碳资产管理

中国海油为有效控制面临的潜在风险，强化碳资产管理职责、提高碳资产管理效率，可以从以下方面开展工作：

① 设立碳资产管理岗位，明确职责

在集团总部设置专门从事系统内碳交易管理的岗位，该岗位职责包括：编制集团公司碳资产管理方案与年度计划，制定碳资产管理考核办法，监督指导控排企业开展碳交易工作，会同集团相关部门制定碳资产管理制度等。

② 细化制度，明确系统内碳交易决策依据

在集团公司层面由相关部门（财务资产部、资金部等）明确碳交易资金财务内控管理制度和决策流程，规范碳交易账务处理、财务报表与税务处理制度，制定碳交易风险控制制度。

各控排企业，根据集团公司的制度要求，明确自身开展碳交易所需确定的管理流程，包括如何申请碳交易资金预算、如何使用操作碳交易系统以及对获得的碳交易收入如何做会计确认与财务处理等进行规定，将碳交易内化到企业的管理决策机制中。

③ 开展合作，盘活企业碳资产

为有效降低碳交易带来的风险，企业可以与专业的碳资产管理机构开展合作，将部分风险转移给碳资产管理公司，根据企业的实际情况量身制定碳交易策略方案，变被动履约为主动参与。可以开展的具体工作内容如下：

★ 关注市场价格变化，通过开展碳期权交易的策略，降低碳价波动带来的履约成本过高的风险；

★ 充分利用 CCER 抵消机制实现盈利；

★ 对于国内非控排企业，可以通过开发减排机制项目（CCER、UER、VCS），获得碳减排收益。

（3）碳交易策略

① 分散交易策略

通过预测碳排放量变化趋势，结合企业实际生产情况，对企业的配额盈余和短缺情况进行测算，根据市场碳交易价格走势特点开展配额分散交易，避开履约期前后碳价大幅波动的时间点，做到低成本履约和碳资产保值、增值。

② 配额托管策略

如果企业没有足够的精力和措施有效完成自身碳资产管理工作，可以将配额托管给专业的第三方机构，双方约定各自的职责与义务并商定收益分成比例，间接实现碳交易管理优化。

伴随全国统一碳市场不断发展，海油系统内纳入控排的企业将会逐步增多，碳配额总量也会大幅增加，企业碳交易管理机制需要不断完善，明确交易决策流程，完善风险控制措施，制定碳交易资金审批与会计核算细则，理清职能，制定和执行适宜的应对策略。

12 国际化低碳对标

《巴黎协定》的签订意味着减少温室气体排放正由科学共识转变为全球行动。在技术进步、环保政策和社会民众三种力量的共同推动下，全球能源生产与消费结构和方式正在发生重大变化，低碳化、清洁化发展是当前最为明确的方向。

在全球能源低碳转型的大背景下，石油公司面临世界能源消费增速放缓、碳政策日趋严格、低碳能源竞争加剧、高碳资产持有风险升高、油气价格持续受到抑制等多重压力，传统油气生产面临的困难将进一步增加。

近年来，为了应对能源低碳化的挑战，国际上著名的石油公司都已经把气候变化、能源转型等风险因素纳入公司发展战略，并将公司业务由“传统油气生产”向“低碳”和“综合型能源公司”调整，积极布局天然气、电力、氢能等相关领域，抢占未来发展的主动地位。

中国海油持续创新绿色发展的管理制度、方式、措施和流程，构建了适应新时代发展要求的管理体系；通过严格控制能耗和实施治污减排，全面贯彻落实国家生态文明建设和能源安全新战略要求；通过有效落实控碳措施和践行低碳转型，积极应对气候变化和参与全球环境治理；通过对标行业先进和坚持国际化发展，推动中国特色国际一流能源公司建设。

12.1 对标样本与评估体系

选择行业内优秀公司作为样本，分析样本公司的低碳发展战略特点及实践，评估其低碳发展成效，把握低碳发展水平。以美国《石油情报周刊》世界 50 家最大石油公司综合排名及《财富》全球 500 强排名等国际权威机构发布的榜单为基础，选择 12 家对中国海油发展具有积极参考和借鉴意义的国际著名能源公司进行对标分析，包括一体化国际石油公司 5 家、一体化国家石油公司 4 家以及独立勘探开发公司 3 家。见表 12-1。

选取的样本公司多数为综合性能源公司，其业务板块普遍涉及油气勘探开发、炼油和化工、新能源、销售和服务等上、中、下游多个领域。为使对标工作更具针对性和指导性，对标工作聚焦点为各样本公司的油气勘探开发(上游)业务领域。

表 12-1　样本公司名录

序号	分类	公司名称（英文）	公司名称（中文）	属国	地理位置	PIW 排名	是否上市
1	一体化国际石油公司	ExxonMobil	埃克森美孚	美国	北美	5	是
2		Shell	壳牌	荷兰	欧洲	6	是
3		BP	英国石油	英国	欧洲	8	是
4		Total	道达尔	法国	欧洲	10	是
5		Chervon	雪佛龙	美国	北美	11	是
6	一体化国家石油公司	Equinor	挪威国油	挪威	欧洲	28	是
7		Eni SpA	埃尼	意大利	欧洲	23	是
8		CNPC	中石油	中国	亚太	3	是
9		Sinopec	中石化	中国	亚太	20	是
10	勘探开发公司	Conocophilips	康菲	美国	北美	30	是
11		Devon Energy	戴文能源	美国	北美	40	是
12		Occidental Petroleum Corporation（OXY）	西方石油	美国	北美	44	是

能源公司的低碳发展水平，是一个具有多因素的综合性指标，体现在公司的组织管理、战略实施、产业发展等各个方面。从 2 个维度（一级指标）、7 大关键指标（二级指标）、21 个分项指标（三级指标）进行低碳发展水平的整体分析，建立低碳发展水平评估的指标体系。见表 12-2。

表 12-2　低碳发展指标分解

序号	对标维度	关键指标	指标分解
1	低碳管理水平	组织管理	■ 董事会监管 ■ 组织机构设置 ■ 绩效管理
		战略及风险管理	■ 能源情景分析 ■ 风险识别 ■ 战略管理 ■ 碳定价机制 ■ 措施管理
		公共参与度	■ 政策制定 ■ 行业参与

续表

序号	对标维度	关键指标	指标分解
2	低碳实践成效	天然气生产	■ 天然气储量 ■ 天然气产量 ■ 天然气在油气产品中占比
		温室气体排放水平	■ 碳排放总量 ■ 碳排放强度 ■ 甲烷排放量 ■ 火炬排放量 ■ 能源消耗水平
		新能源领域布局	■ 新能源领域的布局 ■ 新能源领域的发展规模
		碳捕捉、封存和利用技术研究	■ 碳捕捉、封存和利用技术进展

12.2 低碳管理水平对标

应对气候变化，已经不再是局限于环境领域的科学问题，更是企业可持续经营面临的重要风险。为适用气候变化带来的风险与机遇，国际大型石油公司普遍从管理体制上进行调整及变化，包括组织机构设置、低碳绩效机制、战略管理、风险管理、公共参与等，以促使管理层发挥积极作用，推动企业相关低碳目标的实现。

12.2.1 组织管理对标

作为企业最高决策机构，董事会层面针对低碳相关议题进行监管，代表着企业管理层对该问题的重视水平，气候变化议题监督频率越高，反映企业对低碳管理更重视。

所有公司均公开表示将气候变化相关议题纳入到董事会层面监管范围之内。其中，道达尔、德文石油、西方石油、埃克森美孚、康菲石油、英国石油等公司平均每年进行一次针对气候变化重大风险和机遇的披露，埃尼石油、挪威国油、壳牌、雪佛龙等公司则每半年进行一次披露。中石油、中石化和中海油三家中国公司中，只有中国海油对外披露了监督频率为每个季度一次，其他两家公司均未公开披露。见表 12-3。

表 12-3 气候变化议题董事会监管情况及频率

序号	公司名称	董事会层面监督	监督频率/(次/年)
1	CNOOC	√	4
2	Eni SpA	√	2
3	Chevron	√	2
4	Equinor	√	2
5	Shell	√	2
6	Devon	√	1
7	OXY	√	1
8	ExxonMobil	√	1
9	Conocophillips	√	1
10	BP	√	1
11	Total	√	1
12	CNPC	√	未披露
13	Sinopec	√	未披露

清晰地界定分管职能部门，形成职能准确、责任清晰、权限明确的管理体系，代表着公司具备较高的低碳管理水平，能更好地应对未来气候变化带来的诸多风险。

在样本公司中，BP 建立了碳领导小组，监督集团公司气候变化风险和挑战，关注企业整体与低碳活动相关的战略、政策、绩效和合作。道达尔于 2016 年由首席执行官牵头成立了综合战略与气候部门，将气候变化问题纳入到集团总体战略综合管理之中，为公司组织制定应对气候变化路线图、实施路线图以及确定减少碳足迹的目标。壳牌应对气候变化则由企业社会责任委员会负责。另外，埃尼石油、壳牌、德文、西方石油等公司均将应对气候变化与健康、安全、环保一起设置在可持续发展战略中管理。埃克森美孚、康菲石油、雪佛龙则将应对气候变化作为公共政策管理中。三家中国公司也都设置了相应的职能部门。见表 12-4。

表 12-4 石油公司低碳管理部门

序号	公司名称	是否界定职能部门	部门名称
1	Eni SpA	√	■ Sustainability and Scenarios Committee
2	Total	√	■ Strategy & Climate department
3	Equinor	√	■ Safety, Sustainability and Ethics Committee
4	Shell	√	■ Corporate and Social Responsibility Committee
5	Devon	√	■ Environmental, Social, and Governance Steering Committee
6	OXY	√	■ Environmental, Health and Safety Committee ■ Corporate Governance, Nominating and Social Responsibility Committee

续表

序号	公司名称	是否界定职能部门	部门名称
7	ExxonMobil	√	■ Board's Public Issues and Contributions Committee
8	Conocophillips	√	■ Public Policy Committee ■ Human Resources and Compensation Committee
9	BP	√	■ Renewal committee ■ New energy frontiers steering committee ■ Carbon steering group Upstream carbon steering committee ■ Downstream advancing the energy transition committee
10	Chevron	√	■ Public Policy Committee ■ Strategy and Planning Committee
11	CNPC	√	■ 质量安全环保部
12	Sinopec	√	■ 能源管理与环境保护部
13	CNOOC	√	■ 质量健康安全环保部

12.2.2 风险识别与战略管理对标

几乎所有的样本公司都已经将气候变化风险整合到公司范围内的多学科风险识别、评估和管理流程中。气候相关风险可分为转型风险及物理风险。转型风险是指朝向低碳经济转型过程中，可能会出现与气候变化及适应相关的政策、法律、技术以及市场变化等，这些风险将对传统商业模式带来挑战。而物理风险则是指气候变化引起的相关的灾害，如极端天气(急性事件)或是海平面上升(慢性事件)，对组织及资产造成的直接财务影响，或是对供应链造成的间接影响。见表 12-5。

表 12-5　公司对气候变化风险识别情况

序号	公司	现行法规	将来法规	技术风险	法律风险	市场风险	声誉风险	急性气候风险	慢性气候风险	上游风险	下游风险
1	Shell	√	√	√	√	√	√	√	√	√	√
2	Total	√	√	√	√	√	√	√	√	√	√
3	Conocophillips	√	√	√	√	√	√	√	√	√	√
4	OXY	√	√	√	√	√	√	√	√	√	
5	Devon	√	√	√	√	√	√			√	√
6	Eni	√	√	√		√	√	√	√		
7	Sinopec	√	√	√	√	√	√				
8	Chevron	√	√		√	√		√			
9	Exxon Mobil	√	√		√	√	√				
10	CNOOC	√	√	√	√						
11	Equinor	√	√			√					
12	BP	√					√				
13	CNPC	未披露									

为了最小化风险并抓住机遇，大型石油公司将气候议题融入公司总体战略中，提出了比较明确的低碳目标。见表 12-6。

表 12-6 公司主要低碳战略和目标

序号	公司名称	主要低碳战略和目标
1	ExxonMobil	■ 降低生产过程排放 • 预计我们的温室气体减排措施将达到 15%； • 2020 年，甲烷排放减少 15%，火炬排放减少 25%； • 进一步提高炼油化工设备效率。 ■ 开发技术解决方案 ■ 为客户提供解决方案 • 扩大清洁燃料天然气的供应，减少电力排放； • 提供轻质塑料和其他材料； • 开发优质、高效的燃料和润滑油。 ■ 参与气候变化政策
2	Shell	■ 保持世界级能源公司的领先地位； ■ 在全球能源转型期实现稳健增长； ■ 达成企业社会责任的目标。 • 到 2050 年所销售的能源产品的碳足迹大约减少一半，到 2035 年，与 2016 年的水平相比减少约 20%
3	BP	■ 降低生产过程排放 • 2025 年实现生产过程温室气体排放量零增长； • 到 2025 年，以可持续方式减排温室气体 350 万 t； • 到 2025 年，甲烷排放强度 0. 2%； • 到 2030 年，消除正常工况火炬。 ■ 优化产品 • 提供低排放的天然气； • 提供高效低碳的燃料、润滑油及石化品； • 为客户提供低碳解决方案。 ■ 创建低碳商业 • 拓展低碳和可再生能源业务； • 每年 5 亿美金投入低碳业务； • 合作并投资 OGCI 的研发基金
4	Total	■ 2015~2030 年，为客户提供的能源产品的碳强度减少 15%； ■ 到 2035 年将其投资组合的 20%用于低碳业务； ■ 到 2020 年，火炬排放将比 2010 年减少 80%； ■ 到 2025 年，甲烷排放强度降低至 0. 2%； ■ 到 2030 年，消除正常工况火炬

续表

序号	公司名称	主要低碳战略和目标
5	Chervon	■ 成为最高效的化石燃料生产商之一。 • 2023年，甲烷排放强度减少20%~25%，火炬燃放量减少25%~30%
6	Equinor	■ 创造低碳优势 • 建立高价值、低碳的油气投资组合 √ 到2030年二氧化碳比2017年减排300万t/a； √ 2030年，上游碳排放强度控制在8kg CO_2/boe； √ 上游及中游控制低甲烷排放强度并持续探索减排机会。 • 在新能源解决方案中占据一席之地 √ 2030年，15%~20%资金直接投入到新能源领域的方案研究，以得到成熟有利润的项目； √ 到2020年，25%的研究资金投入到新能源方案和能源效率。 • 加强问责制和扩大协作以加强气候行动 √ 投资压力测试和透明报告； √ 将应对气候因素融入到战略、决策和激励中
7	Eni	■ 在低碳的未来，提供高效和可持续的能源资源为每个人创造长期价值。 • 2025年上游碳排放强度降低43%； • 2025年常规火炬零排放； • 2025年甲烷逃逸排放降低80%； • 2022年50%研发投资用于去碳、循环经济及能源转型； • 2030年，上游活动的直接排放为零碳足迹； • 提高气体产品供应量； • 2019年建造第三代透平发电厂； • 2019年将尼日利亚奥拜发电厂的装机容量增加一倍； • 2025年，可再生能源发电装机容量将达到500万kW
8	CNPC	■ 力争2020年实现二氧化碳排放总量比2015年下降25%； ■ 2030年国内天然气产量占公司国内一次能源产量的55%； ■ 2050年低碳发展达到国际先进水平
9	Sinopec	■ 到2035年，绿色低碳发展水平达到国际先进水平； ■ 到2050年，绿色低碳发展水平达到国际领先水平。 • 6年内清洁能源产量占比超过50%； • 6年内新建1000座车用天然气加气站； • 2023年天然气供应能力将达600亿m^3/a； • 2023年投运输气管道达到1万km，LNG接转能力达到2600万t/a； • 2023年地热供暖面积超1.2亿m^2，占全国市场40%

续表

序号	公司名称	主要低碳战略和目标
10	CNOOC	■ 到 2020 年，绿色低碳主要指标同比达到国内领先水平，完成绿色制造试点建设，为建设中国特色国际一流的清洁能源生产和供给企业打下坚实基础； ■ 到 2035 年，绿色低碳整体指标同比达到国际先进水平，基本完成绿色制造体系建设，初步建成中国特色国际一流的清洁能源 生产和供给企业； ■ 到 2050 年，中国海油绿色低碳整体指标同比达到国际领先水平，完成绿色制造体系建设，全面建成中国特色国际一流的清洁能源生产和供给企业
11	Conocophilips	■ 到 2030 年，温室气体排放强度比 2017 年减少 5%～15%
12	OXY	■ 开发一套完整的度量标准和目标来减少对大气中温室气体浓度的影响 • 跟踪 Scope1 和 Scope2 的温室气体排放总量，以及石油和天然气直接排放强度； • 追踪石油和天然气业务的甲烷排放强度； • 制定并披露 2030 年石油和天然气业务的二氧化碳和甲烷排放强度目标以及阶段性的里程碑； • 制定和披露一个反映公司对大气温室气体浓度总体影响的指标； • 支持 OGCI 2025 年甲烷排放强度低于 0.25 的目标； • 限制 2020 年美国新开发的油气田 Scope1 二氧化碳排放强度比 2018 年低 10%； • 2030 年，取消常规火炬排放
13	Devon	未披露

通过对比分析上述各公司的主要低碳战略及低碳目标，基本体现在三个方面：一是优化自身能源产品结构，提升天然气等低碳能源比重；二是通过提高能效、控制甲烷及火炬气排放等措施，降低自身生产过程中的碳排放，并为客户提供更加低碳的解决方案；三是持续发展更加清洁的可再生或低碳能源。

从各公司提出的低碳战略内容来看，可分为多元化发展战略和单一化低碳战略两种类型：

第一种类型是多元化发展战略，以 BP、Equinor、Shell 等 6 家国际能源公司及我国的三家国家能源公司为代表。这些公司的低碳发展战略中一方面努力提高能效，减少火炬气等排放，降低生产过程中的温室气体排放，致力于为客户提供低碳解决方案；另一方面优化资源产品组合，逐步增加低碳能源产品特别是天然气产品的比重；同时，着眼长远发展，培育战略性可再生能源、低碳能源业务。

第二种类型是单一化低碳战略和目标，以 Chevron、Conocophilips 和 OXY 三家公司为代表。其低碳战略聚焦控制生产过程的温室气体排放，通过设立提高能效、控制甲烷排放、减少火炬排放等减排目标实现公司低碳可持续发展。

各公司的低碳战略及目标类型见表 12-7。

表 12-7 公司低碳战略及目标类型

序号	公司名称	低碳战略和主要目标类型
1	BP	多元化低碳战略和目标
2	Equinor	
3	Shell	
4	Total	
5	Eni	
6	ExxonMobil	
7	CNPC	
8	Sinopec	
9	CNOOC	
10	Chevron	单一化低碳战略和目标
11	Conocophilips	
12	OXY	
13	Devon	未披露

不同类型的低碳战略及目标可以反映公司的未来发展定位，具有多元化低碳战略的公司通常定位于一体化综合能源服务商。随着能源供应低碳化清洁化趋势的发展，未来社会将过渡为多能互补的综合能源体系。这些公司不再满足于业务单一的油气公司，而是在进行战略结构的优化升级，调整业务范围和领域，成为提供复合型“能源组合”的综合能源公司。而单一化低碳战略和目标的公司大多仍以油气为主导业务，对于低碳发展的宣传多于行动，投资及研发较为保守和谨慎。

12.3 低碳目标类型对标

企业公开设定减排目标，一方面是向公众展示其应对气候变化的决心，另一方面为企业落实具体减排行动提供指标。根据减排目标完成情况，可以判断企业应对气候变化举措是否成功。企业采用的减排目标主要包括总量目标、强度目标，以及碳足迹目标、能效目标、甲烷减排目标和降低火炬气等其他气候相关目标。见表 12-8。

表 12-8 低碳减排目标类型

序号	公司	总量目标	强度目标	能效目标	碳足迹目标	甲烷减排目标	火炬气减排目标
1	Equinor	√	√		√	√	√
2	Eni		√		√	√	√
3	Total		√	√		√	√
4	Shell				√	√	√
5	BP	√				√	√
6	CNPC	√	√			√	
7	Sinopec	√				√	
8	OXY					√	√
9	Chevron					√	√
10	ExxonMobil					√	√
11	Conocophilips		√				
12	CNOOC	√					
13	Devon	未披露					

一些公司采用温室气体排放总量目标，即对未来某一时间点的温室气体绝对排放量进行限制，与公司产量大小无关。如 BP 预计到 2025 年比 2016 年达到 350 万 t 温室气体减排目标，同时实现上游业务碳排放净零增长。

大部分公司采用强度目标，即限制企业每单位产出的温室气体排放量。例如，埃尼石油公司预计到 2025 年上游温室气体排放强度达到 15. 29kg CO_2/boe，比 2014 年降低 43%；COP 预计到 2030 年温室气体排放强度较 2017 年降低 5%～15%。

强度目标虽然可以将总排放量和产量联系在一起，更容易反映企业在行业中所处的低碳水平，然而强度目标所导致的排放总量的不确定性为应对气候变化带来了潜在的风险。因此，在低碳转型方面拥有先进地位的石油公司同时采用强度目标和绝对目标作为低碳战略目标，例如 Equinor，一方面设定到 2030 年，二氧化碳排放量比 2017 年减少 300 万 t 的绝对目标，另一方面，设定到 2020 年上游温室气体排放强度达到 9kg CO_2/boe，2030 年达到 8kg CO_2/boe。

在低碳转型方面处于超前领导地位的石油公司，不局限于关注企业自身直接温室气体排放（范围一）和间接排放（范围二），还对产品全生命周期、整个价值链各环节的排放进行自我要求，设立碳足迹目标，用于企业内部和供应链的环境绩效管控。例如，壳牌石油公司预计到 2035 年整个公司的净碳足迹比 2016 年（79gCO_2/MJ）减少 20%，到 2050 年下降 50%。

除了碳排放目标，甲烷减排目标和火炬减排目标也是石油公司重要的低碳战略目标。由于甲烷的短期(20 年计)增温效应是二氧化碳的 80 多倍，占全球短期效应的温室气体排放总量的 25%，特别地作为甲烷排放量较大的石油和天然气行业，减少甲烷排放是短期控制气候变暖的最佳手段。国际各大石油公司纷纷制订甲烷减排目标。例如，雪佛龙要在 2023 年，甲烷排放较 2016 年减少 20%~25%。ExxonMobil 也提出类似目标，表示要在 2020 年相较于 2016 年，减少公司运营行业产生的甲烷排放量 15%。中石化预计在 2023 年以前每年实现回收利用甲烷保持在 2 亿 m^3以上的目标。另外，壳牌、道达尔、BP、西方石油公司、中国石油加入 OGCI 国际组织，并于 2018 年发布集体甲烷减排目标，共同承诺到 2025 年年底，将该组织上游业务的平均甲烷强度降至 0. 25%以下。

在世界银行消除天然气火炬的倡议下，BP、Total、Equinor、Shell、Eni 均设立了到 2030 年消除火炬的目标，其中 Eni 在可持续发展报告中公布将提前 5 年完成该目标。一些石油公司虽然没有加入世界银行的倡议，也在不同渠道公布了自身的减少火炬的目标。OXY 承诺到 2030 年关停所有火炬。ExxonMobil 预计到 2020 年火炬燃烧较 2016 年降低 25%。预计到 2023 年火炬燃烧较 2016 年下降 25~30%。

12. 4 碳定价与低碳措施对标

各大石油公司已把碳价作为长期计划的考虑因素，开展内部碳定价，将碳成本纳入项目的投资决策。为了测试新项目的财务弹性，评估温室气体潜在成本对项目的影响，大部分公司的内部碳定价在 30~80 美元/tCO_2 区间。内部碳定价选择越高，考虑时间越长远的公司，低碳水平相对越高。各公司的内部碳定价见表 12-9。

表 12-9 内部碳定价

序号	公司名称	是否设立内部碳定价	内部碳定价	详细说明
1	Eni	√	40 欧元/t	—
2	Shell	√	40 美元/t	—
3	Total	√	30~40 美元/t	—
4	Equinor	√	50~140 美元/t	在挪威采用 59 美元/t 内部碳价，挪威以外国家采用 50 元美元/t 内部碳价，2040 年采用 140 美元/t
5	BP	√	40~80 美元/t	采用 40 美元/t 内部碳定价，同时采用 80 美元/t 进行投资压力测试
6	OXY	√	20~140 美元/t	基于 IEA 201 6World Energy Outlook 对碳价预测，2040 年增至 140 美元/t

续表

序号	公司名称	是否设立内部碳定价	内部碳定价	详细说明
7	Chevron	√	未披露	—
8	ExxonMobil	√	80 美元/t	基于 2040 年碳价预测
9	Conocophilips	√	40 美元/t	—
10	Devon	√	30 加元/t	基于加拿大 Alberta 省 SGER 碳价，2020 年采用 30 加元/t，2021 年采用 40 加元/t，2022 年采用 50 加元/t
11	CNOOC	√	40~80 元/t	—
12	CNPC	×	未披露	—
13	Sinopec	×	未披露	—

BP 公司采用 40 美元/t 内部碳定价，同时采用 80 美元/t 进行投资压力测试。挪威国家石油公司在挪威采用 59 美元/t 内部碳价，在挪威以外国家采用 50 美元/t 内部碳价，2040 年采用 140 美元/t。各石油公司减排行动不会选择单一的技术路线，均采用多种技术组合手段，实现减排目标，详见表 12-10。

表 12-10 低碳措施活动

公司	提高能效	减少甲烷排放	减少火炬排放	提高天然气比例	太阳能	风能	生物燃料	氢能	地热	水力发电	电力传输与分配	电池与充电装置	CCUS	森林碳汇
Shell	■	■	■	■	■	■	■	▲			■	■	■	■
Total	■	■	■	■	■	■	■	▲		■	■	■	▲	▲
BP	■	■	■	■	■	■	■	▲				■	▲	■
CNPC	■	■	■	■	▲		■		■			▲	■	■
Sinopec	■	■	■	■	■		■	▲	■			▲	■	
Equinor	■	■	■	■	■	■		▲					▲	▲
Eni	■	■	■	■	▲	▲	■	▲			▲	▲	▲	▲
Chevron	■	■	■	■	▲	▲	▲		▲				■	
OXY	■	■	■	■	▲			■					▲	
Exxonmobil	■	■	■	■			▲						■	
Devon	■	■	■	■	▲								▲	
Conocophilips	■	■	■										■	
CNOOC	■	■	■	■		■		▲	■					▲

注：■表示现阶段已实施措施；▲表示正在研究或计划投资项目。

提高能效、减少甲烷排放、减少火炬排放、提高天然气比例几乎是所有石油公司不约而同地选择。而差异在于，欧洲的石油公司技术选择相对广泛，各种技术都有涉猎，但主要寄希望于可再生能源的发展，将天然气作为多度能源，倾向于采用天然气、可再生能源、电力一体化方案。美国的石油公司采用天然气和 CCUS 技术作为主要的技术组合。

12.5 低碳管理与实践总结

12.5.1 低碳管理经验总结

（1）领先的石油公司普遍注重战略管理能力的提升，同时建设高效的组织构架和管理模式，推动企业低碳战略及目标快速实施。

从壳牌的实践可以发现，壳牌一直高度重视公司的战略规划，且能通过有效的管理构架和流程使战略得到快速的执行。Equinor 重视将可持续发展的态度体现在公司治理原则、机构建设和管理制度中，将可持续发展目标分解到各个业务部门，公司执行委员会定期讨论可持续发展问题。

（2）国际石油巨头已把碳价作为长期计划的考虑因素，开展内部碳定价，把碳价作为长期计划的考虑因素，将碳成本纳入项目投资决策，有效管控碳风险。

（3）国际大型能源公司普遍重视对外合作，希望联合外界力量为低碳未来寻找解决方案，同时积极参与影响低碳政策法规的制定，为公司未来发展争取主动性。

12.5.2 低碳实践经验总结

（1）通过提高能效、减少火炬气燃放、控制甲烷逸散、使用可再生能源等手段管理运营活动的温室气体排放。

壳牌对运营设施实施温室气体和能源管理计划，包括改进设备维护安排、安装更高能效的设备、在新建大型项目设计上考虑 CCS 的可能性。将常规火炬或伴生气的放空活动降至最低，并尽可能减少运营过程中因安全考量实施的火炬燃烧。

道达尔通过减少放空燃烧和提高能源效率的方式控制碳排放，公司自 2006 年起实施“环境绩效和温室气体报告计划”，对能源效率进行持续监控和记录，2008 年发布《能源绩效管理指南》，对勘探和生产项目设计进行优化和能效评估。

（2）重视天然气业务发展，追求天然气和 LNG 产业链价值的最大化，拓展天然气利用市场空间。

各石油公司均认为，天然气是最现实可行的低碳能源，可在能源转型中发挥重要作用，是石油公司实现低碳转型的最现实路径。于是纷纷出台措施，加快发展天然气业务，把天然气作为转型时期的战略重点。Total 组建了天然气、可再生能源和电力业务部门，开发天然气及电力贸易、储能、太阳能及能源服务等“业务投资组合”，布局整个天然气产业链的投资，从生产到海外航运液化再到销售。

(3) 借助资源技术优势，探索有效发展途径，加快新能源领域战略布局，积极拓展综合能源业务。

随着能源品种的结合和融合成为发展趋势，业务单一的油气公司都在进行战略结构的优化升级，调整业务范围和领域，探索有效发展途径，开拓新能源业务，提供复合型的“能源组合”成为新的发展趋势。

Equinor 依托海上经验，专注于海上风能开发，在产业推广的同时更加重视新技术的创新掌握和推广。目前为止，Equinor 在海上风电领域处于绝对领先位置，在北海开发世界最大的海上风电项目，在运行海上风电场总装机容量超过 1GW，计划中的海上风电项目有 4 个，总装机容量超过 10GW。

在新能源业务的拓展过程中，大部分国际石油公司采取合资合作、收购、风险投资等发展方式，一方面可以有效地控制成本并分担风险，另一方面可以快速在新领域获得发展机会，并在技术与市场方面获得竞争优势。

(4) 碳捕获、利用与封存技术是应对全球气候变化的关键技术之一，是各大油气公司共同选择并重点投入创新的领域。

碳捕集与利用技术是石油公司未来低碳发展的重要环节，一旦该技术具备规模推广的商业可行性与经济性，会在极大程度上解决油气工业的碳排放问题，因此各大公司均给予了较多关注。目前，全球有约 21 座 CCS 大型项目运营或在建，每年总计可捕捉约 4000 万 tCO_2。

(5) 国际能源公司积极投资林业碳汇项目，在帮助企业完成碳履约、兑现碳减排承诺、布局优质碳资产、树立企业形象及创新商业模式方面具有积极作用。

在全球积极应对气候变化背景下，林业碳汇已纳入应对气候变化国际进程中，受到越来越多的关注。投资林业碳汇对于控排企业完成碳履约、兑现碳减排承诺、布局优质碳资产、树立企业形象及创新商业模式方面具有积极作用。

中国海油从推动健康、低碳发展的角度积极与政策制定者沟通，加强与相关国际组织联系，拓宽信息获取渠道；积极开展相关战略研究，本着对国家、企业、消费者都有利的原则，积极参与影响国家地区政策的制定；加强宣传提高公众意识，倡导低碳生产和消费模式。

中国海油将进一步加大节能减排工作的投入，加强资源和能源的综合利用，加大低碳监督监测力度，探索实践区域化联网开发与数字化、智能化融合发展，提升能源、资源管理水平，降低运营活动的温室气体排放。加快发展天然气业务，把天然气作为转型时期的战略重点。加大天然气勘探开发力度，组织天然气增储上产科研攻关，突破深水、深层低渗-致密天然气勘探开发技术，探索煤层气和页岩气选区和高效开发技术。定位于一体化综合能源生产商和服务商，抓住机遇，重视战略结构的优化升级，调整业务范围和领域，结合自身特点择优开展新能源业务，提供复合型的"能源组合"，打破供电、供暖、供油、供气不同业务的壁垒，在给区域用户、需求侧带来更高效的能源供应的同时，保证公司的可持续发展。

13 绿色制造体系

2015年3月，国务院总理李克强在全国两会上作《政府工作报告》时首次提出“中国制造2025”的宏大计划。3月25日，在国务院常务会议上，审议通过了《中国制造2025》，并于5月19日正式印发《中国制造2025》。

《中国制造2025》由百余名院士专家为中国制造业未来10年设计的顶层规划和路线图，实现中国制造向中国创造、中国速度向中国质量、中国产品向中国品牌三大转变，推动中国到2025年基本实现工业化，迈入制造强国行列。为实现2025制造强国的战略目标，提出实行五大工程，包括制造业创新中心建设的工程、强化基础的工程、智能制造工程、绿色制造工程和高端装备创新工程。

绿色制造工程就是组织实施传统制造业能效提升、清洁生产、节水治污、循环利用等专项技术改造。开展重大节能环保、资源综合利用、再制造、低碳技术产业化示范。实施重点区域、流域、行业清洁生产水平提升计划，扎实推进大气、水、土壤污染源头防治专项。制定绿色产品、绿色工厂、绿色园区、绿色企业标准体系，开展绿色评价。

2016年9月，为落实《中国制造2025》，加快推进绿色制造，工业和信息化部决定开展绿色制造体系建设，印发了《关于开展绿色制造体系建设的通知》(工信厅节函〔2016〕586号)。通知要求全面统筹推进绿色制造体系建设，到2020年，绿色制造体系初步建立，绿色制造相关标准体系和评价体系基本建成，在重点行业出台100项绿色设计产品评价标准、10~20项绿色工厂标准，建立绿色园区、绿色供应链标准，发布绿色制造第三方评价实施规则、程序，制定第三方评价机构管理办法，遴选一批第三方评价机构，建设百家绿色园区和千家绿色工厂，开发万种绿色产品，创建绿色供应链，绿色制造市场化推进机制基本完成，逐步建立集信息交流传递、示范案例宣传等为一体的线上绿色制造公共服务平台，培育一批具有特色的专业化绿色制造服务机构。

2016年以来，集团公司按照逐步推进的总体思路，在各版块选取了典型企业，指导开展绿色制造体系示范建设，在能耗、新鲜水用量、SO_2、氨氮、COD、氮氧化物、VOCs、三废排放量、固废处置、废水回用率和碳排放量等方面对标先进企业，寻找差距，补齐短板，改造提升，积极申报国家绿色工厂、绿色制造系统集成项目。同时，注重集团技术支持机构技术能力的提升，集团公司节能减排监测中心通过强化监测能力建设和丰富的实践经验，获得工业节能和绿色发展评价中心资格认证。在集团公司的大力支持下，中国海油所属单位在绿色制造体系创建过程中取得了很好的成绩。

13.1 绿色工厂

绿色工厂是制造业的生产单元，是绿色制造的实施主体，属于绿色制造体系的核心支撑单元，侧重于生产过程的绿色化。绿色工厂采用绿色建筑技术建设改造厂房，预留可再生能源应用场所和设计负荷，合理布局厂区内能量流、物质流路径，推广绿色设计和绿色采购，开发生产绿色产品，采用先进适用的清洁生产工艺技术和高效末端治理装备，淘汰落后设备，建立资源回收循环利用机制，推动用能结构优化，实现工厂的绿色发展。

集团公司根据工信部通知要求，结合所属单位生产特点，以申报国家绿色工厂为契机，按照“生产洁净化、原料无害化、废物资源化、能源低碳化、厂房集约化”的原则，大力推动绿色工厂建设工作，组织所属二级单位学习对照申报要求和评审标准，找差距、做规划，开展自查自评，从绿色油田、绿色炼厂、绿色电厂、绿色化工厂、绿色装备制造、绿色产品、绿色建筑等方面持续推动绿色制造体系的申报和建设，作为集团公司绿色低碳发展战略落脚点之一。

在落实绿色工厂建设的过程中，中国海油主动进行技术总结，牵头制定了部分行业标准。中国海油牵头制定的《合成氨行业绿色工厂评价导则》行业标准，于 2018 年 12 月由国家统一对外正式发布，为全国合成氨行业绿色工厂创建提供了规范依据。同时中国海油还参与了国家标准《绿色工厂评价导则》的编写，参与了 2017 年国家质量基础共性技术研究与应用重点专项子课题《合成氨行业绿色工厂认证评价技术研究》。

中国海油所属企业积极创建绿色工厂，相关项目顺利通过评审，包括：

2017 年，中海化学被评为国家级“绿色工厂”。

2018 年，有限湛江分公司南山终端、海化纯碱厂被评为石油石化行业“绿色工厂”；莆田电厂被评为福建省“绿色工厂”。

2019 年，中海石油(中国)有限公司海南分公司东方作业公司、中海石油深海开发有限公司、中海油惠州石化有限公司、山东海化股份有限公司纯碱厂、中海福陆重工有限公司 5 家单位获评为第四批国家级“绿色工厂”，是近年来成绩最好的一次，在中央企业中也是获评最多的；有限天津分公司东营终端、有限湛江分公司、气电集团浙江 LNG 被评为石油石化行业“绿色工厂”；大鹏 LNG 被评为深圳市“绿色工厂”。

13.2　绿色产品

绿色产品是以绿色制造实现供给侧结构性改革的最终体现，侧重于产品全生命周期的绿色化。积极开展绿色设计示范试点，按照全生命周期的理念，在产品设计开发阶段系统考虑原材料选用、生产、销售、使用、回收、处理等各个环节对资源环境造成的影响，实现产品对能源资源消耗最低化、生态环境影响最小化、可再生率最大化。

选择量大面广、与消费者紧密相关、条件成熟的产品，应用产品轻量化、模块化、集成化、智能化等绿色设计共性技术，采用高性能、轻量化、绿色环保的新材料，开发具有无害化、节能、环保、高可靠性、长寿命和易回收等特性的绿色产品。关于绿色产品的通用评价方法见《生态设计产品评价通则》(GB/T 32611)，评价要求见生态设计产品评价规范系列国家标准(GB/T 32163)。

中国海油对目前主要生产的汽柴油及其他炼化产品持续实施产品质量升级，调整油品结构，改善环境空气质量，确保中国海油成品油的清洁优质化始终走在行业前列；并开发 SBS 改性沥青和环保橡胶油等环保产品。生产更加环保高端的树脂涂料以及各种催化剂产品及水处理产品，不断扩大绿色产品在海油系统内外的应用市场。包括：绿色环保树脂涂料(水性羟基丙烯酸树脂分散体、水性环氧树脂及固化剂树脂、工业用水性涂料产品系列化和技术改进)，催化剂产品(催化基础材料、炼油催化剂、化工催化剂、新型催化反应工艺产品)，水处理产品。

2019 年 8 月，中阿公司生产的复合肥获得绿色产品认证证书，成为全国肥料行业第一家同时在资源属性、能源属性、环境属性、产品属性四个方面全属性通过绿色产品认证的肥料企业。

13.3　绿色供应链

绿色供应链是绿色制造理论与供应链管理技术结合的产物，侧重于供应链节点上企业的协调与协作。打造绿色供应链，企业要建立以资源节约、环境友好为导向的采购、生产、营销、回收及物流体系，推动上下游企业共同提升资源利用效率，改善环境绩效，达到资源利用高效化、环境影响最小化，链上企业绿色化的目标。政府要求在部分行业选择一批代表性强、行业影响力大、经营实力雄厚、管理水平高的龙头企业，按照产品全生命周期理念，加强供应链上下游企业间的协调与协作，发挥核心龙头企业的引领带动作用，确立企业可持续的绿色供应链管理战略，实施绿色伙伴式供应商管理，优先纳入绿色工厂为合格供应商和采购绿色产品，强化绿色生产，建设绿色回收体系，搭建供应链绿色信息管理平台，带动上下游企业实现绿色发展。

中国海油已将绿色供应链管理理念纳入公司发展战略，提出了符合中国海油特点的绿色供应链发展目标。中国海油结合自身生产特点通过开展能评、碳评和环评将节能、环保理念贯穿于海上油气田、炼化、天然气发电等大型生产企业的新、改、扩建项目，融入了绿色设计理念。绿色供应链建设框架如图 13-1 所示。

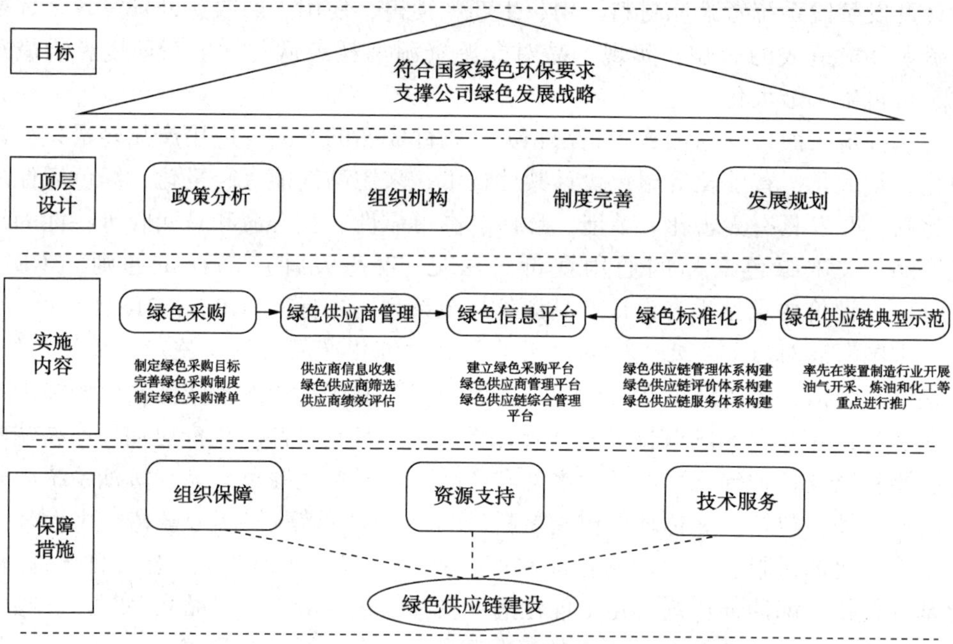

图 13-1 绿色供应链建设框架图

(1) 绿色供应链管理顶层设计

① 将绿色供应链管理纳入公司战略规划

在充分考虑法律、法规、标准和利益相关方要求的基础上，制定与企业绿色发展理念相一致的绿色供应链管理方针和可量化、可测量(或可评价)的管理目标，将绿色理念贯彻到集团绿色供应链管理的战略、规划和运营过程中，并在战略规划中考虑绿色供应链管理绩效。明确最高管理者如何履行对集团绿色供应链管理的领导作用和承诺，可对现有机构和资源进行整合，满足绿色供应链管理需要。

② 建立健全绿色供应链管理标准和制度体系

将绿色制造及绿色供应链管理要求与质量、环境、能源、职业健康管理以及供应链管理、信息化管理体系有机融合，完善管理程序和体系文件，在现有的采办制度中纳入环境保护和资源节约的相关要求，建立符合企业自身行业特点和绿色制造要求的供应链管理和标准体系，并持续改进。

（2）绿色采购方案

在绿色采购方面，中国海油已树立绿色采购理念，各所属单位在实际采办过程中，很多企业已将节能、环保要求纳入采购合同当中，贯彻执行了国家《企业绿色采购指南（实行）》中相关要求。中国海油在2013年曾获得了中国名企排放网和中国采购与招标网颁发的《2012年度绿色招标采购创新奖》。

① 采购原材料时，优先选用符合环保标准和节能要求的，具有低能耗、低污染、无毒害、资源利用率高、可回收再利用等各种良好性能的材料；在满足有关环境标准、产品质量和安全要求的情况下，优先采购和利用废钢铁、废有色金属、废塑料、废纸、废弃电器电子产品、废旧轮胎、废玻璃、废纺织品等可再生资源作为原材料。

② 采购绿色服务时，服务内容要考虑对环境总体损害的程度小、污染物排放少、不产生有毒有害或者难处理的污染物，对固体废弃物实现分类收集和合理处置，在服务过程中少用资源和能源，有益于人体健康。

③ 要求供应商在产品设计过程中更多采用生态设计技术，以减少环境污染和能源资源消耗，使产品和零部件能够回收循环利用；围绕企业经营战略和绿色采购目标制定绿色采购标准或指南；在采购原材料、产品和服务的标准中提出与环境保护相关的要求，体现绿色环保理念，严格按照采购标准进行采购。

④ 建立产品可追溯体系，建立对采购产品从原材料到交货的全程跟踪管理；完善采购流程，主动参与供应商的产品研发、制造过程，引导供应商通过价值分析等方法减少各种原辅和包装材料用量、用更环保的材料替代，避免或减少环境污染。

⑤ 要求供应商供应产品或原材料符合绿色包装的要求，不使用含有有毒、有害物质作为包装物材料，使用可循环使用、可降解或者可以无害化处理的包装物，避免过度包装；在满足需要的前提下，尽量减少包装物的材料消耗。

⑥ 对采购的产品或原材料在仓储和物流运输等环节，推行智能化、信息化和便捷化的节约能源和减少污染物排放的措施；对采购的产品和原材料建立废弃物回收处理流程，以实现循环利用或无害化处理。

（3）绿色采购清单

通过分类分级与动态管理，将清单进行审核和评价，特别是大宗物品和原油开采、炼制过程中使用对环境有重大影响的产品要重点关注。

把“两重点、三禁止”原则，融入绿色产品采购选择要素。

① 获得国家节能、节水、低碳、绿色等相关认证的产品重点关注。主要包括中国环境标志认证（“十环认证”CEC）、中国环境标志低碳产品认证（CEC）、中国环保产品认证（CQC）、环境保护产品认证（CEP）、中国节能认证（ECC）、中

国节水认证(WCC)和绿色产品标识等。

② 满足国家能效限定值及能效等级标准。企业所购入的产品及设备，如石油工业用加热炉、工业锅炉、电动机、变压器、空调、空压机、电弧焊机、照明灯具、数码产品等，应满足国家已发布的能效限制标准要求。

③ 禁止采购被列入环境保护部制定的《环境保护综合名录》中的“高污染、高环境风险”名录的产品；禁止采购被列入工业和信息化部公布的《部分工业行业淘汰落后生产工艺装备和产品指导目录》的生产工艺及设备；禁止采购国家限制或不鼓励生产、采购、使用的其他高耗能、高污染类产品，例如国家发改委发布的《产业结构调整指导目录》中淘汰类目录的生产工艺装置和产品。

（4）绿色供应商

① 完善绿色供应商筛选条件

按照“九项选择、九项不宜”的原则合理选择供应商。

“九项选择”包括：根据环境保护部、发展改革委、人民银行、银监会印发的《企业环境信用评价办法(试行)》有关规定及地方关于企业环境信用评价管理规定，被环境保护部门评定为环保诚信企业或者环保良好企业的；在污染物排放符合法定要求的基础上，自愿与环境保护部门签订进一步削减污染物排放量的协议，并取得协议约定的减排效果的；自愿实施清洁生产审核并通过评估验收的；自愿申请环境管理体系、质量管理体系和能源管理体系认证并通过认证的；因环境保护工作突出，受到国家或者地方有关部门表彰的；采用的工艺被列入发展改革委发布的《产业结构调整指导目录》鼓励类目录的；符合工业和信息化部公布的相关行业准入条件的，获得国家、地方或行业绿色制造示范企业称号的；及时、全面、准确地公开环境信息，积极履行社会责任，主动接受有关部门和社会公众监督的；符合有关部门和机构依法提出的采购商应当优先采购的其他条件的。

“九项不宜”包括：根据《企业环境信用评价办法(试行)》有关规定和地方关于企业环境信用评价管理规定，被环境保护部门评定为环保不良企业的；因环境违法构成环境犯罪的；因环境违法行为，受到环境保护部门依法处罚、尚未整改完成的；一年内发生较大以上突发环境事件的；未达到国家或者地方污染物排放标准、污染物总量控制目标要求或者节能目标要求的；未依照《清洁生产促进法》规定开展强制性清洁生产审核的；当年危险废物规范化管理督查考核不达标的；未按照法律法规规定公开环境信息的；具有其他违反国家环境保护相关法律法规、标准、政策要求的。

② 开展绿色供应商绩效评估

在对供应商进行绩效评估时，进行如下设计：

★ 使用公众研究中心（IPE）的蔚蓝地图数据库定期检索近500家重点供应商在中国的环境表现，推动供应商自我管理。

★ 利用企业现有供应商管理平台并结合目前对供应商进行风险评估和分类管理要求，加入绿色供应商优先筛选相关要素，按照星级管理进行综合评定，评估结果在集团内部公布，推动供应商整改；同时严格按照供应商退出管理要求，认真执行绿色供应商退出机制。

（5）建立绿色信息共享平台

结合绿色供应链构建体系，建立绿色供应链信息化管理平台，依托区块链、人工智能、大数据等技术，使核心供应商相关资料和产品信息实现标准化、流程化、协同化管理，实现供应链全程信息集成和共享。在收集供应商相关信息方面，按照国家目前关于绿色供应链信息化要求，应收集供应商资源能源消耗、污染物排放、温室气体排放、资源综合利用效率、产品材料、产品回收利用、有害物质使用、可再利用材料、再生材料使用、主要工艺流程及对应的能源消耗、温室气体排放、“三废”排放等相关信息，并通过该平台对外发布企业绿色供应链绩效等相关信息。

中国海油所属企业积极创建绿色供应链及绿色集成项目，相关项目顺利通过评审，包括：

2017年，海油工程公司“典型海工装备绿色供应链系统构建项目”入选“国家绿色制造系统集成项目”。

2018年，山东海化“硝盐产品绿色关键工艺系统集成项目”入选“国家2018年绿色制造系统集成项目”。

2019年，渤海石油管理局总部大楼获评天津住建委绿色建筑；海油工程旗下中海福陆重工有限公司荣获了工信部第四批绿色供应链管理示范企业称号。

13.4 典型案例

中国海油以环境友好、可持续发展为目的，打通上、中、下游企业界限，实施多尺度绿色产业生态链工程。通过实施油田群电网重组、高含二氧化碳天然气联产化工、区域余热和冷能综合回收利用、多厂能量系统整体优化等资源互供和共享等方式，打造物质循环链、能量利用链；将湛江分公司东方、崖城等作业公司的海上油气开采伴生二氧化碳输送至化学公司海南基地作为合成氨、尿素等产品的原料；统筹海南东方化工园区内的各厂公用工程，实现片区内油气生产、炼油化工、化肥等各板块企业的能源供给和消耗的优化联动；实施LNG接收站冷能资源开发，在广东、福建等地发展冷能发电、冷能空分产业。

其中，作为绿色生态链示范案例，海南片区蒸汽资源区域优化项目将中国海油位于海南省东方市片区的企业（中海化学海南基地、东方石化、东方终端、东方污泥干化项目）作为整体进行优化，以蒸汽系统平衡为基础，对片区各家企业及片区整体蒸汽动力系统进行统筹安排和梯级利用。每年可节约燃料气 1825 万 m^3，节约用电 114 万 kWh，折合节约能源 20075t 标准煤，减排二氧化碳 50396t，减少氮氧化物排放 38t。

绿色工厂创建典型案例包括：

（1）山东海化股份有限公司纯碱厂

山东海化股份有限公司纯碱厂是中国海油下属的高能耗、高排放、高污染的基础化工型企业，为改善企业现状，企业以“安全高效、节能低碳、环保清洁”为目标实施绿色工厂创建，通过加强管理、技术创新打通绿色“通道”：创新实施生产过程双线控制、单点考核、择优固化等措施，优化生产过程控制，各项消耗大幅下降，吨碱蒸汽消耗同比降低 30kg；在全国行业内率先采用纳滤精制卤水代替海水化盐，日产精制卤水 3.6 万 m^3，年节约原盐近 80 万 t；实施了废砂综合利用、石灰窑除尘改造、渣场综合整治等环保项目，大幅降低了石灰石、焦炭等不可再生资源的消耗，废水、废渣、扬尘等环保问题得到明显改善。

2016 年至今，企业已累计投入资金 8 亿元，实施纳滤项目、涡轮离心机技术改造、水资源重复利用等 170 余项节能、环保技术改造。企业单位纯碱能耗、水耗同比 2016 年下降 2.8%、12.97%，累计为企业增效 2 亿元以上。2019 年，海化纯碱厂被评为 2018 年度石油和化工行业纯碱行业能效领跑者标杆企业；同时被工信部评为纯碱行业内唯一一家国家级绿色工厂。

（2）中海石油深海开发有限公司

中海石油深海开发有限公司高栏终端是国内第一座深水天然气处理终端，设计时即采用先进工艺流程和高效节能设备，拥有国内天然气处理规模最大、装置最复杂、丙烷收率最高等八项之最。

公司自 2014 年投产以来一直将绿色低碳发展作为公司的发展理念，在“节能、降耗、减污、增效”的原则指导下推行绿色工厂建设：通过加大节能低碳管控力度建设能耗在线监测系统，优化工作方案减少大修工艺气放空，实施电力系统动态无功补偿、雨水收集、LED 照明改造等 30 余个项目，年节约电能 10 万 kWh，年节约新鲜水 29000t，增加外输气量 18 万 m^3/h。使公司清洁生产、绿色发展水平更上一层楼：2018 年公司能耗比设计值低 13.57%，生产、生活污水零排放，SO_2、氮氧化物等污染物排放量指标达到国内油气开采行业的领先行列。2018 年被广东省评为省级清洁生产企业，2019 年入选国家绿色工厂示范单位。

（3）中海油惠州石化有限公司

中海油惠州石化有限公司是中国海油进一步完善产业链，保证上下游平衡效益最大化，建设国际一流能源公司的重大战略举措。公司自投产以来，一直把打造“集约化、差异化、大型化、一体化”炼化产业基地为己任，将绿色、低碳发展作为公司的发展理念，积极探索节能减排、提高资源能源利用效率、增产不增污的技术，大力加强各个装置的流程优化工作，从源头上降低能源消耗，加强能源的综合利用，把创建“绿色炼厂”作为企业实施可持续发展的重要途径与实现的主要方式。

公司近年来陆续实施了芳烃装置能量优化项目，实施后每小时多产 13t 蒸汽，年可增效 830 万元；加氢裂化装置增设无级气量调节和进料泵的节能改造，年降低生产成本约 523 万元；污泥污油减量技改项目在行业首次采用膜强化处理新技术，年节约危废处理费用超过两千万元；催化装置增设烟气脱硫设施效果明显，分别实现 SO_2、颗粒物年减排量达到 468t 和 117t；硫黄回收烟气排放提标改造确保烟气达标排放。2017 年炼厂综合能耗比投产时累计下降 11%，并以绿色智能炼厂参展第 19 届中国国际工业博览会，2019 年入选国家绿色工厂示范单位。

（4）中海石油（中国）有限公司湛江分公司

中海石油（中国）有限公司湛江分公司是中国海油开发南海西部的主要公司。湛江分公司一贯坚持“绿色低碳环保可持续发展”的理念，制定了《绿色工厂中长期规划》，以建设五个国家级绿色工厂为目标，通过创新与技术支撑、推动区域能源一体化资源共享、绿色文化引领等，促进全面协调可持续发展。

湛江分公司近年实行了海上区域电网组合、天然气管网组合、集中排放组合、集中回注组合、余热余压利用、雨（污）水回收、等多种节能低碳项目，取得良好的效果。例如涠洲终端建成国内海上油田首座余热回收电站和尾气脱硝净化处理电站，并配备一套海水淡化装置，年节水 11 万 m^3；东方终端实施区域蒸汽置换项目，年节约天然气 2758 万 m^3，实现节能量 1. 8 万 t。目前，湛江分公司已有三家企业获得国家（或行业）绿色工厂称号。

14 新能源产业发展

企业绿色发展的基本内涵是以能源消费革命和能源供给革命为导向，以过程清洁生产和供给清洁能源为目标，从绿色低碳产业、绿色清洁生产、绿色低碳文化三方面实施绿色发展。在推进绿色低碳产业方面，中国海油不断优化调整产业结构，大力发展天然气，主动介入风电、氢能、天然气水合物等领域，积极研发低碳技术，构建清洁低碳的能源生产和服务体系。

14.1 新能源组织机构建立

2001 年 12 月，中国正式成为世界贸易组织(WTO)成员，国内市场成为全球市场的组成部分。为了增强国有企业在国际市场上的竞争力，国资委在 2003 年成立伊始，强力推进中央企业重组，提出培养 30～50 家具有国际竞争力的大型国有企业。时代赋予中国海油更多机会，在国资委的大力支持下，一系列重组整合相继展开，加快进军石油化工和炼油，拓展化肥产业，开辟 LNG 业务，扩大石油贸易和金融业务，大举进入盐化工，同时也做出介入新能源领域的布局。

从 2004 年起，中国海油开始关注新能源产业，于当年 7 月成立了专门的工作小组。同时，集团公司启动了对新能源的初步研究，由基地集团新能源开发项目组牵头开展煤制油的研究工作。2005 年，集团公司成立了海油(北京)能源投资有限公司。

2006 年 8 月，根据集团公司在大力发展石油天然气主业的同时，积极加快推进发展新能源、可再生能源和可替代能源步伐，把集团公司建设成为国际一流能源公司的要求，为加大新能源开发和组织协调的力度，充分利用好系统内外资源，经总公司党组研究，决定成立集团公司新能源开发办公室，主要职责是负责新能源项目开发的前期工作，包括政策研究、产业调研、资源落实、技术选择、收购兼并、对外合作和政府关系等。

2006 年，集团公司提出了“新能源、可替代能源和可再生能源的开发在‘十一五’期间要取得实质性进展”的战略目标。

2007 年初，集团公司将新能源开发办公室与海油(北京)能源投资有限公司合并。新能源开发办公室(公司)的主要职责是对总公司新能源业务进行统一管理，充分发挥新能源科研成果转化为生产力的“孵化”作用，组织和参与业务发展。结合自身实际，集团公司选择风能、生物质能、煤化工、太阳能等领域作为进军新能源的突破口。

2009年1月，海油(北京)能源投资有限公司正式更名为“中海油新能源投资有限责任公司”(简称“新能源公司”)，并在氢能、太阳能、生物质能、风能、煤化工和海洋能等方面展开了积极探索。2010年1月，集团公司正式批准了新能源投资有限责任公司的组织机构设置。同年集团公司审批成立了新能源公司研究院，负责新能源领域生产技术问题的研究、新技术的应用、推广与服务，并负责解决新能源项目现场工程技术问题。

2010年4月，根据集团公司未来中长期战略目标和发展规划，为了更好地实现“十二五”期间，集团公司产业结构逐步从单一的油气产业向“多元、低碳、集成”的产业体系转变，形成由石油和天然气、液化天然气、煤制气、风电、天然气发电、生物质能和动力电池等构成的“一元为主，多元发展，清洁低碳，综合集成”的新型能源产业结构。需要进一步加强在煤基清洁能源、风能、生物质能、核能、地热能、潮汐能、水合物、页岩气、二氧化碳利用及减排等技术的研究、开发和利用工作，批准研究总院增设新能源研究中心，主要负责新能源领域战略性技术课题的研究，负责新能源领域主要工艺技术的研究，负责新能源领域研究人才的培养和储备。

14.2　新能源产业发展探索

(1) 风力发电产业

2006年11月，新能源开发办公室承担了《近海风电机组保障一体化作业船及辅助机具的研制》和《近海风电场建设技术手册》两项国家级研究课题，为进入海洋风电领域打下了基础。随后，集团公司成立风电项目领导小组。

2007年4月，海上风电站项目启动。集团公司新能源开发办公室牵头组建了由中海石油研究中心、有限公司天津分公司、海油工程公司等单位参加的联合项目组进行技术攻关。通过一系列自主研发，攻克了诸多难题，实现了国产风机从陆上向海上的转型。

2008年，新能源公司内蒙古化德风电项目获得批准。这一项目是中国海油在内陆地区投资建设的第一个风电项目，也是在内蒙古建设大规模风电场的第一批项目。风电场占地18km^2，一期装机容量为49.5MW，安装1.5MW风力发电机33台，2009年4月，化德一期风电项目开工建设；6月26日，首台风机开始吊装；12月，项目验收成功并网发电，实现了一年内建成投产的目标。

(2) 生物能源产业

新能源公司海南6万t/a生物柴油示范项目是我国第一个国家级生物柴油示范项目。2007年4月，集团公司批准海南生物柴油项目立项。2008年6月，该项目获国家发改委批准；9月项目开工建设。2010年1月，生产出合格的生物柴油产品；11 月，产品进入车用柴油市场销售。

新能源公司在江苏南通建设的碧路(南通)生物质能项目是世界上单套生产能力最大的脂肪酸甲酯生产装置，具有 27 万 t/a 的油料加工能力。2008 年 5 月，项目立项获得集团公司批准；2009 年 2 月，碧路(南通)生物质能项目开工建设。

(3) 锂离子电池产业

2009 年 7 月，中国海油与天津津能投资公司在塘沽签署协议，对天津力神电池股份有限公司进行重组。开展锂离子动力电池扩建工程，增加了 2 万辆纯电动汽车配套电池和 2 亿只电动工具及笔记本电脑电池年产能力。2010 年，新能源公司顺利完成了力神公司股权划转和增资扩股工作，成为力神公司的大股东。2012 年，大聚合物扩建项目全部完成试车，每年增加近 5 亿只小型电池的生产能力。

14.3 新能源业务新进展

2018 年，集团公司年终工作会上，集团公司把“绿色低碳”确立为公司五大核心发展战略之一。2019 年 6 月，集团公司发布了《绿色发展行动计划》，其中涉及清洁能源发展行动中，重新将新能源发展列为今后发展的方向，并在绿色低碳战略专项实施方案中提出了“积极稳妥发展新能源业务”。

择取适当的方法分析中国海油在新能源行业方面所处的宏观环境、产业环境、内部环境，积极主动跟进目前新能源技术发展现状及未来发展趋势，结合集团公司实际情况进行全面有效的分析和探讨，提出公司新能源发展方向，预判行业最佳切入点，从而进一步提升集团公司在新能源产业的竞争优势，扩大新能源市场占有份额。

整合中国海油资源，有选择地进入海上风电产业链，有序建立良性发展生态链，打造中国海油海上风电工程“一体化”能力体系，全面构建海上风电工程产业体系。

示范发展氢能、地热能产业，继续跟踪研究海上核电接入，关注并研究海洋潮汐能、温差能、波浪能、动力电池等技术的可行性。

结合各地风、光、天然气、地热等资源情况，在公司用能场景因地制宜实施多能互补清洁能源项目，最大幅度地利用可再生能源，实现清洁绿色能源供应，降低碳排放。

2018 年，集团公司在投资控股公司和海油发展公司分别设立 1 亿元创新基金，用于新能源新业务探索。

2019 年 7 月，中海油融风能源有限公司在上海注册成立，系中海石油(中国)有限公司所属全资子公司，主要负责风电等新能源项目的开发、建设及经营管理。

15 节能低碳科研

中国海油坚持走国际化的绿色发展道路，努力朝着具备全球视野、全球战略、全球管治及全球责任的国际一流水平迈进。公司创建了多维度绿色低碳发展评估与技术研究指标体系，从低碳管理、温室气体排放检测、低碳技术研发、减碳手段成效等方面进行分析与研究。

2011~2019 年，中国海油组织开展了一系列低碳领域科技创新研究项目，包括“中国海油二氧化碳排放监测技术研究”“固定燃烧源温室气体排放在线监测系统开发研究”“二氧化碳减排与利用技术跟踪研究”“二氧化碳地质封存与驱油技术经济性分析”等集团公司科技项目，以及“海上油气田温室气体逸散排放因子研究”“煤层气开采企业温室气体排放核算与监测方法研究”“海上油气田碳排放强度基准值研究”“中国海油二氧化碳工程化利用总体方案研究”等专项技术研究课题。

15.1 中国海油二氧化碳排放监测技术研究

通过本项目研究，形成了有限公司、炼化企业、化学公司等中国海油所属多个业务板块的 CO_2 排放核算技术，研制出“组合式 S 型皮托管”“便携式重量法排气水分测定仪”和“便携式高温烟气采样器”等监测仪器并申请了国家发明专利，取得“火电厂温室气体排放核算软件”计算机软件著作权，制定“燃气电厂二氧化碳排放监测规范”企业标准，发表了 6 篇学术论文，开发了一套具有针对性、可操作性、实用性和适用性的二氧化碳排放监测技术。

开展二氧化碳监测研究是提高温室气体清单编制精确度的重要途径，也是研究温室气体排放特征及其对气候变化产生影响的重要手段。二氧化碳排放源类型较多，按排放机理及排放特征分类，主要包括锅炉、窑炉等固定燃烧源烟气排放，汽车、轮船、飞机等交通工具尾气排放，工业生产工艺过程排放以及逸散排放等。由于二氧化碳排放源的类型多、排放机理复杂，相关的监测方法也各不相同，具体采用哪种监测方法需根据数据的可获得性以及现场监测条件可行性进行选择。

（1）固定燃烧源监测方法

针对锅炉、窑炉等固定燃烧源的烟气排放特点，通过便携设备采用移动监测的方法进行手工测量，监测二氧化碳浓度和烟气流量、温度、湿度等参数，计算出特定时间段内二氧化碳的排放量数据。

（2）逸散排放源监测方法

对于生产过程中管道阀门、法兰等连接部件的逸散排放可以通过挥发性有机气体分析仪等手持便携设备的定时、定点采样，量化其TOC排放浓度，结合适用的相关方程和甲烷等温室气体占TOC的质量比计算出典型部件的排放量。

（3）工艺排放源监测方法

由于工艺排放源所产生的二氧化碳等温室气体排放往往是伴随着物理或化学变化过程的，而且现场大多不具备开展实际监测的条件，所以针对于此类排放源需采用监测活动数据并结合工程计算的方法量化其排放量。主要通过监测原材料的消费量以及产品生产量，根据相关的生产工艺和生产过程中的化学反应，并结合原材料以及产品中所监测的碳含量值，核算二氧化碳的排放量。

15.2 固定燃烧源温室气体排放在线监测系统开发技术研究

工业生产过程中的固定燃烧源消耗了大量的化石燃料，并向大气中排放了数以万计的温室气体，为了能够有效控制温室气体排放，准确计量其排放量，对固定燃烧源实施在线监测显得尤为重要。

通过本项目研究，能够准确测量固定燃烧源所排放烟气中温室气体排放量，做到在无人值守的情况下，实现数据的自动监测、采集、处理与保存，客观反映燃烧源运行状况和温室气体排放情况。

固定燃烧源温室气体排放在线监测系统，它包括插在固定燃烧源烟囱上的温室气体采样探头、湿度测量仪以及温度-压力-流速测量仪；烟气通过温室气体采样探头、气体伴热管线、冷凝器以及抽气泵输送至气体分析仪，气体分析仪对烟气中的温室气体进行测量后，将输出的CO_2、CH_4、N_2O等温室气体浓度信号输入PLC控制器，PLC控制器进行测量参数（包括各种温室气体浓度和温度、压力、流速、湿度）的采集与处理后，由工控机完成最终数据的计算、存储与显示，生成温室气体排放量数据图表。温室气体在线监测系统示意图见图15-1。

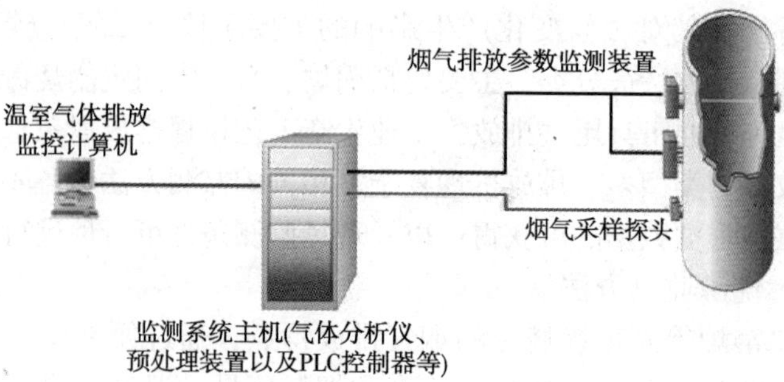

图15-1　温室气体在线监测系统

15.3　中国海油二氧化碳工程化利用总体方案研究

中国海油始终关注二氧化碳减排与利用技术的进展，并就海上天然气分离二氧化碳技术、海上咸水层封存和驱油驱气提高采收率等开展过前期研究，完成了“二氧化碳减排与利用技术跟踪研究”“二氧化碳地质封存与驱油技术经济性分析”等集团公司科研项目，掌握了相关技术的进展，主要结论如下：

(1) 目前二氧化碳液化及制干冰技术已非常成熟，海油以高浓度二氧化碳排放源作为原料，经过提纯工艺生产液体或固体二氧化碳产品进行销售，是成本最低、可行性最高的二氧化碳回收利用方法，也是实现减排最直接最有效的方法。工业级液体二氧化碳是主力产品，食品级液体二氧化碳、干冰应根据市场的发展容量确定发展规模。

(2) 以资源化利用为目的的二氧化碳固定技术，是解决二氧化碳减排的有效手段。海油未来关注和发展与现有产业相关的二氧化碳资源化利用技术，包括地质利用技术及化工利用技术。

(3) 地质利用技术中的二氧化碳驱油提高采收率技术已成熟并已推广，效果良好，并具有一定效益；开展二氧化碳海上驱油技术的应用，具有一定的技术和经济可行性，但要做具体和充分的论证；二氧化碳地质储层压裂技术是未来非常规油气开发中有一定发展前途的技术，可根据技术发展的实际情况确定二氧化碳产品的发展地点与规模。

(4) 以甲烷-二氧化碳干重整为核心的转化利用技术比较适合南海富碳天然气的开发利用，重整生成的合成气可根据市场需求选择目标合成产物。海油已经基于目前天然气成本使用较高等因素，以高附加值的高碳醇、乙二醇等作为目标产物。

另外，二氧化碳与零碳能源耦合的二氧化碳直接加氢转化利用技术(包括制甲醇、低碳烯烃等)，虽然目前还存在一定的技术和经济问题，但可作为未来技术发展的方向之一开展相关的研究；同时，二氧化碳制取可降解性高分子材料，尽管技术示范及产业发展过程中存在较多的问题，致使产品经济性不好、无法规模化推广等问题，但作为减排与利用相结合的项目，仍值得关注。

15.4　蒸汽动力系统能量优化技术研究

项目研究目的为结合目标工程，针对蒸汽动力系统运营问题，采用数学规划方法，建立物性和装备数据库，研发一套复杂蒸汽动力系统的能量优化运营软件，实现蒸汽动力系统经济运行。该项目开发了公用工程系统数理模型，创新性地针对汽轮机提出“分解-综合”建模方法，突破了基于数学规划法的公用工程系统能量利用最优化技术。利用该技术以山东海化热电分公司为实践，针对该公司复杂蒸汽动力系统建立了模型，并以该模型为基础开发了蒸汽动力系统运行优化软件，软件在热电分公司得到了应用。

同时，对技术进行了拓展研究，开发了基于模拟软件的工艺装置模型分析技术，针对中国海油3个板块的工艺装置建立了计算机模型，包括上游油气田、炼化装置及化工装置，完全覆盖了油气行业上中下游各装置，形成了一套建模方法，模型准确度高，为能量分析及优化提供基础，并针对各板块开发了特有的分析及数据处理方法，形成了适用于中国海油的能量系统优化技术。能量系统优化技术以“三环节”理论和“夹点技术”为核心，实现了能量系统优化各项技术的集成与引进创新，系统研究了不同工艺装置的建模机理，提出了基于热力学模型的多变量能量利用分析优化技术。

与国内外技术相比，该技术在计算机建模方面，形成了海上油气田、炼油、化学等3个板块及蒸汽动力系统的建模技术，更加具有可操作性和针对性，更加适用于中国海油的实际情况，保证了工艺基础模型和公用工程模型的准确性。在分析及优化方法方面，更加注重装置之间的联合，尤其针对终端处理厂提出了专有的方法，在解决终端处理厂能耗高、LPG收率低等方面发挥了很好的作用。在蒸汽动力系统优化方面，开发出了适用于中国海油、且具有一定通用性的蒸汽动力系统运行优化软件，该软件在降低度电煤耗、提升发电量等方面可以起到很好的效果，并在海油内部得到了应用。

16 附件

16.1 节能量计算方法

前　　言

本标准按照 GB/T 1.1—2009《标准化工作导则 第 1 部分：标准的结构和编写》给出的规则起草。

本标准由中国海洋石油总公司标准化委员会节能标准化工作组提出并归口。

本标准起草单位：中国海洋石油总公司质量健康安全环保部。

本标准主要起草人：张俊峰。

本标准主审人：刘艳武。

节能量计算方法

1　范围

本标准规定了节能量分类、计算的基本原则和计算方法。

本标准适用于中国海洋石油总公司及所属单位节能量的计算。

2　规范性引用文件

下列文件对于本文件的应用是必不可少的。凡是注日期的引用文件，仅注日期的版本适用于本文件。凡是不注日期的引用文件，其最新版本(包括所有的修改单)适用于本文件。

GB/T 13234—2009　企业节能量计算方法

GB/T 28750　节能量测量和验证技术通则

3　术语和定义

GB/T 13234—2009 界定的术语和定义适用于本文件。为了便于使用，以下重复列出了 GB/T 13234—2009 中的某些术语和定义。

3.1　节能量　energy saved

满足同等需要或达到相同目的的条件下，能源消费减少的数量。

[GB/T 13234—2009，定义 2.1]

3.2　产品节能量　energy saved of productions

用统计报告期产品单位产量能源消耗量与基期产品单位产量能源消耗量的差值和报告期产品产量计算的节能量。

[GB/T 13234—2009，定义 2.3]

3.3　产值节能量　energy saved of output value

用统计报告期单位产值能源消耗量与基期单位产值能源消耗量的差值和报告期产值计算的节能量。

[GB/T 13234—2009，定义 2.4]

3.4　技术措施节能量　energy saved of technique

企业实施技术措施前后能源消耗变化量。

[GB/T 13234—2009，定义 2.5]

4　节能量分类

节能量分为产品节能量、产值节能量、技术措施节能量。

5　节能量计算基本原则

5.1　节能量计算应符合 GB/T 13234 及 GB/T 28750 的规定。

5.2　节能量计算应根据不同的目的和要求，采用相应的比较基准。

5.3　当采取一个考察期间能源消耗量推算统计报告期能源消耗量时，应说明理由、推算方法和数据的合理性。

5.4　产品产量(工作量、价值量)应与能源消耗量的统计计算口径保持一致。

5.5　一个考察期间节能量计算方法应固定，当统计报告期内节能量计算方法发生变化时，应说明调整的理由、依据和合理性。

5.6　企业对不同业务可采用不用的方法计算节能量，但对相同业务的计算方法应统一。企业各业务节能量推荐算法参见表 1。

表 1　企业各业务节能量推荐算法

类别	节能量		
	产品	产值	技术措施
油气生产	* *	*	* * *
炼化	* * *	* *	*
化工化肥	* * *	* *	*
天然气发电	* * *	* *	*
专业服务	* *	* * *	*

注：本表中“ * ”的多少表示计算方法的推荐程度，“ * ”越多表示推荐程度越高。

6 产品节能量计算

6.1 油气生产板块产品节能量

6.1.1 油田产品节能量

按公式(1)计算：

$$\Delta E_{yt}=M_{byt}\times(e_{byt}-k_{yt}\cdot e_{jyt}) \tag{1}$$

$$k_{yt}=\frac{1-(1-\sigma)\times\delta}{1-\delta}$$

式中 ΔE_{yt}——油田产品节能量，单位为吨标准煤(tce)；

M_{byt}——油田统计报告期产品量，单位为吨(t)；

e_{byt}——油田统计报告期单位产品综合能耗，单位为吨标准煤每吨(tce/t)；

k_{yt}——油田产品节能量计算修正系数，k_{yt}按公式计算，若k_{yt}的计算值超过1.2，则按1.2取值；

e_{jyt}——油田基期单位产品综合能耗，单位为吨标准煤每吨(tce/t)；

σ——基期油田综合含水率，以百分数表示；

δ——统计报告期油田自然递减率，以百分数表示。

6.1.2 气田产品节能量

按公式(2)计算：

$$\Delta E_{qt}=M_{bqt}\times(e_{bqt}-k_{qt}\times e_{jqt}) \tag{2}$$

$$k_{qt}=\frac{10\times\rho\times(1-D_n)\times M_{jqt}+M_{jw}+M_{jo}}{(10\times\rho\times M_{jqt}+M_{jw}+M_{jo})\times(1-D_n)}$$

式中 ΔE_{qt}——气田产品节能量，单位为吨标准煤(tce)；

M_{bqt}——气田统计报告期产品量，单位为万立方米(10^4m^3)；

e_{bqt}——气田统计报告期单位产品综合能耗，单位为吨标准煤每万立方米($tce/10^4m^3$)；

e_{jqt}——气田基期单位产品综合能耗，单位为吨标准煤每万立方米($tce/10^4m^3$)；

k_{qt}——气田产品节能量计算修正系数，k_{qt}按公式计算，取值范围在1.0~1.2之间，若k_{qt}的计算值超过1.2，则按1.2取值；

ρ——在标准状况(101.325kPa，20℃)下天然气的密度，单位为千克每立方米(kg/m^3)；

D_n——统计报告期气田自然递减率，以百分数表示(%)；

M_{jqt}——气田基期产品量，单位为万立方米(10^4m^3)；

M_{jw}——基期产水量，单位为吨(t)；

M_{jo}——基期产凝析油量，单位为吨(t)。

6.2 炼化生产板块产品节能量

6.2.1 炼油产品节能量

按公式(3)计算：

$$\Delta E_{ly}=M_{ly}\times(e_{bly}-e_{jly})\times p\times 10^{-3} \tag{3}$$

式中 ΔE_{ly}——炼油节能量，单位为吨标准煤(tce)；

M_{ly}——统计报告期原油及原料油加工量，单位为吨(t)；

e_{bly}——统计报告期炼油单位综合能耗，单位为千克标准油/吨(kgoe/t)；

e_{jly}——基期炼油单位综合能耗，单位为千克标准油/吨(kgoe/t)；

p——标准油折标准煤系数，其值为1.4286kgce/kgoe。

6.2.2 乙烯产品节能量

6.2.2.1 乙烯产品节能量

按公式(4)计算：

$$\Delta E_{yx}=M_{byx}\times(e_{byx}-e_{jyx})\times p\times 10^{-3} \tag{4}$$

式中 ΔE_{yx}——乙烯节能量，单位为吨标准煤(tce)；

M_{byx}——统计报告期乙烯产品产量，单位为吨(t)；

e_{byx}——统计报告期乙烯单位综合能耗，单位为千克标准油/吨(kgoe/t)；

e_{jyx}——基期乙烯单位综合能耗，单位为千克标准油/吨(kgoe/t)；

p——标准油折标准煤系数，其值为1.4286kgce/kgoe。

6.2.2.2 双烯(乙烯和丙烯)产品节能量

按公式(5)计算：

$$\Delta E_{sx}=M_{bsx}\times(e_{bsx}-e_{jsx})\times p\times 10^{-3} \tag{5}$$

式中 ΔE_{sx}——双烯节能量，单位为吨标准煤(tce)；

M_{bsx}——统计报告期双烯产品产量，单位为吨(t)；

e_{bsx}——统计报告期单位双烯综合能耗，单位为千克标准油/吨(kgoe/t)；

e_{jsx}——基期单位双烯综合能耗，单位为千克标准油/吨(kgoe/t)；

p——标准油折标准煤系数，其值为1.4286kgce/kgoe。

6.3 化工化肥生产板块产品节能量

6.3.1 合成氨产品节能量

按公式(6)计算：

$$\Delta E_{hca}=M_{hca}\times(e_{bhca}-e_{jhca})\times 10^{-3} \tag{6}$$

式中 ΔE_{hca}——合成氨产品节能量，单位为吨标准煤(tce)；

M_{hca}——统计报告期合成氨产品产量，单位为吨(t)；

e_{bhca}——统计报告期单位合成氨综合能耗，单位为千克标准煤每吨(kgce/t)；

e_{jhca}——基期单位合成氨综合能耗，单位为千克标准煤每吨(kgce/t)。

6.3.2 甲醇产品节能量

按公式(7)计算：

$$\Delta E_{jc}=M_{jc}\times(e_{bjc}-e_{jjc})\times10^{-3} \tag{7}$$

式中 ΔE_{jc}——甲醇产品节能量，单位为吨标准煤(tce)；

M_{jc}——统计报告期甲醇产品产量，单位为吨(t)；

e_{bjc}——统计报告期单位甲醇综合能耗，单位为千克标准煤每吨(kgce/t)；

e_{jjc}——基期单位甲醇综合能耗，单位为千克标准煤每吨(kgce/t)。

6.3.3 纯碱产品节能量

按公式(8)计算：

$$\Delta E_{cj}=M_{cj}\times(e_{bcj}-e_{jcj})\times10^{-3} \tag{8}$$

式中 ΔE_{cj}——纯碱产品节能量，单位为吨标准煤(tce)；

M_{cj}——统计报告期纯碱产品产量，单位为吨(t)；

e_{bcj}——统计报告期单位纯碱综合能耗，单位为千克标准煤每吨(kgce/t)；

e_{jcj}——基期单位纯碱综合能耗，单位为千克标准煤每吨(kgce/t)。

6.3.4 其他化工产品节能量

按公式(9)计算：

$$\Delta E_{hg}=M_{hg}\times(e_{bhg}-e_{jhg})\times10^{-3} \tag{9}$$

式中 ΔE_{hg}——化工产品节能量，单位为吨标准煤(tce)；

M_{hg}——统计报告期化工产品产量，单位为吨(t)；

e_{bhg}——统计报告期单位化工产品综合能耗，单位为千克标准煤每吨(kgce/t)；

e_{jhg}——基期单位化工产品综合能耗，单位为千克标准煤每吨(kgce/t)。

6.4 天然气与发电生产板块产品节能量

6.4.1 发电产品节能量

按公式(10)计算：

$$\Delta E_{fd}=M_{fd}\times(e_{bfd}-e_{jfd})\times10^{-2} \tag{10}$$

式中 ΔE_{fd}——发电产品节能量，单位为吨标准煤(tce)；

M_{fd}——统计报告期供电量，单位为万千瓦时(10^4kW·h)；

e_{bfd}——统计报告期单位供电煤耗，单位为克标准煤每千瓦时[gce/(kW·h)]；

e_{jfd}——基期单位供电煤耗，单位为克标准煤每千瓦时[gce/(kW·h)]。

6.4.2　输气产品节能量

按公式(11)计算：

$$\Delta E_{sq}=M_{sq}\times l_{sq}\times(e_{bsq}-e_{jsq})\times10^{-3} \tag{11}$$

式中　ΔE_{sq}——输气产品节能量，单位为吨标准煤(tce)；

M_{sq}——统计报告期输气生产用能单位的输气量，单位为千万立方米(10^7 m^3)；

l_{sq}——统计报告期输气生产用能单位的平均输气距离，单位为千米(km)；

e_{bsq}——统计报告期单位输气周转量综合能耗，单位为千克标准煤每千万立方米千米[kgce/($10^7m^3\cdot km$)]；

e_{jsq}——基期单位输气周转量综合能耗，单位为千克标准煤每千万立方米千米[kgce/($10^7m^3\cdot km$)]。

6.4.3　LNG(液化天然气)生产产品节能量

按公式(12)计算：

$$\Delta E_{LNG}=M_{LNG}\times(e_{bLNG}-e_{jLNG})\times10^{-3} \tag{12}$$

式中　ΔE_{LNG}——LNG 生产产品节能量，单位为吨标准煤(tce)；

M_{LNG}——统计报告期天然气液化生产用能单位的生产 LNG 的产量，单位为吨(t)；

e_{bLNG}——统计报告期单位 LNG 生产综合能耗，单位为千克标准煤每吨(kgce/t)；

e_{jLNG}——基期单位 LNG 生产综合能耗，单位为千克标准煤每吨(kgce/t)。

6.4.4　LNG 外输产品节能量

按公式(13)计算：

$$\Delta E_{LNGs}=M_{LNGs}\times(e_{bLNGs}-e_{jLNGs})\times10^{-3} \tag{13}$$

式中　ΔE_{LNGs}——LNG 外输产品节能量，单位为吨标准煤(tce)；

M_{LNGs}——统计报告期 LNG 外输量，单位为吨(t)；

e_{bLNGs}——统计报告期单位 LNG 外输量综合能耗，单位为千克标准煤每吨(kgce/t)；

e_{jLNGs}——基期单位 LNG 外输量综合能耗，单位为千克标准煤每吨(kgce/t)。

6.5　专业服务及其他生产板块工作量节能量

6.5.1　钻井节能量

按公式(14)计算：

$$\Delta E_{zj}=M_{zj}\times(e_{bzj}-e_{jzj})\times10^{-3} \tag{14}$$

式中　ΔE_{zj}——钻井节能量，单位为吨标准煤(tce)；

M_{zj}——钻井生产用能单位期内钻井的进尺，单位为米(m)；

e_{bzj}——统计报告期单位钻井进尺综合能耗，单位为千克标准煤每米(kgce/m)；

e_{jzj}——基期单位钻井进尺综合能耗，单位为千克标准煤每米(kgce/m)。

6.5.2 地震资料采集节能量

按公式(15)计算：

$$\Delta E_{dz}=M_{dz}\times(e_{bdz}-e_{jdz})\times10^{-3} \quad (15)$$

式中 ΔE_{dz}——地震资料采集节能量，单位为吨标准煤(tce)；

M_{dz}——地震测线长度，单位为千米(km)；

e_{bdz}——统计报告期单位地震资料采集综合能耗，单位为千克标准煤每千米(kgce/km)；

e_{jdz}——基期单位地震资料采集综合能耗，单位为千克标准煤每千米(kgce/km)。

6.5.3 钢材加工节能量

按公式(16)计算：

$$\Delta E_{gc}=M_{gc}\times(e_{bgc}-e_{jgc}) \quad (16)$$

式中 ΔE_{gc}——钢材加工节能量，单位为吨标准煤(tce)；

M_{gc}——钢材加工生产用能单位的钢材加工量，单位为千吨(kt)；

e_{bgc}——统计报告期单位钢材加工量综合能耗，单位为吨标准煤每千吨(tce/kt)；

e_{jgc}——基期单位钢材加工量综合能耗，单位为吨标准煤每千吨(tce/kt)。

6.5.4 船舶营运节能量

按公式(17)计算：

$$\Delta E_{cb}=P_{cb}\times H_{cb}\times(e_{bcb}-e_{jcb}) \quad (17)$$

式中 ΔE_{cb}——船舶营运节能量，单位为吨标准煤(tce)；

P_{cb}——船舶额定功率，单位为马力(hp)；

H_{cb}——船舶使用单位的船舶作业时间，单位为小时(h)或营运船天(d)；

e_{bcb}——统计报告期单位船舶单位马力小时(营运船天)综合能耗，单位为吨标准煤每马力小时[tce/(hp·h)]或吨标准煤每马力营运船天[tce/(hp·d)]；

e_{jcb}——基期单位船舶单位马力小时(营运船天)综合能耗，单位为吨标准煤每马力小时[tce/(hp·h)]或吨标准煤每马力营运船天[tce/(hp·d)]。

6.5.5　供热节能量

按公式(18)计算：

$$\Delta E_{gr}=M_{gr}\times(e_{bgr}-e_{jgr})\times10^{-3} \tag{18}$$

式中　ΔE_{gr}——供热节能量，单位为吨标准煤(tce)；

M_{gr}——供热生产单位的供热量，单位为吉焦(GJ)；

e_{bgr}——统计报告期单位供热量综合能耗，单位为千克标准煤每吉焦(kgce/GJ)；

e_{jgr}——基期单位供热量综合能耗，单位为千克标准煤每吉焦(kgce/GJ)。

6.5.6　建筑节能量

按公式(19)计算：

$$\Delta E_{jz}=M_{jz}\times(e_{bjz}-e_{jjz})\times10^{-3} \tag{19}$$

式中　ΔE_{jz}——建筑节能量，单位为吨标准煤(tce)；

M_{jz}——建筑面积，是办公建筑的使用单位使用的包括地下建筑面积，地上主体工程建筑面积、裙房和辅助用房建筑面积之和，单位为平方米(m^2)；

e_{bjz}——统计报告期单位面积建筑能耗，单位为千克标准煤每平方米(kgce/m^2)；

e_{jjz}——基期单位面积建筑能耗，单位为千克标准煤每平方米(kgce/m^2)。

7　产值节能量计算

按公式(20)计算：

$$\Delta E_{g}=G_{b}\times(e_{bg}-e_{jg}) \tag{20}$$

式中　ΔE_{g}——企业产值(增加值)节能量，单位为吨标准煤(tce)；

G_{b}——统计报告期企业的产值(增加值)，单位为万元；

e_{bg}——统计报告期企业单位产值(增加值)综合能耗，单位为吨标准煤每万元(tce/万元)；

e_{jg}——基期企业单位产值(增加值)综合能耗，单位为吨标准煤每万元(tce/万元)。

注：产值(增加值)为可比价。

8　技术措施节能量的计算

8.1　以单耗降低为依据的技术措施节能量按公式(21)计算：

$$\Delta E_{cs}=M_{hcs}\times(e_{hcs}-e_{qcs}) \tag{21}$$

式中　ΔE_{cs}——技术措施节能量，单位为吨标准煤(tce)；

M_{hcs}——技术措施后产品(或工作量)的产量(或数值);

e_{hcs}——技术措施后单位产品(或工作量)综合能耗，单位为吨标准煤每产品(工作量)单位[tce/产品(工作量)单位];

e_{qcs}——技术措施前单位产品(或工作量)综合能耗，单位为吨标准煤每产品(工作量)单位[tce/产品(工作量)单位]。

8.2 以效率提高为依据的技术措施节能量按公式(22)计算：

$$\Delta E_{cs}=E_{hcs}\times\left(1-\frac{\eta_{hcs}}{\eta_{qcs}}\right) \tag{22}$$

式中 E_{hcs}——技术措施后耗能量，单位为吨标准煤(tce);

η_{hcs}——技术措施后效率，以百分数表示;

η_{qcs}——技术措施前效率，以百分数表示。

8.3 以能源回收为目的技术措施节能量，按统计报告期内回收利用的能源量计算。

16.2 楼宇节能设计和运行规范

前 言

本标准按照GB/T 1.1—2009《标准化工作导则 第1部分：标准的结构和编写》给出的规则起草。

本标准由中国海洋石油集团有限公司节能标准化工作组提出并归口。

本标准起草单位：中国海洋石油集团有限公司、中国海洋石油集团有限公司节能减排监测中心。

本标准主要起草人：张俊峰。

本标准主审人：安东兴。

楼宇节能设计和运行规范

1 范围

本标准规定了楼宇节能设计、运行的要求。

本标准适用于集团公司及所属单位楼宇的设计和运行管理。

2 规范性引用文件

下列文件对本文件的应用是必不可少的。凡是注日期的引用文件，仅注日期的版本适用于本文件。凡是不注日期的引用文件，其最新版本(包括所有的修改单)适用于本文件。

GB/T 7106 建筑外门窗气密、水密、抗风压性能分级及检测方法

GB 12021.3　房间空气调节器能效限定值及能效等级
GB/T 13462　电力变压器经济运行
GB/T 19065　电加热锅炉系统经济运行
GB 19762　清水离心泵能效限定值及节能评价值
GB 20052　三相配电变压器能效限定值及能效等级
GB 21455　转速可控型房间空气调节器能效限定值及能源效率等级
GB 50015　建筑给水排水设计规范
GB 50034　建筑照明设计标准
GB 50189　公共建筑节能设计标准
GB 50364　民用建筑太阳能热水系统应用技术规范
GB 50366　地源热泵系统工程技术规范
GB 50555　民用建筑节水设计标准
GB 50736　民用建筑供暖通风与空气调节设计规范
GB 50787　民用建筑太阳能空调工程技术规范
CJ/T 164　节水型生活用水器具

3　术语和定义

下列术语和定义适用于本文件。

3.1　采暖度日数(HDD18)　heating degree day based on 18℃

一年中，当某天室外日平均温度低于18℃时，将该日平均温度与18℃的差值乘以1d，并将此乘积累加得到的数值。

3.2　空调度日数(CDD26)　cooling degree day based on 26℃

一年中，当某天室外日平均温度高于26℃时，将该日平均温度与26℃的差值乘以1d，并将此乘积累加得到的数值。

4　基本要求

4.1　可研阶段

4.1.1　应进行节能设计和运行策划，建筑面积5×10^4 ㎡以上的办公楼宇应编制节能报告。

4.1.2　应确定办公楼宇设计节能目标、技术与运行策略。

4.1.3　新建办公楼宇应满足国家绿色建筑二星级或以上要求，宜达到绿色建筑LEED金级或以上目标。

4.1.4　改扩建办公楼宇宜满足国家既有建筑绿色改造二星级或以上要求。

4.2　设计阶段

4.2.1　施工图设计文件中应说明该工程项目采取的节能措施及使用要求。

4.2.2　应根据当地的气候条件，在保证室内环境参数条件下，改善围护结构保温隔热性能，提高建筑设备及系统的能源利用效率，利用可再生能源，降低建筑暖通空调、给排水及电气系统的能耗。

4.3 运行阶段

4.3.1 管理制度、运行方案、运行记录、管理记录应齐全、准确、清楚，保持完整。

4.3.2 及时更新国家及相关部门发布的淘汰产品目录中的设备和产品，每3年进行一次办公楼宇的能源审计。

5 办公楼宇节能设计

5.1 围护结构系统

5.1.1 严寒、寒冷地区办公楼宇体形系数、建筑外窗(包括透明幕墙)的窗墙面积比、建筑围护结构的热工参数等指标应符合GB 50189的规定。

5.1.2 夏热冬冷、夏热冬暖地区办公楼宇围护结构的热工指标限值、外窗(包括透明幕墙)的窗墙面积比、遮阳系数等指标应符合GB 50189的规定。

5.1.3 建筑外门、外窗的气密性分级应符合GB/T 7106的规定，并应满足下列要求：

a) 10层及以上建筑外窗的气密性不应低于7级；

b) 10层以下建筑外窗的气密性不应低于6级；

c) 严寒和寒冷地区外门的气密性不应低于4级。

5.1.4 建筑幕墙的气密性应不低于3级。

5.1.5 有条件的建筑宜采用浅色屋面、通风屋面和屋面遮阳等屋面隔热措施，外围护结构采用活动外遮阳或固定外遮阳措施，安装比例达25%以上。

5.1.6 建筑设置屋顶绿化的面积占可设置屋顶绿化的屋面面积的比例不宜小于30%。

5.1.7 严寒、寒冷地区外墙与屋面的热桥部位，外窗(门)洞口室外部分的侧墙面进行保温处理，保证热桥部位的内表面温度不低于设计状态下的室内空气露点温度，以减小附加热损失；夏热冬冷、夏热冬暖地区围护结构热桥部位的内表面温度不低于设计状态下的室内空气露点温度。

5.1.8 严寒地区建筑的外门应设置门斗；寒冷地区建筑面向冬季主导风向的外门应设置门斗或双层外门，其他外门宜设置门斗或应采取其他减少冷风渗透的措施；夏热冬冷、夏热冬暖和温和地区建筑的外门应采取保温隔热措施。

5.2 供暖通风与空气调节系统

5.2.1 供暖、空调系统设计，应对每一供暖空调房间或空调区域进行热负荷和逐项逐时的冷负荷计算。

5.2.2 暖通空调系统分区和系统形式应根据房间功能、建筑物的朝向、建筑空间形式、使用时间、控制和调节要求、内外区及其全年冷热负荷特性等进行设计。

5.2.3　严寒A区和严寒B区的建筑宜设热水集中供暖系统，对于设置空气调节系统的建筑，不宜采用热风末端作为唯一的供暖方式；对于严寒C区和寒冷地区的建筑，供暖方式应根据建筑等级、供暖期天数、能源消耗量和运行费用等因素，经技术经济综合分析比较后确定。严寒和寒冷地区的划分标准见表1。

表1　严寒和寒冷地区划分

气候分区		分区依据，℃·d
严寒地区	严寒(A)区	6000≤HDD18
	严寒(B)区	5000≤HDD18<6000
	严寒(C)区	3800≤HDD18<5000
寒冷地区	寒冷(A)区	2000≤HDD18<3800，CDD26≤90
	寒冷(B)区	2000≤HDD18<3800，90<CDD26

5.2.4　系统冷热媒温度的选取应符合GB 50736的规定。冷媒温度宜高于常用设计温度，热媒温度宜低于常用设计温度。

5.2.5　当利用通风可以排除室内的余热、余湿或其他污染物时，宜采用自然通风、机械通风或复合通风的通风方式。

5.2.6　符合下列情况之一时，宜采用分散设置的空调装置或系统：

a）全年所需供冷、供暖时间短或采用集中供冷、供暖系统不经济。

b）需设空气调节的房间布置分散。

c）设有集中供冷、供暖系统的建筑中，使用时间和要求不同的房间。

d）需增设空调系统，而难以设置机房和管道的既有公共建筑。

5.2.7　采用温湿度独立控制空调系统时，符合下列要求：

a）应根据气候特点，经技术经济分析论证，确定高温冷源的制备方式和新风除湿方式。

b）宜考虑全年对天然冷源和可再生能源的应用措施。

c）不宜采用再热空气处理方式。

5.2.8　使用时间不同的空气调节区不应划分在同一个定风量全空气风系统中。温度、湿度等要求不同的空气调节区不宜划分在同一个空气调节风系统中。

5.2.9　所有冷热源机组选型、集中热水采暖系统的耗电输热比、空气调节冷热水系统的输送能效比、空调风管和水管的保温、单位风机耗功率应满足GB 50189的规定。

5.2.10　如果设计采用房间空调器或转速可控型房间空气调节器作为冷热源，应符合 GB 12021.3 或 GB 21455 中第 3 级能效等级的规定值。

5.2.11　供热锅炉房和热力站应设置自动控制和在线监测系统。

5.2.12　设置集中采暖和(或)集中空调系统的建筑应设置冷、热量计量装置。

5.2.13　室内采暖系统和(或)空调系统的末端装置应设置温度调节、自动控制设施。

5.2.14　集中空调冷、热水系统采用变水量系统。

5.2.15　地下停车库的通风系统优先采用自然通风方式，并应根据车库内的一氧化碳浓度进行监测报警。

5.2.16　采用建筑设备管理系统对暖通空调系统进行自动监控。

5.2.17　空气热回收装置符合 GB 50189 的规定。

5.3　给水排水系统

5.3.1　给水排水系统的节水设计应符合 GB 50015 和 GB 50555 的规定。

5.3.2　计量水表应根据建筑类型、用水部门和管理要求等因素进行设置，并应符合 GB 50555 的规定。

5.3.3　给水泵应根据给水管网水力计算结果和水平衡选型，并应保证设计工况下水泵效率处在高效区。给水泵的效率不宜低于 GB 19762 规定的泵节能评价值。

5.3.4　卫生间的卫生器具和配件应符合 CJ/T 164 的规定。

5.3.5　有计量要求的水加热、换热站室，应安装热水表、热量表、蒸汽流量计或能源计量表。

5.3.6　在建筑室内冲厕、道路冲洗等方面宜采用中水水源。

5.3.7　生活给水系统应充分利用城镇给水管网的水压直接供水。市政管网供水压力不能满足供水要求的多层、高层建筑的给水、中水、热水系统应竖向分区。

5.3.8　采用集中热水系统时，热水供应系统应采用合理的循环方式，且管道及设备均应采取有效的保温。

5.3.9　给水系统采取减压限流措施。公共建筑用水点处的供水压力不大于 0.20MPa。

5.4　电气与照明系统

5.4.1　电气系统宜选用技术先进、成熟、可靠，损耗低、谐波发射量少、能效高、经济合理的节能产品。

5.4.2　主要次级用能单位用电量大于等于 10kW 或单台用电设备大于等于 60kW 时，应设置电能计量装置。办公楼宇建筑宜设置用电能耗监测与计量系统，并进行能效分析和管理。

5.4.3　在新建或改造项目中选用三相配电变压器应达到 GB 20052 规定的二级及以上能效水平。

5.4.4 各房间或场所的照度值不高于 GB 50034 规定的目标值。

5.4.5 光源的选择应符合下列规定：

a）一般照明在满足照度均匀度条件下，宜选择单灯功率较大、光效较高的光源，不宜选用荧光高压汞灯，不应选用自镇流荧光高压汞灯。

b）气体放电灯用镇流器应选用谐波含量低的产品。

c）高大空间及室外作业场所宜选用金属卤化物灯、高压钠灯。

d）除需满足特殊工艺要求的场所外，不应选用白炽灯。

e）走道、楼梯间、卫生间、车库等无人长期逗留的场所，应选用发光二极管(LED)灯。

f）疏散指示灯、出口标志灯、室内指向性装饰照明等应选用发光二极管(LED)灯。

g）室外景观、道路照明应选择安全、高效、寿命长、稳定的光源，避免光污染。

5.4.6 照明控制应符合下列规定：

a）照明控制应结合建筑使用情况及天然采光状况，进行分区、分组控制。

b）客房应设置节电控制型总开关。

c）除单一灯具的房间，每个房间的灯具控制开关不宜少于 2 个，且每个开关所控的光源数不宜多于 6 盏。

d）走廊、楼梯间、门厅、电梯厅、卫生间、停车库等公共场所的照明，宜采用集中开关控制或就地感应控制。

e）大空间、多功能、多场景场所的照明，宜采用智能照明控制系统。

f）当设置电动遮阳装置时，照度控制宜与其联动。

g）建筑景观照明应设置平时、一般节日、重大节日等多种模式自动控制装置。

5.4.7 办公楼宇建筑应按照明、插座、空调、电力、特殊用电分项进行电能监测与计量。电能监测与计量符合 GB 50189 的规定。

5.5 可再生能源

5.5.1 办公楼宇建筑的用能应通过对当地环境资源条件和技术经济的分析，结合国家相关政策，宜应用可再生能源。

5.5.2 当环境条件允许且技术经济合理时，宜采用太阳能、风能等可再生能源直接供电。

5.5.3 办公楼宇建筑可再生能源利用设施应与主体工程同步设计。

5.5.4 可再生能源应用系统宜设置监测系统节能效益的计量装置。

5.5.5 办公楼宇建筑太阳能设计利用应符合 GB 50189、GB 50787、GB 50364 的规定。

5.5.6 办公楼宇建筑地源热泵系统设计利用应符合 GB 50189、GB 50366 的规定。

6 办公楼宇节能运行

6.1 通风与空调系统节能运行

6.1.1 通风与空调系统节能应满足以下基本要求：

a）空调运行管理人员应掌握系统的实际能耗状况，定期调查能耗分布状况和分析节能潜力，提出节能运行和改造建议。

b）建筑的业主和管理方应定期开展同类建筑之间的建筑能耗比对工作。

c）空调运行管理部门应每年进行一次空调通风系统能耗系数(CEC)的测算。

d）在满足设计标准的前提下，空调房间应节能运行，房间温度在冬季不应高于 20℃，夏季不应低于 26℃。

e)应建立空调能源管理系统进行监测、统计和评估。

6.1.2 大型或功能复杂的公共建筑宜开展空调通风系统调适。空调通风系统的调适工作宜由建筑物业主或业主代表、调适机构、物业管理部门以及主要设备供应商和承包商共同参与实施。

6.1.3 空调通风系统的调适工作宜由相关专业人员齐备并具有检测能力的机构承担。

6.1.4 当空调通风系统为间歇运行方式时，应根据气候状况、空调负荷情况和建筑热惰性，合理确定开机停机时间。

6.1.5 对作息时间固定的单位建筑，在非上班时间内应降低空调运行控制标准。

6.1.6 多台并联运行的同类设备，应根据实际负荷情况，自动或手动调整运行台数，输出的总容量应与需求相匹配。

6.1.7 具备调速功能的设备的输出能力宜自动随控制参数的变化而变化。

6.1.8 启动冷热源设备对系统进行预热或预冷运行时，宜关闭新风系统；当采用室外空气进行预冷时，宜利用新风系统。

6.1.9 冷水机组出水温度宜根据室外气象参数和除湿负荷的变化进行操作。

6.1.10 当空调通风系统的使用功能和负荷分布发生变化，空调通风系统存在明显的温度不平衡时，应对空调水系统和风系统进行平衡调试，水力失调率不宜超过 15%，最大不应超过 20%；风量失调率不宜超过 15%，最大不应超过 20%。

6.1.11 水泵的电流值应在不同的负荷下检查记录，并应与水泵的额定电流值进行对比。应计算空调冷(热)水系统耗电输冷(热)比，符合 GB 50189 的要求。对于水泵电流和耗电输冷(热)比偏高的系统，应通过技术经济比较采取节能措施。

6.1.12 空调通风系统在供冷工况下，水系统的供回水温差小于 3℃以及在供热工况下小于 6℃时，宜采取减小流量的措施，但不应影响系统的水力平衡。

6.1.13　设有多台冷水机组和冷却塔的系统应防止冷冻水或冷却水通过不运行冷水机组的旁通现象。

6.1.14　对一塔多风机配置的矩形冷却塔，宜根据冷却水回水温度，调整其运转的风机数。在冷却水回水温度满足冷水机组正常运行的前提下，应使运转的风机数量最少。

6.1.15　冷却塔补水总管上应安装水量计量表，应定期记录和分析补水记录，并应采取措施减少补水量。

6.1.16　局部房间在冬季需要制冷时，宜采用新风或冷却塔直接制冷的运行方式降温。

6.1.17　空调通风系统中的热回收装置每半年检查 1 次维护并对热交换效率进行评估。当设备的热交换效率显著下降时，应更换或升级设备。

6.1.18　对有再热盘管的空气处理设备，运行中应减少冷热相抵发生的浪费。

6.1.19　通风系统新风量和排风量应根据建筑物的功能进行调节，宜维持建筑微正压或微负压运行。

6.1.20　表面式冷却器的冷水进水温度，应比空气出口干球温度至少低 3.5℃。冷水温升宜采用 2.5~6.5℃。当表面式冷却器用于空气冷却去湿过程时，冷水出水温度应比空气的出口露点温度至少低 0.7℃。

6.1.21　对人流密度相对较大且变化较大的场所，宜采用新风需求控制，应根据室内 CO_2浓度值控制新风量。

6.2　给水排水系统节能运行

6.2.1　运行管理部门应对运行人员进行给水排水系统节能、节水等方面基本知识的培训，并经考试合格后上岗工作。

6.2.2　给水排水系统水表、各种阀门仪表、部件及卫生洁具等日常维护保养的基本要求包括：

a）给水排水系统中水表、各种阀门、仪表、部件与管道、设备接口处应密封，无跑、冒、滴、漏现象。

b）应每半年 1 次检验、标定水表、各类控制阀门及各种计量仪表。

c）各种手动或自动控制阀门应每年 1 次检修。

d）应每半年对系统中的水过滤器、除污器、减压阀等设备及部件进行检查和清洗，运行中应经常检查除污器两侧的压力值，及时清理除污器内的杂物。

e）鼓励空调冷凝水和雨水收集利用。

6.2.3　各配水点处的供水压力一般不宜大于 0.15MPa，且最高不得大于 0.20MPa，超出规定值应及时调节减压设备。

6.2.4 加压水泵应每天巡视 2 次，每半年保养一次记录流量、压力、电流、电压等各项运行参数，发现水泵长期处于高效区以外工作时，应调整运行工况。

6.2.5 生活水池(箱)应定期检查进水控制阀或水位控制信号，发现水位控制阀损坏或有溢流报警信号时，应修复、更换。

6.2.6 每季度检查便器自闭冲洗阀或感应冲洗阀的工作状态，根据水压调整冲洗时间为 3~10s，满足大便冲洗用产品一次冲水量小于 6L 和小便冲洗用产品一次冲水量小于 4L 的节水要求。

6.2.7 电开水器应定期除垢清洗水箱，检查安全防护装置。节假日或夜间无人使用的情况下，可采用自动或人工方式控制关闭电开水器。

6.2.8 集中生活热水系统供水温度宜控制在 55~60℃。生活热水系统与生活给水系统压力应平衡，阀后压力应调整为接近设计值。用水点冷、热水压力差不宜大于 0.02MPa。

6.2.9 灌溉系统设计日工作时间应根据植物需水及环境限制条件等确定，运行管理人员可按喷灌系统既有控制系统优化灌溉方案及时段。

6.2.10 应每季度对建筑中水、城市再生水设施进行维护管理，设备、阀门、管道应定期维护和保养，无损坏和跑冒滴漏现象，应设置标识。

6.3 供暖系统节能运行

6.3.1 供暖系统节能管理制度应满足以下要求：

a）建立设备档案管理、节能管理、能耗统计报表等制度，设立专人或专业部门负责节能管理工作并形成文件。

b）定期开展能耗统计分析，以热源或热力站为单元，按生产周期(日、周、月、年)对燃料消耗量、耗电量、耗水量进行统计，并对生产部门和运行班组进行节能目标考核。

6.3.2 供暖系统运行记录应包括以下内容：

a）燃料消耗量、动力电消耗量、补水消耗量。

b）热源或热力站供回水温度、循环流量、供热量、锅炉排烟温度。

c）室外温度参数。

d）热用户测温记录。

e）水质化验报告。

6.3.3 锅炉运行时应满足以下要求：

a）保持锅炉房内良好的通风，确保燃烧所需要的空气量。

b）调节送风量，保证过量空气系数适宜。

c）尽量减少锅炉的启、停次数和待机时间。

d）控制锅炉的进水温度高于烟气露点温度，防止露点腐蚀。

e）锅炉暂时停止运行期间应有效防止冷空气进入炉膛。

f）有电加热锅炉时，应符合 GB/T 19065 规定。

6.3.4 当锅炉房设有“群控”系统时，应具备以下功能：

a）根据负荷变化自动调节投入运行的锅炉台数，自动关闭不运行的锅炉水系统。

b）根据负荷变化调节供水温度、循环水流量及燃烧器分档调节或比例调节输入量。

c）控制锅炉的循环水流量高于锅炉额定流量的 80%。

6.3.5 热力站运行时应满足以下要求：

a）应对热力站内的换热设备、热力管道、附属阀门采取保温措施，并对保温设施进行日常维护。

b）运行中应检测供暖系统定压点的压力值、补水量，保持系统满水状态。

c）应定期清洗换热器，保持换热面清洁。

6.3.6 供暖系统运行期间应根据建筑物热负荷特性、室外气象条件进行运行调节，运行调节可采用以下方式：

a）在定流量下调节一次水或二次水供水的温度。

b）在定供水温度下调节一次水或二次水循环流量。

c）分阶段变流量的调节，把供暖季分成几个阶段，在某一阶段内保持流量不变而调节供水温度。

d）随负荷变化既调节供水温度也调节循环水量。

e）间歇运行调节，调节锅炉的运行时间的调节方式。

6.3.7 供暖系统运行期间应根据实测循环水泵的流量、扬程等运行参数校核循环水泵的运行效率。

6.3.8 供暖系统室温调节应满足以下要求：

a）应采取措施提高热用户的节能意识。

b）室温应自动调控，帮助热用户掌握室温调节装置的正确使用方法。

c）当室内供暖系统出现水平或垂直失调时，应及时进行有效调节。

6.4 变、配电系统节能运行

6.4.1 变、配电系统节能运行应满足以下基本规定：

a）当变、配电系统没有安装可传输的智能仪表时，应由变配电室值班人员按规定时段进行人工抄表，记录低压馈出回路的电流、电压、功率因数、电能等数据。

b）当变、配电系统安装有可传输的智能仪表时，应对变压器低压主开关回路的电流、电压、功率因数、谐波、电能等进行实时监测，对各馈出回路的电流、电压、电能等进行实时监测。

6.4.2 变压器节能运行应符合下列规定：

a）变压器负载率宜在 GB/T 13462 规定的经济运行区域。

b）变压器的额定容量应满足全部用电负荷的需要，变压器不应处于过负荷状态。

c）应监测每台变压器的低压侧输出电压，使其轻载时不超过 400/230V，满载时不低于 380/220V，当不满足上述要求时，宜调节变压器高压侧的分接头。

d）当有多台变压器运行时，应根据季节性负载的特点，适时退出相应的变压器，减少变压器空载损耗。

e）应监测变配电室的温湿度，有效采取变压器的通风散热措施。

6.4.3 应按月统计变配电室各低压馈出回路电能，计算月平均耗电量。

6.4.4 应监测各馈出回路的三相平衡情况，当三相不平衡超过 15%时，应对末端配电系统进行相序平衡调整。

6.4.5 合理整定并投足电容器组，使变配电系统的功率因数大于 0.95。

6.4.6 电容补偿柜上的功率因数控制器宜具有限值谐波分量的功能。当检测到的谐波含量高于限值时，宜采取谐波治理措施。

6.4.7 应定期对所采集的高、低压总进线、变压器以及各低压馈出回路数据进行节能运行分析并形成分析报告。

6.4.8 应绘制月用电曲线图表作为节能运行的依据。

6.5 照明系统节能运行

6.5.1 人工控制灯具时，应采取节能管理措施。应定时巡视公共区域的照明开关，按不同时段的实际需求启闭照明回路。

6.5.2 灯具自动控制时，应根据不同季节、不同场合采取下列节能管理措施：

a）室外照明宜采用时间加照度程序控制，并随季节变化及时调整开、关灯的时间。

b）天然采光良好的场所，按该场所照度自动开关灯火调光。

c）楼梯间、卫生间等场所应采用红外、声控或其他节能控制措施。

d）公共走廊、门厅、电梯厅等人员流动场所宜采用照度加时间程序控制，随不同时段调整照明回路的开、关时间，或采用夜间降低照度的自动控制装置。

6.5.3 对主要场所的照明设施应进行定期巡视和照度检查测试，并定期清洁光源和灯具。

6.5.4 未使用高效光源的，应更换节能型的高效光源；未使用高效灯具的，应更换节能型的高效灯具。

6.5.5 应按 GB 50034 中的照度值指标对典型房间或场所的功率密度进行复核，并对不满足要求的场所进行技术改造。

6.6　电梯系统节能运行

6.6.1　应具有对电梯设备运行进行监控管理的功能。两台及以上的客梯集中布置时，客梯控制系统应具备按程序集中调控和群控的功能。

6.6.2　应对电梯早、午、晚高峰时段的运行方式进行管理，调整电梯高峰时段的运行控制策略。

6.6.3　升降电梯在无人搭乘时，应自动停驶在主停层，电梯轿厢内的照明宜采用允许频繁开关的光源，灯具可自动关断。

6.6.4　自动扶梯应具有节能拖动及节能控制装置，并应设置感应传感器以控制自动扶梯的起停。在无人搭乘时应停驶或慢速行驶。

6.7　办公楼宇能源分析

6.7.1　应对影响能源消耗的系统、设备、人员分布进行分析，包括：

a）识别重要用能系统、主要耗能设备、对能源使用和能源消耗有重要影响的其他设施，并确定其现状。

b）识别对能源使用和能源消耗有重要影响的人员，包括本单位及受本单位委托提供服务人员。

c）识别影响重要能源使用的变量。

d）确定主要能源使用相关的设施、设备、系统、过程的能源绩效水平。

e）评估未来的能源使用和能源消耗。

6.7.2　开展系统的诊断分析，运用能量系统优化、能量平衡、能源网络图、能效对标、专家诊断、最佳节能实践、员工参与等工具和方法识别能源绩效改进机会，并对这些改进机会进行分析评价，根据其重要性和可实现程度进行排序。在进行评价和排序时宜考虑下列因素：

a）影响能源绩效的程度。

b）与法律法规、政策、标准及其他要求的符合性。

c）施工周期、安全及环境影响、技术成熟度、系统匹配等技术可行性。

d）投资回收期、内部收益率、除节能外的其他收益等经济合理性。

e）相关方的要求等。

16.3　用水单位水计量器具配备和管理要求

前　言

本标准依据 GB/T 1.1—2009《标准化工作导则 第 1 部分：标准的结构和编写》给出的规则起草。

本标准替代 Q/HS 13015—2012《用水单位水计量器具配备和管理要求》。与

Q/HS 13015—2012 相比，除编辑性修改外，主要技术变化如下：

——修改了“次级用水单位”“用水系统”的定义(见 3.2、3.3，2012 年版的 3.2、3.3)；

——增加了“水计量器具配备率”“水计量率”的定义(见 3.4、3.5)；

——修改了单位产品取水量等技术指标要求(见 5.1.2，2012 年版的 5.1.3)；

——增加了主要生产用水、辅助生产用水、附属生产用水说明(见 5.1.5)；

——修改了油气田生产、炼油和化工生产用水、化肥生产用水系统的划分方法(见表 1，2012 年版的表 1)；

——增加了煤层气生产用水系统的划分(见表 1)；

——增加了对用水技术档案的要求(见 6.2.3)。

本标准由中国海洋石油集团有限公司节能标准化工作组提出并归口。

本标准起草单位：中国海洋石油集团有限公司节能减排监测中心。

本标准主要起草人：马永涛。

本标准主审人：张俊峰。

用水单位水计量器具配备和管理要求

1　范围

本标准规定了用水单位水计量器具的配备和管理要求。

本标准适用于用水单位水计量器具的配备和管理。

2　规范性引用文件

下列文件对本文件的应用是必不可少的。凡是注日期的引用文件，仅注日期的版本适用于本文件。凡是不注日期的引用文件，其最新版本(包括所有的修改单)适用于本文件。

GB/T 12452　企业水平衡测试通则

GB 17167　用能单位能源计量器具配备和管理通则

JJG 162　冷水水表

3　术语和定义

下列术语和定义适用于本文件。

3.1　用水单位　organization of water using

具有独立法人地位的企业或具有独立核算能力的地区(分)公司。

3.2　次级用水单位　sub-organization of water using

用水单位下属的用水核算单位。在用水单位和用水系统之间可以有一级或多级次级用水单位，也可以没有次级用水单位。

注：石油天然气行业次级用水单位指作业公司(作业区)等，炼油与化工行业次级用水单位指各分厂、联合装置作业部、辅助生产单位等直属用水核算单位。

3.3 用水系统 water using system

可单独进行用水计量考核的生产系统、生产装置或其下属生产单元、车间或工段、作业船舶、生产站(队)等，或集中管理同类用水设备的循环水厂等。单套用水系统或单台设备用水量在 $1m^3/h$ 以上的，为主要用水系统或主要用水设备。

3.4 水计量器具配备率 equipping ratio of water measuring instrument

用水单位、次级用水单位、用水系统(用水设备)实际安装配备的水计量器具数量占测量其对应级别的全部水量所需配备的水计量器具数量的百分比。

3.5 水计量率 water metering ratio

在一定的计量时间内，用水单位、次级用水单位、用水系统(用水设备)的水计量器具计量的水量与占其对应级别全部水量的百分比。

4 用水组织的层级划分

用水组织分为用水单位、次级用水单位、用水系统(用水设备)三个层级。

5 水计量器具配备

5.1 配备原则

5.1.1 应满足取水量、用水量、重复利用水量、排水量、回用水量等分项统计的需要。

5.1.2 宜满足计算单位产品取水量、重复利用率、漏失率、排水率、废水回用率、冷却水循环率、冷凝水回用率、达标排放率等技术指标的统计计算要求。

5.1.3 公共供水与自建设施供水应分别计量。

5.1.4 生活用水与生产用水应分别计量。

5.1.5 工业企业应满足对主要生产用水、辅助生产用水、附属生产用水等分类计量的要求。主要生产用水是指主要生产系统(主要生产装置、设备)的用水；辅助生产用水是指为主要生产系统服务的辅助生产系统(包括工业水净化单元、软化水处理单元、水汽车间、循环水厂、机修、空压站、污水处理场、储运、鼓风机站、氧气站、电修、检化验等)的用水；附属生产用水是指在厂区内，为生产服务的各种服务、生活系统(如厂办公楼、科研楼、厂内食堂、厂内浴室、保健站、绿化、汽车队等)的用水。

5.1.6 开展企业水平衡测试的水计量器具配备应满足 GB/T 12452 的要求。

5.2 计量范围

5.2.1 用水单位的输入水量，包括用水单位取自下列水源的水量：地下水、地表水、自来水、海水、矿井水、城市污水再生水、其他外购水(含软化水、除盐水、除氧水、循环水等水产品)。

5.2.2 用水单位的输出水量，包括企业外排水量和外供水量。

5.2.3 次级用水单位的输入水量和输出水量。

5.2.4 用水系统计量水量的范围见表1。

表1 用水系统水量计量表

序号	项目	用水系统	需计量水量
1	油气田生产用水	注水系统	注水量
2		污水处理系统	外排水量
3		冷却水系统	补水量
4		锅炉系统	补水量、排水量、冷凝水回用量
5		造淡系统	输出水量
6		软化水、除盐水、除氧水系统	输入水量、输出水量、排水量
7	煤层气生产用水	排采井组	外排水量
8		集输站	外排水量
9		集气总站	外排水量
10		锅炉系统	补水量、排水量、冷凝水回用量
11		软化水、除盐水、除氧水系统	输入水量、输出水量、排水量
12	炼油和化工生产用水	常减压、催化、重整、加氢等炼油装置	输入水量
13		乙烯、聚丙烯等化工装置	输入水量
14		自备电站、锅炉系统	补水量、排水量、冷凝水回用量
15		净水厂	输入水量、输出水量
16		污水处理厂	输入水量、外排水量、回用水量
17		循环水厂	补水量、输出水量
18		回用水系统	输出水量
19		软化水、除盐水、除氧水系统	输入水量、输出水量、排水量
20	化肥生产用水	合成氨、尿素、磷酸一铵、磷酸二铵等化肥装置生产给水系统	输入水量
21		甲醇、硫酸、磷酸等化工装置生产给水系统	输入水量
22		自备电站、锅炉系统	补水量、排水量、冷凝水回用量
23		净水厂	输入水量、输出水量
24		污水处理厂	输入水量、外排水量、回用水量
25		循环水厂	补水量、输出水量
26		回用水系统	输出水量
27		软化水、除盐水、除氧水系统	输入水量、输出水量、排水量

续表

序号	项目	用水系统	需计量水量
28	天然气储运及发电用水	天然气长输管道压气站、调压站、分输站等用水系统	输入水量
29		压缩天然气母站、城市燃气门站、加气站等用水系统	输入水量
30		软化水、除盐水、除氧水系统	输入水量、输出水量、排水量
31		锅炉系统	补水量、排水量、冷凝水回用量
32		污水处理系统	输入水量、外排水量、回用水量
33	海洋石油专业服务、矿区、物业业务用水	建造、维修、装备制造、仓储车间用水系统	输入水量
34		医院、办公楼、宾馆等楼宇空调冷却水系统	补水量
35		钻井船、勘探船、铺管船、起重船及其他工作船舶	输入水量、外排水量
36		软化水、除盐水系统	输入水量、输出水量、排水量
37		锅炉、换热站用水系统	补水量、排水量、冷凝水回用量
38		污水处理系统	输入水量、外排水量、回用水量
39	其他用水	上述列举范围未包括，但用水量在 $1m^3/h$ 以上用水系统	输入水量

5.3 配备指标计算

5.3.1 水计量器具配备率按式(1)计算：

$$R_P = \frac{N_s}{N_I} \times 100\% \tag{1}$$

式中 R_P——水计量器具配备率；

N_s——实际安装配备的水计量器具数量；

N_I——测量全部水量所需配备的水计量器具数量。

5.3.2 水计量器具计量率按式(2)计算：

$$K_m = \frac{V_{mi}}{V_i} \times 100\% \tag{2}$$

式中 K_m——水计量率；

V_{mi}——在一定计量时间内，水计量器具计量的水量，单位为立方米(m^3)；

V_i——在一定计量时间内，总水量，单位为立方米(m^3)。

5.3.3 水计量器具检测率按式(3)计算：

$$J = \frac{Y}{T} \times 100\% \tag{3}$$

式中 J——水计量器具检测率；

Y——水计量器具实际检测合格量；

T——水计量器具应检总量。

5.4 配备指标要求

5.4.1 用水单位应按表2要求配备水计量器具。

表2 水计量器具配备要求

考核项目	进出用水单位	进出次级用水单位	用水系统
水计量器具配备率/%	100	≥95	≥80
水计量率/%	100	≥95	≥85
水计量器具检测率/%	100	≥95	≥90

5.4.2 水计量器具实际配备数量应为技术指标达到表3要求，且检定/校准合格的计量器具数量。

表3 用水单位水计量器具准确度等级要求

计量器具类别		准确度等级
水表	取水、用水的水量	优于或等于JJG162规定的2级水表
	废水排放	不确定度优于或等于5%
水流量计	管径不大于250mm	2.5
	管径大于250mm	1.5

注：当计量器具是由传感器(变送器)、二次仪表组成的测量装置或系统时，表中给出的准确度等级应是装置或系统的准确度等级。装置或系统未明确给出其准确度等级时，可用传感器与二次仪表的准确度等级按照误差合成方法合成。

5.4.3 工程建设施工、消防设施、事故应急等临时用水计量器具可不计入水计量器具理论需要数量。

5.4.4 次级用水单位、用水系统的水计量器具配备率、水计量率指标不考核排水量。

5.4.5 对下列情况可不再单独配备水计量器具：

a) 对于可单独进行用水计量考核的用水单元(系统、设备、工序、工段等)，如果用水单元已配备了水计量器具，用水单元中的主要用水设备(系统)可以不再单独配备水计量器具。

b) 对于集中管理用水设备的用水单元，如果用水单元已配备了水计量器具，用水单元中的主要用水设备可不再单独配备水计量器具。

c) 对于可用水泵功率或流速等参数来折算循环用水量的密闭循环用水系统或设备、直流冷却系统，可以不再单独配备水计量器具。

d）进出次级用水单位和用水系统的季节性空调冷冻水、供暖用热水(蒸汽)可不配备水计量器具。

5.5　性能要求

5.5.1　水计量器具的性能应满足生产工艺、被测介质及使用环境的要求，并进行定期校验，对于计量失准仪表和流量计应及时维修或更换。

5.5.2　水计量器具的准确度等级应满足表3要求。

5.5.3　次级用水单位和用水系统的水计量器具准确度等级可参照表3要求；用于用水系统(或用水设备)计量的流量计，可比表3中同类用户低一个等级，但不应低于±2.5%。

5.5.4　蒸汽量、水温、蒸汽温度、蒸汽压力、水压力的计量应满足GB 17167的要求。

6　水计量器具的管理要求

6.1　水计量人员

6.1.1　用水单位应设专人负责水计量器具的管理，负责水计量器具的配备、使用、检定(校准)、维修、报废等管理工作。

6.1.2　用水单位宜设专人负责主要次级用水单位和主要用水设备水计量器具的管理。

6.1.3　用水单位的水计量管理人员应通过相关部门的培训考核；用水单位应建立和保存水计量管理人员的技术档案。

6.2　水计量管理制度

6.2.1　用水单位应建立、实施并保持文件化的水计量管理体系；该体系可包含于能源管理体系、计量管理体系中。

6.2.2　用水单位应建立、保持和使用文件化的程序来规范水计量人员行为、水计量器具管理和水计量数据的采集、处理和汇总。可定期开展水平衡测试，加强用水效率和总量分析。

6.2.3　用水单位应建立用水技术档案，其内容包括：

a）用水节水的相关规章、制度；

b）各种水源(自来水、地下水、地表水及其他水源)的水量、水质等参数；

c）供水、排水管网图；

d）水表配备系统图；

e）供水、用水、排水日常记录台账及相关汇总表格；

f）近年用水节水技术改造情况；

g）近年的水平衡测试文件。

6.3 水计量器具

6.3.1 用水单位应备有完整的水计量器具一览表。表中应列出水计量器具的名称、型号规格、准确度等级、测量范围、生产厂家、出厂编号、用水单位管理编号、安装使用地点、状态（指合格、禁用、停用等）。主要次级用水单位和主要用水设备应备有独立的水计量器具一览表分表。

6.3.2 用水单位应建立水计量器具档案，内容包括水计量器具使用说明书、水计量器具出厂合格证、水计量器具最近连续两个周期的检定（测试、校准）证书、水计量器具维修或更换记录、水计量器具其他相关信息。

6.3.3 用水单位应备有水计量器具量值传递或溯源图，其中作为用水单位内部标准计量器具使用的，应规定其准确度等级、测量范围、可溯源的上级传递标准。

6.3.4 用水单位自行校准且自行确定校准间隔的水计量器具，应有现行有效的受控文件（即自校水计量器具的管理程序和自校规范）作为依据。

6.3.5 水计量器具应由专业人员实行定期检定（校准）。凡经检定（校准）不符合要求的或超过检定周期的水计量器具一律不准使用。属强制检定的水计量器具，其检定周期、检定方式应遵守有关计量技术法规的规定。

6.3.6 在用的水计量器具应在明显位置粘贴与水计量器具一览表编号对应的标签，以备查验和管理。

6.4 水计量数据管理

6.4.1 用水单位应建立水统计报表制度，原始记录与统计台账应完整规范并定期进行分析，水统计报表数据应能追溯至计量测试记录。

6.4.2 用于水计量测试记录表格应便于数据的汇总与分析，应说明测量值与记录数据之间的转换方法或关系。

6.4.3 用水单位可根据需要建立水计量数据中心，利用计算机技术实现水计量数据的网络化管理。

16.4 合成氨行业绿色工厂评价导则

前　言

本标准依据 GB/T 1.1—2009 给出的规则起草。

本标准由中国石油和化学工业联合会提出。

本标准由中国石油和化学工业联合会归口。

本标准起草单位：中国海洋石油集团有限公司、中海石油化学股份有限公司、中国石油和化学工业联合会、中国氮肥工业协会、中国电子技术标准化研究院、中国石油天然气集团有限公司、中国石油化工集团有限公司、中国中化集团公司。

本标准主要起草人：张俊峰、张立明、孙卫明、黄玉峰、王智、卢迪、李永亮、曹占高、杨檬、李武斌、贾文杰、贾英。

合成氨行业绿色工厂评价导则

1 范围

本标准规定了合成氨行业绿色工厂评价的基本原则、评价指标体系及要求、评价程序。

本标准适用于以煤炭、天然气为原料的合成氨行业的绿色工厂评价，以渣油、重油、褐煤、焦炉气为原料的合成氨行业绿色工厂评价可参照使用。

2 规范性引用文件

下列文件对于本文件的应用是必不可少的。凡是注日期的引用文件，仅注日期的版本适用于本文件。凡是不注日期的引用文件，其最新版本(包括所有的修改单)适用于本文件。

GB 3095　环境空气质量标准

GB 12348　工业企业厂界环境噪声排放标准

GB 13223　火电厂大气污染物排放标准

GB 13271　锅炉大气污染物排放标准

GB 13458—2013　合成氨工业水污染物排放标准

GB 14554　恶臭污染排放标准

GB/T 15587　工业企业能源管理导则

GB 16297　大气污染物综合排放标准

GB/T 18916.8—2017　取水定额 第8部分：合成氨

GB 18597　危险废物贮存污染控制标准

GB/T 19001　质量管理体系 要求

GB 21344—2015　合成氨单位产品能源消耗限额

GB/T 21367　化工企业能源计量器具配备和管理要求

GB/T 23331　能源管理体系 要求

GB/T 24001　环境管理体系 要求及使用指南

GB/T 28001　职业健康安全管理体系 要求

GB/T 32151.10　温室气体排放核算与报告要求 第10部分：化工生产企业

GB 50033　建筑采光设计标准

GB 50034　建筑照明设计标准

GB/T 50878　绿色工业建筑评价标准

3 评价原则

3.1 总则

合成氨行业绿色工厂评价体系包括基本要求和一般要求，基本要求是开展绿色工厂评价的准入条款；一般要求为围绕合成氨产品生产过程中的基础要求、能源与资源要求、管理体系要求、生产过程及产品要求、环境要求和绩效要求。

合成氨行业绿色工厂评价体系框架如图 1 所示。

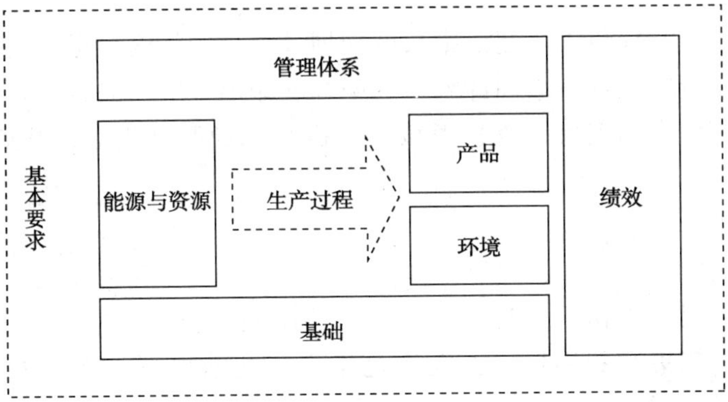

图 1　合成氨行业绿色工厂评价框架

3.2 评价体系

合成氨行业绿色工厂评价体系分为一级指标和二级指标，一级指标包括基本要求、基础要求、管理体系要求、能源与资源要求、生产过程及产品要求、环境要求和绩效要求共 7 个方面；二级指标是一级指标的细化，并细化为要求和预期性要求，其中预期性要求为可选项。

3.3 评价

合成氨行业绿色工厂评价采用定量评价和定性评价相结合的方式，以定量评价为主。定性指标主要侧重在应满足遵守的法律法规、节能环保、工艺技术、相关标准等方面要求；定量指标主要侧重在能够反映工厂层面的绿色特性指标，如合成氨工业水污染物排放限值、吨合成氨取水定额等量化指标。

4 评价指标及要求

4.1 基本要求

4.1.1 合规性要求

工厂应依法设立，在建设和实际生产过程中应遵守有关法律、法规、政策和标准。

a）工厂应符合国家现行产业政策；

b）工厂须依法取得安全生产许可证、排污许可证；

c）工厂各种污染物排放指标应符合国家、地方现行有关标准的规定；

d）工厂近三年未发生重大安全、环保事故或事件。

e）工厂未列入违法失信企业名单。

4.1.2　管理职责要求

4.1.2.1　工厂最高管理者应承诺建设绿色工厂，分派绿色工厂相关职责和权限。

4.1.2.2　工厂应设有绿色工厂管理机构，负责有关绿色工厂的制度、措施和方案的制定及落实。

4.1.2.3　工厂应有绿色工厂建设中长期规划及量化的年度目标和实施方案。

4.1.2.4　工厂应制定宣传培训计划，定期开展绿色工厂相关教育和培训。

4.1.2.5　工厂应定期进行检查、考核，分析和识别改进机会，开展绿色工厂持续改进工作。

4.2　基础要求

4.2.1　建筑设施

4.2.1.1　工厂应集约利用土地，优先开发使用可再生地。

4.2.1.2　工厂应集约利用厂区，在满足生产工艺前提下，优先采用联合厂房、多层建筑、高层建筑等。

4.2.1.3　工厂应综合考虑场地内外日照、自然通风等条件，设置绿化用电，减少场地雨水径流量，种植树木为建筑设施、停车场、人行道和广场提供遮阳，降低热岛效应。

4.2.1.4　工厂的建筑应对建筑规划、布局、材料、结构、采光照明、绿化及场地、再生资源及能源利用方面进行建筑的节地、节材、节能、节水及保护环境等性能进行综合评价。

4.2.1.5　工厂新建建筑宜根据 GB/T 50878 开展绿色分级评价。

4.2.2　工艺及设施

4.2.2.1　工厂工艺路线应采用国家鼓励和推荐的先进技术。

4.2.2.2　工厂宜根据原料选择工艺及技术路线，新建以煤为原料的合成氨装置应采用加压连续气化工艺，一氧化碳变换应采用低温变换或等温变换工艺。

4.2.2.3　工厂宜根据原材料路线、生产工艺、能效等设置生产设施。

4.2.2.4　工厂应优先采用低温高效合成催化剂。

4.2.3　环保设施

4.2.3.1　新建、改建和扩建时，工厂环保设施必须与主体工程同时设计、同时施工、同时投产，同时应符合“环境影响评价制度”“固定资产投资项目节能审查”等国家、地方相关法律、法规、部门规章要求。

4.2.3.2 工厂应设置污染物处理等设施。
4.2.3.3 工厂应设置事故水池等应急设施。
4.2.4 设备
4.2.4.1 工厂应根据生产工艺路线、能源利用水平等选择设备。
4.2.4.2 气化炉、转化炉、压缩机、冷冻机等特有设备应建有管理制度，现场各类运行记录完整、有效。
4.2.4.3 工厂各类生产设备不应使用国家明令淘汰的产品，对于列入国家淘汰计划的产品或设备应按计划进行淘汰更新。
4.2.4.4 新建工厂宜优先选用节能型设备，设备能效应达到相应标准中节能评价值的要求。
4.2.5 计量
4.2.5.1 工厂应依据 GB/T 21367 的要求配备、使用和管理能源、水以及其他资源的计量器具和装置。
4.2.5.2 工厂计量仪器应按照相关标准要求进行定期检定校准。
4.2.5.3 工厂在数据采集与监视控制系统中宜实现能耗计量数据自动采集。数据采集与监视控制系统宜采集合成氨生产装置的总耗电、总耗天然气(煤)、原料天然气(煤)、燃料天然气(煤)等耗能数据及资源消耗数据。
4.2.5.4 气化炉、转化炉、压缩机、冷冻机、锅炉等主要用能设备能耗宜单机计量。
4.2.5.5 能源及资源使用的类型不同时，应进行分类计量。
4.2.6 照明
4.2.6.1 工厂户外照明及路灯应采用光电或时钟集中控制，并宜采用 LED 节能灯。
4.2.6.2 工厂厂区及各房间或场所的照明宜利用自然光，建筑物的开窗面积及室内表面反射系数应符合 GB 50033 的规定，功率密度、照度及照明标准值应符合 GB 50034 的规定。
4.2.6.3 工厂宜优先选用效率高、能耗低节能型照明设备，照明设备能效应达到相应标准中节能评价值的要求。
4.2.6.4 工厂使用气体放电灯的场所，应安装补偿电容器，功率因数补偿应达到 0.9 以上。
4.2.7 其他
4.2.7.1 工厂应建立能源资源计量和统计制度，制定装置、主要用能设备、建筑等重点用能、用水设备和设施的管理规程。
4.2.7.2 工厂应依据 GB/T15587 的要求建立能源管理制度。

4.2.7.3 工厂宜定期进行装置物料平衡、能量平衡测算，开展系统优化。

4.2.7.4 新建工厂宜开展能源管理中心建设。

4.3 管理体系要求

4.3.1 质量管理体系

4.3.1.1 工厂应建立、实施并保持质量管理体系，质量管理体系应满足 GB/T 19001 的要求。

4.3.1.2 质量管理体系宜通过第三方机构认证。

4.3.2 职业健康安全管理体系

4.3.2.1 工厂应建立、实施并保持职业健康安全管理体系，职业健康安全管理体系应满足 GB/T 28001 的要求。

4.3.2.2 职业健康安全管理体系宜通过第三方机构认证。

4.3.3 环境管理体系

4.3.3.1 工厂应建立、实施并保持环境管理体系，环境管理体系应满足 GB/T 24001 的要求。

4.3.3.2 环境管理体系宜通过第三方机构认证。

4.3.4 能源管理体系

4.3.4.1 工厂应建立、实施并保持能源管理体系，能源管理体系应满足 GB/T 23331 的要求。

4.3.4.2 能源管理体系宜通过第三方机构认证。

4.3.5 责任关怀

4.3.5.1 工厂可推进实施责任关怀，定期发布社会责任报告，说明工厂履行利益相关方责任的情况，特别是环境社会责任的履行情况。

4.3.5.2 社会责任报告公开可获得。

4.4 能源与资源要求

4.4.1 能源要求

4.4.1.1 工厂应根据现实情况优化用能结构，控制和削减化石能源消费量。

4.4.1.2 工厂应根据工厂自然环境及周边条件，因地制宜开发利用风能、太阳能等可再生能源或提高其所占比例。

4.4.1.3 工厂应采取措施，提高天然气等清洁能源的使用比例。

4.4.1.4 工厂应合理利用压缩天然气蕴含的能量。

4.4.1.5 工厂如有自备电厂或锅炉，应提高锅炉供热及发电效率。

4.4.1.6 工厂不应出现水、蒸汽等能源、资源物质的跑冒滴漏现象。

4.4.1.7 工厂宜加强管道保温保冷措施，降低热冷损失。

4.4.1.8 工厂应满足 GB 21344—2015 的要求，减少能源消耗。

4.4.2　资源要求

4.4.2.1　工厂应采取必要措施减少材料，尤其是含有害物质的催化剂的使用。

4.4.2.2　工厂宜使用回收料、可回收料替代不可回收料，对便于回收利用的材料应分类标识以便于回收利用。

4.4.2.3　工厂应评估生产过程中有害物质及化学品减量使用或替代的可能性。

4.4.2.4　工厂应对生产包装物材料及回收利用提出要求。

4.4.2.5　工厂应对原材料的储存提出要求，煤、灰渣等不得露天储存。

4.4.3　采购

4.4.3.1　工厂应对采购的能源及原材料制定选择、评价供应方的准则。

4.4.3.2　工厂应对采购的产品开展并实施检验或其他必要的活动。

4.4.3.3　工厂宜向供方提供包含有害物质使用、可回收材料使用、能效等要求的采购信息。

4.4.4　回收利用

4.4.4.1　工厂应对不合格产品进行回收利用，降低产品废弃率。

4.4.4.2　工厂应满足 GB/T18916.8—2017 的要求，减少水资源消耗，开展废水循环利用。

4.4.4.3　工厂应对系统中有回收价值的余热、余压进行回收利用。

4.4.4.4　工厂应对氨合成放空气、氨罐弛放气进行回收利用。

4.4.4.5　工厂宜对造气炉反炭、锅炉炉渣等进行再利用。

4.4.5　最终使用

4.4.5.1　工厂年运行时间大于 3000h 的用能设备应达到相应设备经济运行标准的要求。

4.4.5.2　锅炉、燃气透平等的烟气余热应设有热回收装置。

4.5　生产过程及产品要求

4.5.1　生产过程

4.5.1.1　工厂应对原料气制备、净化、压缩，氨合成等生产步骤展开评价。

4.5.1.2　原料气制备、一氧化碳变换、脱硫、二氧化碳脱除、精制等应采用分布式控制系统等自动控制技术。

4.5.1.3　工厂应根据生产规模、煤气发生炉产能等安排生产。

4.5.1.4　工厂应评价一氧化碳、二氧化碳的综合利用率。

4.5.1.5　原料气压缩宜优先采用蒸汽驱动透平压缩机，工厂宜实施降低系统压力改造，减少压缩功耗。

4.5.1.6　工厂应提高氨合成的合成率、反应热的回收率。

4.5.2　产品

工厂宜开展产品碳足迹盘查。

4.6　环境要求

4.6.1　大气污染物

4.6.1.1　工厂应在废气排放点安装固定废气自动监测设备。

4.6.1.2　工厂应建立大气污染物排放台账，开展自行监测和监控，保存原始监测和监控记录。

4.6.1.3　工厂大气污染物排放应满足 GB 3095、GB 13223、GB 13271、GB 14454、GB 16297 或地方主管部门的要求。

4.6.2　水污染物

4.6.2.1　工厂废水应清污分流、分类收集、分质处理。

4.6.2.2　工厂应加强防渗措施，防止地下水污染。

4.6.2.3　工厂应在厂界工业废水排放口安装固定废水自动监测设备。

4.6.2.4　工厂应建立水污染物排放台账，开展自行监测和监控，保存原始监测和监控记录。

4.6.2.5　工厂水污染物排放应满足 GB 13458—2013 或地方主管部门要求。

4.6.3　固体废物

4.6.3.1　工厂应对产生的固体废物进行分类收集、管理。

4.6.3.2　工厂应设有专用的危险废物暂存场地并符合 GB 18597 的要求。

4.6.3.3　工厂危险固体废物应由专业公司进行处置并设置处置台账，保存处理记录。

4.6.4　噪声

4.6.4.1　工厂应建立噪声源台账，对噪声敏感建筑物或工人长期工作场所定期开展自行监测和监控，并保存原始监测和监控记录。

4.6.4.2　工厂噪声污染物排放应满足 GB 12348 或地方主管部门的要求。

4.6.5　温室气体排放

4.6.5.1　工厂应建立温室气体排放台账，对排放源、排放量进行定期监控及记录。

4.6.5.2　工厂应采取有效措施降低温室气体的排放。

4.6.5.3　工厂应依据 GB/T 32151.10 的要求开展温室气体排放核算，盘查结果宜对外公布。

4.7　绩效要求

4.7.1　用地集约化

用地集约化指标包括工厂容积率、建筑密度、单位用地面积产能等，计算方法见附录 A.1～A.3。

4.7.2 原料无害化

原料无害化指标包括绿色物料使用率，计算方法见 A.4。

4.7.3 生产洁净化

4.7.3.1 生产洁净化指标包括水污染物产生指标、大气污染物产生指标、固体废物产生指标、声环境产生指标，水污染物产生指标是污水装置入口的污水量和污染物种类、单排量或浓度；大气污染物产生指标是指废气处理装置入口的废气量和污染物种类、单排量或浓度；计算方法见附录 A.5。

4.7.3.2 工厂水污染物排放应满足表 1 要求。

表 1 合成氨工业水污染物排放限值

序号	污染物项目	限值		污染物排放监控位置
		直接排放	间接排放	
1	pH 值	6~9	6~9	企业废水总排放口
2	悬浮物/(mg/L)	30	50	
3	化学需氧量/(mg/L)	50	80	
4	氨氮/(mg/L)	15	25	
5	总氮/(mg/L)	25	35	
6	总磷/(mg/L)	0.5	0.5	
7	氰化物/(mg/L)	0.2	0.2	
8	挥发酚/(mg/L)	0.1	0.1	
9	硫化物/(mg/L)	0.5	0.5	
10	石油类/(mg/L)	3	3	
单位产品(氨)基准排水量/(m^3/t)		10		排水量计量位置与污染物排放监控位置相同

4.7.4 废物资源化

4.7.4.1 废物资源化指标包括合成氨单位产品主要原材料耗量、工业固体废物综合利用率等，计算方法见附录 A.6~A.8。

4.7.4.2 吨合成氨取水定额应满足表 2 的要求。

表 2 吨合成氨取水量定额指标

主要生产原料	吨合成氨取水量定额指标/(m^3/t)
天然气	≤7
无烟块煤(型煤)	≤7
烟煤(褐煤)	≤10

4.7.4.3 工厂煤灰、渣处置率及含贵金属废催化剂处置率应达 100%。

4.7.5 能源低碳化

4.7.5.1 能源低碳化指标包括合成氨单位产品综合能耗、合成氨单位产品碳排放量等，计算方法见附录 A. 9～A. 10。

4. 7. 5. 2　合成氨单位产品综合能耗应满足表 3 要求。

表 3　合成氨单位产品综合能耗

原料类型	合成氨单位产品综合能耗/(kg 标准煤/t)
优质无烟块煤	≤1150
非优质无烟块煤、型煤	≤1320
粉煤(包括无烟粉煤、烟煤)	≤1500
天然气	≤1050

5　评价程序

合成氨行业绿色工厂评价程序包括企业自评价和第三方评价，绿色工厂评价程序如图 2 所示。

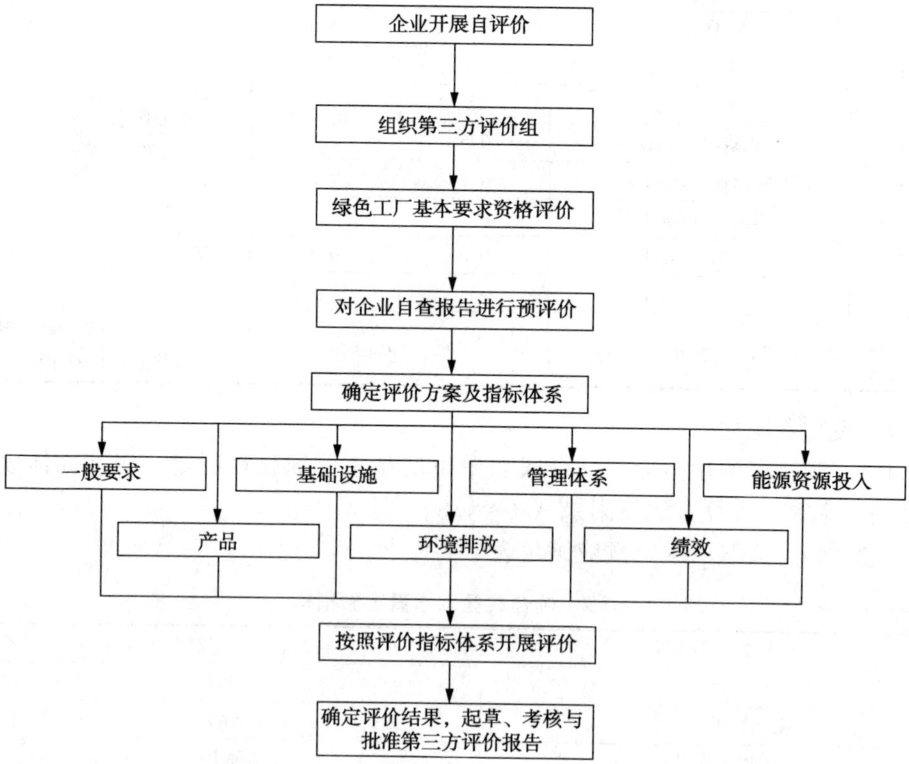

图 2　合成氨绿色工厂评价程序

开展合成氨行业绿色工厂评价的组织应查看报告文件、统计报表、原始记录，并根据实际情况开展对相关人员的座谈；采用实地调查、抽样核查等方式收集评价证据，并确保证据的完整性和准确性。当工厂满足评价要求即可判定为绿色工厂。

合成氨行业绿色工厂评价指标体系计分方法参见附录B，绿色工厂自评价及第三方评价报告内容参见附录C。

附 录 A
(规范性附录)
合成氨行业绿色工厂绩效指标的计算方法

A.1 容积率

容积率为工厂总建筑物(正负0标高以上的建筑面积)、构筑物面积与厂区用地面积的比值，按式(A.1)计算。

$$R=\frac{A_{ZJZW}+A_{ZGZW}}{A_{YD}} \tag{A.1}$$

式中 R——工厂容积率；

A_{ZJZW}——工厂总建筑物建筑面积的数值，单位为平方米(m^2)；

A_{ZGZW}——工厂总构筑物建筑面积的数值，单位为平方米(m^2)；

A_{YD}——工厂用地面积的数值，单位为平方米(m^2)。

A.2 建筑密度

建筑密度为工厂用地范围内各种建筑物、构筑物占(用)地面积总和(包括露天生产装置或设备、露天堆场及操作场地的用地面积)与厂区用地面积的比率，按式(A.2)计算。

$$r=\frac{a_{ZJZW}+a_{ZGWZ}}{A_{YD}}\times100\% \tag{A.2}$$

式中 r——工厂建筑密度；

a_{ZJZW}——工厂总建筑物占(用)地面积的数值，单位为平方米(m^2)；

a_{ZGZW}——工厂总构筑物占(用)地面积的数值，单位为平方米(m^2)；

A_{YD}——工厂用地面积，单位为平方米(m^2)。

A.3 单位用地面积产能

单位用地面积产能为工厂产能与厂区用地面积的比率，按式(A.3)计算。

$$n=\frac{N}{A_{YD}} \tag{A.3}$$

式中 n——单位用地面积产能的数值，单位为吨每公顷(t/hm^2)；

N——工厂总产能的数值，单位为吨(t)；

A_{YD}——工厂用地面积的数值，单位为公顷(hm^2)。

A.4 绿色物料使用率

绿色物料使用率按式(A.4)计算。

$$\varepsilon=\frac{G_i}{M_i}\times 100\% \tag{A.4}$$

式中 ε——绿色物料使用率；

G_i——统计期内绿色物料使用量的数值，单位视产品种类而定[绿色物料应选自省级以上政府相关部门发布的资源综合利用产品目录、有毒有害原料(产品)替代目录等，或利用再生资源及产业废弃物等作为原料；使用量根据物料台账测算]；

M_i——统计期内同类物料总使用量的数值，单位视产品种类而定。

A.5 单位产品主要污染物产生量

合成氨单位产品主要污染物产生量按照式(A.5)计算。

$$s_i=\frac{S_i}{Q} \tag{A.5}$$

式中 s_i——生产合成氨单位合格产品某种主要污染物产生量的数值，单位为 S_i 的单位每吨(S_i 的单位/i)；

S_i——统计期内某种主要污染物产生量的数值，单位视污染物品种而定；

Q——统计期内合格合成氨产品产量(以液态氨为最终计量状态)的数值，单位为吨(t)。

A.6 单位产品主要原材料消耗量

合成氨单位产品主要原材料消耗量按照式(A.6)计算。

$$m_i=\frac{M_i}{Q} \tag{A.6}$$

式中 m_i——生产合成氨单位合格产品某种主要原材料消耗量的数值，单位为 M_i 的单位每吨(M_i 的单位/i)；

M_i——统计期内某种主要原材料消耗量的数值，单位视原材料品种而定；

Q——统计期内合格合成氨产品产量(以液态氨为最终计量状态)的数值，单位为吨(t)。

A.7 工业固体废物综合利用率

工业固体废物综合利用率按照式(A.7)计算。

$$k_r = \frac{z_r}{z} \times 100\% \quad (A.7)$$

式中 k_r——工业固体废物综合利用率；

z_r——统计期内工业固体废物综合利用量的数值，单位为吨(t)；

Z——统计期内工业固体废物产生量的数值，单位为吨(t)。

A.8 废水回用率

废水回用率按照式(A.8)计算。

$$k_w = \frac{V_w}{V_d} \times 100\% \quad (A.8)$$

式中 k_w——废水回用率；

V_w——统计期内工厂对外排废水处理后的回用水量的数值，单位为立方米(m^3)；

V_d——统计期内工厂向外排放的废水量的数值，单位为立方米(m^3)。

A.9 单位产品综合能耗

合成氨单位产品综合能耗按照式(A.9)计算。

$$e = \frac{E}{Q} \times 1000 \quad (A.9)$$

式中 e——生产合成氨单位产品综合能耗的数值，单位为千克标准煤每吨(kgce/t)；

E——统计期内合成氨综合能耗的数值，单位为吨标准煤(tce)；

Q——统计期内合格合成氨产品产量(以液态氨为最终计量状态)的数值，单位为吨(t)。

A.10 单位产品碳排放量

合成氨单位产品碳排放量按照式(A.10)计算。

$$c_c = \frac{C}{Q} \quad (A.10)$$

式中 c_c——生产合成氨单位产品碳排放量的数值，单位为千克二氧化碳当量每吨($kgeCO_2/t$)；

C——统计期内工厂边界内二氧化碳当量排放量的数值，单位为千克二氧化碳当量($kgeCO_2$)；

Q——统计期内合格合成氨产品产量(以液态氨为最终计量状态)的数值，单位为吨(t)。

附　录　B

（资料性附录）

合成氨行业绿色工厂评价指标体系计分方法

合成氨行业绿色工厂评价指标计分方法见表 B.1。

表 B.1　合成氨行业绿色工厂评价指标体系计分方法

序号	一级指标	二级指标	必选/可选	评分标准	权重
0	基本要求	合规性要求	必选		一票否决
		管理职责要求	必选		
1	基础要求	建筑设施	必选	10	20%
		工艺及设施	必选	30	
		环保设施	必选	20	
		设备	必选	20	
		计量	必选	10	
		照明	必选	10	
		其他	可选	10	
2	管理体系要求	质量管理体系	必选	25	15%
		职业健康安全管理体系	必选	25	
		环境管理体系	必选	25	
		能源管理体系	必选	25	
		社会责任	可选	10	
3	能源与资源要求	能源要求	必选	30	15%
		资源要求	必选	30	
		采购	必选	10	
		回收利用	必选	15	
		最终使用	必选	15	
4	生产过程及产品要求	生产过程	必选	100	10%
		产品	可选	10	
5	环境要求	大气污染物	必选	25	15%
		水污染物	必选	25	
		固体废物	必选	25	
		噪声	必选	10	
		温室气体排放	必选	15	

续表

序号	一级指标	二级指标	必选/可选	评分标准	权重
6	绩效要求	用地集约化	必选	10	25%
		原料无害化	必选	20	
		生产洁净化	必选	20	
		废物资源化	必选	20	
		能源低碳化	必选	30	

附 录 C
(资料性附录)
绿色工厂自评价及第三方评价报告内容

C.1 绿色工厂自评价报告内容

《合成氨行业绿色工厂自评价报告》内容包括但不限于:

a) 工厂名称、地址、行业、法定代表人、简介等基本信息，发展现状、工业产业和生产经营情况;

b) 工厂在绿色发展方面开展的重点工作及取得成绩，下一步拟开展重点工作等;

c) 工厂的建筑、装置规模、工艺路线、主要耗能设备、计量设备、照明配置情况，以及相关标准执行情况;

d) 工厂各项管理体系建设情况;

e) 工厂能源投入、资源投入、采购等方面的现状，以及目前正实施的节约能源资源项目;

f) 工厂生产合成氨时的设计、能效、有害物质限制使用等情况;

g) 工厂主要污染物处理设备配置及运行情况，大气污染物、水体污染物、固体废物、噪声、温室气体的排放及管理等现状;

h) 依据工厂情况和绿色工厂评价要求开展绿色工厂自评价;

i) 其他支持证明材料。

C.2 绿色工厂第三方评价报告内容

《合成氨行业绿色工厂第三方评价报告》内容包括但不限于:

a) 绿色工厂评价的目的、范围及准则;

b) 绿色工厂评价过程，主要包括评价组织安排、文件评审情况、现场评估情况、核查报告编写及内部技术复核情况；

c）对申报工厂的基础设施、管理体系、能源资源投入、产品、环境排放、绩效等方面进行描述，并对工厂自评报告中的相关内容进行核实；

d）核实数据真实性、计算范围及计算方法，检查相关计量设备和有关标准的执行等情况；

e）对企业自评所出现的问题情况进行描述；

f）对申报工厂是否符合绿色工厂要求进行评价，说明各评价指标值及是否符合评价要求情况，描述主要创建做法及工作亮点等；

g）对持续创建绿色工厂的下一步工作提出建议；

h）评价支持材料。

16.5 海上油气田绿色工厂评价导则

前　言

本标准按照 GB/T 1.1—2009《标准化工作导则　第 1 部分：标准的结构和编写》给出的规则起草。

本标准由中国海洋石油集团有限公司节能标准化工作组提出并归口。

本标准起草单位：中海石油(中国)有限公司湛江分公司、中国海洋石油集团有限公司节能减排监测中心。

本标准主要起草人：邵智生、张立明、田宇、陈博、孙毅、李昱童、柳鹏。

本标准主审人：张俊峰。

海上油气田绿色工厂评价导则

1　范围

本标准提供了海上油气田绿色工厂评价的评价指标及要求。

本标准适用于海上油气田绿色工厂的评价。

2　规范性引用文件

下列文件对本文件的应用是必不可少的。凡是注日期的引用文件，仅注日期的版本适用于本文件。凡是不注日期的引用文件，其最新版本(包括所有的修改单)适用于本文件。

GB 3095　环境空气质量标准

GB 4914　海洋石油勘探开发污染物排放浓度限值

GB/T 7119　节水型企业评价导则

GB 8978　污水综合排放标准
GB 12348　工业企业厂界环境噪声排放标准
GB 13271　锅炉大气污染物排放标准
GB 16297　大气污染物综合排放标准
GB 17167　用能单位能源计量器具配备和管理通则
GB 18486　污水海洋处置工程污染控制标准
GB/T 19001　质量管理体系　要求
GB/T 20901　石油石化行业能源计量器具配备和管理要求
GB/T 23331　能源管理体系　要求
GB/T 24001　环境管理体系　要求及使用指南
GB/T 28001　职业健康安全管理体系　要求
GB/T 36132—2018　绿色工厂评价通则
GB 50034　建筑照明设计标准
Q/HS 13008　海上油气田工程设计节能技术规范
Q/HS 13011　海上油气田能源计量器具配备要求与统计分析方法
Q/HS 13021　海上油气田温室气体排放核算方法
Q/HS 13025　节能评价指标体系与评价方法
Q/HS 13033　楼宇节能设计和运行规范

3　术语和定义

下列术语和定义适用于本文件。

3.1

海上油气田绿色工厂　green factory in offshore oil and gas field

实现了用地集约化、原料无害化、生产洁净化、废物资源化、能源低碳化的海上油气田及陆上配套设施(包括陆地终端)。

4　基本要求

4.1　总则

海上油气田绿色工厂应保证海上油气开采以及生产过程中健康安全的前提下，优先选用绿色工艺、技术和设备，满足基础设施、管理体系、能源与资源投入、产品、环境排放、绩效等方面评价要求。

绿色工厂评价体系框架如图1所示。

4.2　评价体系框架

海上油气田绿色工厂评价体系分为一级指标和二级指标，一级指标包括基本要求、基础设施要求、管理体系要求、能源与资源投入要求、产品要求、环境排放要求和绩效要求七个方面；二级指标是一级指标的细化，并细化为要求和预期性要求，其中预期性要求为可选项。

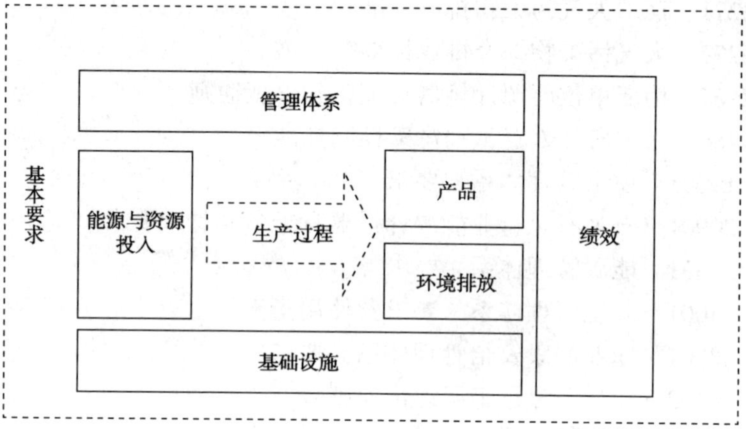

图1　海上油气田绿色工厂评价框图

4.3　评价方式

海上油气田绿色工厂评价采用定量评价和定性评价相结合的方式，以定量评价为主。定性评价主要侧重于应满足遵守的法律法规、节能环保、工艺技术、相关标准等方面要求；定量评价主要侧重于能够反映工厂层面的绿色特性指标，如单位油气生产综合能耗、单位液量生产综合能耗等量化指标。

5　评价指标及要求

5.1　基本要求

海上油气田绿色工厂评价基本要求为必选的一票否决项，包括基础合规性与相关方要求、基础管理职责（高管理者要求）和基础管理职责（工厂要求）三项二级指标。评价指标及要求见表1。

表1　海上油气田绿色工厂基本要求评价指标

一级指标	二级指标	要　求	要求类型
基本要求	基础合规性与相关方要求	应依法设立，在建设和生产过程中应遵守有关法律、法规、政策和标准	必选
		须依法取得安全生产许可证、排污许可证	必选
		近三年（含成立不足三年）无较大及以上安全、环保、质量等事故或事件	必选
		对利益相关方的环境要求做出承诺的，应同时满足有关承诺的要求	必选

续表

一级指标	二级指标	要　求	要求类型
基本要求	基础管理职责（最高管理者）	最高管理者在绿色工厂方面的领导作用和承诺满足GB/T 36132—2018中4.3.1a)的要求	必选
		最高管理者确保在工厂内部分配并沟通与绿色工厂相关角色的职责和权限，且满足GB/T 36132—2018中4.3.1b)的要求	必选
	基础管理职责（工厂）	应设有绿色工厂管理机构，负责有关绿色工厂的制度建设、实施、考核及奖励工作，建立目标责任制	必选
		应有开展绿色工厂的中长期规划及年度目标、指标和实施方案。可行时，指标应明确且可量化	必选
		应传播绿色制造的概念和知识，定期为员工提供绿色制造相关知识的教育、培训，并对教育和培训的结果进行考评	必选

5.2　基础设施要求

海上油气田绿色工厂评价基础设施要求包括基础设计、建筑、照明、通用设备、专用设备、计量设备和污染物处理设备共七项二级指标。评价指标及要求见表2。

表2　海上油气田绿色工厂基础设施评价指标

一级指标	二级指标	要　求	要求类型
基础设施要求	基础设计	工程设计应贯彻节约能源、合理高效利用能源、减少污染物排放的原则，降低能源消耗、提高经济效益	必选
		新建、改建和扩建时，应遵守国家或集团公司“固定资产投资项目节能评估审查制度”“三同时制度”“固定资产投资项目碳排放影响评估工作”等产业政策和有关要求	必选
		工程总体开发方案和基础设计应有节能篇，符合条件的新开发项目应有固定资产节能报告和碳排放评估报告，相关报告编制符合要求	必选
		工程总体开发方案应按照要求开展节能报告、环境影响评价、安全评价和职业卫生评价，相关报告应获得批复	必选
		工程设计应符合Q/HS 13008的要求，且应包含集团公司发布的《海上油气田节能推广应用目录》（参见附录A）中的节能技术的应用，如果未采用须说明原因	必选

续表

一级指标	二级指标	要求	要求类型
基础设施要求	基础设计	工程设计应采用能量利用合理、油气损耗低的先进油气处理工艺和设备，应采用先进适用的节能设备，严禁使用国家公布的淘汰产品	必选
		工艺路线应使用国内外先进、成熟的节能型、节水型、低污染排放工艺	必选
		在满足设计要求、保证安全的前提下可结合实际情况简化工艺流程，控制工艺设备的尺寸和重量，降低工艺能耗	必选
		不应采用国家明令淘汰的生产工艺	必选
		陆上建设项目应符合“工业项目建设用地控制指标”	可选
		应对化学药剂系统、泄放系统和火炬、开式排放和闭式排放系统、燃料系统、仪表风(公用风)系统、给排水和水处理系统、安全和消防系统的现状做出评价	可选
		实施滚动勘探开发的海上油气田，应根据实际情况制订措施使已投产设施的使用率保持在较高水平，或采取有效措施提高设备的开动率，降低设备空载运行时间	可选
	建筑	建筑应满足国家或地方相关法律法规及标准、规范的要求	必选
		建筑所属空气调节与通风系统应合理确定冷热源，在条件允许的情况下充分利用自然通风、平台高温介质余热回收制冷(热)空调技术等，减少空调系统能耗	必选
		陆上建筑设计时应从建筑材料、建筑结构、绿化及场地、再生资源等方面考虑建筑的节材、节地、节能、节水设计	必选
		陆上建筑应采用围护结构保温、隔热、遮阳等措施，在满足生产需要的前提下优化围护结构热工性能、外窗气密性等参数，降低建筑内部能耗	必选
		危险品仓库、有毒有害操作间、废弃物处理间等应独立设置	必选
		陆上办公建筑的设计与运行应符合 Q/HS 13033 的规定	可选
	照明	各场所或房间照明宜优先采用自然光	必选
		照明宜优先选用效率高、能耗低的节能型照明设备	必选
		公共场所照明应采取分区、分组和定时自动调光等措施	必选
		建筑照明功率密度、照度及照明标准值应符合 GB 50034 的规定	必选
	通用设备	应采用国家鼓励的设备，如《节能机电设备(产品)推荐目录》《“能效之星”产品目录》《通信行业节能技术指导目录》《国家重点推广的电机节能先进技术目录》等	必选

续表

一级指标	二级指标	要　　求	要求类型
基础设施要求	通用设备	应定期识别国家淘汰设备的目录，如发现需淘汰设备应制定明确的淘汰计划限期淘汰更新	必选
		通用设备或其系统的实际运行效率或主要运行参数应符合该设备经济运行的要求	必选
		应定期开展用能设备监测工作	必选
	专用设备	不应采用国家明令淘汰的设备，如《高耗能落后机电设备(产品)淘汰目录》	必选
		专用设备应符合产业准入要求	必选
		专用设备应重点管控，设有完善的设备台账、运行、维修(保养)记录等	必选
		专用设备应配置单独的能源、资源、环境排放计量器具，并且进行记录分析	必选
	计量设备	能源、资源、环境排放等计量器具能够实现分类、分级、分项考核的要求，对所有计量结果需建立完善的记录，并进行定期分析	必选
		能源、水及其他资源的计量器具配置及管理应符合 GB 17167、GB/T 20901、Q/HS 13011 的要求	必选
		能源及资源使用的类型不同时，应进行分类计量	必选
	污染物处理设备设施	建设过程中，污染物处理设备设施应与主体工程同时设计、同时施工、同时投入运行	必选
		应根据需要投入适宜的污染物处理设备	必选

5.3　管理体系要求

海上油气田绿色工厂评价管理体系要求包括一般要求、环境管理体系、能源管理体系、社会责任共四项二级指标。评价指标及要求见表 3。

表 3　海上油气田绿色工厂管理体系评价指标

一级指标	二级指标	要　　求	要求类型
管理及体系要求	一般要求	应依照集团公司或上级公司管理制度要求及自身规模、工艺特点等状况，建立、保持并持续改进基础管理制度，如能源计量和统计制度，制定装置、生产系统(设备)、主要辅助生活系统等用能、用水管理规程等	必选
		应严格执行基础管理制度或管理规程，有完整和规范的生产、能耗、环境排放数据记录，并按规定进行统计、计算，形成月度、季度、年度报表	必选
		应根据 GB/T 19001 建立质量管理体系，用于实现质量目标，并管理质量风险	必选
		质量管理体系应定期开展内审或外审工作并实施持续改进，保证管理系统正常运行	必选
		质量管理体系通过第三方认证	可选
		应根据 GB/T 28001 建立职业健康安全管理体系，用于制定和实施组织的职业健康安全方针，并管理职业健康安全风险	必选
		职业健康安全管理体系应定期开展内审或外审工作并实施持续改进，保证管理系统正常运行	必选
		职业健康安全管理体系通过第三方认证	可选
	环境管理体系	应根据 GB/T 24001 建立环境管理体系，用于制定和实施环境方针、目标和指标等管理方面的内容，并管理环境风险	必选
		环境管理体系应定期开展内审或外审工作并实施持续改进，保证管理系统正常运行	必选
		环境管理体系通过第三方认证	可选
	能源管理体系	应根据 GB/T 23331 建立能源管理体系，用于制定和实施能源方针、目标等管理方面内容	必选
		能源管理体系应定期开展内审或外审工作并实施持续改进，保证管理系统正常运行	必选
		能源管理体系通过第三方认证	可选
	社会责任	应定期发布社会责任报告，披露企业的社会承诺及完成情况，包括且不限于可持续发展战略、安全、环境保护等信息	可选

5.4　能源与资源投入要求

海上油气田绿色工厂评价能源与资源投入要求包括能源投入、资源投入和采购共三项二级指标。评价指标及要求见表4。

表4　海上油气田绿色工厂能源与资源投入指标

一级指标	二级指标	要　求	要求类型
能源与资源投入	能源投入	设计时应优先考虑清洁能源和可再生能源	必选
		应采取优先利用天然气(或伴生气)代替原油发电、区域电力组网，可行时，宜开展岸电、核电等先导研究，优化用能结构	必选
		可行时，加大风能、太阳能等可再生能源与资源的使用比例	可选
		应对钻井、采油、油气分离、油(气)脱水、油(气)加(换)热、油(气)增压、油气集输、海底管道、原油储存、注水等主要生产过程的设计、运行及效率做出评价	可选
		应对发电系统、供配电系统、暖通空调系统、给排水系统等主要辅助设施(系统)的设计、设备运行及效率等情况做出评价	可选
		应充分利用现有能源与资源，优化生产工艺减少放空天然气	必选
		应提高余热(余压)的利用，如锅炉、燃气透平等的烟气余热应回收利用	必选
		不应出现蒸汽、水等能源、资源的跑冒滴漏现象	必选
		宜加强管道保温保冷措施，降低热冷损失	必选
		应开展能耗在线监测系统建设	必选
	资源投入	应对投入的资源进行分类管控，严禁使用禁用物质	必选
		应采取必要措施，减少使用材料种类和数量；或提高材料利用率，减少废料的产生和排放	必选
		应优先选择对人体影响小、对环境友好、易于回收、可循环利用的材料	必选
		应按照GB/T 7119的要求管理水资源	必选
	采购	应确定并实施检验或其他必要的活动，以确保采购的产品满足规定的采购要求	必选
		必要时，海上油气田绿色工厂向供方提供的采购信息应包含有害物质使用、可回收材料使用、能效等环保要求。优先选用再生材料和再制造件	可选
		必要时，海上油气田绿色工厂优先选择通过环境管理体系认证或符合绿色供应链要求的供应商	可选

5.5 产品要求

海上油气田绿色工厂评价产品要求包括生态设计、有毒物质使用、节能、减碳、可回收利用率共五项二级指标。评价指标及要求见表5。

表5 海上油气田绿色工厂产品评价指标

一级指标	二级指标	要求	要求类型
产品	生态设计	在产品设计中引入生态设计的理念	必选
	有毒物质使用	应定期识别并统计产品(包括原料和辅料)中的有毒物质	必选
		工厂生产的产品(包括原料和辅料)应减少有害物质的使用，避免有害物质的泄漏，满足国家对产品中有害物质限制使用的要求	必选
		实现有害物质替代	可选
	节能	应定期统计、计算单位油气产量综合能耗、单位液量生产综合能耗	必选
		应定期对影响单位油气产量综合能耗、单位液量生产综合能耗指标的因素进行识别，采取措施降低能耗	必选
	减碳	采用适用的标准或规范对产品进行碳足迹核算或核查	可选
		利用核算或核查结果对其产品的碳足迹进行改善	可选
		宜开展碳捕集与封存(CCS)等先导研究，降低产品生产过程的碳排放	可选
	可回收利用率	应定期统计伴生气回收量	可选
		采取措施提高伴生气综合利用率	可选

5.6 环境排放要求

海上油气田绿色工厂评价环境排放要求包括大气污染物、水体污染物、固体污染物、噪声、温室气体共五项二级指标。评价指标及要求见表6。

表6 海上油气田绿色工厂环境排放评价指标

一级指标	二级指标	要求	要求类型
环境排放	大气污染物	大气污染物排放及排放量应符合 GB 3095、GB 13271、GB 16297 的要求，地方标准严于国家标准的则采用地方标准	必选
		应建立大气污染物排放台账，开展自行监测和监控，保存原始监测和监控记录	必选
		应制定并开展挥发性有机物(VOCs)的逸散测试及管理	必选

续表

一级指标	二级指标	要　求	要求类型
环境排放	水体污染物	水体污染物排放及排放量应符合 GB 4914、GB 8978、GB 18486 的要求，地方标准严于国家标准的则采用地方标准，或在满足要求的前提下委托具备相应能力和资质的处理厂进行处理，并满足区域内排放总量控制要求	必选
		应建立水体污染物排放台账，开展自行监测和监控，保存原始监测和监控记录	必选
	固体污染物	固体废物排放及排放量应符合 GB 4914 的要求，地方标准严于国家标准的则采用地方标准	必选
		固体废物应分类管理、按质处理	必选
		危险固体废物的处置应委托有相关资质的单位进行回收处理，且建立危险固体废物排放台账	必选
	噪声	噪声环境排放及排放量应符合 GB 12348 的要求	必选
		应定期开展自行监测和监控，保存原始监测和监控记录	必选
	温室气体	应按照 Q/HS 13021 开展温室气体排放核查工作	必选
		可行时，应利用核查结果对其温室气体的排放进行改善	可选

5.7 绩效要求

5.7.1 海上油气田绿色工厂评价绩效要求包括用地集约化、原料无害化、生产洁净化、废物资源化、能源低碳化共五项二级指标。评价指标及要求见表 7。

表 7 海上油气田绿色工厂绩效评价指标

一级指标	二级指标	要　求	要求类型
绩效	用地集约化	按照 GB/T 36132 附录 A 要求统计、计算容积率、单位用地面积产能（或产值）	必选
	原料无害化	按照 GB/T 36132 附录 A 要求识别、统计和计算工厂的绿色物料使用情况	必选
	生产洁净化	按照 GB/T 36132 附录 A 要求统计、计算单位产品主要污染物产生量（包括化学需氧量、氨氮、二氧化硫、氮氧化物等）、单位产品废水产生量	必选
	废物资源化	按照 GB/T 36132 附录 A 要求统计、计算单位产品主要原材料消耗量、工业固体废物综合利用率、废水处理回用率	必选
	能源低碳化	按照 GB/T 36132 附录 A 要求统计、计算单位油气生产综合能耗、单位液量生产综合能耗、伴生气综合利用率、单位产品碳排放量	必选
		节能评价指标及体系可按照 Q/HS 13025 开展	必选

5.7.2 海上油气田绿色工厂绩效指标为上一年度行业数据，来源于集团公司节能减排信息系统，细化为最优值、先进值和平均值三个级别：其中最优值为该指标同行业年度排序前5%的数值，先进值为该指标同行业年度排序前20%的数值，平均值为该指标同行业年度排序前50%的数值。海上油气田绿色工厂2017年部分绩效指标参见附录B的要求。

6 评价程序

6.1 海上油气田绿色工厂评价程序包括企业自评价和第三方评价，绿色工厂评价程序如图2所示。

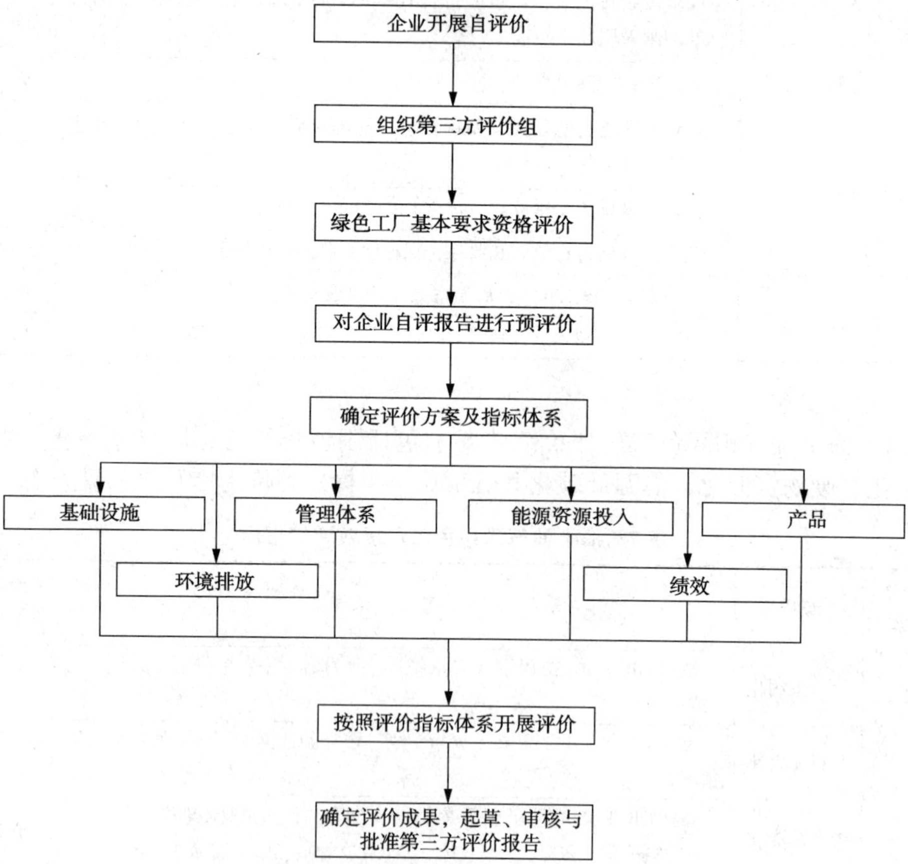

图2 海上油气田绿色工厂评价程序

6.2 海上油气田绿色工厂评价指标体系计分方法及合格标准参见附录C。

6.3 海上油气田绿色工厂自评价报告及第三方评价报告内容参见附录D。

附 录 A
(资料性附录)
海上油气田节能推广应用目录(第一批)

《海上油气田节能推广应用目录》(第一批)内容包括:

a) 透平机组余热回收技术;

b) 生产水余热回收技术;

c) 海上平台和陆地终端放空天然气回收利用技术;

d) 海上油气田电力组网技术;

e) 电潜泵“一对一”变频控制节能技术;

f) 烟气余热海水制淡技术;

g) 缸套水余热海水制淡技术;

h) 空调冷凝水和雨水收集技术。

附 录 B
(资料性附录)
海上油气田绿色工厂2017年度主要绩效指标参考值

海上油气田绿色工厂评价2017年度主要绩效指标参考值见表B.1。

表B.1 海上油气田绿色工厂2017年度主要绩效指标参考值

序号	指标名称	单位	参考值							
			渤海地区		东海地区		南海东部地区		南海西部地区	
			最优值	先进值	最优值	先进值	最优值	先进值	最优值	先进值
1	单位油气生产耗水量(油田)	千克/吨	12.62	20.00	20.30	—	11.30	14.90	15.90	20.00
2	单位油气生产综合能耗(油田)	千克标煤/吨	39.82	56.28	—	—	12.05	23.36	11.46	26.70
3	单位油气生产综合能耗(气田)	千克标煤/吨	55.25	55.25	71.6	75.7	30.61	30.61	45.96	76.74
4	单位液量综合能耗(油田)	千克标煤/吨	8.06	10.79	57.7	62.8	1.25	1.50	16.21	25.23
5	伴生气综合利用率(油田)	回收量百分比(%)	85.76	91.97	—	—	91.27	96.86	85.00	75.57

续表

序号	指标名称	单位	参考值							
			渤海地区		东海地区		南海东部地区		南海西部地区	
			最优值	先进值	最优值	先进值	最优值	先进值	最优值	先进值
6	单位产品碳排放量(油田)	吨二氧化碳当量/吨油气产量	0.0935	0.1336	—	—	0.0622	0.0740	0.1003	0.110
7	单位产品碳排放量(气田)	吨二氧化碳当量/吨油气产量	0.0608	0.0608	0.1247	—	0.1020	0.1020	0.3973	0.5968

附　录　C

(资料性附录)

海上油气田绿色工厂评价指标体系计分方法及合格标准

C.1　计分方法

海上油气田绿色工厂评价指标计分方法见表C.1。

表C.1　海上油气田绿色工厂评价指标体系计分方法

序号	一级指标	二级指标	评分标准	权重
0	基本要求	基础合规性与相关方要求	—	一票否决
		基础管理职责(最高管理者)	—	
		基础管理职责(工厂)	—	
1	基础设施要求	基础设计	25	20%
		建筑	10	
		照明	5	
		通用设备	15	
		专用设备	15	
		计量设备	15	
		污染物处理设备设施	15	
2	管理体系要求	一般要求	35	15%
		环境管理体系	30	
		能源管理体系	30	
		社会责任	5	

续表

序号	一级指标	二级指标	评分标准	权重
3	能源与资源投入要求	能源投入	30	15%
		资源投入	40	
		采购	30	
4	产品要求	生态设计	20	10%
		有害物质使用	15	
		节能	30	
		减碳	25	
		可回收利用率	10	
5	环境排放要求	大气污染物	25	10%
		水体污染物	25	
		固体污染物	10	
		噪声	10	
		温室气体	30	
6	绩效	用地集约化	10	30%
		原料无害化	10	
		生产洁净化	30	
		废物资源化	20	
		能源低碳化	30	

C.2 计分说明

海上油气田绿色工厂评价指标分的计分标准满分为100分，得分在90分以上(含90分)的企业达到绿色工厂评价要求。

附 录 D
(资料性附录)
海上油气田绿色工厂自评价及第三方评价报告内容

D.1 自评价报告

《海上油气田绿色工厂自评价报告》内容包括但不限于：

a) 工厂名称、地址、行业、法定代表人、简介等基本信息，发展现状、工业产业和生产经营情况；

b）工厂在绿色发展方面开展的重点工作及取得成绩，下一步拟开展重点工作等；

c）工厂的建筑、生产装置规模、工艺路线、主要耗能设备、计量设备、照明配置情况，以及相关标准执行情况；

d）工厂各项管理体系建设情况；

e）工厂能源投入、资源投入、采购等方面的现状，以及目前正实施的节约能源资源项目；

f）工厂油气开采时的设计、能效、有害物质限制使用等情况；

g）工厂主要污染物处理设备配置及运行情况，大气污染物、水污染物、固体废物、噪声、温室气体的排放及管理等现状；

h）依据工厂情况和开展绿色工厂自评价表；

i）其他支持证明材料。

D.2 第三方评价报告

《海上油气田绿色工厂第三方评价报告》内容包括但不限于：

a）绿色工厂评价的目的、范围及准则；

b）绿色工厂评价过程，主要包括评价组织安排、文件评审情况、现场评估情况、核查报告编写及内部技术复核情况；

c）对申报绿色工厂的海上油气田的基础设施、管理体系、能源资源投入、产品、环境排放、绩效等方面进行描述，并对工厂自评报告中的相关内容进行核实；

d）核实数据真实性、计算范围及计算方法，检查相关计量设备和有关标准的执行等情况；

e）对企业自评所出现的问题情况进行描述；

f）对海上油气田是否符合绿色工厂要求进行评价，说明各评价指标值及是否符合评价要求情况，描述主要创建做法及工作亮点等；

g）对持续创建绿色工厂的下一步工作提出建议；

h）评价支持材料。

16.6 温室气体排放管理术语

前　言

本标准按照 GB/T 1.1—2009《标准化工作导则 第 1 部分：标准的结构和编写》给出的规则起草。

本标准代替 Q/HS 13019—2013《温室气体减排术语》和 Q/HS 13020—2013

《温室气体减排单位、符号及换算》。本标准以 Q/HS 13019—2013 为主，整合了 Q/HS 13020—2013 的部分内容，与 Q/HS 13019—2013 相比，除编辑性修改外主要技术变化如下：

——修改了标准名称，将《温室气体减排术语》改为《温室气体排放管理术语》；

——修改了范围，将“温室气体减排”改为“温室气体排放管理”（见第 1 章，2013 年版的第 1 章）；

——修改了“逃逸排放”“温室气体汇”“排放因子”“全球变暖潜势”（见 2.13、2.20、2.30、2.32，2013 年版的 2.35、2.24、2.38、2.5）；

——修改了“温室气体”“温室气体排放”“直接温室气体排放”“燃烧排放”“固定燃烧排放”“移动燃烧排放”“火炬燃烧排放”“放空排放”“逃逸排放”“间接温室气体排放”“能源间接温室气体排放”“其他间接温室气体排放”“温室气体移除”“温室气体清单”“排放因子法”“活动数据”“排放因子”“全球变暖潜势”“二氧化碳当量”的术语和定义（见 2.1、2.5、2.6、2.7、2.8、2.9、2.10、2.12、2.13、2.15、2.16、2.19、2.21、2.25、2.28、2.29、2.30、2.32、2.33，2013 年版的 2.1、2.2、2.26、2.30、2.31、2.32、2.33、2.34、2.35、2.27、2.28、2.29、2.4、2.44、2.41、2.37、2.38、2.5、2.6）；

——增加了术语“排放单位”“核算边界”“过程排放”“购入的电力”“热力产生的排放”“输出的电力”“热力产生的排放”“甲烷回收利用”“二氧化碳回收利用”“温室气体库”“碳氧化率”“核查准则”“核查”“温室气体项目”“温室气体减排”“基准线情景”“油气行业气候倡议组织”“重点排放单位”“碳排放权”“碳排放权交易”“排放配额”“配额免费分配”“配额有偿分配”“监测计划”“配额清缴”“抵消机制”“中国核证自愿减排量”“碳普惠制”“碳普惠制核证自愿减排量”“碳资产”“碳资产管理”“碳资产托管”“碳金融”“碳远期合约”“碳期权合约”“碳期货合约”“碳掉期合约”“碳信贷”“碳基金”“碳债券”“碳保险”及其定义（见 2.2，2.3，2.11，2.17，2.18，2.22，2.23，2.24，2.31，2.36，2.37，2.38，2.39，2.40，2.41，3.1，3.2，3.3，3.4，3.5，3.6，3.7，3.8，3.9，3.10，3.11，3.12，3.13，3.14，3.15，3.16，3.17，3.18，3.19，3.20，3.21，3.22，3.23，3.24）；

——删除了术语温室气体排放相对强度、基准年、基准年排放、设施、组织、责任方、委托方、目标用户、直接温室气体源、燃烧排放源、固定燃烧排放源、移动燃烧排放源、火炬燃烧排放源、放空排放源、逸散排放源、废弃物处理排放源、间接温室气体源、关键排放源（吸收汇）、监测、温室气体排放声明、温室气体报告、不确定性、实质性偏差、基准年移动门槛及其定义（见 2013 年版的 2.3、2.7、2.8、2.9、2.10、2.11、2.12、2.13、2.15、2.16、2.17、2.18、2.19、2.20、2.21、2.22、2.23、2.25、2.42、2.43、2.45、2.46、2.47、2.49)；

——增加了温室气体排放管理单位、符号及换算部分内容(见附录 A，Q/HS 13020—2013)。

本标准由中国海洋石油集团有限公司节能标准化工作组提出并归口。

本标准起草单位：中国海洋石油集团有限公司节能减排监测中心、中海油研究总院有限责任公司、中海油能源发展股份有限公司安全环保分公司。

本标准主要起草人：张海滨、郑辉、王旭辉、张景奇、张海旭、牛黎明、安宝晶。

本标准主审人：张俊峰。

温室气体排放管理术语

1 范围

本标准界定了温室气体排放管理的常用术语。

本标准适用于温室气体排放管理。

2 温室气体排放核算

2.1 温室气体 greenhouse gas

大气层中自然存在的和由于人类活动产生的能够吸收和散发由地球表面、大气层和云层所产生的、波长在红外光谱内的辐射的气态成分。

注 1：如无特别说明，本标准中的温室气体包括二氧化碳(CO_2)、甲烷(CH_4)、氧化亚氮(N_2O)、氢氟碳化物(HFCs)、全氟碳化物(PFCs)、六氟化硫(SF_6)与三氟化氮(NF_3)。

注 2：温室气体排放管理单位、符号及换算参见附录 A。

2.2 排放单位 emission organization

具有温室气体排放行为的法人企业或视同法人的独立核算单位。

2.3 核算边界 accounting boundary

与排放单位的生产经营活动相关的温室气体排放的范围。

2.4 温室气体源 greenhouse gas source

向大气中排放温室气体的物理单元或过程。

2.5 温室气体排放 greenhouse gas emission

在特定时段内释放到大气中的温室气体总量(以质量单位计算)。

[GB/T 32150—2015，定义 3.6]

2.6 直接温室气体排放 direct greenhouse gas emission

排放单位实际拥有或控制的温室气体源所产生的温室气体排放。

2.7 燃料燃烧排放 fuel combustion emission

燃料在氧化燃烧过程中产生的温室气体排放。

[GB/T 32150—2015，定义 3.7]

2.8 固定燃烧排放 stationary combustion emission

固定设施燃烧燃料获得能量过程中产生的温室气体排放。

2.9 移动燃烧排放 mobile combustion emission

移动设施燃烧燃料产生的温室气体排放。

2.10 火炬系统燃烧排放 flaring emission

出于安全、环保等目的将可燃气在排放前进行燃烧处理而产生的温室气体排放。

2.11 过程排放 process emission

在生产、废弃物处理处置等过程中除燃料燃烧之外的物理或化学变化造成的温室气体排放。

[GB/T 32150—2015，定义 3.8]

2.12 放空排放 venting emission

生产过程中除燃料燃烧和火炬排放之外，因工艺或安全要求有意释放到大气中的废气流携带的温室气体排放。

2.13 逃逸排放 fugitive emission

非有意的、由于设备本身泄漏引起的无组织排放。

2.14 废弃物处理排放 waste management emission

各类工业和生活污水、垃圾等废弃物处理过程中产生的温室气体排放。

2.15 间接温室气体排放 indirect greenhouse gas emission

因排放单位的活动引起的，由其他排放单位拥有或控制的温室气体源所产生的温室气体排放。

注：间接温室气体排放包括能源间接温室气体排放和其他间接温室气体排放。

2.16 能源间接温室气体排放 energy indirect greenhouse gas emission

排放单位因自身活动需要而从其他排放单位引入的电、热、冷在其生产过程中产生的温室气体排放。

2.17 购入的电力、热力产生的排放 emission from purchased electricity and heat

企业消费的购入电力、热力所对应的电力、热力生产环节产生的二氧化碳排放。

注：热力包括蒸汽、热水。

[GB/T 32150—2015，定义 3.9]

2.18 输出的电力、热力产生的排放 emission from exported electricity and heat

企业输出的电力、热力所对应的电力、热力生产环节产生的二氧化碳排放。

[GB/T 32150—2015，定义 3.10]

2.19 其他间接温室气体排放 other indirect greenhouse gas emission

除能源间接温室气体排放外，因排放单位的活动引起的，由其他排放单位拥有或控制的温室气体源所产生的温室气体排放。

2.20 温室气体汇 greenhouse gas sink

从大气中移除温室气体的物理单元或过程。

2.21 温室气体移除 greenhouse gas removal

在特定时段内从大气中移除的温室气体总量(以质量单位计算)。

2.22 甲烷回收利用 methane recycle

排放单位从工艺放空废气流中回收甲烷，作为燃料自用或净化处理后利用。

2.23 二氧化碳回收利用 carbon dioxide recycle

由排放单位产生的二氧化碳，被回收作为生产原料自用或作为产品外供给其他单位从而免于排放到大气中。

2.24 温室气体库 greenhouse gas reservoir

生物圈、岩石圈或水圈中的物理单元或组成部分，它们有能力储存或收集温室气体汇从大气中移除的温室气体，或者直接从温室气体源捕获温室气体。

注：温室气体捕获和贮存是指在温室气体进入大气层以前从温室气体源将其收集，并将收集的温室气体贮存到温室气体库。

2.25 温室气体清单 greenhouse gas inventory

工业企业拥有或控制的温室气体源以及温室气体排放量组成的清单。

[GB/T 32150—2015，定义 3.11]

2.26 实测法 measurement method

通过相关仪器设备对排放的气体体积和组成等进行连续的或周期性的测量得到温室气体排放的方法。

2.27 物料平衡法 material balancing method

利用原材料(燃料)中温室气体相关元素在变化前后的平衡关系来计算温室气体排放的方法。

2.28 排放因子法 emission factor method

使用温室气体排放因子(见 2.30)计算温室气体排放的方法。

2.29 活动数据 activity data

导致温室气体排放的生产或消费活动量的表征值。

注：如各种化石燃料的消耗量、原材料的使用量、购入的电量、购入的热量等。

[GB/T 32150—2015，定义 3.12]

2.30 排放因子 emission factor

表征单位生产或消费活动量的温室气体排放的系数。

[GB/T 32150—2015，定义 3.13]

2.31 碳氧化率 carbon oxidation rate

燃料中的碳在燃烧过程中被完全氧化的百分比。

[GB/T 32150—2015，定义 3.14]

2.32 全球变暖潜势 global warming potential；GWP

将单位质量的某种温室气体在给定时间段内辐射强度的影响与等量二氧化碳辐射强度影响相关联的系数。

[GB/T 32150—2015，定义 3.15]

2.33 二氧化碳当量 carbon dioxide equivalent(CO_2e)

在辐射强度上与某种温室气体质量相当的二氧化碳的量。

注：二氧化碳当量等于给定温室气体的质量乘以它的全球变暖潜势值。

[GB/T 32150—2015，定义 3.16]

2.34 排除门槛 exclusion threshold

用来界定温室气体排放是否需要进行量化的定性或定量的标准。

2.35 实质性门槛 material threshold

用来界定误差、遗漏或错误是否构成实质性的定性或定量的标准。

2.36 核查准则 verification criteria

在对证据进行比较时作为参照的方针、程序或要求。

2.37 核查 verification

根据约定的核查准则对温室气体排放进行系统的、独立的评价，并形成文件的过程。

2.38 温室气体项目 greenhouse gas project

改变基准线情景(见 2.40)中的状况，实现温室气体减排(见 2.39)的一个或多个活动。

2.39 温室气体减排 greenhouse gas emission reduction

经计算得到的项目所产生的温室气体排放与基准线情景(见 2.40)的排放量相比较的减少量。

2.40 基准线情景 baseline scenario

用来提供参照的，如果不实施温室气体项目时最有可能发生的假定情景。

注：基准线情景的发生时间段和温室气体项目同步。

2.41　油气行业气候倡议组织　Oil and Gas Climate Initiative(OGCI)

自愿倡议组织，旨在通过油气公司共同努力，为全球经济发展提供更多清洁能源，同时减少温室气体排放，在国际社会上树立油气行业绿色低碳发展形象。

注：成员包括英国石油公司，雪佛龙公司，中国石油，意大利埃尼集团，挪威国家石油公司，埃克森美孚公司，西方石油公司，墨西哥国家石油公司，巴西国家石油公司，西班牙雷普索尔公司，荷兰皇家壳牌集团，道达尔公司。

3　碳排放权交易

3.1　重点排放单位　key emission organization

满足国务院碳交易主管部门公布或者批准的纳入碳排放权交易标准的排放单位。

3.2　碳排放权　carbon emission right

依法取得的向大气排放温室气体的权利。

3.3　碳排放权交易　carbon emission right trade

温室气体排放总量控制下的碳排放权交易机制。

注：根据《全国碳排放权交易市场建设方案(发电行业)》(发改气候规〔2017〕2191号)，初期交易产品为配额(见3.4)现货，条件成熟后增加符合交易规则的国家核证自愿减排量(见3.10)及其他交易产品。

3.4　排放配额　emission allowance

政府分配的碳排放权的凭证和载体。一个配额代表持有的重点排放单位被允许向大气中排放1t二氧化碳当量的温室气体的权利。

3.5　配额免费分配　free allocation of emission allowance

政府将排放配额按照一定的方法无偿分配给重点排放单位。免费分配方法包括历史排放总量法、历史排放强度法、基准线法等。

3.6　配额有偿分配　paid allocation of emission allowance

政府将排放配额按照一定的方法有偿分配给重点排放单位。有偿分配方法包括固定价格出售、拍卖等。

3.7　监测计划　monitoring plan

连续性的或周期性的获取核算温室气体排放有关的数据或其他信息的工作计划，以规范重点排放单位自身的温室气体排放核算活动。

3.8　配额清缴　emission allowance submission

重点排放单位每年向所在省、自治区、直辖市、计划单列市、新疆生产建设兵团的省级碳交易主管部门提交与其当年实际碳排放量相等的排放配额的过程。

3.9 抵消机制 offset mechanism

重点排放单位使用符合要求的国家核证自愿减排量、碳普惠制核证自愿减排量等抵消其部分排放量的机制。

3.10 中国核证自愿减排量 China certified emission reduction(CCER)

国务院碳交易主管部门依据相关规定备案并在国家注册登记系统中登记的温室气体自愿减排量。

3.11 碳普惠制 carbon puhui

运用相关市场机制，通过社会广泛参与促使减少温室气体排放及增加碳汇行为的制度，包含碳普惠行为的确定、碳普惠行为产生减排量的量化及获益等环节。

3.12 碳普惠制核证自愿减排量 carbon puhui certified emission reduction(PHCER)

纳入碳普惠制试点地区的相关企业或个人自愿参与实施的减少温室气体排放和增加绿色碳汇等低碳行为所产生的核证自愿减排量。

3.13 碳资产 carbon asset

由企业拥有或控制，以二氧化碳当量来计量的具有流动性、储存性和交易价值属性的资产，包括排放配额、核证自愿减排量及其衍生品等。

3.14 碳资产管理 carbon assets management

通过对碳资产进行主动管理，实现企业效益及社会价值最大化、损失最小化的行为，分为碳资产项目开发管理、配额管理、碳交易管理、履约管理等。

3.15 碳资产托管 carbon assets trusteeship

将碳资产委托给专业机构进行管理，并获得收益(包括固定收益或者浮动收益)，以达到碳资产保值增值的目的，而不需要直接参与碳市场交易的服务。

3.16 碳金融 carbon finance

为满足低碳发展需求利用、优化和创建金融工具进行碳资产配置的活动。

3.17 碳远期合约 carbon forward contract

交易双方约定在未来的某一确定时间，以确定的价格买卖一定数量的碳资产的合约。

3.18 碳期权合约 carbon options contract

交易双方约定在特定时间内以特定价格买卖一定数量碳资产的权利的标准化合约。合约买入者或持有者以支付期权费的方式拥有权利；合约卖出者或立权者收取期权费，在买入者希望行权时，必须履行义务。

3.19 碳期货合约 carbon futures contract

由期货交易所统一制定的、规定在将来某一特定的时间和地点交割一定数量碳资产的标准化合约。

3.20　碳掉期合约　carbon swap contract

即期对远期的碳资产交易合约，当事人买进或卖出某种即期碳资产的同时，卖出或买入远期碳资产。

3.21　碳信贷　carbon credit

银行向申请人提供的以申请人拥有的碳资产作为质押的授信业务。银行将根据企业所持有的碳资产数量，结合所处碳排放权交易市场运行情况、政府监督管理机制、价格走势等，为企业核定碳资产质押额度，为企业提供融资服务。

3.22　碳基金　carbon fund

由政府、金融机构、企业或个人投资设立的，通过在全球范围购买核证自愿减排量，投资于温室气体减排项目或低碳发展相关活动，从而获取回报的投资工具。

3.23　碳债券　carbon bond

企业为筹集低碳项目资金而向投资者发行的、承诺在一定时期支付利息和到期还本的债务凭证，其核心特点是将低碳项目产生的碳资产收入与债券利率水平挂钩。

3.24　碳保险　carbon insurance

碳信用交付担保保险，由于各种原因造成企业无法获得碳排放权，保险公司将提供投保人预期获得的碳排放权或等值的赔偿。

附录 A
(资料性附录)
温室气体排放管理单位、符号及换算

A.1　长度单位、符号及换算

A.1.1　长度的国际单位为米(m)。长度的符号标示为 $L(l)$。

注：圆括号中的符号表示与前面的符号可以通用。下同。

A.1.2 长度的其他单位及其与国际单位之间的换算见表 A.1。

表 A.1　长度单位及换算表

其他单位	换　算	其他单位	换　算
英寸(in)	1in = 0.0254m(准确值)	英里(mile)	1mile = 1609.344m(准确值)
英尺(ft)	1ft = 0.3048m(准确值)	公里(km)	1km = 1000m(准确值)
码(yard)	1yard = 0.9144m(准确值)		

注：换算栏里的数值如果是准确的，则在数值后用括号加注“准确值”字样。下同。

A.2 质量单位、符号及换算

A.2.1 质量的国际单位为千克(kg)。质量的符号标示为 m。

A.2.2 质量的其他单位及其与国际单位之间的换算见表 A.2。

表 A.2 质量单位及换算表

其他单位	换 算	其他单位	换 算
磅(lb)	1lb=0.45359237kg(准确值)	吨(t)	1t=1000kg(准确值)
英吨(ton)	1ton(英国)=1016.047kg 1ton(美国)=907.1847kg	克(g)	1g=0.001kg(准确值)

A.3 时间单位、符号及换算

A.3.1 时间的国际单位为秒(s)。时间的符号标示为 t。

A.3.2 时间的其他单位及其与国际单位之间的换算见表 A.3。

表 A.3 时间单位及换算表

其他单位	换 算	其他单位	换 算
分(min)	1min=60s(准确值)	日(天)(d)	1d=86400s(准确值)
[小]时(h)	1h=3600s(准确值)		

注：方括号中的字，在不引起混淆、误解的情况下，可以省略。去掉方括号中的字即为其名称的简称。下同。

A.4 温度单位、符号及换算

A.4.1 热力学温度的国际单位为开[尔文](K)。热力学温度的符号标示为 T。

A.4.2 摄氏温度的国际单位为摄氏度(℃)。摄氏温度的符号标示为 t。

A.4.3 温度的其他单位及其与国际单位之间的换算见表 A.4。

表 A.4 温度单位及换算表

其他单位	换 算
摄氏度(℃)	摄氏度=热力学温度-273.15
华氏度(℉)	华氏度=1.8×摄氏温度+32=1.8×(热力学温度-273.15)+32
兰金温度(°R)	兰金温度=华氏度+459.7

A.5 物质的量单位、符号及换算

A.5.1 物质的量的国际单位为摩[尔](mol)。物质的量的符号标示为 n。

A.5.2 标准状态下(1atm，0℃)，1 摩尔气体的体积为 22.4L。

A.6 体积单位、符号及换算

A.6.1 体积的国际单位为立方米(m^3)。体积的符号标示为 V。

A. 6. 2　体积的其他单位及其与国际单位之间的换算见表 A. 5。

表 A. 5　体积单位及换算表

其他单位	换　算
升(L)	$1L=0.001m^3$(准确值)
立方英尺(ft^3)	$1ft^3=0.02831685m^3$(准确值)
立方英寸(in^3)	$1in^3=1.6387064\times10^{-5}m^3$(准确值)
英加仑(gal)(英)	1gal(英)$=4.546092\times10^{-3}m^3$(准确值)
美加仑(gal)(美)	1gal(美)$=3.785412\times10^{-3}m^3$
桶(bbl)	$1bbl=0.1589873m^3$

A. 7　密度单位、符号及换算

A. 7. 1　密度的国际单位为千克/立方米(kg/m^3)。密度的符号标示为 ρ。
A. 7. 2　密度的其他单位及其与国际单位之间的换算见表 A. 6。

表 A. 6　密度单位及换算表

其他单位	换　算
吨/立方米(t/m^3)	$1t/m^3=1\times10^3kg/m^3$
克/立方厘米(g/cm^3)	$1g/cm^3=1\times10^3kg/m^3$
千克/升(kg/L)	$1kg/L=1\times10^3kg/m^3$
磅/立方英尺(lb/ft^3)	$1lb/ft^3=16.01846kg/m^3$

A. 8　功率单位、符号及换算

A. 8. 1　功率的国际单位为瓦特(W)。功率的符号标示为 P。
A. 8. 2　功率的其他单位及其与国际单位之间的换算见表 A. 7。

表 A. 7　功率单位及换算表

其他单位	换　算
焦耳/秒(J/s)	1J/s=1W(准确值)
千克力米/秒(kgf · m/s)	1kgf · m/s=9. 80665W(准确值)
马力(hp)	1hp=745. 6999W
米制马力	1 米制马力=735. 49875W(准确值)

A. 9　能量单位、符号及换算

A. 9. 1　能量的国际单位为焦耳(J)。能量的符号标示为 E。

A. 9. 2 能量的其他单位及其与国际单位之间的换算见表 A. 8。

表 A. 8 能量单位及换算表

其他单位	换 算
牛顿·米(N·m)	1N·m=1J(准确值)
(20℃)卡	1(20℃)卡=4. 1816J
国际蒸汽表卡	1 国际蒸汽表卡=4. 1868J
热化学卡	1 热化学卡=4. 1840J(准确值)
瓦特·秒(W·s)	1W·s=1J(准确值)
千克力米(kgf·m)	1kgf·m=9. 80665J(准确值)
马力时(hp·h)	1hp·h=2. 68452×10^6J
千瓦时(kW·h)	1kW·h=3. 6×10^6J(准确值)
英热单位(Btu)	1Btu=1055. 056J
英尺磅力(ft·lbf)	1ft·lbf=1. 355818J

A. 10 压强单位、符号及换算

A. 10. 1 压强的国际单位为帕斯卡(Pa)。压强的符号标示为 p。

A. 10. 2 压强的其他单位及其与国际单位之间的换算见表 A. 9。

表 A. 9 压强单位及换算表

其他单位	换 算
牛顿/平方米(N/m^2)	1N/m^2=1Pa(准确值)
巴(bar)	1bar=1×10^5Pa(准确值)
标准大气压(atm)	1atm=101325Pa(准确值)
千克力/平方米(kgf/m^2)	1kgf/m^2=9. 80665Pa(准确值)
磅/平方英尺(psi)	1psi=6894. 757Pa
毫米汞柱(mmHg)	1mmHg=133. 3224Pa
毫米水柱(mmH_2O)	1mmH_2O=9. 80665Pa(准确值)

A. 11 单位前缀及换算

有些特定的前缀或符号在单位前面表示特定的含义，本标准中全部用 10 进制表示。见表 A. 10。

表 A.10　单位前缀及换算表

单位前缀	换算因子	单位前缀	换算因子
尧[它](Y)	10^{24}	分(d)	10^{-1}
泽[它](Z)	10^{21}	厘(c)	10^{-2}
艾[可萨](E)	10^{18}	毫(m)	10^{-3}
排[它](P)	10^{15}	微(μ)	10^{-6}
太[拉](T)	10^{12}	纳[诺](n)	10^{-9}
吉[咖](G)	10^{9}	皮[可](p)	10^{-12}
兆(M)	10^{6}	飞[母托](f)	10^{-15}
千(k)	10^{3}	阿[托](a)	10^{-18}
百(h)	10^{2}	仄[普托](z)	10^{-21}
十(da)	10	幺[科托](y)	10^{-24}

参　考　文　献

[1] GB/T 32150 工业企业温室气体排放核算和报告通则
[2] ISO 14064—1: 2006　Greenhouse gases —— Part 1: Specification with guidance at the organization level for quantification and reporting of greenhouse gas emissions and removals
[3] ISO 14064—2: 2006　Greenhouse gases —— Part 2: Specification with guidance at the project level for quantification, monitoring and reporting of greenhouse gas emission reductions or removal enhancements
[4] ISO 14064—3: 2006　Greenhouse gases —— Part 3: Specification with guidance for the validation and verification of greenhouse gas assertions
[5] 温室气体议定书——企业核算与报告准则　世界资源研究所
[6] 全国碳排放权交易市场建设方案(发电行业)　中华人民共和国国家发展和改革委员会
[7] 碳排放权交易管理暂行办法　中华人民共和国国家发展和改革委员会
[8] 广东省发展改革委关于碳普惠制核证减排量管理的暂行办法　广东省发展和改革委员会
[9] 2013 中国碳金融展望　英大传媒研究院

索　　引

汉语拼音索引

英文对应词索引

D

E

F

G

I

K

M

下　篇

1 海上油气田节能技术及案例

1.1 海上油田放空气回收

油田伴生气放空的情况在海上油气田普遍存在，造成伴生气放空的原因较多，总结来看主要有以下几种：①放空气量小，开展回收工作在技术上受到很大的限制。②经济性较差，由于海上生产条件的特殊性，设施投资很高，因此投资回收期长。③气体含硫量较高，不符合设备的燃烧条件。随着国家节能环保形势越来越严峻，海上油气田在放空气回收方面做了大量的工作，不断突破技术及生产条件限制，大量放空气实现了就地使用及外输。就地使用针对生产设施进行小幅调整并直接将放空气用作燃料，在生产设施不具备调整的情况下也可通过增上小型燃气装置的方式实现回收；外输则考虑通过原输气管道或油气混输的方式输送到陆地集中处理，投资低、风险小。

同时放空气回收专有技术也在不断地发展，越来越多的放空气回收技术在国内外油气田得到了应用。除上述方式外，目前较成熟的放空气回收专有技术还有以下几种：

伴生气回注：是指将伴生气通过进行除液、增压后用作气举气(保证生产)和注气(维持油藏压力)等使用。伴生气回注属于成熟技术，其必要前提是要有大量且稳定的气源，同时向油藏回注的伴生气压力较高，因此回注必须增设压缩系统，而且压缩能耗较高，所以天然气回注的成本也较大，其主要关键设备是注气高压压缩机、注气涤气罐、注气调储罐等。

天然气凝液回收技术：是指将天然气中相对甲烷或乙烷更重的组分以液态形式回收的过程。回收天然气中的轻烃有两个主要目的，一是控制天然气中烃露点以达到商品天然气质量指标，防止管路中气液两相流的出现；二是从天然气中回收下来的轻烃可作为燃料和化工原料，带来更大的经济效益和社会效益。

放空气回收技术不断发展，越来越多的新技术实现突破，但相对以上专用技术，就地使用及外输仍然是放空气的最佳回收方式，投资及风险均相对较低。具体采用何种方式进行放空气回收需根据实际条件进行分析、判断，选择合理的回收方式，实现回收量最大化、风险最低化。

1.1.1 秦皇岛 32-6 油田天然气利用

(1) 项目实施背景

秦皇岛 32-6 油田(以下简称“QHD32-6”)位于渤海湾中北部，该油田包括一条总长 287.4m、型宽 51m、满载 16.06 万 t 的浮式生产储油装置(QHD32-6FPSO，也叫“渤海世纪号”)，6 座井口平台以及 QHD33-1 生产平台。生产原油通过井口平台经由海底管线输送至 FPSO 上处理、存储、外输。QHD32-6 投产后伴生气(天然)量较大且稳定，项目实施前产气量约 4283 万 m^3/a，天然气用户只有热介质锅炉燃耗量约 699.3 万 m^3/a，近 84%的富余天然气进入火炬系统燃烧排放，每年浪费能量高达 1.80×10^8 MJ，同时向大气中排放了大量的 CO_2 和 NO_x 等。一方面大量的优质、清洁能源(天然气)被白白送入火炬系统燃烧排放，另一方面大量自产原油被送入电站系统，用于发电。

(2) 项目实施内容

QHD32-6 天然气利用项目对 QHD32-6FPSO 原有电站系统进行改造，利用油田富余的伴生气，增加 1 台 7.5MW 的天然气透平发电机组，同时充分利用透平排放高温烟气的热量增加一台 6.8MW 的余热回收装置。

(3) 项目实施效果

QHD32-6 天然气利用项目投产后，FPSO 主电站工作制度由原来的正常四用一备，外输时五台发电机组同时启动，改为正常四用两备(两台原油发电机组备用)，外输时五用一备，新增透平发电机组后延长了原油发电机组维护保养时间，使电站的稳定性和安全性大大加强。

QHD32-6 天然气利用项目可实现节能量为 12303t 标煤，其中原油节能量为 8916m^3，折标煤 12184t，柴油节能量为 95.6m^3，折标煤 119t。经计算，该项目实施后年可减少 CO_2 排放 26397.8t。

1.1.2 曹妃甸 FPSO 天然气综合利用

(1) 项目实施背景

随着曹妃甸油田开发的深入，对电力负荷需求逐步增加，预计整个油田用电从 2010 年开始进入高峰期，连续用电高峰值为 25MW，间断用电高峰值约为 30.5MW(外输时)，而改造前曹妃甸 FPSO 上设置有 5 台 MAN B&W 原油/柴油发电机组，单台额定功率 7.5MW，实际功率最大 7.2MW，为满足平台电力负荷，FPSO 上已经没有备用机，5 台原油/柴油发电机同时工作且均维持在较高的负荷率(80%以上)，使得设备故障率居高不下，设备维修以及随之产生的电力短缺给平台生产造成了很大影响。

另一方面，曹妃甸作业公司实际生产数据显示，油田的产气量已经超出了ODP的产量预测，改造前小部分油田伴生气为FPSO上的三台热介质锅炉提供燃料，大部分天然气通过火炬烧掉。如果利用多余的天然气发电，既解决了FPSO的电力供应安全性的问题，又顺应国家节能减排的要求。因此曹妃甸作业公司最终选择了在FPSO上增加一套双燃料(柴油/天然气)透平发电机组。

(2) 项目实施内容

项目实施改造的内容包括：在海洋石油112 FPSO上增加一套燃气/柴油双燃料透平发电机，同时增加相应的燃料气压缩增压系统。新增双燃料燃气透平发电机功率约15MW，满负荷时燃气耗量约3.9MMSCFD(百万标准立方英尺)，折合4353.57Nm^3/h，柴油耗量约4.5m^3/h，燃气入口压力要求为3~3.35MPag左右。燃气透平发电机橇主要包含气体透平、齿轮箱、发电机、启动系统、燃气系统、燃油系统、润滑油系统、turbotronic控制系统、发电机控制/监控系统、空气吸入系统、排烟系统、消防系统、橇装罩壳以及吊装维修设备等。其中，润滑油冷却器、燃气过滤器、燃油增压过滤器橇、消防设备、冲洗小车、启动电池、控制盘、充电器等均安装在橇外。

曹妃甸油田在新增15MW双燃料燃气透平发电机组后，油田原有的1台原油发电机可停止运行，原油发电机的运行方式为4用1备，且单台机组负荷率不超过70%，整个油田电力供应的可调裕度大大提高。

(3) 项目实施效果

项目实施后，曹妃甸油田所产物流输送至海洋石油112 FPSO进行处理，物流经过气液分离器后所分离出的气体有三股流向：一部分伴生气经过处理进入热介质锅炉燃烧；一部分伴生气经过燃气压缩机压缩处理、电伴热加热处理、燃气稳压罐稳定压力后进入燃气透平燃烧，进入燃气透平前温度为75℃，压力约为3.2MPa；剩余的伴生气进入火炬放空系统燃烧放空。该项目利用平台伴生气作为燃料，减少了原油消耗和温室气体的排放，提高了油田用电安全性。经计算，该节能项目投用可实现节约原油9449.44t，折合13499.47t标煤，同时有效利用了平台伴生气，减少了能源浪费，年减少温室气体排放28539.22tCO_2，具有显著的节能环保效果。

1.1.3 蓬莱油田FPSO低压气综合利用

(1) 项目实施背景

蓬莱油田随着后期的不断开发开采，地层次生硫化氢含量逐步升高，天然气中硫化氢含量较高，根据油藏硫化氢含量预测仍有上升趋势，对现场的正常生产、设备设施及人员的安全均带来较大的影响，尤其是对渤西南天然气管网的外输气品质影响尤为突出。

为有效降低天然气中硫化氢含量，蓬莱油田一直通过在 FPSO“蓬勃号”上添加脱硫剂用以控制硫化氢浓度，但天然气脱硫效果不是很理想，低压压缩机长期无法运行，大量天然气直接放空，浪费资源的同时给环境造成了很大影响，为此蓬勃作业公司通过大量的分析、评估及现场调研，最终于 2014 年 7 月实施了脱硫剂的分系列注入，使天然气脱硫效果满足了工艺要求，回收了伴生气，节约了能源，同时减少了温室气体排放。

(2) 项目实施内容

蓬莱油田 FPSO 低压气综合利用项目总投资 226.3 万元人民币，改造的主要内容包括增加脱硫剂混合器，更改脱硫剂进入伴生气系统工艺流程等。

项目实施前，蓬莱油田 FPSO 天然气处理工艺流程简图见图 1.1.3-1。

项目实施前，蓬莱油田所产物流输送到“蓬勃号”FPSO 上，分 Train-1、Train-2 两个系列进行处理，两个系列互为备用，一用一备，脱硫剂加注在一级分离器气相出口，此脱硫剂注入流程基本处理全油田所有天然气中硫化氢(少量中低压气除外)，将天然气中的硫化氢含量降到 50~100μL/L。经 Train-1/2 一级处理后的伴生气进入高压伴生气压缩机，经 Train-1/2 二级处理后的伴生气依次进入中压、高压伴生气压缩机，并最终供给油田耗能设备使用，剩余部分外输。由于脱硫剂脱硫效果不佳，Train-1/2 三级分离器分出的低压气相天然气按照正常流程进入中压、高压压缩机将使得经过处理后的伴生气含硫量不满足透平自用及外输要求，因此三级分离器分出的低压伴生气直接通过低压火炬放空，大量含硫的伴生气燃烧放空污染了环境，浪费了资源。

项目实施后将 Train-1、Train-2 两个系列都投入使用，其中脱硫剂注入 Train-2，且注入点在伴生气处理流程末端而非之前的一级分离器气相出口，将经过脱硫剂处理后的天然气供耐受硫化氢浓度较低的设备(CPC 平台透平及 C 平台透平)及外输使用，将未经过脱硫剂处理的 Train-1 系列的天然气供耐受硫化氢浓度较高的设备使用(FPSO 透平、锅炉等)。

为更好地增加脱硫效果，在燃料气管汇上引进新型混合器，新型混合器内部构造为文丘里管式结构，脱硫剂注入到混合器内部在变径内腔壁形成一层均匀的药剂液膜，高压高速气体进入到混合器内部，与药剂膜充分接触后，在变径末端形成漩涡，使药剂与气体充分混合接触，提高反应效率，同时工作人员通过实验，确定了 75~80℃ 为最佳反应温度区，此时所需注入脱硫剂量最低，经过处理的燃料气含硫量小于 50μL/L。

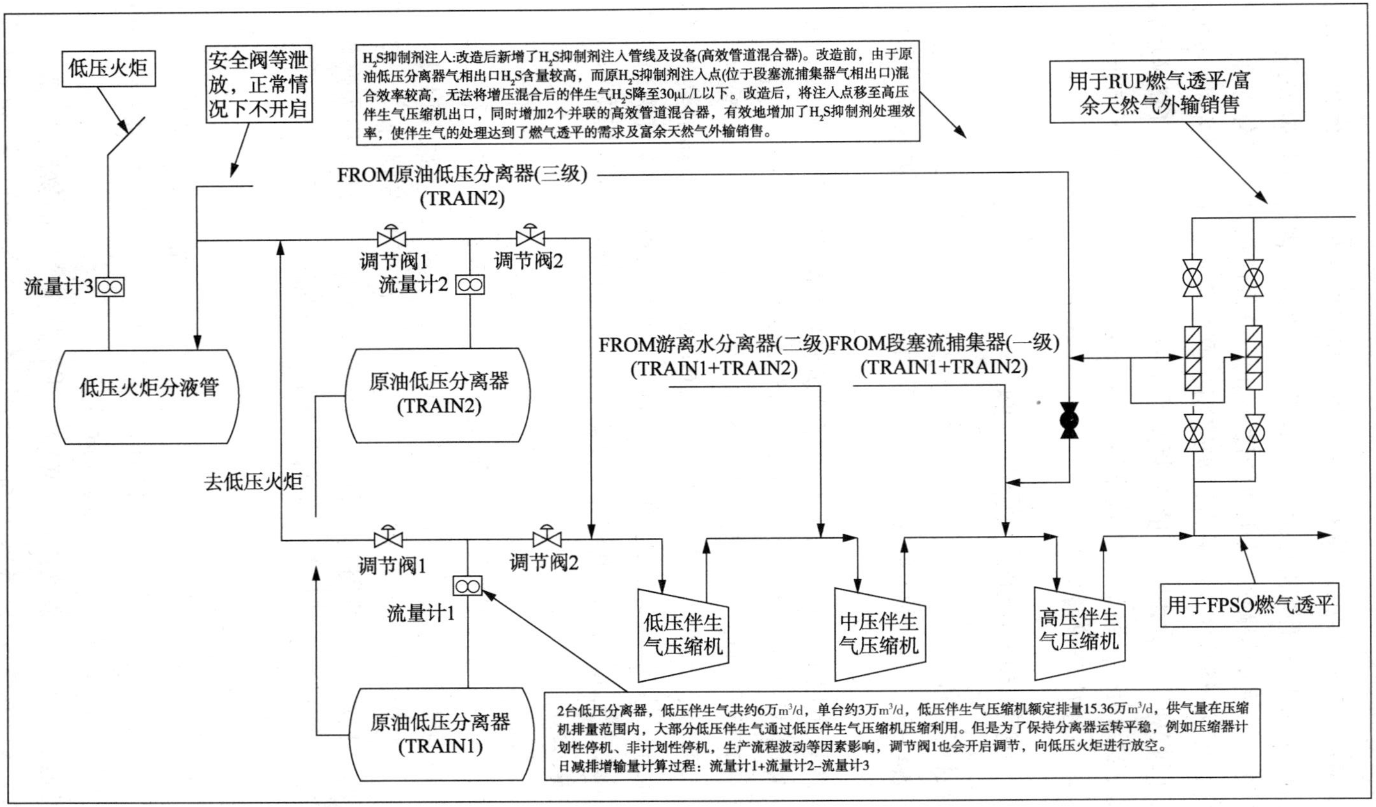

图1.1.3-1　蓬莱油田FPSO天然气处理工艺流程简图

(3) 项目实施效果

项目实施后，三级分离器分出的低压伴生气经低压伴生气压缩机、中压伴生气压缩机和高压伴生气压缩机压缩后，小部分伴生气不需经过脱硫处理，直接输送给 FPSO 透平、锅炉等耐受硫化氢浓度较高的设备使用，大部分伴生气经脱硫处理后供给 CPC 平台透平、C 平台透平使用，剩余部分外输。原先放空的低压伴生气得到了回收利用，火炬放空量减少，每年减少伴生气放空量 1483 万 m^3，节能量约为 14327.14tce，温室气体减排量为 24769.17tCO_2e，实现了节能和减排的双重效果，经济和社会效益显著。

1.1.4 渤中 26-3 油田放空气回收

(1) 项目实施背景

BZ26-3 WHPA 现有油井和气井，根据井口压力分为高、低压处理系统。

① 低压生产工艺系统

低压生产系统包括油井、低压生产与测试管汇(WHPA-M-1201~1202)、测试加热器(WHPA-H-1301)、测试分离器(WHPA-V-1301)、生产加热器(WHPA-H-2001)、GLCC 生产分离器(WHPA-GLCC-2001)、低压生产分离器(WHPA-V-2001)、原油外输泵(WHPA-P-2001A/B)、原油外输加热器(WHPA-H-2002)、低压天然气压缩机入口冷却器(WHPA-WC-2501)和涤气罐(WHPA-V-2501)、低压天然气压缩机组(WHPA-X-2501A/B)、低压天然气压缩机出口涤气罐(WHPA-V-2502)等设备。

项目实施前低压生产系统流程：WHPA 平台的油井和 WHPB 平台生产井的生产流体和高压生产分离器的液体混合后进入生产加热器(WHPA-H-2001)加热到 65℃，通过 GLCC 生产分离器(WHPA-GLCC-2001)进行气液两相分离。分离的液相在低压生产分离器(WHPA-V-2001)进行油气水三相分离，其气相与 GLCC 分离的气相汇合计量后进入低压天然气压缩系统，一部分作为燃料气供给热站等用户，一部分进入低压气压缩机增压后作为燃料气供给主机，剩余的天然气排放至火炬燃烧。

② 高压生产工艺系统

高压生产系统包括气井、高压生产与测试管汇(WHPA-M-1203~1204)、GLCC 测试分离器(WHPA-GLCC-1301)、高压生产分离器(WHPA-V-2002)、天然气外输涤气罐(WHPA-V-2503)等设备。

项目实施前高压生产系统流程：WHPA 平台高压气井的物流进入高压生产分离器(WHPA-V-2002)进行气液分离，分离的气体一部分作为主机燃料气的补充，剩余气体经过天然气外输涤气罐(WHPA-V-2503)除液后，通过渤中 26-

3WHPA 至渤中 26-2WHPA 之间海管，直接输往渤中 26-2 WHPA。

渤中 26-3 油田将原气举方式改变为电潜泵方式后，生产压差增大，采油速度得到提高、产油量增加，同时油田产气量也增加。

扣除平台自用气后，多余的气体由于受地面流程天然气外输压力限制，油田放空气无法通过海管外输；只能进入火炬燃烧，该部分放空量较大，仅 2014 年全年放空量就为 2407 万 m^3，存在一定的节能空间。

针对上述情况，公司以“依托渤中 26-3 油田现有生产设施、回收本油田放空气”为思路，对油田原有天然气处理系统进行了适应性改造，回收上述放空气以达到节能降耗的目的。

(2) 项目实施内容

项目主要改造内容：在渤中 26-3WHPA 平台新增一套天然气处理设施(包括天然气压缩机、进出口洗涤器、进口冷却器)，用于回收低压天然气。同时，由于海水耗量增加，将两台海水提升泵和两台海水滤器扩容至 220m^3/h。

(3) 项目实施效果

渤中 26-3 油田通过增加的天然气压缩系统及相关处理设施，将油田放空气增压达到外输要求后、通过现有海底管线输往渤中 26-2WHPA 平台，以实现节能减排、降本增效的目的。

根据工程方案，该项目实施后，随渤中 26-3 油田生产阶段不同，项目工艺流程随之调整：

① 第一阶段，高压气井维持原流程方案，油井进入低压生产系统处理，分离出的天然气进入新增压缩机系统增压后与高压气井混合，通过渤中 26-3WHPA 至渤中 26-2WHPA 之间湿气海管外输至渤中 26-2WHPA，可回收气量 6.41 万 m^3/d。

② 第二阶段，低压生产系统接收、处理油井和上返井 A4H 流体，分离的天然气在满足平台自用气后，剩余气量进入新增压缩机流程；高压生产系统转为低压工况操作，接收、处理低压气井 A11 和上返井 A9H 流体，分离的气量全部进入新增压缩机流程。增压后的气体通过渤中 26-3WHPA 至渤中 26-2WHPA 之间湿气海管外输至渤中 26-2WHPA。(由于低压和高压系统气量处理能力限制，需要对上返井采取限产的方式来实现进入生产流程的气量，充分利用已有设施能力，同时最大程度降低放空气量)，可回收气量为 22.68 万~23.58 万 m^3/d。

1.1.5 垦利油田群天然气利用

(1) 项目实施背景

垦利 3-2 油田群包括五个井口平台(BZ29-4WHPC、BZ35-2WHPA、BZ35-2WHPB、KL3-2WHPA 和 BZ34-6/7WHPA)和两座中心平台(BZ35-2CEPA 和

KL3-2CEPA），垦利油田群投产后，因油田实际产气量比预计的产气量高，在满足自身透平用气后，仍有多余天然气需进入火炬燃烧，造成能源浪费。

为有效利用多余气体，公司计划对渤中 35-2 油田的气体进行回收，在充分依托 BZ35-2CEPA 现有电网及设施基础上，以最经济方式最大程度地将垦利油田群多余低压放空气进行增压后进入输气管网，达到节能减排的目的。考虑垦利 10-1 油田产气量增加的可能性，将同时对 KL10-1CEPA 的放空气进行回收利用。

（2）项目实施内容

该项目对 BZ35-2CEPA 平台相关系统进行校核及适应性改造，将渤中 35-2 油田富余的天然气进行压缩后通过海管进行外输。

主要新增设备为：低压天然气冷却器，低压天然气气涤器，低压压缩机橇，中压天然气分离器橇，中压压缩机橇，TEG 脱水进口滤器分离器，TEG 天然气脱水橇，TEG 天然气再生橇，海水提升泵，海水滤器，甲醇罐，注入泵，收发球筒。改造后低压天然气增压流程见图 1.1.5-1。

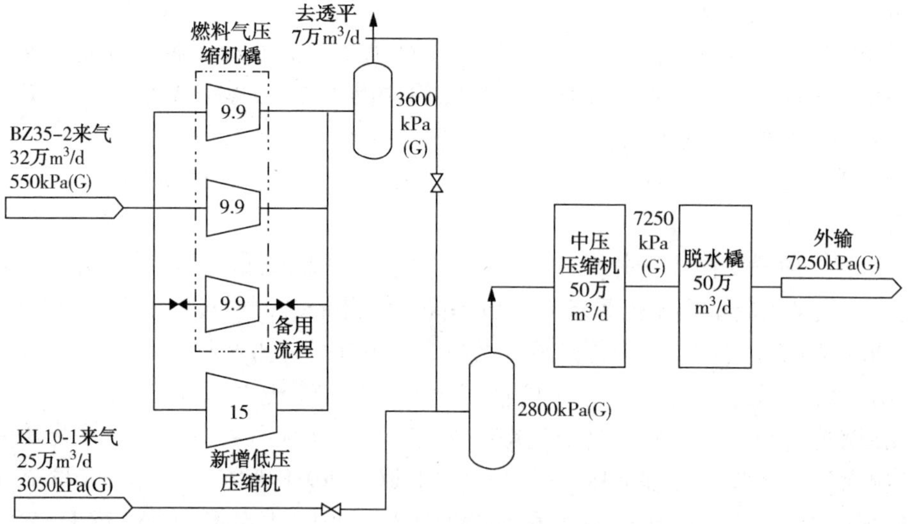

图 1.1.5-1　改造后低压天然气增压流程

改造后的系统主要用于处理 BZ35-2CEPA 及来自 KL10-1 CEP 通过海管输送至本平台的湿气，由于 KL10-1CEP 来气量未明确，且天然气富余气量可利用年限较短，因此中压天然气增压流程目前配置 2 台 25 万 m^3/d 处理能力的压缩机，并在平台上预留一台 25 万 m^3/d 压缩机空间，以便后期扩容。当总天然气富余量小于 25 万 m^3/d 时，压缩机 1 用 1 备；当天然气富余量大于 25 万 m^3/d 小于 50 万 m^3/d 时，压缩机 2 用 0 备。

气体处理合格后经已有海管反向输送至 BZ28-2S BOP，并通过 BZ28-2SBOP

至友谊号 SPM 的海管输往终端。

(3) 项目实施效果

BZ35-2WHPA 平台，BZ35-2WHPB 平台以及 BZ29-4WHPC 三平台所产天然气经由 BZ35-2CEPA 平台处理后，在满足 BZ35-2 CEPA 燃料气需求前提下，剩余天然气经过新增的低压压缩机增压，再与 KL10-1CEP 来气汇合进入新增的中压压缩机和 TEG 脱水系统增压脱水，通过海管反向输送至 BZ28-2S BOP，并最终送至友谊号 FPSO。

渤中 35-2 CEPA 逐年外输气量最大为 25 万 m^3/d，垦利 10-1CEP 已确认逐年外输气量最大为 25 万 m^3/d，混合后处理流程的设计能力按 50 万 m^3/d 考虑。根据项目可研报告，BZ35-2 CEPA 平台燃料气需求量为 7 万 m^3/d，除平台自用气外，预计该项目年可回收天然气量 7062 万 m^3。

BZ35-2CEPA 平台新增 1 台低压天然气压缩机、2 台中压天然气压缩机(1 用 1 备)，平台原有天然气压缩机 1 用 2 备改为 2 用 1 备，同时新增、更换部分辅助生产设施，该项目稳产年电力消耗 1451.74 万 kW·h，等价折标煤 9206.94tce。

渤中 35-2 油田实际节能量为天然气放空减少量折标煤减去项目新增能耗折标煤，即 71926.46tce。

该项目温室气体减排量为：减少的放空气量燃烧温室气体排放与项目新增电耗导致的温室气体排放的差值，经计算，温室气体减排量为 126244.7tCO_2e。

1.1.6　渤中 34-2/4 油田低压气回收

(1) 项目实施背景

渤中 34-2/4 油田的中心平台 BZ34-2/4CEPA 平台油气处理过程中可分别获取高压天然气及低压天然气。其中一级分离器分出的高压天然气进入燃料气系统，经过压缩机增压后，用于透平发电机的燃料气，剩余天然气通过新建海底管道输送至渤中 28-2S 油田，然后进入渤南天然气管网；二级分离器分离出的低压气由于其不满足压缩机入口压力要求，全部进火炬系统，进行放空处理，造成了大量的浪费。

(2) 项目实施内容

BZ34-2/4CEPA 平台为回收利用二级分离器产生的低压气，新增了一套文丘里射流装置，并改造了相应管线。将二级分离器出口的气体与高压天然气储罐引出的高压天然气，通过射流装置混合，达到设定的压力后进入天然气冷却器，冷却后的气体进入天然气压缩机，实现二级分离器低压气回收目的。

(3) 项目实施效果

项目可有效回收低压天然气，节能减排效果显著。同时，项目仅对管线进行改造，增加了射流装置，利用油田高压气对二级分离器的低压气进行回收，工艺简单，施工便捷；该项目改造无动设备，射流装置基本不用调节维护。

经第三方机构核证，渤中 34-2/4 油田低压气回收项目年节能量为 6624tce，年回收天然气 357.90 万 m^3；年温室气体减排量为 12445tCO_2e，为节能环保、减少温室气体排放做出了较明显贡献。同时，该项目所得税后动态投资回收期为 0.62 年，产生的经济效果显著。

1.1.7 涠洲火炬放空天然气回收

（1）项目实施背景

涠洲油田群在石油开采过程中，产生大量的伴生气，这些伴生气汇集到北部湾涠洲油田群的中心枢纽平台 WZ12-1PUQ，部分经过平台上的天然气压缩机输送到涠洲终端，经过终端处理后，再供给下游用户使用；部分经过注气压缩机注入地层驱油或供涠洲 6-1 油田气举生产；部分作为油田燃料气；部分放空至火炬燃烧。

为了积极响应国家节能减排的号召，同时增加公司天然气产量，提高经济效益，湛江分公司成立项目组对涠洲油田群放空天然气进行区域规划，综合利用。由于新建了一条从涠洲 12-1 油田到涠洲终端的 16″海管，原 12″的管线通过校核，具备低压输送天然气的能力，下游有相应的天然气用户。因此，通过对涠洲 11-1 平台、涠洲 12-1 平台、涠洲终端相应的工艺系统进行适当改造，同时在涠洲 11-1 平台增加小型压缩机、在涠洲终端增加两台压缩机，即可实现涠洲油田群火炬放空天然气回收利用，基本上可以熄灭火炬，达到节能减排增加经济效益的目的。

（2）项目实施内容

涠洲火炬放空天然气回收项目主要包括三部分具体工作。首先在 WZ11-1 平台增加一台小型压缩机对本平台低压系统的放空天然气进行压缩并混输到 WZ12-1 平台。在 WZ12-1 平台到涠洲终端的 12″海管及相关的工艺管线进行改造，将 WZ12-1 平台上的放空天然气通过海管输送到终端轻烃处理系统。在涠洲终端增加两台压缩机，将从 12″海管输送过来的天然气进行增压处理，进入轻烃回收流程，并作为终端产品进行销售。

（3）项目实施效果

本项目为管线改造和海管维保启用改造项目，项目实施前天然气无法回收到涠洲终端，通过火炬燃烧放空，造成了能源浪费，项目实施后通过 12" 海管可将大部分低压放空天然气回收，实现了资源的回收利用。该项目生产运行情况均以管线回收天然气进行统计核算，项目实施后，从 2012 年 3 月到 2013 年 3 月一年内回收天然气量 4245 万 m^3。

该项目实施前，由于 8" 海管承运能力有限，低压气体几乎全部放火炬燃烧处理，造成巨大浪费，但由于当时并无实际放空量计量，项目实施前能耗无统计。项目实施后，可通过 12" 海管将大部分低压天然气回收，产生巨大节能量。项目实施后，并无增加设备，也无增加装置能耗，仅改造部分管线，利用天然气自有压力，将天然气回收至陆地终端。因此该项目实施前、后并无能源消耗变化，回收天然气均为项目节能量，计算该项目的年节能量为 76283t 标准煤。

1.1.8 涠洲油田群区域天然气并网

（1）项目实施背景

湛江分公司在 WZ11-1 平台上增加压缩机后，将 WZ11-1A/WZ11-4N/WZ11-1N 三个平台的低压天然气进行增压后输送到 WZ12-1 油田。因 WZ11-1A 到 WZ12-1PAP 的 12″海管在 2012 年输量将达到 4900～5100m^3/d 液量，气量在 12 万～14 万 m^3/d，外输压力在 2.5～2.7MPa。据此，12″海管的安全运行存在很大的风险。

此项目从 WZ11-1A 平台铺设一条 3″2.3km 软管旁输至 WZ11-4D～WZ12-1A 平台的 28.5km8″输气管线上，将极大地缓解 WZ11-1A 到 WZ12-1PAP 12″海管的外输压力。WZ11-1 低压天然气增压后进入 WZ11-4D～WZ12-1A 平台的 8″输气海管，可以直接通过 WZ12-1A～WZIT 12″海管输往涠洲终端；同时，也考虑当自强号撤离后，WZ11-1A 透平机用气不足时，可通过这条管线把 WZ12-1 油田的天然气反输到 WZ11-1 油田，给 WZ11-1A 平台透平机组供气。

（2）项目实施内容

为了减小 WZ11-1A 至 WZ12-1PAP 平台 12″海管的硫化氢腐蚀影响，降低海管入口压力至 3.0MPa 以下，并保证 WZ11-1A 平台透平机组用气，从 WZ11-1A 平台铺设一条 2.3km3″复合软管与 WZ11-4D 至 WZ12-1A 平台的 28.5km8″输气管线相连接，将 WZ11-1A 平台低压气输送至 WZ12-1A 平台，减少 12″海管的输量及降低海管输送压力。同时，也可利用 3″复合软管与 8″输气管线将 WZ12-1A 平台天然气反向输送至 WZ11-1A 平台，供透平机组用气。

新铺 3″复合软管与原有 8″输气管线相连，实现 WZ11-1A 与 WZ12-1A 平台间天然气互相输送。

（3）项目实施效果

项目每天可回收 WZ11-1A 平台天然气约 5.5 万 m^3，其中高压分离器直接外输 2.5 万 m^3，天然气压缩机回收低压分离器低压气 3 万 m^3。全年节约天然气折标煤 22082t。

1.1.9 东方终端脱二氧化碳系统闪蒸汽回收

（1）项目实施背景

东方1-1气田于2003年8月投产，由于天然气组分中CO_2含量较高，天然气的高位发热值只有25.8MJ/m³，无法达到下游用户天然气品质要求，因而建造两套天然气脱碳系统，脱碳后天然气高位发热值达到31.5MJ/m³，每年可处理CO_2含量为30%的天然气8亿m³。在东方终端二期脱碳装置的设计中，考虑到原料气CO_2含量高，装置的脱碳处理负荷较大，另外MDEA溶液循环量不足，会造成其在闪蒸塔中降压闪蒸出来的气体CO_2含量过高，气质达不到低压燃料气的要求，因此将含有部分甲烷气体的闪蒸气直接排放到大气中，浪费了大量的天然气资源，加剧了气候的温室效应，影响了环境。在分析了项目的投资风险和社会效益后，东方终端决定对二期脱碳系统的闪蒸气进行回收。项目改造成功后，每天大约可为终端增产9367m³天然气，每年增产310万m³天然气。增产的天然气外输到下游用户，以缓解下游用户用气紧张局势。同时，该项目可以减少甲烷等温室气体向大气的排放量，为海南省的发展做出贡献。

（2）项目实施内容

项目考虑到脱碳系统现有的MDEA溶液循环量已饱和，无法满足闪蒸气洗涤塔贫液洗涤的需要。同时，增加贫液洗涤设备涉及对现有系统的诸多改造，尤其是逻辑关停系统的变更，施工必须关停整个脱碳系统，影响生产，经多方认证，最终选择了增加闪蒸气压缩机压缩回收闪蒸气这个方案。

在综合考虑生产工况和设备维护等因素，东方终端采用了D-2.1P6-33型闪蒸气回收压缩机，该机型是往复活塞式、对称平衡型的正向位移式压缩机，两级串联压缩，额定排气量800Nm³/h。压缩机采用变频控制，利用流量信号控制压缩机驱动电机变频，电机的额定功率为75kW。闪蒸气中CO_2含量较高，设备的操作压力较高，且因为MDEA溶液中含水，闪蒸出来的气体也会携带少量游离水，存在CO_2腐蚀问题。因此管线材料采用不锈钢管线，两个涤气罐和气体冷却器采用不锈钢材料。两台压缩机的材料采用压缩机厂家推荐的材料制造，但在与闪蒸气接触的部位要求其做好防CO_2腐蚀处理，保证设备的使用效果和寿命。

二期脱碳系统闪蒸气回收项目改造前后流程如图1.1.9-1。

（3）项目实施效果

从闪蒸气回收装置的实际运行效果看，每小时闪蒸气回收量可达1250m³，装置每年运行330天，每年可回收甲烷气体为3132360m³，终端厂外输天然气的甲烷含量大约是79%，装置每年为终端厂增加的外输产量为3965012m³。闪蒸气回收项目总投资为1100万，项目的投资回收期约三年。

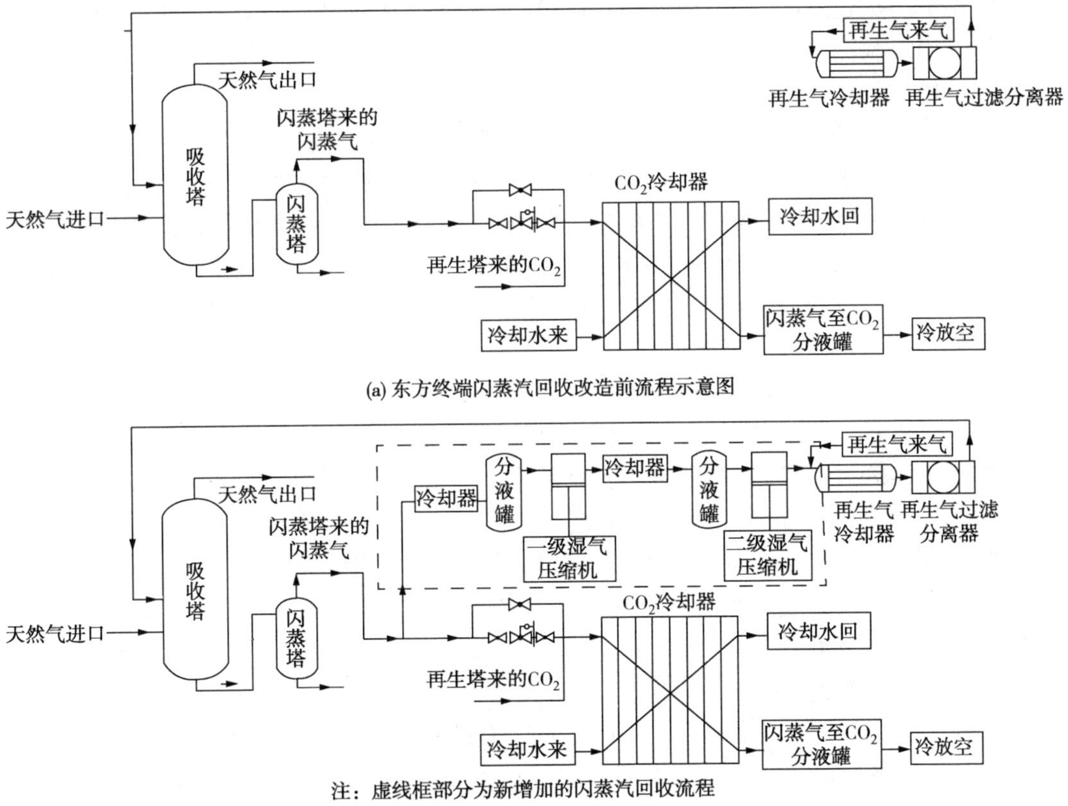

(a) 东方终端闪蒸汽回收改造前流程示意图

(b) 东方终端闪蒸汽回收改造后流程示意图

图 1.1.9-1 脱碳系统改造前后流程示意图

同时，项目的运行后，每年可减少排放到大气中的甲烷气体 310 万 m^3，不仅响应了国家节能减排的号召，也为减少温室气体排放做出了贡献。

1.1.10 珠海终端低压燃料气回收

(1) 项目实施背景

流花 19-5 气田开发规划依托珠海终端及码头工程设施，所产天然气及凝析油将进入珠海终端进行处理，造成珠海终端天然气处理规模由原设计的 16 亿 m^3/a 增加到 20 亿 m^3/a。根据珠海终端实际运行情况对已建天然气处理装置 16 亿 m^3/a 能力进行核算，核算分析后发现已建天然气处理装置除天然气制冷单元和天然气外输增压单元不能满足扩建后的处理要求外，其他装置均能满足处理规模为 20 亿 m^3/a 的处理要求，所以 2010 年对终端进行了改扩建工程，新增 1 套处理规模为 4 亿 m^3/a 的天然气制冷系统并且同时运行 2 台干气增压机，不设置备用机组。扩建后的珠海终端天然气处理规模已达到 20 亿 m^3/a。由于制冷 C 单元的投用，制冷 C 单元的膨胀机密封气接入的是低压燃料气系统，所以低压燃料气的量增加。

2009 年珠海终端新增一套余热回收装置，这样站内导热油主要利用余热回收装置提供热源，使得下游用户需求的低压燃料气量减少，凝析油稳定装置所产不凝气只能通过放空火炬单元放空处理，由于该气体中 C_3^+ 含量高，造成周围环境的污染及资源浪费。随着油田持续开发和国内能源形势日趋紧张，对富余的低压燃料气回收再利用，有助于提高天然气处理装置的运行效率、提高装置的 C_3 收率和经济效益、减少资源浪费。

（2）项目实施内容

依托珠海终端已建设施，回收全部富余低压燃料气，设计新增 1 套处理规模为 3 万 m^3/d 的燃料气回收装置，包括新增 2 台往复式压缩机（同时运行）及相关辅助设施，单台压缩机的排量为 1.5 万 m^3/d，将低压燃料气增压后接入生产分离器随进站天然气一同进入珠海终端处理单元，生产干气、稳定凝析油、丙烷、丁烷及稳定轻烃，液态产品进入现有装置储罐，干气产品增压外输。项目共投资 728.52 万元，回收装置于 2013 年正式开始运行。

（3）项目实施效果

项目运行初期，为保障终端 20 亿的外输量，低压燃料气回收装置发挥了极大的作用，同时为终端的节能减排做出了极大的贡献，节约能源的同时减少了污染物及温室气体的排放。根据终端实际测算，在项目投产时产量 500 万 m^3/d 的外输量下，每天回收量大概为 1 万 m^3 天然气，一年回收量在 350 万 m^3 左右，经济效益约每年 700 万元，年节能量为 4200tce。

同时，由于低压燃料气的回收，每年减排 CO_2 的量约 120 万 m^3，且由于低压燃料气 C_3 组分偏多，之前火炬黑烟滚滚，造成了环境的污染，由于低压燃料气的接入，完美地解决了该问题。

1.1.11　流花油田群放空天然气回收

（1）项目实施背景

流花油田群采用水下生产系统、FPS 半潜式生产平台、浮式生产储卸油生产装置 FPSO 进行开发，流花 11-1 和流花 4-1 两个油田井液全部输送到南海胜利号 FPSO 进行处理、储存和外输，所有生产工艺都集中在油轮。流花油轮伴生天然气量高峰时期产气量达 6 万 Nm^3/d，措施实施前放空伴生气量稳定在 2.8 万 Nm^3/d，硫化氢（H_2S）浓度高达 30000μL/L（体积比）。由于伴生气含硫量高，因此该伴生气无法直接用作燃料，生产中经油轮的三相分离器和电脱水器分离处理后直接送至火炬系统放空燃烧。

伴生气直接放空存在着极大的能源浪费，并有环境污染的风险。流花油田群发电机及锅炉均以原油为燃料，由于伴生气并未用作燃料造成了原油消耗量的增大；若放空伴生气通过脱硫处理掉硫化氢，则可用作燃料使用，替代部分原油进入锅炉燃烧，大幅降低原油使用量。

(2) 项目实施内容

为回收放空伴生气，实现节约能源减少浪费，增上脱硫设施，利用络合铁脱硫技术进行伴生气脱硫，采用超重力旋转填料床为吸收设备，减小了脱硫设备尺寸。项目于 2013 年 11 月改造完成，项目新增脱硫撬块、压缩机组等设备，同时改造了相关电气、仪表、管线等配套设施，另对锅炉系统及伴生气放空系统进行了改进，新增脱硫系统占地空间为 14m×14m×7m，包括延伸甲板的总重量达到 134. 6t。

改进前后伴生气处理流程图如图 1. 1. 11-1 和图 1. 1. 11-2 所示，新增设施如图 1. 1. 11-2 虚线框部分。

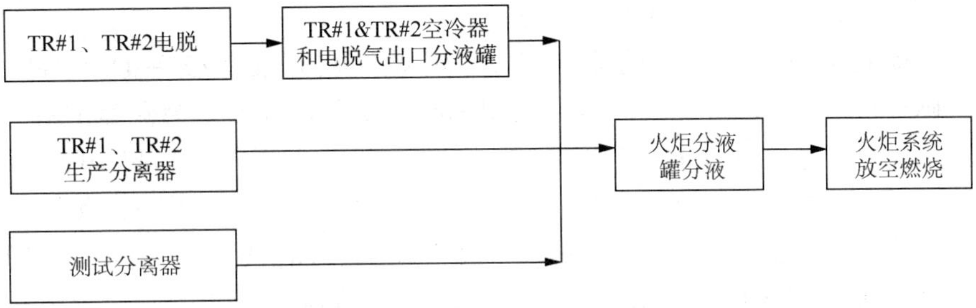

图 1. 1. 11-1　项目实施前放空伴生气处理工艺

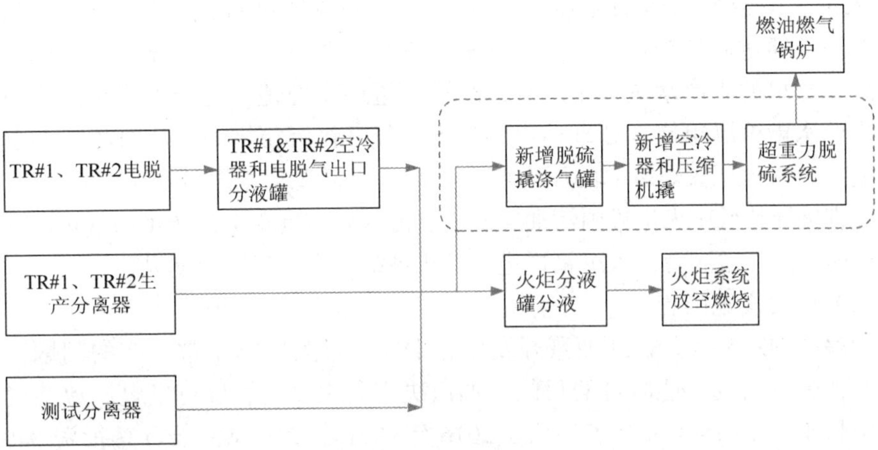

图 1. 1. 11-2　项目实施后放空伴生气处理工艺

(3) 项目实施效果

项目实施前，由于含硫量高，油田群伴生气全部放空，能源浪费严重，原油消耗量很大。项目实施后，超重力-络合铁脱硫设施可将FPSO上放空伴生气中30000μL/L的H_2S处理到6~8μL/L，伴生气得到了回收，锅炉部分消耗原油由伴生气替代，大大降低了原油的消耗量，年节约原油量可达5504t。项目总投资3107万元，节能量7790t标煤。

1.1.12 惠州19-2平台放空气回收发电

(1) 项目实施背景

惠州19-2(以下称“HZ19-2”)平台位于中国南海珠江口盆地16/19区块北部，距香港东南190km，位于西江24-1油田以东4.5km，水深98~105m。该区块共包括惠州19-1、惠州19-2、惠州19-3、惠州25-1、惠州25-3、惠州25-4等六个油田。16/19区块共有3座平台(惠州19-2平台、惠州19-3平台、惠州25-3平台)，其中惠州19-3平台负责管理惠州19-3油田，所生产的液体通过海底管线外输到惠州19-2平台进行处理。

为了提高HZ19-2平台的原油产量，开始加快开发HZ25-4N Sand油藏，HZ25-4N Sand油藏为高含气油藏，利用HZ19-2平台开发。为保障HZ19-2平台的安全生产，高含气井HZ25-4-3井一直限产，该状况下，惠州19-2平台天然气处理量为0.3~0.46MMSCFD，整个平台的工艺设备运行平稳，各调节阀的开度也保持稳定状态。HZ25-4N Sand油藏开采后，HZ19-2平台总的处理气量将增加至0.988MMSCFD，HZ19-2平台总的处理气量将大幅增加。

HZ19-2平台工艺处理系统流程为：井液通过生产管汇汇集后，与从HZ19-3、HZ25-3平台上输送的流体一起进入生产分离器进行油、气、水三相分离，分离的原油通过原油输送泵经海管外输至FPSO进一步处理。分离的气体经火炬燃烧掉，分离的生产水进入生产水系统进行进一步处理。生产水系统由水力旋流器、生产水撇油罐组成，处理达标的生产水经开排沉箱排海。若HZ25-4-3井产气量稍大时，低压火炬罐内的压力就会升高。当低压火炬罐的压力升高至1.3psig时，将直接导致低压火炬罐内污油经溢流管流入开排沉箱中，产生溢油风险；低压火炬罐内气体经溢流管进入沉箱再进入开排系统，产生气体泄漏风险。

(2) 项目实施内容

为解决HZ25-4N Sand油藏开发后伴生气量过大影响正常生产的问题，同时为回收伴生气实现节能减排的目的，油田决定利用放空气进行发电。放空气回收发电项目于2016年3月开工建设，2016年7月建设完成，项目总投资3495.91万元。

惠州 19-2 平台放空气回收发电项目对 HZ19-2 平台的工艺系统进行了改造，主要涉及三相生产分离器的改造、低压火炬分液罐改造、火炬臂改造等，并新增加了 2 套 1000kW 的微透平发电机和一套天然气预处理装置。通过安装 2 套 1000kW 的微透平发电机和一套天然气预处理装置，在正常生产时将一部分伴生气经过处理用作微透平发电机的燃料气。项目选用了 Capstone 公司的 C1000 型微型燃气轮机。

(3) 项目实施效果

项目实施前，平台放空气全部放空，能源浪费严重，电力消耗量很大。项目实施后，有效地解决了 HZ25-4N Sand 油藏的增产所带来的瓶颈和环保问题，并在油田大幅增产后，保证了 HZ19-2 平台工艺系统的稳定性和安全性，具有很好的经济性。

项目实施后，统计报告期预计可实现节能量 6527t 标煤，年有效回收天然气 458 万 m^3。统计报告期预计可实现减排温室气体 12178tCO_2e，具有良好的减排效果。

HZ19-2 平台放空气回收发电项目实施后，有效地解决了 HZ25-4N Sand 油藏的增产所带来的瓶颈和环保问题，并在油田大幅增产后，保证了 HZ19-2 平台工艺系统的稳定性和安全性，具有很好的经济性；该项目采用的微型燃气轮机，具有重量轻、占地少、寿命长、无需润滑等优点，可实现对少量伴生气的有效利用，对于低放空量的伴生气回收利用具有一定推广价值。

1.1.13 黄岩 1-1 中压机回收高中压闪蒸气改造

(1) 项目实施背景

按照设计要求，黄岩 1-1 平台油处理系统配备的电动高、中、低压压缩机可将平黄一期所有五个平台和平黄二期平台生产的原油和凝析油稳定过程中产生的高、中、低压伴生闪蒸气加压进气处理系统回收。

平黄一期和二期投产后，实际的地质储量和油气井产量与实际预期发生重大减少，所生产的原油和凝析油量比设计大幅度减少，致使油处理系统产生的闪蒸气量无法达到配置的高、中、低闪蒸气压缩机运行所需要的最小流量。因此，油处理系统所产生的高、中、低压闪蒸气无法按设计被压缩机压缩回收，这些闪蒸气不得不通过火炬放空系统燃烧长期放空。

另外，由于低压闪蒸气的存在，致使低压闪蒸气长期放空期间产生了由于燃烧不完全的火炬严重冒黑烟问题。

(2) 项目实施内容

通过将高压闪蒸气与中压闪蒸气汇合，并从气体流程补充一定量的天然气，将上述3股气凑成达到中压压缩机运行的最小流量，促使中压压缩机运转，回收油处理系统的高压闪蒸气和中压闪蒸气。（注：高压压缩机和低压压缩机都不运行，低压闪蒸气还不能回收。）

由于低压闪蒸气不能回收继续走火炬燃烧放空，在利用平黄油气田群的油是与气混输到天外天气田CEP平台再处理，通过降低一/二级分离器操作压力和二级分离器入口加热器温度、提高三级分离器操作压力，增加二级分离器闪蒸气蒸发量和降低三级分离器液相轻组分蒸发量来降低三级分离器产生的低压闪蒸气中的重组分量，削除低压火炬的燃烧冒黑烟问题。

主要改造点：

通过增加管线，将去高压闪蒸气压缩机的一级分离器高压闪蒸气引到中压闪蒸气压缩机入口，以增加中压闪蒸气压缩机的中压闪蒸气量（来自二级分离器闪蒸气和原油分离器闪蒸伴生气）的不足；

为克服一级分离器高压闪蒸气量仍无法满足中压压缩机最小运行气量的缺口，通过增加一条自黄岩2-2段塞流捕集器至一级分离器的管线将气流程高压天然气一部分气量通过一级分离器的高压闪蒸气通道补充进中压压缩机。

解决火炬冒黑烟方案：

① 适当降低一级分离器的操作压力至3500~3800kPa，尽可能地满足中压机最低流量要求，同时尽可能多地回收一级分离器的闪蒸气和重组分，实现一级分离器零放空。

② 把原油分离器的操作压力从1300kPa降低至1100kPa，为满足中压机最低气量要求，同时使一级分离的闪蒸气再次通过原油分离器进行气液分离，回收部分轻烃。

③ 提高三级分离器的操作压力，从30kPa提高至90kPa，同时对放空阀PV-2077进行阀门限定，控制放空量，尽可能提高三级液位，使外输泵回流阀尽可能开小，降低三级分离器温度，控制火炬黑烟的情况。

④ 中压压缩机入口压力设定值为1000kPa，同时回流阀可以实现自动控制状态；故将中压机入口涤气罐压力设定值改为1050~1080kPa，基本上达到二级分离器零放空状态，将全部的伴生气进行加压外输至天外天CEP平台。

（3）项目实施效果

通过本项目改造和工艺调整，实现了油处理系统中压闪蒸气回收压缩机的启动运行条件，通过只启动中压压缩机（不启动高压压缩机）就实现了低闪蒸气量工况下的高中压闪蒸气同时回收的效果，达到了将放空燃烧的高中压闪蒸气回收利用的目的，从而减少火炬燃烧放空，实现节能和减排。

回收处理系统一级分离器、二级分离器、原油分离器所产生的高压和中压闪蒸气，由项目前的火炬放空状态改为进入天然理处理单元处理后外输为产品气。

由于回收上述高中压闪蒸气要启动电动中压压缩机，在计算项目节能效果时，采用回收气量减去运行中压压缩机消耗的燃气透平主电站对应的燃气量。

该项目年回收闪蒸气能力为675万m^3，折8981t标煤。

1.1.14 文昌13-1/2油田放空天然气LPG回收项目

（1）项目实施背景

文昌13-1/2油田于2002年7月7日投产，2004年原油处理装置“南海奋进号”FPSO每天生产约8000m^3优质原油。在生产过程中，一级、二级分离器析出大量的油田伴生气，这些伴生气除供发电机使用外均送火炬燃烧，燃烧气量约为$20 \times 10^4 Sm^3/d$，火炬燃烧产生大量黑烟，浪费大量能源。

经过化验，伴生气中C_3、C_4含量接近40%。因此文昌作业公司邀请中国石油西南油气田分公司天然气研究院、中国船舶及海洋工程设计研究院（708所）对“南海奋进号”FPSO轻烃回收（LPG）项目进行前期调研并做了可行性研究报告。2005年5月完成主要设备招标采办，8月份开始设备建造，2006年8月完成海上吊装，10月20日海上油田试生产，日产LPG170m^3、轻油100m^3。

（2）项目实施内容

“南海奋进号”FPSO轻烃回收（LPG）项目主要是对放空伴生气进行回收利用，项目实施后，在FPSO新增了一套LPG回收处理装置、四个LPG储罐、LPG计量橇块和LPG外输橇块。LPG处理流程如下：

部分来自大舱的燃气经增压至20kPa后，与火炬放空系统的气体汇合，经进口分离器除液后进入进口压缩机，进口压缩机将原料气由20kPa压缩至1206.6kPa（绝对压力）。压缩后的燃气经过压缩机后冷却器冷却至35℃。此时，部分水与较重的烃液化后进入常温分离器，进行油、气、水三相分离，分离出的生产水排入污水处理系统进行处理，液态烃经重烃输送泵输送至脱丁烷塔进行处理，自常温分离器分离出来的气体进入分子筛进口过滤器，除去其中的杂质颗粒和液滴以保护分子筛。

（3）项目实施效果

文昌13-1/2油田LPG回收装置投产后，2007～2010年年均回收LPG为37625m^3，轻油产量为27325m^3。文昌13-1/2油田LPG回收处理装置是海油发展史上的一个创举，国内首创全海式LPG回收，项目实施后节能减排效果非常明显，仅“十一五”期间就回收能量28.93万tce，同时大量减少温室气体排放，为缓解国内能源紧张做出了极大的贡献。

1.2 海上平台电力组网和电能质量治理

海上油气田的供电模式基本上是每个油气田装配一个独立电站供电，其缺点是供电可靠性差、投资大，且挤占海上平台空间。为增强海上油气田电力系统供电可靠性，保障生产安全、稳定、经济运行，满足边际油气田滚动开发等和节能降耗的生产需求，将油气田群中各个独立的电网连接起来，组成一个大电网，通过统一调度，实现电网的安全、稳定和经济运行，简称"电力组网"。

电力组网后，电网上运行的发电机组的数量可以减少，提高了发电机组的负荷率，可以降低发电机组损耗，节约能源，提高发电机组运行的经济性，另外，电力组网可以保证电网系统的稳定性和安全性。

海上油田电力组网分为两种情况，一种是涉及老油田改造的电力组网，另一种是新开发油田电力组网规划。这两种情况的电力组网方案设计流程基本相同，不过后者不需要校核原系统电力现状。目前主要采用交流并网方案，需要综合考虑电站规模、负荷大小、输送距离等因素确定系统联网电压等级及同期点。就目前海上油气田电力系统规模，通过论证，组网主干线推荐采用35kV等级(经小电阻接地)。具体的组网方案，则需要通过电力仿真(计算)软件建立模型，进行系统各种运行方式下的潮流计算和短路计算，确定系统主接线及接地方式、联网变压器容量、联网电缆截面等。

1.2.1 涠洲油田群电力组网

(1) 项目实施背景

涠西南油田群是湛江分公司规划中的重要产油基地，根据涠西南区域规划，湛江分公司拟在此油区建设规模达420万 m^3原油产量的产油基地。但是根据目前的认识，涠西南油区将来投入开发的大多数皆为中小油气田，油田规模小、分布零散，单独开发经济效益差。这些油气田只有依托现有生产设施，采用区域开发的理念和做法才能大幅度降低成本，提高经济效益。然而，涠西南区域开发面临着以下四个突出问题：区域内节能减排状况恶劣，中小油田无法得到有效的开发，安全生产受到严重影响和操作成本节节攀高。

针对当时严峻形势，湛江分公司首次创新性地提出了在中国海上"节能减排与区域开发统筹考虑、一体化实施"的理念，以节能减排工作为突破口，依靠科技进步、自主创新，在节能减排技术应用方面进行了大胆实践，从2004年开始立项，开展了海上油田电力组网技术攻关和海上实验，取得了很好的节能减排效果和经济效益，对中国海上未来油气田的区域开发具有重要的指导意义和积极的示范作用。

海上油气田群电力组网的必要性表现如下：

① 组网后平台之间可互供电力、互为备用，减少了因事故及大型负荷启动而备用的容量，提高了电网运行的经济性；增强了电网抵抗事故能力，实现事故情况下的相互支援，显著提高了各电站安全水平和供电可靠性。

② 组网后系统能承受较大的冲击负荷，如注水泵、压缩机等冲击负荷，有利于改善和提高电能质量。

③ 网后可减少备用机组数量，节省投资及运行、维护成本。在油田群滚动开发前景非常广阔的情况下，组网的经济效益更加明显。对于老油田来说，通过电力组网可以充分利用各个油田电源装机容量，提高各平台供电的可靠性及经济性，解决了本平台电源检修或事故退出运行时的供电问题，实现油田电网可靠经济运行。对于新开发的油田群，若从最初设计就统一规划电网、实现电力组网，更能有效节省油田开发与生产成本。

（2）项目实施内容

考虑到正常情况下各平台电源均有开机，线路输送潮流很轻，各平台间联络线路均为电缆，轻载时充电功率较大，将导致受端电压高于送端，而线路充电功率与电压等级平方成正比，110kV 充电功率是 35kV 的近 9 倍；经济性方面，35kV 绝缘要求远低于 110kV，其线路及变电装置造价仅为 110kV 的 1/3~1/2。

因此，电力组网主干线路电压等级采用 35kV。而考虑到 W11-1 与 W11-1N 平台电站的交换功率小、距离短的特点，同时考虑到避免 W11-1 平台结构过载问题，W11-1 与 W11-1N 平台电力系统之间电网电压等级仍采用 6kV。

经技术经济比较，并考虑到后期滚动开发的电力需求，一期工程中 WZIT 与 WZ12-1 平台之间采用 3×185mm^{2}截面电缆；WZ12-1 与 WZ11-1N 之间采用 3×95mm^{2}截面电缆；WZ11-1 与 WZ11-1N 之间采用 3×150mm^{2}截面电缆。

涠洲终端配置 2 台、WZ12-1 和 WZ11-1 平台各配置 1 台 12500kVA 有载调压变压器。

35kV 采用单母线或单母线分段接线，6kV 采用单母线分段接线。接地方式均通过消弧线圈接地。35kV 出线、主变断路器均为同期点。

（3）项目实施效果

直接经济效益：仅涠洲终端（WZIT）和 W12-1 油田电力联网后，每年可节省天然气 1200 万 m^3，随着后期 W11-1、W11-4、W11-4D 等电站的并入，预计年可节省天然气 4000 万 m^{3}以上，相当于每年节省费用 6000 万元（按当前天然气价格 1.48 元/m^{3}计算）；每年节省操作费用近 1000 万元人民币；电网设计使用年限内产生的直接经济效益达到 21 亿元人民币。

实现电力联网后，大大提高了供电的可靠性，避免由于电站机组关停造成平台停产事故，提高了生产时效。经过估算，未来 10 年至少可多采油 1.2 万 m^3，直接经济收益约 3100 万元人民币；由于本项目采用新技术，如使用 35kVSF6 开关柜使平台空间减小、应用全绝缘管母技术减少油田停产时间等，也带来较大的直接经济收益。

间接经济效益：由于本项目很好地解决了涠西南油田区域开发中的电力利用问题，大大降低了区域内油田开发成本，使原来很多不能开发的边际油田得到开发，如涠洲 11-1N 油田的开发，若不依托电力组网，其开发经济评价 IRR 为 11%，NPV 为-4265 万元；依托电力组网后，除去电网的建设费用，IRR 达 13%，NPV 为 4160 万元。以在建设及在评价油田计，通过本项目实践，许多边际油田得以依托现有的设施进行开发，增加动用储量近 4000 万 m^3，高峰产量达到 180 万 m^3，累计增加产油 906 万 m^3，若以油价 60 美元/桶计算，可获得收益约 177 亿元。

节能效益：实现电力联网后，可以提高机组效率，少开机组，年节能量达到 53000t 标准煤。

1.2.2 绥中 36-1 油田电站并网

(1) 项目实施背景

绥中 36-1 油田/旅大 5-2 油田位于渤海辽东湾南部海域，绥中 36-1 油田现有生产设施分 I 期(试验区)和Ⅱ期(新区)两期建成，油田 I 期由 6 腿的生活动力平台 APP 和 4 腿的 WHPAI、WHPAII、WHPB 和 WHPJ 井口平台组成。Ⅱ期由 8 腿的中心处理平台 CEP 和 4 腿的井口平台 WHPC、WHPD、WHPE、WHPF、WHPG 和 WHPH，共 7 座平台和绥中陆上原油处理厂组成。LD5-2DPP 平台是旅大 4-2/5-2/10-1 油田里的一座 8 腿的带有钻机模块及生活模块的生产处理平台。它距离 SZ36-1WHPB 平台大约 1.5km，距离 SZ36-1WHPA 平台大约 2.2km。

以上所提及的各区块供电均由各中心处理平台上的燃气透平电站提供。而该地区的天然气储量到 2010 年就不能满足供电的需求，项目实施前考虑从锦州 25-1南油田铺设 1 条天然气管线到正在设计中的绥中 36-1I 期调整项目的 CEPK 平台。所以如何有效地利用现有及周边油田的电站资源，减少电站的备用容量，共享电站备用系数，迫在眉睫。

与目前国内外大多数海上油气田开采模式相同，SZ36-1 油矿目前各油田群基本上是每一个油气田中心平台建一个电站独立供电。这种供电方式存在以下问题：

(a) 由于各平台电站独立供电，运行机组一旦故障关停，必将导致油田停产。

(b) 单个电站抗冲击性能差。由于备用能力不够，经常出现注水泵、压缩机、货油泵等大型设备的无法正常启动的现象。

(c) 为保证供电可靠性，每个油气田需各自配置大量的备用发电机组，不仅投资大，对平台的有限空间也很浪费。

(d) 运行维护工作量大。由于机组数量庞大，配电网接线复杂，运行和维护成本居高不下。

为统筹规划电力资源，增加电站热备容量，增强电站稳定性，在天津分公司指导下，作业区提出了电站并网的整体思路，将 SZ36-1CEP、SZ36-1CEPK、LD10-1 三个电站的共 10 台透平机组并网运行，并给 SZ36-1A 平台提供部分电力。

将各平台电源组网供电，构建多电源的由高压联络线路与低压配电网络组成的电力系统不失为一个很好的解决方案。尤其对于 SZ36-1 油田群而言，油田群内各海上平台相距较近，组网供电的优势更为显著：

(a) 平台之间可互供电力，互为备用，减少事故及大型负荷启动备用容量，提高电网运行的经济性，同时增强电网抵抗事故能力，实现事故情况下的相互支援，最终提高各电站安全水平和供电可靠性。

(b) 能承受较大的冲击负荷，如注水泵、压缩机等冲击负荷，从而有利于改善提高电能质量。

(c) 减少备用机组数量，节省投资及运行维护成本。SZ36-1 可减少备用机组。在油田群滚动开发前景非常广阔的情况下，组网的经济效益更加明显。

因此，为充分利用 SZ36-1II 期 CEP 平台、LD10-1 平台、SZ36-1I 期调整 CEPK 的电源装机，提高各平台供电可靠性及经济性，解决本平台电源检修或事故退出运行时的供电问题，有效节省油田开发、生产成本，该区域油田各平台之间的电力组网是非常有必要的，也是可行的。

(2) 项目实施内容

具体改造方案如下：

① 铺设 LD5-2 至 SZ36-1A 平台复合海缆 1 根；

② 铺设 LD4-2 至 LD5-2 海底光纤 2 根；

③ 在 LD4-2 增加电抗器一台；

④ 在 SZ36-1CEP 平台增加两台 12500kVA 变压器(EDP)、6.3kV 中压配电盘、低阻接地装置 2 套、1 个低压开关间和 1 个控制室；

⑤ 在 LD10-1CEP 平台增加一台 8000kVA(6.3/35kV)有载调压变压器；

⑥ 在 SZ36-1CEPK 平台，增加一台 8000kVA 变压器与建造时的 8000kVA 变压器并行，同时增加 35kV 高压盘、6.3kV 中压盘以及 2 套低阻接地装置；

⑦ 在 LD5-2 平台增加电容补偿器 2 台，电抗器 1 台；

⑧ 对 CEP 透平燃料系统进行液控改电控的改造；

⑨ 新增电能管理控制系统(EMS)，全面接管电网及透平运行管理；

⑩ 在电网能量管理系统的基础上，为了更好地对整个电网进行管理，使电网更加安全高效地运行，又增加了一套“电网调度管理系统(DMS)”，并具备电网调度管理、电网操作票管理、负荷预测、机组切换计划和管理等功能。

绥中 36-1 油田电站并网项目需在 SZ36-1CEP 上增加的设备主要为变压器 2 台(12500kVA)、高压配电盘 2 面(35kV)、中压配电盘 4 面(6.3kV)、低阻接地装置 2 套和 1 个主变压器间、1 个低压开关间、1 个中控室，因此改造的难度比较大。主要包括以下内容：

① 在 SZ36-1CEP 平台柴油罐上方或中甲板斜板处理器 F 顶上建造一个组网中控室，用于布置新增 EMS 主控台。

② 在 SZ36-1CEP 平台上层甲板淡水罐上方加装一个主变压器间和低压开关间，将两台 12500kVA 的变压器放置在新增的主变压器间。

③ 将 SZ36-1CEP 上层甲板电站橇块上的 MCC-1(SZ36-1CEP 原有 MCC，下文简称 MCC-1)内高压盘旁边的低压盘(包括电伴热盘、照明盘和 EIO 控制盘)移出，放置在淡水罐上新增低压开关间，为 MCC-2 内移出的 10.5kV 盘预留位置。

2010 年 8 月 30 日，绥中 36-1 油田电力组网项目并网一次成功，实现 3 个电站 10 台机组连接成一个电网，总装机容量约为 118MW，为 22 个平台提供生产和生活用电。SZ36-1 海上平台电站组网示意图见图 1.2.2-1。

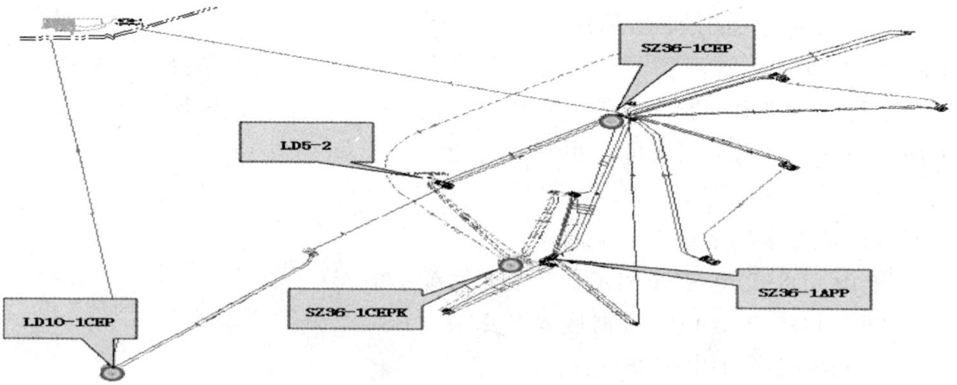

图 1.2.2-1　SZ36-1 海上平台电站组网示意图

(3) 项目实施效果

电站并网前，为满足平台正常生产需要则需在 LD10-1、SZ36-1CEPK 各增加一台备用机组，日耗气量约为 15 万 m^3/d。

电站并网后，电力供应稳定，现有机组即可满足正常生产需要，节约了天然气消耗量约 15 万 m^3/d。按每年运转 350 天计算，则每年约节约天然气 5250 万 m^3，折标煤约 69825t。

绥中 36-1 电站并网项目的成功投运，使平台之间可互供电力、互为备用，提高电网运行的经济性，改善电能质量，同时增强电网抵抗突发事故能力，实现异常情况下的相互支援，最终提高各电站安全水平和供电可靠性。减少备用机组数量，节省投资及运行维护成本。有效节省油田开发、生产成本，在油田群滚动开发前景非常广阔的情况下，组网的经济效益及节能减排效益更加明显。同时，为在生产平台进行大型改造项目以及海上小型电站区域化联合供电积累了宝贵经验、奠定了基础，并且减少了平台因异常关断的产能损失，实现每年增产原油 28 万 m^3。

1.2.3　锦州 9-3 油田一期与二期电力组网

（1）项目实施背景

锦州 9-3 油田一期作为辽东作业区已服役 16 年的油田，随着后期改造及大泵提液的增加，平台电力负荷已达饱和，需要 3 台机组同时运转才能满足生产需求，电网处于 3 用 0 备的状态；2014 年 12 月，二期建成后 JZ9-3CEPD 承担 WHPE 供电任务，减少西区负荷约 1500kW，但 CEPD 投产后，西区新增负荷约 875kW（夏）、1095kW（冬），实际调整后西区负荷为 6200kW（夏）、8000kW（冬），项目组网前西区透平实际带载能力为 3700kW（夏）、4100kW（冬），若 2 台透平运转，其接近满载情况下稳定性很难保证，且其抗大型负载冲击能力较差。另外，计划后期逐步实施大泵提液，则势必增加负荷（约 1700kW），届时 2 台透平运行无法满足要求。

此外，CEPD 投产后原油日产量高峰将达到 3500m^3/d，平均 1.3 天进行一次原油外输，若一台透平故障或大修时，两台透平难以满足外输及注水要求。为了缓解西区电力紧张的情况，提高供电可靠性，同时解决大泵提液增产措施的电力瓶颈，辽东作业公司计划实施锦州 9-3 油田电力并网运行。

（2）项目实施内容

由于锦州 9-3 油田原组网配电间空间布置紧凑，无法安装新增的组网设备，因此经批准及校核、设计，项目主要改造内容有：①在原组网配电间对面新扩 11×5m 甲板，并建造组网配电间及变压期间；②原 MCC 房间新增 1 面组网联络盘柜 VCB MD-01；③SLPW 平台新增 1 面 EMS 控制柜及 EMS 操作站；④DRPW 平台新增 1 面 EMS 控制柜；⑤西区组网配电间新增组网配电柜高压盘 4 面、快速限流器 1 面，低压盘 5 面；⑥WHPA、WHPE 平台各增 1 面 EMS 控制柜及 EMS

操作站；⑦西区、WHPE、WHPA 平台高低压盘柜进行改造增加 EMS 系统功率读取、分合闸、卸载等功能接线；⑧西区、CEPD 平台各增加故障滤波柜；⑨CEPD 平台新增 1 台 8000kVA 组网变压器；⑩CEPD 平台主开关间接地电阻柜移位至主变压器间；⑪CEPD 平台新增 EMS 控制柜、EMS 系统服务器、DMS 系统服务器；⑫敷设 CEPD 组网变压器 3.3kV 侧至西区组网盘柜 VCB MD01 进线柜组网电缆。

锦州 9-3 油田电力组网项目完工后，CEPD 平台发电机承担二期 CEPD、WHPC 和一期东区 WHPE 平台供电，CEPD 平台和 SLPW 平台电力互供，其他平台电力依赖储油动力平台(SLPW)主电站提供。JZ9-3 油田二期项目完工后整个油田电力供应如图 1.2.3-1 所示。

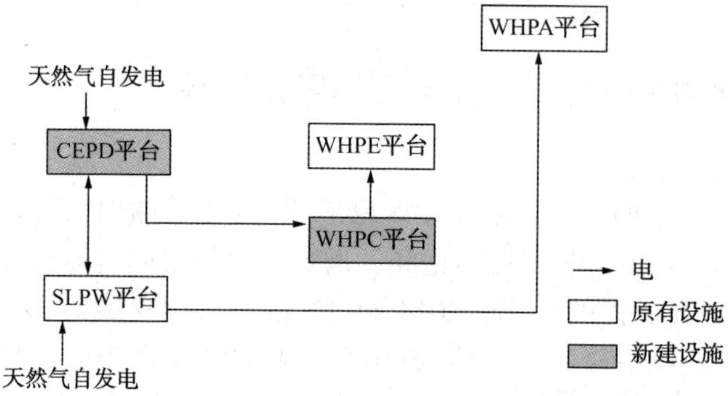

图 1.2.3-1　并网后 JZ9-3 油田电力供应图

(3) 项目实施效果

电力组网项目实施前锦州 9-3 油田电力供应方式是：CEPD 平台发电机为二期 CEPD、WHPC 和一期东区 WHPE 平台供电，其他平台电力依赖储油动力平台(SLPW)主电站提供。项目组网前 CEPD 平台常年保持 2 用 1 备的开机方式，SLPW 平台常年大部分时间保持 3 用 0 备开机方式，少部分时间维持 2 用 1 备开机方式。

平台 6 台透平机组所消耗燃料气为锦州 9-3 油田伴生气与锦州 20-2 气田混合气，混合气经过一系列净化处理后到达涤气罐，并最终进入透平烧嘴进行燃烧。

项目实施后，CEPD 平台与 SLPW 平台通过一台 10.5/3.3kV 容量为 8000kVA 变压器进行连接，组网后 6 台透平发电机为整个锦州 9-3 油田提供电力，电力组网可以优化机组运行方式，最大限度地实现机组高负荷匹配运行，节能效果显著。项目组网后 CEPD 平台常年保持 2 用 1 备的开机方式，但机组负荷率较项目改造前有明显加大；SLPW 平台常年大部分时间保持 1 用 2 备开机方式，少部分时间维持 2 用 1 备开机方式。

项目的节能量计算采用以下方法：假定锦州 9-3 油田一期与二期电力组网项目不改造，仍维持项目改造前平台的供电方式，在机组低负荷率运转下生产同样电力所消耗的能源与组网后机组实际消耗能源的差值。

对此，通过对机组不同负荷下发电单耗计算，锦州 9-3 油田电力组网后，每年可节约天然气 2654 万 m^3，节能量为 31934tce，减排量约为 54965tCO_2e。

1.2.4 番禺油田电力联网优化发电机组运行

(1) 项目实施背景

番禺油田 PY4-2B 和 PY5-1B 平台各自配置四台原油发电机，是典型的孤岛式电站，主柴油机型号为 MAK16M32C，单台发电机额定功率 7680kW，发电机控制系统采用 ABB 公司产品来完成机组启停控制、自动电压调节(AVR)、自动负荷(出力)调节、同期合闸等功能，每组发电机组设置了 1 面主控屏和 1 面就地控制屏，控制屏内设双套冗余的 PM866 控制器，各平台集控室设置 1 台操作员站，操作站采用以太网组网，间隔层采用通过 Profibus、Modbus 总线进行通信，同一平台各机组间通过通信完成负荷分配功能。

油田正常运营期，番禺 PY4-2B 和 PY5-1B 平台有功功率各自为 7500kW 左右(合计 15000kW 左右)，在孤岛电站运行模式下采用四台主机两用两备运行制度，每台主机的功率约为 3750kW，单台主机负载约为额定功率的 47%，长期的低负载运行降低了主机运行的经济性，造成主机原油消耗量的增加。同时由于在线运行主机的数量多，会加速设备的磨损速率，从而导致主机故障率的升高，设备维修费用的增加。

如果能将两个孤岛电站通过升级改造为联合电站，根据电网总负载来核算主发电机的运行数量，优化发电机组运行，提高单机功率，可实现降低原油消耗、减少设备故障率和维修费用的目的。

(2) 项目实施内容

2014 年 PY10-2 平台投产，接入 PY4-2B 平台，2015 年番禺油田将 PY4-2B 和 PY5-1B 平台两个独立的孤岛电站，通过敷设海底电缆和接入 EMS 系统方式进行了电力组网，形成了 8 台发电机组构成的联合电站，为 PY4-2B、PY5-1B、PY10-2 三个平台供电。项目于 2015 年 4 月完成改造，项目新增 35kV 海底电缆、35kV/10kV 变压器、10kV 电抗器、EMS 电气控制柜、工程师操作站等设备，改造了相关电气、仪表等配套设施，完成单机调试、系统联合调试等多项工作。平台组网后，实现了 EMS 对机组的监控、无功调节(AVQC)、有功调节(AGC)等功能。

(3) 项目实施效果

项目实施前，各个平台都需要运行两台发电机组，单机功率低，柴机发电机油运行经济性差，能源浪费严重。项目实施后，整个电网中只需要运行 3 台发电机组，就能满足 PY4-2B、PY5-1B、PY10-2 三个设施的正常生产用电，单机功率约为 65%~70%，由于发电机组运行在合理的负载区间，柴油机排烟温度和工况有一定改善，故障率降低，维保时间相对延长，柴油机运行经济性提高。同时，对比孤岛电站，电力组网后整个电网的稳定性明显提高，当电网中任何一个电站出现故障无法正常供电时，51B 电站或者 42B 电站都可以单独给整个电网供电，所以电网的抗风险性能得到提升，为油田的稳定生产提供了有力的保障。

根据减少一台发电机的日耗油量计算，项目年节能量为 1661tce，有效地节约了能源；同时，润滑油消耗量也有所降低，减少一台主机运行后，节省润滑油费用大约为 36 万元/a。

该项目目前运行良好，为保障电网稳定运行，番禺油田成立电力调度小组，实行 PY4-2B 和 PY5-1B 发电机组轮换运行管理制度，平衡电网中发电机组运行时间。

1.2.5 金县 1-1CEPA 平台油井低压盘电能质量治理

(1) 项目实施背景

金县 1-1 油田位于渤海东部辽东湾海域，油田共建 2 座平台：中心平台(CEPA)和井口平台(WHPB)。中心平台设在南区，井口平台设在北区，2 座平台相距 4.1km。目前 JX1-1CEPA 平台共有生产井 41 口，水源井 1 口，注水井 5 口；JX1-1WHPB 平台共有生产井 26 口，注水井 10 口。

金县 1-1 处理合格后的原油，通过海底管线输送至锦州 25-1 南(JZ25-1S)平台，并通过其外输管线实现外输上岸至绥中 36-1 终端；金县 1-1 油田不设电站，所需用电由 JZ25-1S 平台通过海底电缆提供。

金县 1-1 油田 CEPA 平台电源来自 JZ25-1S 油气田，油井负载经两台 35kV/0.4kV 变压器降压到 400V，2 个进线开关分别为 ACB105/106，母联开关 ACB107，负载包括 31 台施耐德变频器及 9 台华云变频器。施耐德变频器均配备了前置无源滤波柜，用于吸收变频器产生的 5、7 次等谐波，吸收谐波的同时导致了容性无功过补的问题，无功功率对电网会产生严重的影响，主要影响如下：

① 增加供电设备容量。无功功率的增加，会导致电流和视在功率增加，从而使发电机、变压器及其他电气设备容量和导线容量增加。同时，电力用户的启动及控制设备、测量仪表的尺寸和规格也要加大。

② 设备及线路损耗增加。无功功率的增加，使总电流增大，因而使设备及

线路损耗增加。

③ 线路及变压器的电压降增大。如果是冲击性无功功率负载，例如吊车、轧机、泵类等，在启动运行时使电压产生剧烈的波动，使供电质量严重降低。有功功率的波动一般对电网的影响较小，电网电压的波动主要是由于无功功率的波动引起的。电动机在启动期间功率因数很低，这种冲击性无功功率会使电网电压剧烈波动，甚至使连接在同一电网的用户无法正常工作。大容量水泵的频繁启动就会出现此类现象，海上平台的消防泵启动时也会出现这种情况。

④ 使电容器过载发热，加速电容器老化甚至击穿。

⑤ 大大增加了电网中发生谐振的可能。谐振会导致很高的过电压或过电流，进而引起严重的事故。

⑥ 使电力系统各种测量仪表产生误差。

为此，金县 1-1 平台通过科学论证，决定拆除变频器前置无源滤波器的电容器，解决无功过补问题，同时安装有源滤波器，实现集中、精确补偿，既能消除谐波污染，又能有效地解决容性过补问题，提高电网稳定性等，同时通过在电潜泵供电配电盘增加有源滤波补偿装置可大大减小无功损耗，提高设备利用率。

（2）项目实施内容

通过有源滤波补偿技术的应用，改变了在每台变频器入口增加无源滤波器的方式，实现集中、精确补偿，既能消除谐波污染，又能有效地解决容性过补问题，提高电网稳定性等。

改造方案：拆除变频器前置无源滤波器的电容器，解决无功过补问题；安装有源滤波器，实现集中、精确补偿。

（3）项目实施效果

本节能项目实施前，由于电网功率因数偏低，无功损失大，需相应配备高容量变压器，导致流过变压器的电流增大，相应增加了变压器损耗和输电线路损耗。项目实施后，电路中电流降低，相应损耗减少，本项目实际节能量即为变压器损耗减少量和输电线路线缆损耗减少量之和。此外，由于无功功率的降低，相关散热损失减少，变压器间可停用部分通风冷却设备，这部分也应算作本项目的节能量。

项目实施前，JX1-1 CEPA 平台配备的施耐德变频器均配备了前置无源滤波柜，用于吸收变频器产生的 5、7 次等谐波，吸收谐波的同时导致容性无功过补，改造前两台变压器输入端功率因数分别为 0. 58 和 0. 50，功率因数偏低，变压器输出端年平均电流均为 2567A。

改造后变压器输入端干线年平均电流约为 110. 01A，相较于改造前，可得增加有源滤波器后输入端干线年均电流减少了约(117. 93-110. 01)= 7. 92A。

项目投运以来运行平稳，增加有源滤波器后，电路功率因数从之前的 0.4~0.5 左右变为 0.97 左右，无功功率大幅下降，电网稳定性显著改善，变压器的使用容量降低，提高了使用效率，可进行定期倒运维护和保养。

经第三方审核，通过计算实施前、后主要供电变压器损耗、主要线路损耗、主要变压器和海底电缆损耗、附属设备损耗，JX1-1CEPA 低压盘电能质量治理项目报告期实际节能量约为 700.21tce，减少天然气消耗约 523753m^3，温室气体减排量为 1226.49tCO_2e。

1.2.6　锦州 25-1S WHPA 平台低压盘电能质量治理

(1) 项目实施背景

锦州 25-1S WHPA 平台(JZ25-1S WHPA)，生产设备运用了大量电力电子技术，如变频、整流设备及直流设备等，此类设备会产生大量的谐波电流，造成变压器、电缆温度升高、干扰精密设备及仪器的正常工作，甚至会造成安全事故。因此为生产设备提供高质量的电能，是保证生产正常运行的重中之重。为了详细了解 JZ25-1S WHPA 平台供电网电能质量情况，制定一个科学可行、经济适用的解决方案，从而消除电能谐波干扰，提高供电质量，提高生产设备可靠性能与运行的经济性，减少电网安全运行的潜在危害。辽东作业公司于 2013 年对 JZ25-1S WHPA 平台供电系统进行了较全面的电能质量检测。

JZ25-1S WHPA 平台共一个电源进线，经两个 6.3kV/0.4kV 变压器降压到 400V，2 台进线开关编号为 ACB101、ACB102，母联开关编号为 ACB103。负载包括 22 台西门子变频器，且都配备了前置无源滤波柜；现场有 5 台变频器停用。JZ25-1S WHPA 平台配电图见图 1.2.6-1。

通过现场调研与检测发现，JZ25-1S WHPA 平台机采井采用一对一变频器，大量变频器的集中使用，造成电网谐波含量增高。电力系统功率因数为容性 0.68、0.52，而容性无功主要由变频器的前置滤波器的无功电容补偿柜造成；电流畸变 THDI 高达 22.3%~24.4%；谐波含量较多，总谐波电流 250A、160A，其中主要是 5、7、11 次谐波较高，需要进行谐波补偿及无功治理。

(2) 项目实施内容

项目改造的主要内容有：拆除变频器前置无源滤波器的电容器，解决无功过补问题；安装有源滤波器，实现集中、精确补偿。

(3) 项目实施效果

本项目采用的体积小巧且功率密度高、模块化的 APF，大大优于其他一体机，节电效果明显；有源滤波器的应用可以有效地消除电网中产生的谐波污染，提升设备利用率，提高电网稳定性。

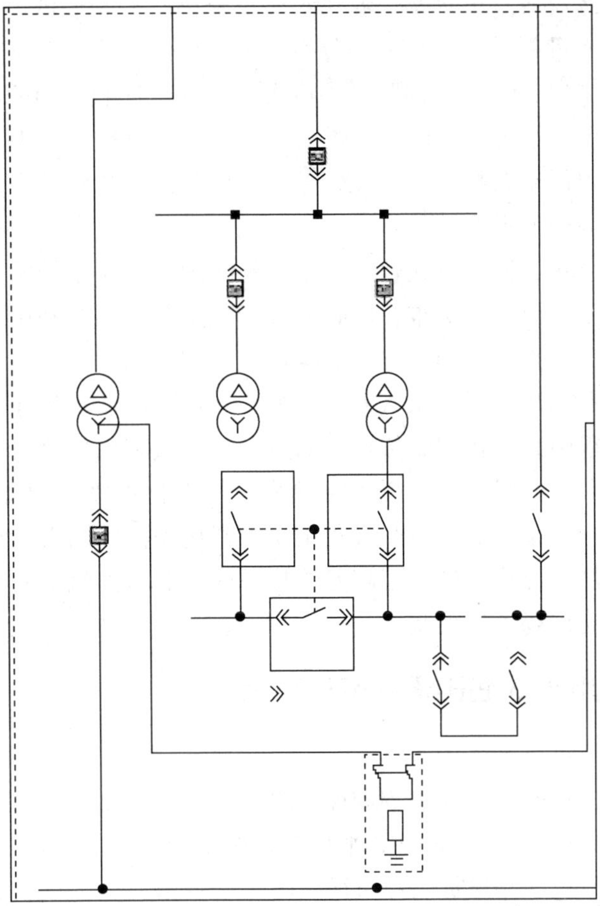

图 1.2.6-1　JZ25-1S WHPA 配电图

项目实施前，ACB101 处每天消耗电量 25368kWh，ACB102 处每天消耗电量 12024kWh，合计耗电 37392kWh，每年耗电 13461120kWh。

项目实施后，ACB101 处每天消耗电量 12720kWh，ACB102 处每天消耗电量 6792kWh，合计耗电 19512kWh，每年耗电 7024320kWh。每年节电为 644 万 kWh，每年节能为 791t 标煤。

1.3　余热回收利用

余热资源属于二次能源，是一次能源或可燃物料转换后的产物，或是燃料燃烧过程中所发出的热量在完成某一工艺过程后所剩下的热量。按照温度品位，工业企业余热一般分为 600℃以上的高温余热，300~600℃的中温余热和 300℃以下的低温余热三种。按照来源，余热又可被分为：工艺物流余热、蒸汽凝液余热、烟气余热、低压蒸汽放空余热及低温热水介质余热。工业余热资源十分丰富且广泛存在于各种生产过程中，在我国，各主要工业部门的余热资源率平均达 7.3%，而余热资源回收率仅 34.9%，回收潜力巨大。目前，回收利用的余热主要来自高温烟气的显热和生产过程中排放的可燃气，且回收情况较好，大部分中高温余热得到了回收；但中低温余热回收情况较差，且中低温余热资源十分丰富，企业大部分余热资源均为中低温余热。

对于中高温余热，回收方式较多且很容易实现，但对于低温余热，回收受到技术条件的限制，回收比较困难，回收的方式主要分为同级利用及升级利用。同级利用指对余热资源直接利用，包括直接对工艺物流加热、产热水用于生产或生活等方式，同级利用热利用率最大可达 100%，节能效果非常好，但同级利用受限较大，利用过程中必须找到温位合适的热阱。升级利用指提高低温余热的品位后再进行利用，利用方式主要有低温余热发电、溴化锂吸收制冷、热泵技术等；升级利用一般热利用率较低，但升级利用受到现场条件的约束较小，可以经过热源温位升级将余热资源热量传导至高温位热源或产低压蒸汽，尤其在利用低温余热发电中几乎不受现场条件限制。

1.3.1 锦州 9-3 油田透平废热利用

(1) 项目实施背景

锦州 9-3 油田原有 2 台功率 5000kW 的热介质油加热炉，设计一用一备。随着 2007 年 WHPA 和 2009 年 WHPB 平台的相继投产，以及 2009 年大泵提液措施的实施，油矿产液量逐年增加，热负荷也随之逐年增大。

从 2008 年开始锦州 9-3 油田实际所需热负荷已超过 5000kW，并且随着时间的推移，锅炉负荷不断衰减，单台热介质锅炉已不能满足油矿的热负荷要求(锦州 9-3 油田实际从 2008 年 12 月起，两台热介质炉同时运转，已经没有备用并且每台热介质炉的燃气阀开度均达到了 70%)，油田所需热负荷最大值为 9566.9kW(2019 年)，热负荷最大缺口 4566.9kW(2019 年)。

锦州 9-3 油田热介质油加热系统，已经不能满足生产的需求，制约了油田的生产作业。针对此现状，辽东作业公司根据锦州 9-3 油田发电机运行情况，计划增加余热回收装置，不需增加能源消耗，利用高温的透平烟气与导热油进行换热来实现导热油的加热，实现废热的综合利用。

(2) 项目实施内容

锦州 9-3 油田透平废热利用项目节能技术原理是利用透平机组的高温废气与加热盘管里循环的导热油进行热交换，从而使导热油达到一定的温度去对用户

(原油)供热。通过各种温度传感器可以分别对烟气的温度和热油出口的温度进行检测、报警和控制。

平台上的燃气锅炉是燃气和空气的混合气体在炉膛内成悬浮燃烧方式。燃气锅炉的效率一般为90%，体积较大，重量较大。换热器实际上是一种锅炉，只是将锅炉中的燃烧器用发电机的尾气取代。在烟气端，锅炉是按照三通结构和热油的强制循环来制造的，并且根据单管原理制造。

本项目采用的废热回收装置盘管都是围绕着同一个中心紧紧盘绕在一起的。这些同轴心盘管是安装在一个气密的壳体内。进出口盘管是连接到经济器出口的集合管上。内部盘管的数量多少取决于主机的功率。内部盘管是相互紧紧盘绕在一起并且用焊接法紧固的。两部分之间的间隙选择是以利于烟气通过时有很高的速度并且使压降保持在容许范围内。高速的烟气使得从烟气到热油有一个很好的传热率，同时，能够保持盘管加热表面的清洁。

该项目改造内容主要包括废热锅炉的安装，将新增废热锅炉接入热能系统，鉴于不同工况的运行方式，新老锅炉采取可单独运行、串联运行的工作方式；保障油田热能的系统稳定运行。

来自热介质系统回油总管的导热油，先经过循环增压泵增压，增压后输送到废热回收装置进油管与废热回收装置内烟气进行热交换(如果新增废热回收装置无法满足平台所需热负荷要求，可再次进入燃料锅炉继续加热)，加热后的导热油从废热回收装置出来输送至锦州 9-3 油田的各个工艺用户。透平机组排出的高温烟气通过透平机尾部的烟道，以对流的形式进入废热回收装置内的换热盘管，换热盘管获得的热量直接传递给导热油，实现导热油的加热。

(3) 项目实施效果

锦州 9-3 油田透平废热利用项目实施后，不但解决了原有热介质油系统供应热量不能满足生产需要的问题，还大大提高了工艺系统的稳定性、安全性和经济性，同时节能效率达到 15.07%。

回收透平高温烟气废热用来加热导热油以减少甚至代替热介质油加热炉消耗，在满足生产的同时，可大幅降低燃料消耗，十分值得在同类型海上油气田推广。

透平余热回收项目实施后，锦州 9-3 油矿单位产品天然气消耗由项目实施前的 72.11kgce/t 下降到项目实施后的 61.24kgce/t，下降幅度为 15.07%。

依据《节能技改项目节能量审核规范》(Q/HS 13014—2012)计算，锦州 9-3 油矿透平余热回收项目实际年节能量为 7435t 标准煤，节能效率达到 15.07%，可减排温室气体 12630tCO_2e。

1.3.2 绥中 36-1 处理厂溴化锂空调改造

（1）项目实施背景

绥中 36-1 处理厂现有三台热介质锅炉，两用一备，烟气温度为 200～300℃左右，单台烟气量 6000Nm³/h，溴化锂空调改造项目实施前，热介质锅炉排烟直接排放至大气，烟气所蕴含的热能未能得到有效利用。同时，绥中 36-1 终端随季节不同有较大的热负荷与冷负荷，终端处理厂热负荷与冷负荷分别需要依赖终端处理厂的两台蒸汽锅炉和中央空调提供。

为充分利用处理厂余热资源，2012 年终端计划开展溴化锂空调改造项目，经过广泛的专家讨论与征求意见，终端最终决定新建一台溴化锂空调机组，同时新添置热油换热器以满足终端夏季和采暖季的冷、热负荷需求。

不同于常见的家用压缩式空调制冷，溴化锂空调属于吸收式制冷，利用蒸发吸热的原理设计，是以蒸汽为动力，以水及水蒸气为制冷剂、以溴化锂溶液为吸收剂的制冷设备，可制取 5～10℃的冷水，作为大型中央空调及工艺用冷的冷源。

正常条件下，水要达到 100℃才会蒸发，但是在真空条件下，水的蒸发温度将降低，溴化锂是一种吸水性极强的盐类物质，可以连续不断地将周围的水蒸气吸收，在密闭的容器中，即可实现容器内的真空度，同时作为补充一般溴化锂机组配备小型真空泵。

溴化锂吸收式制冷机组主要由吸收器、发生器（高温再生器）、冷凝器和蒸发器四部分组成的。其具体的制冷流程如下：

从吸收器出来的溴化锂稀溶液，由发生器泵升压去溶液热交换器，在此与发生器出来的高温溴化锂浓溶液换热后进入发生器。溴化锂稀溶液在发生器中被传热管内热源加热，温度升高，分离出水蒸气和溴化锂浓溶液，水蒸气经挡液板进入冷凝器，溴化锂浓溶液回到吸收器。冷凝器的传热管内通入冷却水，管外的水蒸气被冷却水冷却，冷凝成水，此即冷剂水。积聚在冷凝器下部的冷剂水经节流后进入蒸发器，经蒸发器喷淋管上的喷嘴喷淋到一组换热管簇的外表面上，骤然蒸发，吸收流过管内的冷媒水的热量，使冷媒水降温，冷媒水通过换热器对冷却对象进行冷却，达到制冷目的。蒸发出来的冷剂水蒸气进入吸收器，被由吸收器泵送来的溴化锂浓溶液所吸收，溴化锂浓溶液吸收了水蒸气后成为稀溶液，聚集在吸收器底部，由发生器泵送到发生器，如此循环进行。

（2）项目实施内容

项目主要工程量包括：在终端新建一台溴化锂空调机组、一台烟气换热器、一台热油换热器、配套循环水泵及烟气引风机等。

通过利用处理厂锅炉烟气余热实现冬季供暖，夏季新楼制冷，达到节能降耗的目的。夏季，烟气通过烟气换热器换热置换出热水，驱动溴化锂空调机组，溴化锂空调机组产出 7~12℃冷媒水，冷媒水通过原有新楼供冷盘管经风冷对新楼降温，替代原中央空调系统电力空调。冬季则利用烟气换热器置换出的热水并入原供暖系统，替代或补充原有供暖系统蒸汽锅炉，达到节约能源，减少排放的目的。

余热利用系统夏季制冷示意图见图 1. 3. 2-1。

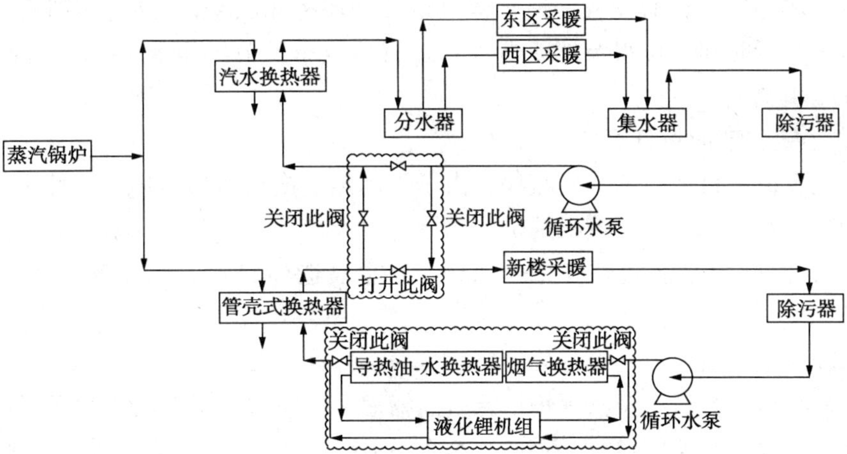

图 1. 3. 2-1　夏季流程图

余热利用系统冬季采暖示意图见图 1. 3. 2-2。

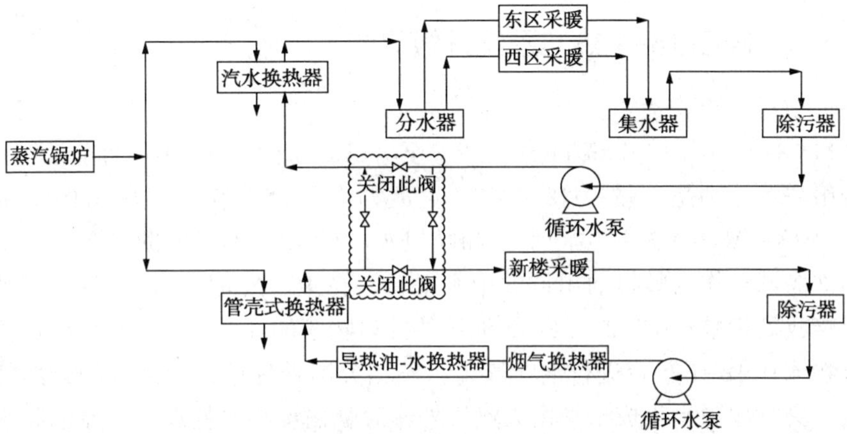

图 1. 3. 2-2　冬季流程图

(3) 项目实施效果

绥中 36-1 处理厂溴化锂空调改造项目投入运行后，既能节约电能消耗，又能替代或部分替代原中央空调制冷机及原有蒸汽锅炉，降低了排烟温度，减少了燃料的消耗，同时降低了碳排放，减少了对大气的污染。

① 夏季节能量计算。

节能改造项目运行后，原先功率为 155kW 的中央空调停止运行，改由溴化锂空调完成相应冷负荷任务，溴化锂机组总功率为 46.3kW，结合实施后夏季溴化锂机组运行时间，可得节能改造项目运行后夏季可节约用电 19.3 万 kWh，折合约 65.64t 标煤。

② 采暖季节能量计算。

节能改造项目运行前、后相比，由于采用热油换热器加热热水，且热水并入原有的热水管网，节约了蒸汽锅炉的部分燃料消耗，实施前蒸汽锅炉原油消耗量 519.4m^3，实施后原油消耗量 237.2m^3，节能改造项目运行后采暖季产生节能量为：

采暖季烟气引风机耗电量为：11×4344=47784kWh。

节能项目运行后，蒸汽锅炉运行时间缩短，相应减少了蒸汽锅炉燃料进料泵的电耗，以蒸汽锅炉运行时间缩短 5 个月(150 天)计算，采暖季可节约原油 260.7t，同时多耗电力 27840kWh，采暖季节能量折合约 363t 标煤。

经计算，项目实施后，年节约电力 16.5 万 kWh，节约原油 260.7t，该项目全年节能量折合约 428.6t 标煤，可减少温室气体排放 971.2tCO_2e。

1.3.3 歧口 18-1 热油系统升级改造

(1) 项目实施背景

歧口 18-1 油田 1997 年 11 月投产，至今已安全生产 19 年。目前油田设置 4 个平台组块，分别是：歧口 18-1APP 生活动力平台、歧口 18-1WHP1 生产平台、歧口 18-1WHP1 外挂生产平台和歧口 18-1PAPA 生产辅助平台。油田位于渤海西部海域，作为歧口油田群的中心平台，在生产处理油田自产物流的同时，还肩负接收处理歧口 17-2 和 17-3 油田的井口物流的任务。即：歧口油田群生产的所有物流在 18-1 平台进行油、气、水三相分离处理后，天然气经天然气压缩机增压、三甘醇脱水生成干气由天然气外输海管输至渤西处理厂，原油脱水经外输泵增压由原油外输海管输至渤西处理厂，油田群所产生产水经平台生产水处理系统处理后回注地层。

2009 年公司新增渤西南联网供气系统，歧口 18-1 油田作为系统运行的中心枢纽，通过98km海底管线接收处理渤南油田群、曹妃甸油田群和渤中13-1平台产出的天然气，并经平台加热脱水处理后连同歧口本油田群所产天然气混合一同输至渤西处理厂，为天津市稳定持续提供清洁合格的民用气。此系统的运行，在发挥区域优势、整合优化资源方面，拓展了海上油田生产的新模式。

歧口18-1平台综合调整项目投入后，PAPA平台新增两台废热回收装置，给新平台的热用户提供热量。APP平台有两台热介质锅炉，为APP及WHP1平台热用户提供热量；废热回收装置是依靠透平排出的烟气给热介质进行加热，加热后的热油为热用户加热。而APP平台锅炉运行时需消耗大量的天然气，给热油加热；PAPA平台废热回收装置热功率较大，而PAPA平台热用户较少。考虑到能源节省方面，渤西作业公司计划将新老平台的热油系统升级改造。

（2）项目实施内容

通过管线改造将APP及WHP1平台热油系统接入PAPA平台废热回收装置，利用此装置的废热为平台所有热用户提供热源。

热油系统改造前，APP及WHP1平台热油系统使用年限较长，控温系统不稳定；PAPA平台因热用户少，透平烟气余热提供量较大，导致废热回收系统与透平不匹配，废热回收装置稳定性差。项目实施后，充分利用了透平烟气余热，同时应用了新装置的温控系统，显著提高了热油系统和废热回收系统的稳定性。

（3）项目实施效果

经计算，该节能项目年节能量930.71t标准煤，减少了天然气消耗658677m^3，年减少温室气体排放1697.82tCO_2。

歧口18-1热油系统升级改造项目，停用APP平台两台热介质炉，利用PAPA平台现有废热回收装置加热导热油，为整个QK18-1平台热用户提供热源，投资小、收益大，节能减排效果明显，同时提高了生产系统的可靠性和稳定性，对于依托建设的项目提供了很好的参考。

1.3.4 珠海终端外输压缩机加装余热回收

（1）项目实施背景

珠海终端所用两台美国索拉MARS 90透平压缩机组，设置为一用一备，其中透平机组的高温尾气直接排放至大气中；同时，终端建有一套11000kW导热油炉，在导热油炉运行过程中，若终端仅有一套11000kW的导热油炉，在事故状态及检修状态下会影响终端的正常生产；导热油炉功率较高，消耗燃料过多，节能效果差。

针对以上情况，终端规划新建一套5000kW导热油炉及11000kW余热回收装置，可实现在已建导热油炉事故状态下及检修状态下珠海终端装置的正常生产；通过使用小功率热媒炉及利用 Solar 机组高温尾气相结合的方式对导热油进行加热，减少燃料气的消耗，提高节能效果。

（2）项目实施内容

珠海终端对新建余热回收装置开展了详细论证，单台透平压缩机组的尾气排放量为 118565～151144kg/h，尾气排放温度为 404～497℃，经计算可回收利用的热量在 6770～10460kW/台。

为了最大限度地回收和利用透平压缩机组的余热，同时又保证余热回收装置的出力相对稳定，将余热回收装置的出力设定为 11000kW（实际最低出力设定在 7000kW），因此为了保证天然气处理工艺的正常运行终端确定还需增设一台 5000kW 导热油炉。当余热回收热量不能满足工艺用热时启动新增导热油炉，将导热油温度提升至工艺用热温度。

针对上述供热方案，对已建导热油主循环泵工况进行校核。其中：工艺用热设备压降 0.15MPa（天然气专业提供），管网阻力 0.15MPa（阻力计算），余热回收装置压降 0.15MPa（厂家提供），新增导热油炉压降 0.15MPa（厂家提供），加热炉区管网压降 0.1MPa（阻力计算），总计 0.7MPa，循环泵厂家答复意见为在系统总压降 0.7MPa 工况下，导热油主循环泵流量能达到 288m^3/h，可以满足正常生产要求，因此不需更换导热油循环泵。此外，待余热回收装置订货后需确定导热油换热设备高度是否高过已建导热油膨胀罐，若高于膨胀罐需相应架高膨胀罐，保证导热油系统正常运行。终端膨胀罐高度实际是高于余热回收装置高度的，因此也无需架高膨胀罐。

经过详细论证、设计安装等，终端于 2010 年建成一套 5000kW 导热油炉及 11000kW 余热回收装置，项目建成后与之前已建 11000kW 导热油炉采用一用一备方式运行。

（3）项目实施效果

余热回收装置投用之后，正常工况下原 11000kW 导热油炉停用，仅使用余热回收装置及 5000kW 热媒炉为生产工艺提供热量，且 5000kW 导热油炉仅作为备用，当余热回收装置出口温度满足工艺要求时可不启动新增 5000kW 热媒炉。改进后燃料气用量大大减少，节能效果十分明显。

根据终端实际测算，改进后若三通挡板阀保持 66%的开度，每外输 1 万 m^3 天然气时节约燃气量为 17.68Nm^3，每年可节约燃气量为 284.6 万 Nm^3，节能量为 3456.5t 标煤。若三通挡板阀全开，两台导热油炉停用，每外输 1 万 m^{3}天然气时节约热媒炉所需的燃气量为 31.0Nm^3，每年可节约燃气量约 498.9 万 Nm^3，节能量为 6058.6t 标煤。

1.3.5 海洋石油 115 FPSO 主机尾气余热利用

(1) 项目实施背景

海洋石油 115FPSO 服役于中国南海片区西江 23-1 油田，该 FPSO 配备了 3 台柴油原油双燃料往复式发电机组，为 FPSO 和 DPP 平台的用电设备供电。该发电机组由芬兰 Wartsila 公司生产。在一般情况下，3 台发电机组中的 2 台运行，另 1 台备用。正常运行情况下，两台主机的运行负荷在 50%~60%左右。每台主机尾气排放量约为 7kg/s(50%负荷)~14.9kg/s(100%负荷)，排烟温度达到 350℃左右。主机尾气中存在大量的废热，这些废热直接排放在大气中，一方面造成能源的浪费，另一方面也造成环境的污染。

与此同时，海洋石油 115FPSO 由于工艺加热需求，配置了一套热介质系统，系统由 3 台 9000kW 热介质锅炉、4 台热介质循环泵、1 个热介质膨胀罐组成。热介质锅炉是该系统的核心设备，安装在热站右舷模块上，锅炉燃料为原油。热介质油经过热介质锅炉加热后，温度从 85℃左右提升到 107℃左右，用于货油仓等各个工艺环节的加热。油田正常生产时，热介质锅炉 1 用 2 备，平均每天消耗原油量约为 15m^3。

(2) 项目实施内容

经过详细分析，西江油田决定对 FPSO 主机尾气的余热加以利用，用于加热热介质系统的热介质油，从而取代或部分取代原系统的锅炉加热，以大量减少海洋石油 115FPSO 热介质锅炉燃油消耗，同时减少主机尾气余热浪费及节约锅炉的维修保养成本，实现良好的经济效益和社会效益。

经调研 FPSO 选用立式余热回收装置，立式余热回收装置占用 FPSO 面积更小。3 台余热回收装置形成一个余热回收装置系统，每台之间采取并联的方式运行，每台余热回收装置都有一个旁通阀，用于余热回收装置不运行时热油直接旁通到其他余热回收装置或其他地方。原有的 3 台燃油锅炉 A/B/C 组合成一个燃油锅炉系统，每台之间都是并联方式运行。原有的 3 台循环泵组成一个循环泵系统，每台之间都是并联运行。燃油锅炉与余热回收系统采取并联的方式运行。从循环泵系统经过循环泵加压的热油可以同时进入燃油锅炉系统和进入余热回收装置系统或者进入其中的一个系统。

热油系统流程简图见图 1.3.5-1。

(3) 项目实施效果

余热回收装置投用后，大大减少了锅炉的原油消耗，节约能源的同时减少了大气污染物及温室气体排放。根据统计台账，海洋石油 115FPSO 2013 年至 2016 年的原油年度平均消耗量为 5371.12m^3，平均日消耗量 14.92m^3。项目投入运营

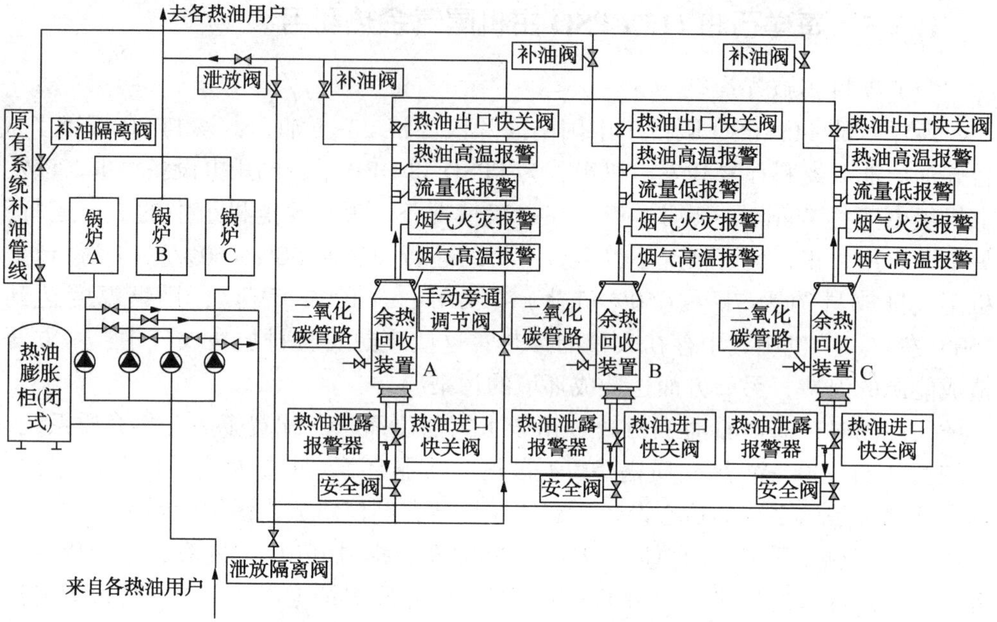

图 1.3.5-1　热油系统流程简图

可基本取代原锅炉，导热油加热完全在余热回收装置进行。项目实施后全年可节省原油 5072.72m^3，节能量为 5870tce，同时减少烟气排放量 2500 万 m^3，减少二氧化碳排放量 6000t，减少粉尘排放量 1300kg。原油单价按照 50 美元/桶，实际年节省费用为 1098.4 万元。

1.3.6　西江 24-3 平台与西江 30-2 平台生产水低温余热利用

(1) 项目实施背景

西江油田位于香港东南面 130km 处的珠江盆地，海上生产设施由 5 个平台和一个浮式生产、储油和卸货轮(FPSO)组成。生产平台分为生产区域和生活区域。电力供应由自备的双燃油发电机组提供，可以使用自产的原油发电，也可使用供应船运输来的柴油发电。平台一般情况下容纳 100~120 人生活和工作，高峰时可容纳 150 人生活和工作。

平台生活区通过具有加热、通风和温度调节功能的中央空调(HVAC)系统来提供适宜的生活、工作温度。该系统包括制冷机(Chiller)、补充空气装置(Make Up Air Unit)、空气调节装置(Air Handling Unit)、空气加热导管(Heater)、送风及排风机(Ventilation Fan)和控制面板(Control Panel)。西江油田 1994 年投产的西江 24-3 平台与 1995 年投产的西江 30-2 平台各配备了两组美国开利螺杆压缩制冷机组作为中央空调系统的制冷源，一备一用，为生活区及平台电器控制房提供冷气。制冷机组系统由三个子系统组成，即核心的压缩制冷机、带走冷冻媒热量的冷却海水系统和把制冷机产生的冷量带出制冷机并用来降低补充进生活区的空气温度的冷水系统，每组制冷机的压缩机由两台额定功率为63kW的螺杆压缩机组成。制冷机通过电力驱动压缩机，不断把吸热后蒸发的冷媒介质R134A加压后液化，冷媒通过吸热来降低冷水系统中的冷水温度。冷水循环系统通过电泵不断把降温后的低温冷水送至热交换器，以降低补充进生活区的空气温度。供给平台生活区的空气流经充满冷水的交换器，降低温度后经送风系统被送至终端用户，室内的部分空气则通过排风系统被送出生活区，实现生活区内的空气流通及降温目的。当冬天室外气温寒冷，送入室内的空气会被温控器控制的空气电加热导管加热，起到升高温度的目的。

平台除生活区的中央空调以外，在生产区有两个生产油井电潜泵变频调速控制器房，各有一组独立的船用风冷空调机组，每组有四台17.5kW的压缩制冷机。生产区的两个风冷空调机组没有冷水循环系统，柱塞式压缩制冷机直接把吸入的室内空气降温，再送回房间，实现室内空气降温后的内循环，压缩机制冷时产生的热量由室外的散热风扇排走。

西江24-3平台与西江30-2平台油井每天从井下抽取的油水混合液经分离、处理合格后排放大海的生产水量分别为38000m^3/d和46000m^3/d，温度在82～86℃左右，含油浓度在20mg/L以下，该生产水的热量是可利用的低温余热资源，生产水直接排海造成了能源的浪费。

（2）项目实施内容

为响应国家节能号召，回收生产水余热，西江油田在2007年12月研究决定在两个平台上各用一台溴化锂吸收式制冷机组替换原有的螺杆压缩机制冷机组作为中央空调系统制冷机，留一组压缩机制冷机组在平台停产的情况下使用。在正常生产情况下，利用生产水的余热，由溴化锂吸收式制冷机为平台提供冷源，减少电力消耗，进而节约发电用燃油。

西江油田进行的溴化锂空调改造项目只对中央空调的六大系统制冷机(Chiller)、补充空气装置(Make Up Air Unit)、空气调节装置(Air Handling Unit)、空气加热导管(

Heater)、送风及排风机(Ventilation Fan)和控制面板(Control Panel)中的制冷机进行替换，未涉及其他五个系统。改造后，原生产区两个生产油井电潜泵变频调速控制器房的制冷机组被拆除，改由中央空调系统提供冷气。改造后中央空调工艺流程图见图1.3.6-1。

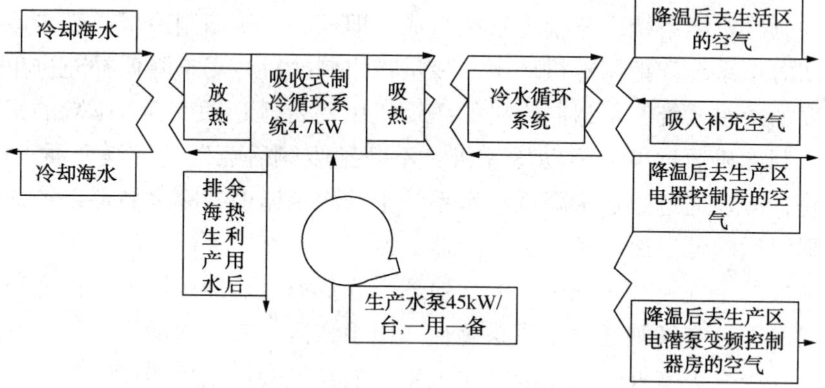

图 1.3.6-1　改造后中央空调工艺流程图

(3) 项目实施效果

中央空调系统改造后，两个平台中央空调原制冷机及独立空调停用，节约了电力消耗；溴化锂制冷机主机及热源水泵在运行过程中需消耗电力，但消耗的电量远低于原制冷机及独立空调消耗的电量。

项目年节约原油 703.1t，节能量为 1004.4tce，年可少排放二氧化碳 2644t，二氧化硫 0.997t。项目投资回收期为 5.77 年。如果新平台设计时考虑安装吸收式制冷机的使用，整个建设成本会比西江的改造工程降低很多，投资回收期也会相应缩短。

利用海上石油生产水的余热在我国海洋石油生产过程中有广泛的适用性，溴化锂空调项目在西江油田的成功使用为该项技术在海洋石油行业的广泛使用起到一个良好的示范作用，为其他油田的空调系统的开发或改造多了一个参考方案。

1.3.7　海洋石油 111FPSO 主机尾气余热利用

(1) 项目实施背景

番禺油田"海洋石油 111"FPSO 位于中国南海珠江口盆地的番禺油田(北纬 20 度 51.05 分，东经 114 度 42.3 分)，依靠单点系泊于番禺 4-2A、B 和 5-1A、B 等井口平台之间，海域平均水深 100m。作为番禺油田的海上终端，"海洋石油 111"FPSO 为番禺 4-2 和 5-1 等油田提供原油生产、储运、外输以及平台配电等服务。

"海洋石油 111"FPSO 上配有 5 台 Caterpillar 原油/柴油发电机组，为 FPSO 及周边平台提供生产和生活用电，另有 2 台燃油热介质锅炉为 FPSO 生产供热。主机所产生的尾气直接放空。为响应国家和总公司节能减排的号召，"海洋石油 111"针对主机尾气热能回收利用进行了可行性研究，确定了利用废热回收装置吸收 FPSO 上的主机尾气的废热来替代热介质锅炉给导热油加热的方案，从而替代部分原油，大幅降低原油使用量。

(2) 项目实施内容

“海洋石油 111”FPSO 四套余热回收装置是分批建立的，其中，2013 年 7 月建成 2 套余热回收装置，为“海洋石油 111”FPSO 余热回收项目一期，用于回收 4#和 5#原油/柴油发电机组的烟气余热；2014 年 10 月建成另外 2 套余热回收装置，为余热回收项目二期，用于回收 2#和 3#原油/柴油发电机组的烟气余热。

“海洋石油 111”FPSO 余热回收系统与原有燃油锅炉系统采取并联的方式运行，这样余热回收装置与热介质油加热炉可以互为备用，也可相互补充，在保证安全生产的同时，可以完全取代热介质油加热炉的消耗，从而大幅度降低能源消耗。从循环泵系统经过循环泵加压的热油进入余热回收装置系统，经过余热回收装置系统加热后的热油经过节流孔板后直接到达热油分配系统，经过分配系统供给到各个舱室加热。

新增余热回收装置后热介质系统示意图如图 1.3.7-1 所示。

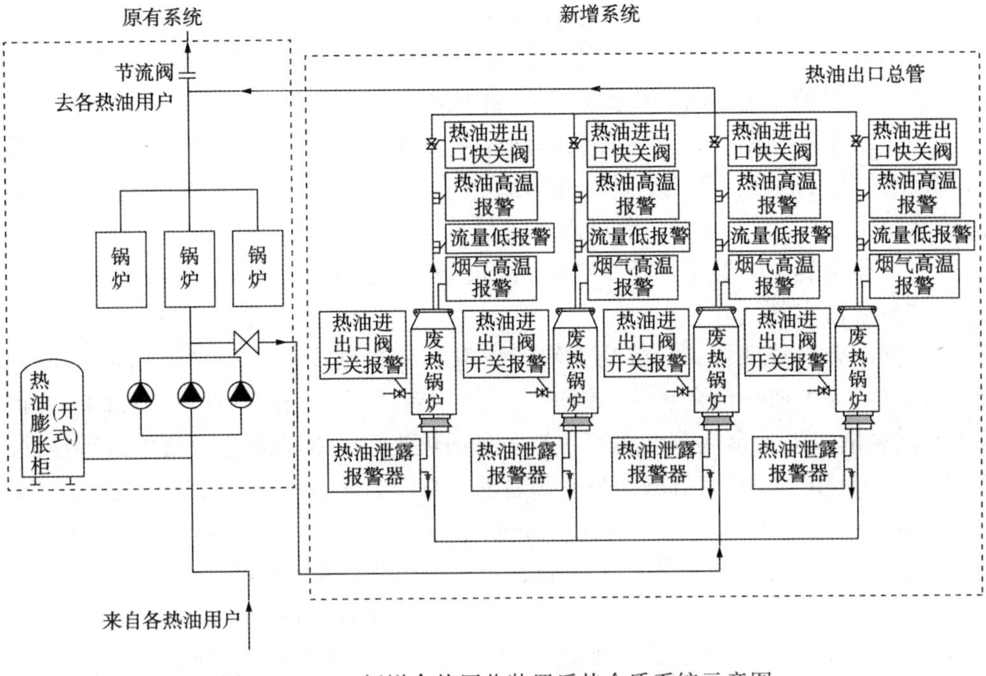

图 1.3.7-1 新增余热回收装置后热介质系统示意图

(3) 项目实施效果

项目实施后，高温尾气废热得到了有效利用，大幅降低锅炉原油消耗的同时减少了污染物及温室气体的排放。经测算，锅炉单位产品原油消耗由项目实施前的1.04kgce/t下降到项目实施后的0.36kgce/t，可产生节能量2267.95tce，节能效率达到65.38%，产生了非常好的节能效果，同时年减排量为4817.30tCO_2e，排放量大幅度下降。该项目投资为1917.0168万元，静态年成本节约额539.35万元，项目静态投资回收期4.6年。

1.3.8 东方终端余热回收

(1) 项目实施背景

东方终端三台Solar C40燃气透平压缩机组用于管输天然气增压，正常生产时2用1备。三台Solar C40燃气透平装置均未设余热回收装置，产生的450℃左右的高温烟气直接排至大气，造成严重的能源浪费。按GB/T 1028—2000《工业余热术语、分类、等级及余热资源量计算方法》定义，400℃以上的烟气属一等余热资源，按该标准规定："一等余热资源应优先回收"。同时，东方终端正常生产过程中又需要消耗大量的蒸汽(约33t/h)，设计上安装了5台蒸汽锅炉，这些蒸汽全部由燃气蒸汽锅炉提供，每年消耗大量燃料。如能将Solar C40燃气透平烟气余热回收，用于生产蒸汽，不仅可以部分替代现有蒸汽锅炉的热负荷，降低天然气消耗，甚至可在满足蒸汽需求的前提下，停一台燃气蒸汽锅炉，实现现有的5台蒸汽锅炉3用2备，提高东方终端供热的安全性和可靠性。

为实现余热利用，东方终端余热回收项目在Solar C40燃气透平后增加一台17t/h余热蒸汽锅炉，余热锅炉选用卧式、单压、无补燃、自然循环锅炉，余热锅炉系统由烟气进口烟道、余热锅炉本体、烟气出口烟道组成。烟气经过蒸发器、省煤器换热后，温度降至140℃，经过烟囱排到大气。

(2) 项目实施内容

根据东方终端现状，为节约天然气燃料并减少碳排放，在三台Centaur40透平机现有流程中加一台余热蒸汽锅炉。来自三台透平中任意两台的10800kg/h的450℃高温烟气进入余热蒸汽锅炉，与来自锅炉进口管线的蒸汽冷凝水进行换热，使之产生15t/h的180℃蒸汽，被冷却后的150℃左右烟气经烟道排至大气。该余热蒸汽锅炉产生的15t/h蒸汽进入原有蒸汽系统，与原有燃气锅炉一起为东方终端的脱碳流程提供热力资源，节约部分燃气锅炉的天然气原料。

为实现余热利用，在Centaur40燃气透平后增加一台17t/h余热蒸汽锅炉，利用Centaur40排放的高温烟气加热产生蒸汽并输入现有蒸汽管网。东方终端余热蒸汽锅炉原理图如图1.3.8-1所示。

(3) 项目实施效果

Centaur40型燃气透平机组加装余热锅炉进行节能改造后，综合热效率将大幅度提高。运行参数下，余热锅炉可以产生15.88t/h左右的饱和蒸汽，可替代

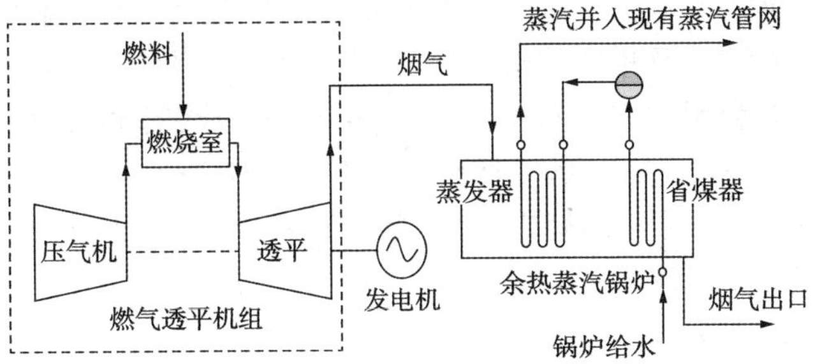

图 1.3.8-1 东方终端余热蒸汽锅炉原理图

一台现有的 15t/h 的蒸汽锅炉，每年可节约纯烃天然气 1100 万 m^3，折标准煤 12100tce，节能效果显著。

利用余热锅炉代替部分蒸汽锅炉后，所节省下来的天然气费用，可以在 3.54 年后回收余热锅炉的投资，由于所选择的余热锅炉的设计运行寿命是 30 年，因此，在投资回收之后的 26.46 年里，每年可节约燃料气 1100 万 m^3，燃料气价格按 1.5 元/m^3，余热锅炉每年可以为终端节省 1650 万元的成本费。该项目总投资 3550 万元，投入产出比为 1∶1.5，产生了很好的经济效益。

改造后，排烟温度分别从 442℃降低到 144℃，减少了烟气的热污染。同时，每年可减排 CO_2约 18785t、SO_2约 1000t、NO_x约 352t，减少烟尘排放 180t，大大减少了温室气体和尾气中污染物质的排放。

1.3.9 涠洲终端透平发电机余热发电

(1) 项目实施背景

涠洲终端建设时安装有四台西门子公司生产的 Typhoon73 型燃气轮机发电机组，为满足日益增长的电力负荷需求，“十二五”期间，扩建了两台 6MW UGT6000 型燃气轮机发电机组。这些燃气轮机均采用简单循环运行方式，天然气燃料的能量除 28%左右用于发电外，其余大部分热能都通过燃气轮机烟气直接排入大气，不仅造成了环境的热污染，增加了二氧化碳的排放，更是一种能源的浪费。湛江分公司决定针对涠洲终端四台 Typhoon73 型燃气轮机发电机组和两台 UGT6000 型燃气轮机发电机组烟气余热利用的可行性进行相关的技术研究。

(2) 项目实施内容

涠洲终端有四台 Typhoon73 型燃气轮机发电机组，在 ISO 条件下的输出功率为 4800kW，排烟温度 517℃，设计运行方式为二用二备，目前实际运行方式为三用一备。余热发电项目四台 Typhoon73 型燃气轮机发电机组配置一台双压余热锅炉。余热锅炉产生的中低压蒸汽分别经中、低压蒸汽母管引入汽轮发电机组主汽口和补汽口，推动发电机发电。同时配套相应的化学水处理系统、除氧给水系统，循环冷却水系统以及相应的电气和控制等设备和系统，构成海水冷却燃-蒸联合循环发电余热利用方式。利用两台 Typhoon73 型燃气轮机烟气余热可产生中温中压过热蒸汽 13t/h 左右、低温低压过热蒸汽 2.4t/h，可供汽轮发电机组发出 3139kW 电力，排烟温度从 443℃左右降至 121.4℃以下，从而大幅度减少高温烟气直接排空带来的环境污染。

(3) 项目实施效果

根据涠洲终端发电厂燃气轮机简单循环运行数据，Typhoon73 型燃气轮机发电机组现场工况下发电天然气气耗约 0.5674Nm^3/kW，UGT6000 型燃气轮机发电机组现场工况下发电天然气气耗约 0.5646Nm^3/kW。二者较为接近，全站平均气耗为 0.566Nm^3/kW。本项目投产后，联合循环中的汽轮机发电量为 8142kW，折算成燃气轮机简单循环，需消耗天然气 4608Nm^3/h。按年运行 8000h 计算，相当于年节约天然气 36866976m^3。

Typhoon73 型燃气轮机和 UGT6000 型燃气轮机加装余热锅炉进行节能改造后，综合热效率将大幅度提高。运行参数下，燃气轮机烟气中，约共有 397.11t/h 的高温烟气进入余热锅炉，可以产生 35.8t/h 左右的蒸汽，发电 8142kW，节能效果显著，而且大幅度减少了 CO_2 排放。实施燃气轮机烟气余热利用改造后，排烟温度分别从 447℃和 389℃降低到 115.6℃和 125.4℃，大大减少了烟气的热污染。

1.3.10 涠洲 12-1PUQB 透平机组余热回收项目

(1) 项目实施背景

涠洲 12-8W/6-12 油田位于南海北部湾盆地，2013 年建成试生产。涠洲 12-8W/6-12 油田由 WZ12-8W 井口平台、WZ6-12 井口平台和 WZ12-1PUQB 中心处理平台组成。WZ12-1PUQB 平台处理来自 WZ12-8W 和 WZ6-12 两井口平台原油，进行油、气、水分离，此外 WZ12-1PUQB 平台还处理来自涠洲油田作业区原油，进行脱水处理，把处理合格的原油输送到涠洲终端进行储存销售。WZ12-1PUQB 平台合营处理系统年处理液量 60 万 m^{3}左右，自营系统年处理液量 300 万 m^{3}左右。

WZ12-1PUQB 平台设有三台透平发电机，如不增加余热回收项目，用燃气锅炉为油田用热用户提供热能，预计每天消耗燃气 1.39 万 m^3，同时透平高温尾气直接排到大气中，没有实现废热的有效利用。为实现节能减排的目的，WZ12-1PUQB 平台透平发电机安装三台 7000kW 的余热回收装置，回收透平尾气高温余热为工艺处理系统提供热能。

（2）项目实施内容

该项目共投资510万，涉及的工程内容为增加余热回收系统，主要增加部件有余热回收装置(附有安全保护及流量监测系统)、烟道、挡板阀、消音器、二氧化碳灭火系统、导热油循环泵及旁通调节撬块(与热介质锅炉共用)、仪表自控系统等。

（3）项目实施效果

余热回收装置每天可节省燃气消耗1.39万 m^3，节约下来的燃气通过WZ12-1PUQB压缩机经WZ12-1平台输送到涠洲终端进行销售，涠洲终端销售燃气价格0.77元/m^3，每天余热回收装置节约燃气价值1.07万元，年经济效益可达320万元。

涠洲12-1PUQB透平机组余热回收项目利用烟气废热加热导热油进行热量回收，大大减少了燃料气的消耗，年节能量6509tce，年经济效益320万元，节能减排效果十分明显。

1.3.11　番禺5-1A平台中央空调系统优化

（1）项目实施背景

番禺5-1A平台的两套中央空调机组是平台上的关键设备，为平台上的生活区提供恒定的温度，同时为生产区的所有开关间提供持续的冷风，以保障人员的舒适度和开关间电气设备的正常运行。

平台主空调系统存在着以下不足之处：

① 平台主空调系统的AHU温度传感器采样位置不合适，采集的温度为送风温度，并不是室内温度，故当室内温度不稳定时，会影响室内环境。通常来说，空调温度传感器是安装在回风管道上，才能控制室内温度。

② 冷凝器的安装方式和管线的连接存在不足之处，影响空调的整体制冷效果，压缩机效率大大降低，并且浪费了大量的电能。

③ 冷冻水处理系统存在着不足之处，导致整个系统的制冷效果低下，而且水的冰点为0℃，如果中央空调出现故障会导致蒸发器内部的管线因结冰而涨破，不仅影响中央空调的正常使用，而且还增加了蒸发器的维修费用。

（2）项目实施内容

① 对AHU生活区的温度传感器位置进行重新安装，调整设定点温度。

对AHU生活区的温度传感器位置进行重新安装。将原系统安装在供风管道上的温度探头与设置在回风管道上的湿度传感器的位置对调，对应的接线端子对调。生活区回风温度设定范围为20～30℃之间，流量阀的开度将在0%～100%。根据回风温度设定范围变化来自动调节供水量的大小，以实现热交换的平衡，保持室温的恒定。同时，起到了节能降耗的作用。

具体调整方案如下：

(a) FCV-001 是对生活区温度进行控制的冷却水量旁通回流调节阀，原控制原理是根据空调 AHU-6601 的送风温度进行调节(设定温度为 15℃)，现将空调的送风温度传感器放置到回风处(设定温度为 25℃)，在回风处有个湿度传感器，此传感器没有参与逻辑，故只需调整两个探头位置，在 PLC 柜内调换两个端子的接线，这样做就不用修改程序。

(b)FCV-001 控制程序说明(不需要修改程序，只需修改相关数据说明)

空调 AHU-6601 送风温度(改造后为回风温度)整定在 0~50℃之间，设定点原设定为 15℃，现已设定为 25℃；传感器的温度与设定温度 15℃(现 25℃)比较，如果大于这个温度，且保持 10s(现修改 1s)后，将阀的开度减少 1%，这样冷却水量回流减少，去主流管线的冷却水量就变大。

② 对平台中央空调机组的冷凝器进行优化改造。

平台中央空调机组迎风面的冷凝器原安装不合理，造成制冷机组冷凝温度上升影响制冷效率，过冷度减小系统压力增高，使得机组的制冷量下降，没有达到最佳效果。平台对冷凝器的进出口管线进行重新连接，优化冷凝器的结构，改造优化后的冷凝器，冷却效果改善了很多，制冷效果大大提高。

③ 对封闭冷却水加药净化，提高冷却效果。

番禺 5-1A 平台的冷冻循环水一直是使用的经平台造水机处理后的水，导致管线内部容易出现锈蚀，蒸发器的使用寿命降低，而且水的冰点为 0℃，如果中央空调出现故障会导致蒸发器内部的管线因结冰而涨破，不仅影响中央空调的正常使用，而且还增加了蒸发器的维修费用。鉴于此情况，平台先后对空调冷冻水进行了更换，并且增加了防冻除垢剂 NALCO2000，加入后 pH 值为 10，冷冻点小于-10℃，大大降低了水冻结的情况发生，有效降低了蒸发器爆管的概率，提高了可靠性和效率。经试验验证，用取样的冷媒水在-14℃的盐水中浸泡半小时后，没有出现结冰的情况。

(3) 项目实施效果

空调系统优化实施前，室内温度比较低，仅为 18℃，室内比较冷，即不节省电能又影响人的健康。优化实施后，室内温度在 24℃左右，中控温度在 23℃左右，电报设备房温度在 26℃左右，环境比较舒适，室内外温差比较小。实施前生活区总电流 530A 左右；空调参数修改后生活区总电流 470A 左右，空调总负荷下降了 15%左右。生活区电加热系统无需启用，节省了电力消耗。

优化后的冷凝器冷却效果增强，制冷效果大大提高。按每月运行 360h、发电成本 0.7 元/kWh(根据平台统计数据发电机发 1kWh 电消耗原油 228.9g，按照

1t 原油等于 7.0 桶、1 桶原油 65 美元计算，发电成本为 0.7 元/kWh）计算，每月可节省 1.7 万元。且优化前许多冷凝器的支撑底座腐蚀比较严重，维修时重新涂上抗锈层，避免了冷凝器腐蚀的风险。

冷冻水优化后，大大降低了冷冻水结冰的现象出现，减少了蒸发器爆管的故障概率，提高了机组运行的可靠性，并且一定程度上增加了空调的制冷效果。

经过以上三项措施对中央空调机组的优化改造，不仅增加了机组的运行可靠度，并且在很大程度上节省了电能，根据减少的用电功率和使用时间测算，优化后每年可以成功节省电能 210.24MW，节能量为 25.8tce，为公司大力提倡的节能减排工作做出了贡献。

1.4　能源系统优化（工艺操作和过程优化节能）

海上生产设施由生产工艺设施及公用系统设施组成。生产工艺设施主要包括平台及终端的原油处理系统、天然气处理系统等，天然气处理系统由脱水、脱碳等单元组成；对于天然气终端，可能存在 LPG 系统和凝析油系统。公用系统设施主要包括冷却系统、仪表风系统、热介质系统、空调及冷藏系统、淡水系统、柴油系统、惰气发生系统、发电及输配电系统等。

生产系统及公用工程系统在运行过程中，存在大量的优化空间，生产人员可通过调整工艺流程，降低工艺系统能源需求及公用工程系统能源消耗，提高生产效益。各系统存在优化空间的原因如下：①各系统运行工况不佳，无法通过运行优化实现最优化。海上生产地质条件和地理环境十分复杂，导致生产设施投产后，各系统运行工况与设计运行工况存在较大偏差，现场工作人员需要通过不断运行优化实现系统运行的最优化，但运行优化对工艺系统的运行情况调整有限，部分情况下只能通过改变工艺流程实现生产工艺优化。②公用工程系统在设计时，保留较大的设计余量，因此各公用工程系统运行效率偏低，随着工艺系统的不断建设，距离较近的工艺系统具备了共享公用工程系统的条件。

生产工艺优化一般可通过以下几种思路实现：①设备调整。设备调整指在原工艺流程不合理或运行不佳情况下，通过增加或移除静设备（如换热器、调压阀）或动设备（如离心泵），使工艺流程发生改变，实现工艺的优化运行。②流程切换。流程切换指通过改造对工艺流程部分单元进行切换或切出，实现生产工艺的优化。③公用工程系统共享。公用工程系统共享主要指针对不同生产工艺系统配套的各公用工程系统，如燃料气系统、共用气系统、循环水系统等，通过改造实现公用工程系统的共享，或针对电力系统，通过不同设施电力组网的方式，降低电力消耗。

1.4.1 东方终端乐东循环水系统节能改造

（1）项目实施背景

东方终端乐东循环水系统配置冷却塔逆流式 3 台，2 用 1 备，总处理水量 1200m^3/h；实际总运行水量约 1100m^3/h，单台塔运行水量 550m^3/h。改造前冷却塔实际总回水量 1100m^3/h，温降 5℃（37/32℃），能满足冷却设备正常生产的要求。

（2）项目实施内容

改造时将泵出口阀门和上塔阀门进行调节，将阀门闭压转移给水轮机做功，使改造后的水轮机达到风机所需额定转速。系统单台塔流量 550m^3/h，常用 2 台均可以进行改造。

用冷却塔专用水轮机取代风机电机，改电力驱动为水力驱动，使原塔成为新型的节能型水动风机冷却塔。改造时仅对冷却塔进出水管路做相应调整，塔体结构保持原状。

（3）项目实施效果

项目替代 2 台风机电机，年节约总用电量为 193246kWh，折合节约 77t 标煤，节电带来收益 12.56 万元。据计算如果直接消耗 1kWh，则间接向大气排放 0.997kg 二氧化碳，可算出每年可减少向大气中排放的 CO_2总量为 193t。

1.4.2 西江油田 FPSO115 生产工艺参数调整

（1）项目实施背景

海洋石油 115FPSO 作为西江油田作业区的终端设施担负着整个油田的原油处理、储存和外输任务。按照海洋石油 115 的设计要求，FPSO 热处理器（FPSO-V-2001）操作温度为 84℃，电脱水器（FPSO-V-2002）和电脱盐器（FPSO-V-2003）操作温度为 100℃，货油舱原油操作温度为 60℃。在油田投产初期，为了保证原油生产安全、流程稳定和产品合格，FPSO 操作人员严格按照设计要求参数进行操作，投用了两台热处理器加热器（FPSO-H-2002A/B，总功率 2500kW）和两台电脱预热器（FPSO-E-2003A/B，总功率 3400kW）以此来满足加热效果，因此生产工艺系统需要大量热耗，同时，大舱原油加热也需要大量热耗。

随着 FPSO 流程逐步稳定和对本油田油品性质的了解和掌握，油田人员不断对操作条件进行研究分析，探索降低油田能耗的可行性。在保证安全生产，满足原油外输条件的前提下，降低原油热处理器、电脱水器和电脱盐器的操作温度，将生产工艺处理系统热负荷降低，优化货油舱日常操作温度，可以大幅降低锅炉燃油的消耗量和温室气体的排放量。

（2）项目实施内容

为了减少生产流程热量消耗，实现降低燃油消耗并减少温室气体排放量的目的，FPSO 生产部门认真分析了油田投产后上游平台的来液温度、含水和乳化液情况的变化，结合前期总结的流程优化方法，进行了以下流程上的改进：

① 保证下舱原油品质的前提下，降低生产热负荷。

油田人员针对操作条件开展实验，逐步降低 FPSO 生产工艺流程操作温度，并以 5℃为阶段性降温周期进行现场观察及数据分析。在操作温度调整的同时，为保证原油下舱品质，确保原油合格下舱，现场增加了原油热处理器进出口、电脱水器和电脱盐器出口油品品质的监测频次。

海洋石油 115 生产工艺流程如图 1.4.2-1 所示。

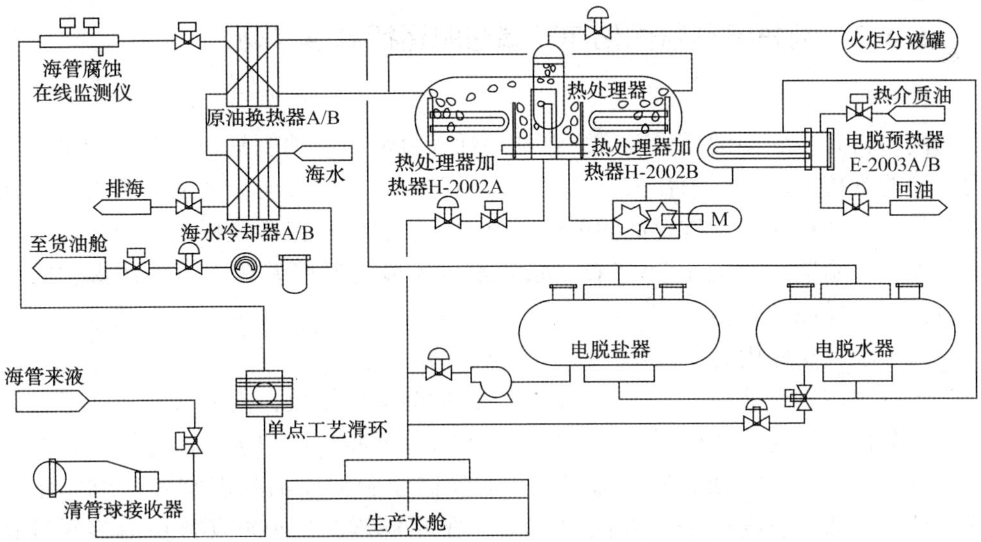

图 1.4.2-1　海洋石油 115 生产工艺流程

② 优化货油舱日常操作温度，降低热量消耗。

为了降低 FPSO 货油舱的热能损耗，油田人员对现场实际操作情况进行了研究讨论分析，发现在保证舱内原油沉降效果的前提下，FPSO 货油舱在原油外输后不需保持持续加热的状态，因为在每次原油外输结束后，货油舱会有大量的空舱空间，此时若继续加热，大量的热量会随着货油舱覆盖气扩散到大气中，造成大量的热损失；在原油储存期间原油温度会不断与外界（空气、海水）进行热交换，货油舱原油无需长时间保持高温。原油在货油舱通过静置重力沉降方式进一步脱水，只要保证大舱温度高于原油凝点温度，并保证原油具有一定的流动性即可。

（3）项目实施效果

项目实施前，由于严格按照设计操作温度控制，工艺系统与货油舱原油加热需要大量的热量，也因此消耗大量燃油。项目实施后，在保证油水处理效果与外输原油品质的前提下，优化操作方式与流程温度，使得热量需求大幅下降，大大降低了燃油的消耗量。

油田人员对项目实施前后的数据做了详细对比（2008 年与 2009 年），经过测算，实施前每生产一方原油需要消耗燃油 0.00645m^3，实施后每生产一方原油需要消耗燃油 0.00331m^3，项目实施使得每方原油可以节约燃油消耗 0.00314m^3。以 2009 年产 166.9 万 m^3原油计算，年节约燃油 5240.6m^3，合 6607.7tce，同时减少约 17300t 温室气体排放量。

1.4.3 南海盛开号优化油轮储油舱运行温度参数

（1）项目实施背景

南海盛开号燃油消耗量较大，燃油消耗来自锅炉，油舱是锅炉蒸汽的主要用户，油舱维持温度需要消耗大量的蒸汽，因此合理控制油舱温度从而最大程度减少锅炉蒸汽消耗成为节省燃油的关键。自 20 世纪 90 年代服役以来，南海盛开号的货油储存温度一直规定为 55℃，原油舱与环境的温度差较大，导致锅炉的功率较大，消耗原油较多。

（2）项目实施内容

为解决控制燃油消耗，降低能源消费的同时减少排放，南海盛开号做了大量的调研分析，确定合理控制油舱温度从而最大程度减少锅炉蒸汽消耗为节省燃油的关键。现场逐步降低储油舱温度，并加强储油舱的原油状态监视，2008 年度成功地把储油舱温度从 55℃降低到 50℃。在此基础上，2009 年度南海盛开对舱温控制继续进行深度挖掘，在中舱温度控制成功的基础上，对所有边舱的温控进行进一步研究，由于来自海底管线的原油本身温度高于储存温度，输送到边舱后将会自然降温，经过适当调配，实现了在边舱货油温度下降之前转到中舱作为提油储备进行常规保温，减少了大部分时间的重复加温，最大程度上减少了温度流失，减少了加温蒸汽损耗，实现了进一步节省燃油的目的。

通过对陆丰 13-1 和陆丰 13-2 原油油品的性质进行认真研究、分析，对货油舱原油温度进一步降低，2010 年逐步把油温降至 43℃。

（3）项目实施效果

2008 年度南海盛开号对货油舱温实施合理控制后，燃油消耗量下降十分明显；2009 年度采取减少重复加温过程措施后，在 2008 年油耗大幅降低的基础上继续大幅降低。

2008年重油消耗8861t，同比2007年节省燃油2400t，节能量为3428.6tce，节约费用约800万元；2009年重油消耗6289t，同比2008年节省燃油2572t，节能量为3674.4tce，节约费用1000万元。

1.4.4 番禺34-1平台更换燃料气压力调节阀改造

（1）项目实施背景

番禺34-1中心平台（CEP平台）为8腿固定平台，主要处理番禺34-1气田自身生产的井流物，以及番禺35-1气田和番禺35-2气田通过6″、15.6km和10″、18.6km海底管线输送过来的生产井液。处理合格的干气和脱水凝析油共同进入一条14″、33.1km的海底管线被输往荔湾3-1气田开发工程的中心平台。处理合格后的天然气除了外输至荔湾3-1平台外，还通过燃料气系统处理后供给平台自用，用户主要包括透平、废热锅炉、火炬、工艺覆盖气等。

燃料气系统的设计处理量是26.7万m^3/d，燃料气进口压力调节阀PV-3109/PV-3110按照设计处理量进行选型安装（PV3109和PV3110并联，尺寸一致可互为备用）；而实际生产过程中，现阶段燃料气消耗量为2.8万m^3/d，仅为设计处理量的10.49%，燃料气量与调节阀严重不匹配，PV-3109处于一种频繁调节状态，并造成了压力波动，严重威胁到主机运行的安全保障。为了稳定系统运行压力，只有人为加大下游用户的天然气使用量，同时，流经该调节阀的燃料气流量过大，导致下游用户对燃料气的消耗量也有所增长。若对PV3109和PV3110其中一个阀门进行优化选型，在保证系统的稳定下，可极大地减少下游燃料气消耗量。

（2）项目实施内容

为了保证PV3109换型后能满足下游用户正常用气，且考虑阀门动作平稳，综合流量特性、压降等，经过计算，确定将PV3109的阀门由2″改为1″即可满足现有工况。2016年1月19日，经过生产方的自主选型和流程的优化稳定，PY34-1平台成功更换压力调节阀PV-3109。PV-3109更换后，燃料气系统在PV3109和PV3010配合下可调范围增大，而同时由于PV3109的正常处理量与目前的工况基本一致，也极大地提高了系统的稳定性。

（3）项目实施效果

PV-3109更换后，整个燃料气系统及下游各用户压力稳定，更换前的PV阀最小通过流量为2321Sm^3/h，而此时平台自耗气达不到该流量，由于实际需要流量小于最小通过流量，因此阀门开度较小，且在一定时间内开度接近0，阀门波动较大。更换阀门后，最小通过流量为1325Sm^3/h，阀门调节相当平稳。

同时，通过PV3109的换型极大地稳定了燃料气系统的压力，并且其可调范围增大，在满足下游用户正常用气时，阀门开度可保持在一个较合理的开度（25%），因此不再需要人为加大下游用户的耗气量，火炬吹扫量明显降低。

经测算，更换 PV-3109 前，火炬燃料气消耗约 $9200m^3/d$，调节阀更换完成后，通过进一步流程参数的优化，平台火炬燃料气日均下降至 $2890.85m^3/d$，节省燃料气 $6219.15m^3/d$。项目总投资 12 万元，节能量为 2075.0tce，项目收益十分可观。

1.4.5 番禺 34-1 平台 MRU 再生塔重沸器温度参数优化

(1) 项目实施背景

番禺 34-1 中心平台主要开采番禺 34-1 气田、番禺 35-1 气田及番禺 35-2 气田，其中番禺 35-1/35-2 气田采用水下生产模式进行开采。在海管输送过程中需要加入贫乙二醇抑制水合物的形成，MRU（乙二醇回收系统）将返回到平台的富乙二醇进行回收处理。

MRU 由预闪蒸、预处理、脱水再生和脱盐闪蒸四个单元组成，其中脱水再生单元作为 MRU 的核心部分，利用重沸器对富乙二醇进行升温至 132℃，随后在再生塔中蒸馏出大部分水分，最终将富乙二醇提纯为含水低于 20% 的贫乙二醇。

番禺 34-1 平台配备了两套功率为 9000kW 的废热/补燃装置（WHRU），单套 WHRU 中透平（全负荷）尾气提供 4500kW 热量，补燃系统（全负荷）提供 4500kW 热量。在废热提供热量不满足生产工艺时，可以通过燃料气补燃对热媒油补充加温。通过废热回收单元热媒油被加热到 220℃后供给各热介质用户，其中重沸器是最大的热媒用户。热媒加热系统组成及工艺流程如图 1.4.5-1 所示。

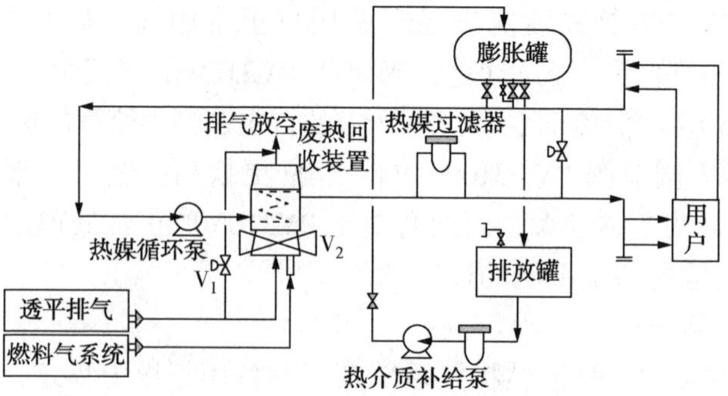

图 1.4.5-1 热媒系统流程简图

MRU 投产初期的处理量即大于 $3m^3/h$，此时为维持再生塔重沸器的正常运行，需要启动补燃模式才能维持热媒系统达到工作温度。但补燃系统启动后存在如下问题：一是需额外消耗燃料气，二是部分透平废热通过旁通阀直接将尾气中的热量排掉造成浪费，未能做到资源的节约及合理使用。

（2）项目实施内容

为降低燃料气消耗，同时充分利用透平尾气余热，平台对 MRU 工艺及废热利用系统的操作进行了详细研究，对操作参数进行了逐步调整，通过操作优化降低了燃料气的消耗。具体优化步骤如下：

① 优化生产参数，降低用户热量需求。

根据 MRU 厂家推荐，重沸器温度设定值为 132℃，实际生产中通过数据分析发现，富乙二醇含水率 70%左右时，再生塔贫乙二醇侧塔底温度达到 123℃以上，即可生产出含水合格的贫乙二醇。

根据前期的生产经验，在保证再生塔贫乙二醇侧塔底温度 123℃以上的前提下，逐渐降低重沸器的操作温度，发现当操作温度设定值为 125℃左右，再生塔贫乙二醇侧塔底温度可保持在 123℃以上，且脱水后的贫乙二醇含水低于 20%。

② 修改逻辑，提高废热尾气利用率。

废热/补燃装置主要涉及补燃启停及负荷调节、加热阀的开度、中央风机启停、装置的启停等多个回路调控。通过查阅热媒系统的完工文件及相关废热回收的控制逻辑文献后根据现场实际运行情况，分析得出了废热补燃控制逻辑。当逻辑修改后，补燃烟板阀开启得到了极大的改善，补燃启动后旁通烟板阀始终在 95%以上，使得尾气的使用率大大提高。

废热补燃控制逻辑图如图 1.4.5-2 所示。

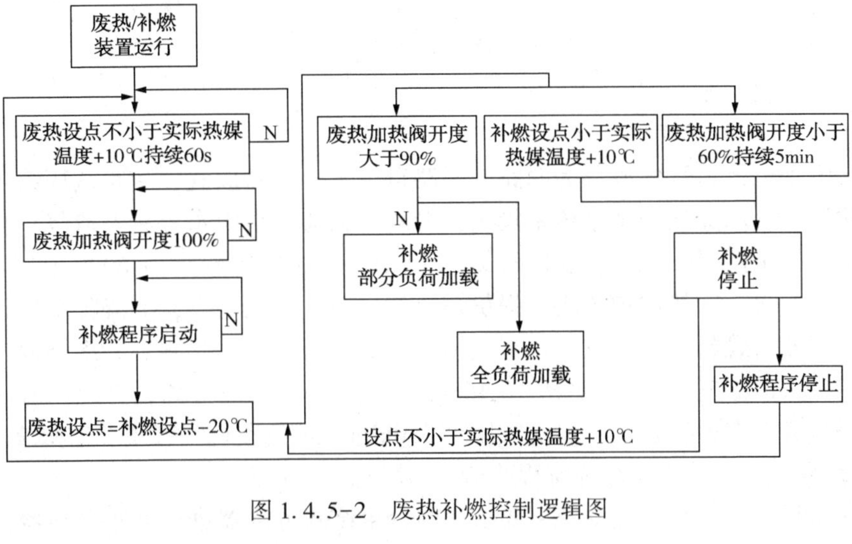

图 1.4.5-2　废热补燃控制逻辑图

(3) 项目实施效果

操作优化完成后，重沸器的操作温度由设计的132℃调低至125℃，减少了热媒的消耗，同时废热利用率得到了提升，大幅降低了补燃燃料气的消耗。经测算，通过以上改进措施后，重沸器在$3m^3/h$的处理量时，平均每天少启用1次补燃系统，平台每日耗天然气由优化前的$4219m^3$下降至$3233m^3$，每天减少天然气用量约$1000m^3$，年节能量为406.7tce。

优化后系统运行良好，贫乙二醇产品的含水率低于20%，完全符合质量标准。

1.4.6 残雪平台工艺优化调整热油炉节能措施

(1) 项目实施背景

残雪平台工艺系统分为原油处理系统和天然气处理系统，油井物流经原油加热器加热至80℃，进入生产分离器三相分离后，油气经原油外输泵、天然气压缩机增压进入海管外输；气井物流经天然气加热器加热至50℃，进入自由水分离器三相分离后，油气混输进入海管输往CEP平台；生产分离器与自由水分离器分离后的生产水则经生产水处理系统处理后达标排放。在生产初期，为尽可能利用地层能量，油井也进入天然气处理系统处理，原油处理系统(生产分离器、原油外输泵、湿气压缩机)停用。

平台配有一台热油炉，为天然气加热器/原油加热器提供热能。热介质经过1100kW热油锅炉加热升温后170～220℃，送到各用户进行加热，然后返回热油锅炉进行循环加热，燃气耗量在$41 \sim 235Nm^3/h$；目前残雪平台井液混合温度32℃，按设计要求须全年投用热油系统。如果能停用热油系统将大大节约燃气消耗，同时减少热油循环泵的使用所产生的电能消耗。

(2) 项目实施内容

① 燃料气取气气源改造

残雪平台燃料气气源分为两路，一路自由水分离器取气，一路从压缩机入口涤气罐取气；因原油处理系统未投用，燃料气只能从自由水分离器取气。自由水分离器分离的天然气，经燃料气罐入口PV-3101调节阀由6000kPa减压至350kPa，为火炬、热油炉等用户提供燃料气；由于压差过大，节流降温导致燃料气管线积液，燃料气无法投入正常使用。改造后增加从气井测试分离器取气管线至压缩机入口涤气罐，一级减压至1680kPa，并进行烃液分离；再经原有压缩机入口涤气罐至燃料气管线，二次减压至350kPa；避免燃料气管线产生积液。

② 聚结式分离器反冲洗流程改造

残雪平台生产水处理系统主要依靠两台聚结式分离器进行油水分离器，原有设计无反冲洗流程，当停用热油炉时，分离器操作温度下降，势必导致油、气、水三相分离效果变差，从而缩短聚结分离器滤芯使用寿命。改造后增加反冲洗流程，引淡水至聚结分离器撬进行反冲洗，将反冲洗的水排至闭排处理。定期对聚结分离器及其入口滤器进行反冲洗，从而延长滤芯使用寿命，在确保生产水排放水质的同时，减少更换滤芯费用。

③ 热油系统停备用设备管理

由于海上特殊的环境，设备长期停用将导致设备腐蚀、破损；热油系统长期停用，热油含水导致热油变质。改造后每月定期运转检查、维护保养热油系统相关设备，对热油进行加热除湿，防止热油变质。

(3) 项目实施效果

项目实施改造停用热油炉后，残雪平台污水水质<20mg/L，保持达标排放；燃料气系统调节稳定，未发生积液现象。经过上述改造和工艺调整，残雪油气处理系统可以实现停用热介质油供热系统后满足油、气、水处理及安全输送。

项目实施后的节能效果是通过下述两个方面实现的：

① 停用热油炉后，停用燃料气节约燃料气实现节能；

② 停用热油系统后，通过停止使用热介质油循环泵实现节约平台用电，进而降低来自天外天 CEP 平台透平主电站燃料气负荷节约电站燃料气量实现节能。

计算年节气能力为 50.96 万 m^3；折合节能能力 677t 标煤。

1.4.7 南山终端凝析油连续处理减少天然气排放

(1) 项目实施背景

南山终端主要承担崖城气田通过 14″海管输送到终端的天然气和凝析油的处理任务。天然气经过三甘醇脱水、低温分离器降低烃露点、计量站计量后交付给下游用户海南燃化总公司；凝析油经过三相分离器分离、低压罐闪蒸、稳定塔稳定后进入凝析油储罐，在终端码头定期提油作业，将合格的凝析油产品销售给用户。南山终端凝析油处理流程见图 1.4.7-1。

投产之初，为了避免大的段塞流进入南山终端给天然气处理造成风险以及定期的清管作业，作业公司特制定如下清管球作业措施：正常生产时，根据南山终端段塞流捕集器的容积，海上平台每生产 5000(后改为 4500)bbl 凝析油发送一台清管球；如果终端下游用户提气量较少，为了避免海南海管中过多积液，会调整为每生产 2000~3000bbl 凝析油发送清管球；尤其在终端下游天然气用户提气量很低或者停止提气时，南山终端还通过高压排放系统排放大量的天然气来加快清管球在海管的移动速度，从而减少清管球的传送时间和海管中的积液以避免生产风险。该措施从根源上避免了大的段塞流进入南山终端的风险，但是也造成了能源的极大浪费。

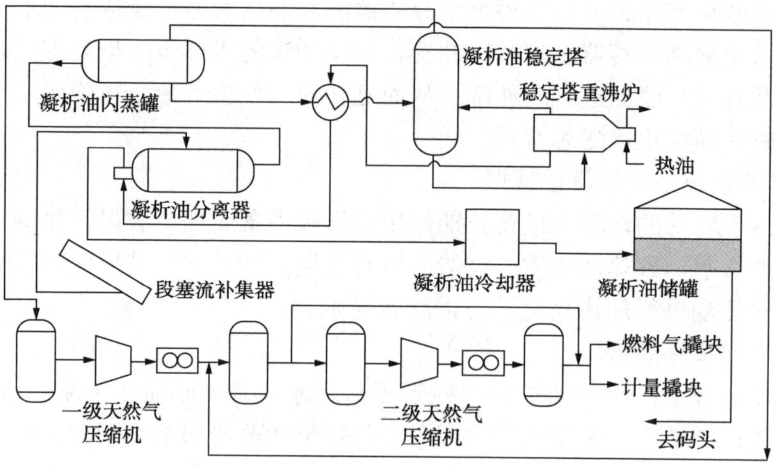

图 1.4.7-1　南山终端凝析油处理流程

为响应国家及总公司的节能减排号召及公司对环境保护所做的承诺，如何优化海南管线清管作业措施和凝析油处理程序、减少南山终端天然气的排放作为作业公司重点节能减排项目被提出并立项。

（2）项目实施内容

南山终端凝析油连续处理减少天然气排放节能项目没有对原有的凝析油处理流程和生产装置进行任何技术改造，而是对海南管线清管作业和南山终端凝析油处理程序进行了优化，通过大大减少清管频次，在下游流量较低时不进行海南管线清管作业，并实施凝析油连续处理来减少天然气的排放。（2006 年、2007 年和 2008 年 5 月前是该项目的现场试验阶段，已经降低了清管频次、下游流量低时没有进行清管作业、逐步实现了凝析油的连续处理，2008 年 5 月南山终端凝析油连续处理程序正式由崖城作业公司颁布实施）。

（3）项目实施效果

南山终端凝析油连续处理作为一个典型的优化作业程序节能措施，具有如下三个特征：

① 投入少。只改变一些操作模式和程序，不需要对原有设备和工艺进行改造。

② 节能减排效果明显。不仅减少了生产材料的消耗，而且减少了天然气的排放，属于典型的资源节约型、环境友好型的改造项目。

③ 降低日常操作风险。因为清管球装卸作业属于高风险的开管作业，实施南山终端凝析油连续处理项目后，减少了清管球的装卸频率，从而降低了日常生产的作业风险。

1.4.8 崖城 13-1 气田使用氮气取代燃料气作为吹扫气和覆盖气

(1) 项目实施背景

崖城 13-1 平台自投产以来，在安全设计上为了防止空气进入平台放空系统引起火灾甚至爆炸，一直使用低压燃料气作为放空系统的吹扫气和几个化学品储罐(生产平台防腐剂储罐和三甘醇缓冲罐)的覆盖气。这样每年就排放大量的天然气到大气中，不仅浪费较多能源还对环境造成污染，而且在雷雨天气的时候容易引燃火炬臂排放出来的吹扫气，存在给平台带来火灾等安全隐患。

(2) 项目实施内容

为了能在制氮机维修的时候保证放空系统有吹扫气以及化学品储罐有覆盖气，可以将目前系统作为备用。正常时使用制氮机生产的氮气，当制氮机发生故障需要维修时，可以打开 V2，关掉 V1，使用低压燃料气系统的燃料气。具体流程见图 1.4.8-1。图中 V1、V2 为新加球阀，均为关断阀，在制氮机出故障时自动从氮气系统切换到低压燃料气系统作为吹扫气和覆盖气。

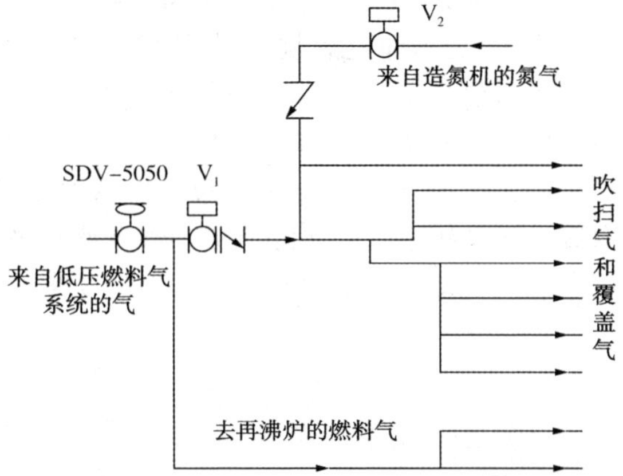

图 1.4.8-1 改造后放空系统吹扫气及化学品储罐覆盖气来源

(3) 项目实施效果

崖城 13-1 气田利用氮气取代天然气作为吹扫气和覆盖气，无论从安全角度、还是实现公司节能减排目标角度上看都是可行的，而且经济效益十分明显。选用氮气作为崖城 13-1 平台的吹扫气和覆盖气，那么一年就可以节约能源 1702tce。

1.4.9 香港终端销售天然气温度由 110℉调整至 105℉

(1) 项目实施背景

香港终端位于香港新界屯门龙鼓滩，东西长约 300m，南北宽约 100m，功能是将海上平台经海底管道输送至香港的天然气进行分液、加热、减压和计量，主要设备有过滤分离器、水浴加热器、减压站、计量站等。香港终端接收的天然气通过一条直径28″、长约780km的海底管线，由Y13-1海上平台输送过来。天然气经由海底管线输送到香港终端，其温度接近海水的恒定温度80℉，压力维持在1000~2000psi之间，香港终端需要对接收的天然气做进一步处理，主要是升温降压，以满足销售合同中规定。根据销售气合同规定，香港终端输出气需满足以下条件：

① 压力：500~600psi；

② 温度：高于烃露点50℉；

③ 烃露点：在销售压力范围内不高于55℉。

为满足以上合同要求，香港终端通过加热炉提升天然气温度，加热炉的燃料气为自身生产天然气；天然气压力控制则由CRI公司专门设计的减压站PRS进行减压和调节。崖城作业公司香港终端工艺流程简图见图1.4.9-1。

香港终端的气体加热设备为7台间接火焰式水浴加热炉，由THERMOFLUX制造，每台加热炉的气体处理能力为5.95MMSCF/h，热量传输能力为25.1MMBTU/h。其主要原理是先通过燃烧天然气获得热量来提高水浴的温度，然后水浴和所流经气体进行热量交换以达到加热的目的。因为加热炉本身不能控制所流经气体的出口温度，它所能调节的仅是本身水浴的温度，所以设计时将7台加热炉同时并联在一起，另外再并联一旁路管线，由温度控制阀N-TV-4075控制下游气体出口温度。根据销售气的实际流量，香港终端会适当调整加热炉的使用台数，通常使用三、四台便可以满足销售气的温度要求，剩下的加热炉作为应急备用。

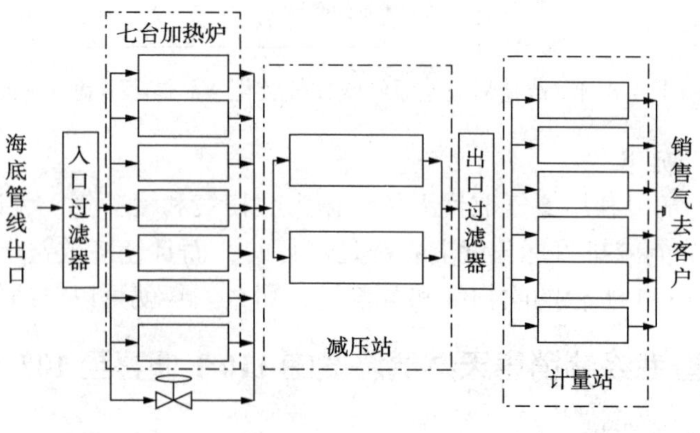

图1.4.9-1　崖城作业公司香港终端工艺流程简图

（2）项目实施内容

参照香港终端历年来运行数据及设备现状，湛江分公司组织相关人员进行了调研并得出如下结论：通过分析在线色谱分析仪与烃露点检测器记录，香港终端天然气销售气的烃露点基本稳定在30℉以下，最高不超过40℉，而压力控制基本稳定在550psi，偏差不超过10psi，对温度的影响极小。在此条件下，只要出口温度在40+50=90℉以上就可以满足销售合同要求。为了保留一定的控制余量，决定将出口温度设为105℉。

（3）项目实施效果

香港终端将出口销售气温度设定值由110℉调整为105℉，这样不仅为外输天然气满足合同要求保留了一定余量，节省了燃料消耗，带来了可观的经济效益，并且不会浪费任何人力物力、进行任何改造；调低温度设定值的另外一个好处是大大降低了加热炉等重要设备的工作负荷，显著减少了日常维修作业，延长了设备的运行寿命。年节约能源561tce。

1.4.10　南山终端LPG回收项目

（1）项目实施背景

湛江分公司南山终端处理厂主要由天然气、凝析油两部分处理设施组成，负责处理海上气田来的油气。天然气处理设施进行天然气脱水、脱液处理，以保证中国南海西部海上油气田节能管理与先进技术应用第二部分先进节能技术应用实践下游用户对烃露点要求；凝析油处理设施主要进行油、气、水分离，获得合格稳定的凝析油以便销售。

随着海上气田天然气开发周期的延长，天然气中重组分含量越来越高，平台输送过来的原料气中含有大量的液化石油气（LPG）组分（主要为C_3、C_4），南山终端原设计只是对天然气进行简单的处理，分成气相（销售气）和液相（凝析油）作为产品销售给用户，没有考虑LPG的分离，从而造成每年数千吨高附加值的LPG被当成低价格的销售气和凝析油销售给下游用户。

同时，南山终端凝析油储罐是常压拱顶罐，凝析油中的LPG在储运环节中由于呼吸损失排放至火炬被燃烧掉，这不仅造成很大的经济损失，而且也不符合国家的节能减排政策要求。

（2）项目实施内容

为响应国家节能减排政策要求，保护环境，同时提高气田的经济效益，崖城作业公司于2007年10月启动了南山终端LPG回收项目的可行性研究。经茂名瑞派石化工程有限公司（承包商）和湛江分公司相关技术人员的努力，该项目于2008年8月通过专家验收并建议立项建造，并于2011年4月底建成投产。湛江分公司和设计单位在充分调研的基础上，经过多方案比对，选择了利用稳定塔进料作为原料生产液化石油气的方案。该方案新增工艺系统由脱 C_2 塔、脱 C_4 塔及配套系统组成。设计处理量为 7.3138 万 t/a，可生产液化石油气 0.5241 万 t/a。改造前后的工艺流程图分别见图 1.4.10-1、图 1.4.10-2。

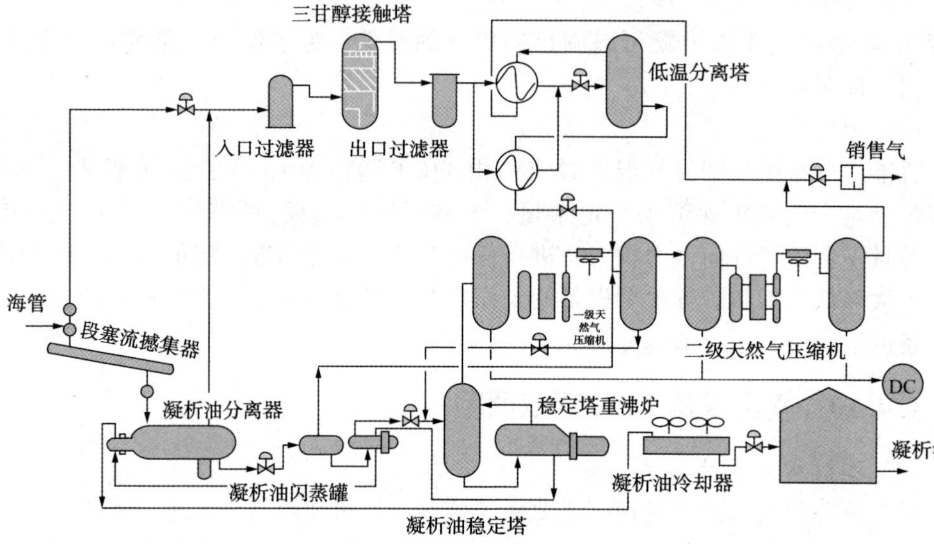

图 1.4.10-1　改造前工艺流程图

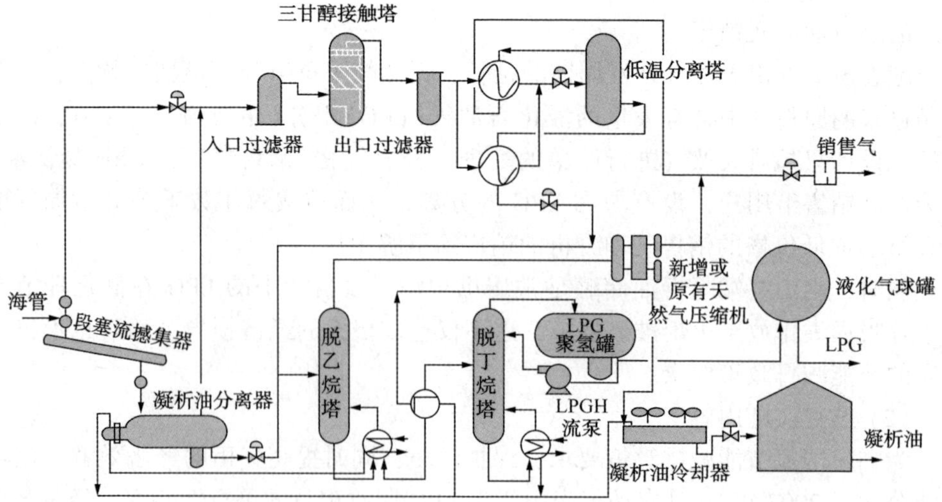

图 1.4.10-2　改造后工艺流程图

改造后的工艺流程简述如下：

来自原低温分离罐底出料油经换热后与原闪蒸罐出口油料合并后与脱 C_4 塔塔底凝析油在凝析油原料换热器换热至 180℃，然后进入原料闪蒸罐进行气/液分离，罐顶气相进入脱 C_2 塔中上部，罐底液相进入脱 C_2 塔中下部。塔顶分出 $\leqslant C_2$ 的组分，上部用冷却后的凝析油作回流吸收。顶部气体（销售气）经压缩机压缩至 6.7MPa 后与主体销售气合并，或进原有一、二级压缩机压缩至 6.7MPa 后与主体销售气合并。$\geqslant C_3$ 的组分从塔底分出。脱 C_2 塔塔底 $\geqslant C_3$ 的组分进入脱 C_4 塔中部，塔顶分出 C_3、C_4 组分作为液化气组分。顶部气体经脱 C_4 塔空冷器冷凝冷却后进入脱 C_4 塔顶回流罐，回流罐液化气用液化气泵升压后一部分进塔上部作为回流，一部分进液化气罐作为商品液化气。$\geqslant C_5$ 的组分作为凝析油从塔底分出，与凝析油/原料换热器换热后进入原凝析油预热器、原生产分离器加热器换热冷却后一部分作为商品凝析油产品进入原凝析油系统，一部分经脱 C_2 塔顶回流空冷器进一步冷却后入脱 C_2 塔回流泵升压后作为脱 C_2 塔顶回流。

（3）项目实施效果

南山终端 LPG 回收项目投产后运行平稳，每年可回收液化气约 2000t，折合节能量 2429tce。

南山终端 LPG 回收项目通过新增脱 C_2 塔、脱 C_4 塔及配套系统工艺改造，在现有生产条件下年可生产液化气 2000t，节能、经济效益十分明显。

1.4.11　南山终端气换电

（1）项目实施背景

中海石油（中国）有限公司崖城作业公司南山终端天然气处理厂位于海南省三亚市以西 40km 处的南山西南隅，占地总面积 32.71 万平方米，接收来自崖城 13-1/13-4 海上气田输送的天然气和凝析油，对天然气进行脱水、降低烃露点经计量后交付下游用户中海油管道燃料化学（海南）有限公司；对凝析油首先进行三相分离，然后进入 LPG 处理系统生产合格的 LPG 产品外销，或进入原来的凝析油稳定处理流程、凝析油旁通处理流程，加热、脱水及稳定后储存外销。同时，南山终端也为崖 13-1 气田海上生产提供后勤保障，在台风期间完成对平台的遥控生产。

南山终端负责向华能南山电厂、三亚市居民及东方大化供气，在南山终端建造初期，由于三亚地区不具备稳定供电条件，为保证生产系统正常连续运行，终端可研阶段就确定了完整的自供电系统方案（南山终端自供电由两台燃气轮机发电机、应急发电机及配套的控制系统组成），终端投产 16 年来，自供电系统可靠稳定，没有发生过由于供电问题造成的生产关停及影响下游用户的事件。随着海南经济的高速发展，南方电网在海南的供电系统已经完善，已具备可靠、稳定的供电能力；加上三亚本地市民用气的快速增加，原商定的燃气供应量已无法满足市民用气要求。为解决三亚本地市民供、用气存在的矛盾及响应国家节能减排号召，崖城作业公司本着“双赢”原则，经与气田合作方协商，拟将南山终端由自备供电改为南方电网供电，停用南山终端两台燃气轮机发电机组，将节省的天然气供给三亚市居民用气。

（2）项目实施内容

该项目共投资1050万元，全部由三亚长丰海洋天然气供应有限公司出资改造。项目具体改造内容如下：

修建配电房，装配相关设备：

① 新装SCB-2500/10/3.3kV带保护外壳干式变压器2台；

② 新装10kV配电柜11面，柜型选用KYN28-12Z型，其中2面为进线柜，2面为计量柜、2面为避雷器/电压互感器柜、2面为双电源切换柜、2面为出线柜、1面为30kVA站用变压器；

③ 新装3.3kV配电柜12面，柜型选用KYN28型，其中2面为进线柜、2面为避雷器/电压互感器柜、2面为电容器出线柜、2面为双电源切换柜、2面为出线柜、电容器组2组（补偿容量为800kVar）、直流电源装置（GZDW-110AH）1面；

④ 计算机监控系统一套；

⑤ 自动灭火装置一套；

⑥ 敷设YJV22-3.6/6-3×300电缆双回，每回亘长230m至南山供气站原有配电房6B柜，其中1回接入配电房6B柜，另1回作为备用不接入，全程穿碳素纤维保护管敷设；

⑦ 配电房内照明及通风装置。

敷设市网电缆：

① 南山供气站Ⅰ线线路（近期方案）亘长1.675km，电缆采用YJV22-8.7/15-3×120电力电缆，土质为坚土及岩石（其中：沿原有电缆沟敷设185m，穿管直埋敷设1460m，顶管30m）；简易电缆井27个，中间接头井3个，90°转角井4个；

②南山供气部Ⅱ线线路（远期方案，暂未实施）亘长2.555km，新立10m水泥杆1根，装设真空断路器1台，高压隔离开关1组、高压氧化锌避雷器1组、高压计量装置1套，从新立杆引下YJV22-8.7/15-3×120电力电缆一回，土质为坚土及岩石（其中：穿管直埋敷设2500m，顶管55m）；简易电缆井43个，中间接头井5个，90°转角井2个。

（3）项目实施效果

南山终端气换电项目将终端由自备供电改为南方电网供电，停用南山终端两台燃气轮机发电机组，将节省的天然气供给三亚市居民用气。项目实施后终端每年可实现节能量3623.7tce，同时缓解当地居民用气紧张的问题，取得了“双赢”的效果。

1.4.12 崖城13-1气田凝析油无闪蒸工艺改造

（1）项目实施背景

崖城13-1气田位于海南岛南部海域，包括AWA井口平台、APD处理平台和AAP生活住人平台。崖城13-1气田海上生产工艺设施主要由井口、气体冷却器、三相分离器、井口湿气增压压缩机、天然气脱水、烃露点控制及外输干气压缩机等组成。

由于平台生产时间已超过15年，随着生产年限的增加，气田产量逐年下降，为降低井口回压，提高产量，生产分离器D-V-2305和D-V-2405的实际操作压力已由最初的1800psig降低到370psig。在这一压力下，气田仍然面临产能不足、部分生产井携液能力不足等诸多问题。如能进一步降低井口压力，则对提高气田产量和气井携液能力、有效解决目前存在的生产和供气问题提供极大帮助，同时能提高气田的整体采收率，延长气田经济生产年限。

在崖城13-1气田降压生产工艺流程改造中，同时实施崖城13-1气田凝析油无闪蒸工艺改造节能项目，即将原来的凝析油闪蒸罐低压放空闪蒸气接入低压燃料气系统，供两台三甘醇加热炉使用。

（2）项目实施内容

2012年7月，崖城13-1气田凝析油无闪蒸工艺改造完成，凝析油闪蒸罐的低压闪蒸气进入低压燃料气系统，为A、B串三甘醇加热炉供燃料气。主要改造包括：

① 将D-P-2503A/B作为凝析油闪蒸罐闪蒸后的凝析油增压泵，1用1备；将D-P-2503C作为A串低温分离器干凝析油增压泵，D-P-2503D作为B串低温分离器干凝析油增压泵；

② 凝析油闪蒸罐低压放空闪蒸气接入低压燃料气系统，供两台三甘醇加热炉使用；

③ A、B串生产分离器水相出口各增加2台增压螺杆泵，1用1备，变频调节，并设回流管线。

改造前、后工艺流程图分别见图1.4.12-1～图1.4.12-3。

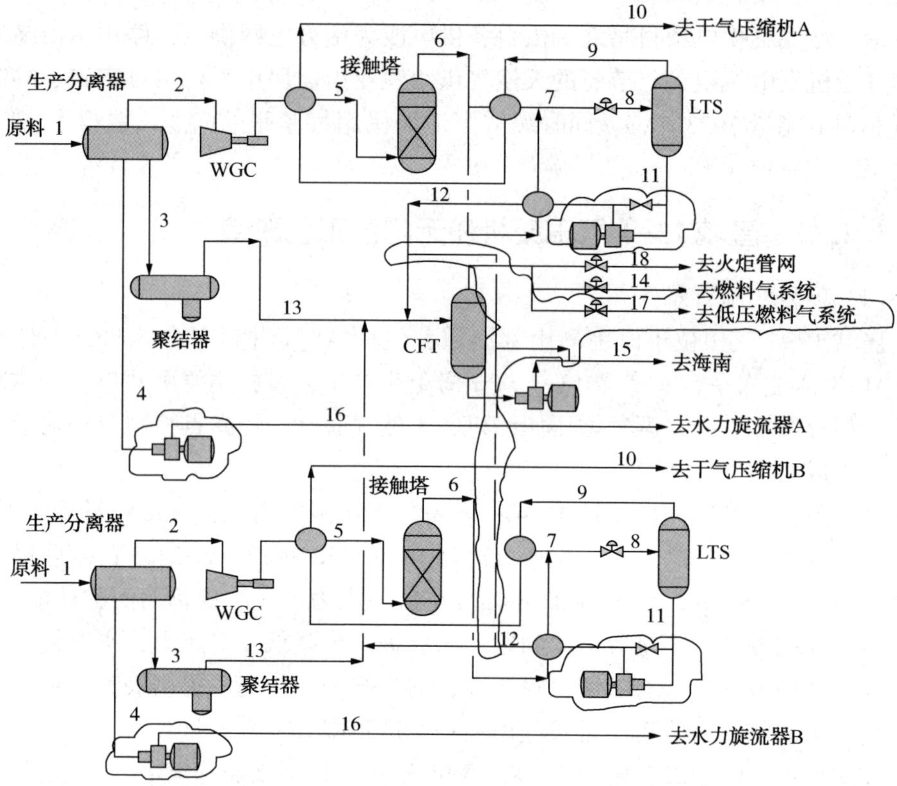

图 1.4.12-1　改造前、后崖城 13-1 工艺流程变化(云雾线内为改造部分)

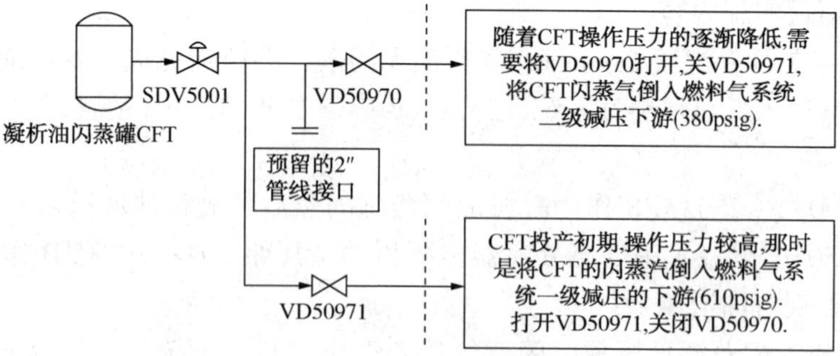

图 1.4.12-2　改造前凝析油闪蒸罐流程图

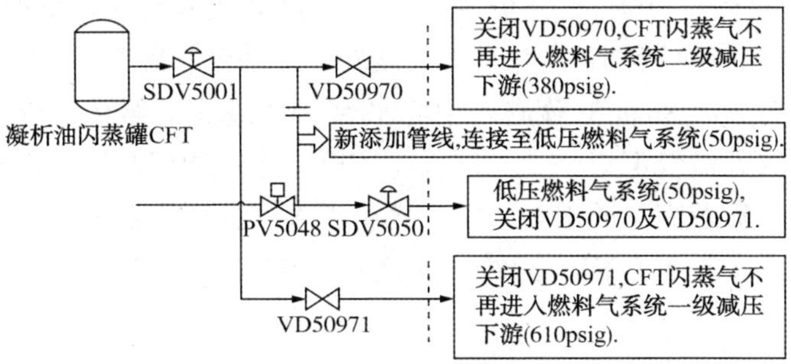

图 1.4.12-3 改造后凝析油闪蒸罐流程图

(3) 项目实施效果

崖城 13-1 气田凝析油无闪蒸工艺改造项目是配合气田降压生产项目同步进行的节能措施，项目完工后每天将放空的 2386.5m^3 火炬气转换为燃料气，每年可实现节能 956.32tce，节能、环保效果明显。

1.4.13 东方 1-1 平台透平压缩机出口管线及调速系统升级改造

(1) 项目实施背景

东方 1-1 气田位于南海北部莺歌海海域，海南省莺歌海镇正西方 100km 处，是我国海上最大的自营气田，由中心平台 CEP、井口 A 平台、井口 B 平台、井口 E 平台组成，日产天然气 800 万 m^3，伴生少量水和凝析油。各平台及东方终端位置示意图见图 1.4.13-1。

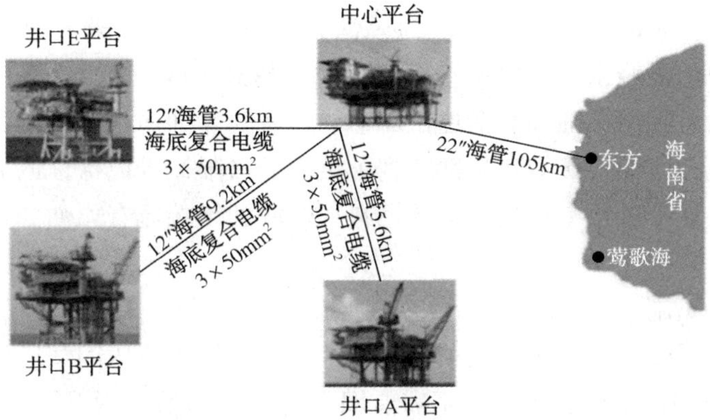

图 1.4.13-1 东方 1-1 气田各平台及东方终端位置示意图

目前东方 1-1 气田共有 32 口气井，每口气井二氧化碳含量差异较大，二氧化碳含量 40%以下称为低碳井、40%以上称为高碳井。中心平台有 6 口高碳井和

2口低碳井(混合后呈高碳)，井口E平台有2口高碳井和4口低碳井(混合后呈低碳)，井口A与B平台18口井全为低碳井。A平台、B平台、E平台的天然气分别通过直径为304.8mm海管进入中心平台，经过捕集器重力分离后与中心平台高含二氧化碳天然气汇集，一并进入压缩机组进行增压，增压后进入天然气过滤分离器过滤去除游离态的水和杂质，之后进入三甘醇接触塔与贫甘醇逆向接触脱去饱和态水，水露点合格的天然气通过长度105km、直径为558.8mm海管外输到东方终端。

(2) 项目实施内容

作业区经过讨论主要进行了如下两方面的改造：

① 将压缩机出口管线进行取直优化，减小弯头引起的振动；

② 修改压缩机2710参数，解决转速无法提高的问题。

(3) 项目实施效果

东方1-1平台透平压缩机出口管线改造及透平压缩机调速系统升级改造项目实施后，压缩机组的工作模式由2台压缩机串联替代原来的3台压缩机串联，减少了压缩机的燃料消耗。项目实施后，统计期内(2013年3月28日~2013年12月31日)的节能量为3488.15tce，不仅具有明显的节能效益，而且消除了气田的安全隐患。

1.4.14 涠洲终端负压闪蒸项目

(1) 项目实施背景

涠洲终端原来的原油处理系统为原油先经过三相分离器及电脱水器脱水脱气，然后用原油提升泵送至原油直接加热炉加热到195℃，送入稳定塔回收其中的轻组分，然后再用原油稳后泵送至原油储罐。随着油田产量的增加，三相分离器、电脱水器、原油直接加热炉都达到了负荷的极限，难以保证以后的原油稳定分离处理，且处理过程中消耗大量的燃料气。涠洲终端原有原油处理系统流程见图1.4.14-1。

(2) 项目实施内容

涠洲终端新建原油负压闪蒸项目利用负压压缩机将负压闪蒸塔塔内压力抽至-30kPa，回收原油中的轻组分，不需要旧系统所用的原油提升泵、直接加热炉、稳定塔、稳后泵、板式换热器等设备，大大简化了工艺流程，且可以完成涠洲终端上岸原油稳定分离处理。系统主要由负压闪蒸塔、负压压缩机及塔底稳后泵组成，工艺流程简单可靠，操作方便。工程内容主要是在旧原油区旁边空地新建一座负压闪蒸塔，两台负压压缩机及配套的配电间/控制室，三台稳后泵及相应的

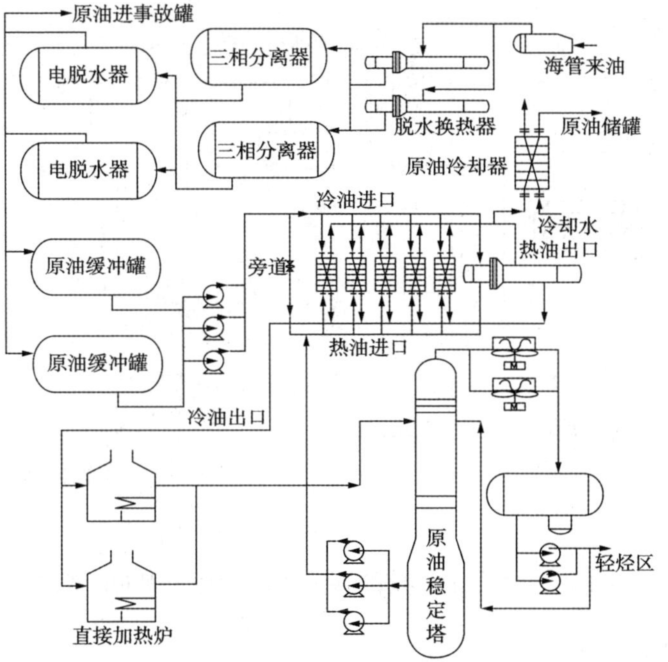

图 1.4.14-1　项目实施前涠洲终端原油处理系统流程图

气、液相管线，开排管线，放空管线，仪控系统，火气系统，中控信号接入/组态，配套的土方作业。

改造后工艺流程如下：含水合格原油经海管上岸后(1.6MPa，59～61℃)，为适应利旧装置及管线的设计压力，首先将其调压至0.5MPa，调压后的原油经已建的三相分离器(V-A07A/B)、复合电脱水器(V-A08A/B)的旁通管线进入进料缓冲罐(V-A09A/B)进行缓冲，原油自缓冲罐出口经计量、调节后，进入到新建的负压原油稳定塔(T-A13B)进行负压闪蒸稳定(70kPa，60℃)，稳定后的原油经新建的原稳塔底泵(P-A21A/B/C)增压(0.55MPa)后输送至已建原油进罐换热器出口管线，最后输送至原油储罐进行储存。原稳塔塔顶气经新建的负压螺杆压缩机(C-A01A/B)增压至0.36MPa，进入到已建的原油稳定塔塔顶稳定气空冷器(HE-A14A/B)和稳定气水冷器(HE-A15)冷却至40℃、0.3MPa后，进已建的原油稳定塔回流罐(V-A16)进行油气水三相分离，回流罐气相出口经计量后去终端已建的轻烃回收装置未凝气压缩机(C-B02A/B)入口，分离器分出的轻烃经新建的轻烃泵(P-1002A/B)提压(1.9MPa)、计量后进入已建轻烃回收装置的脱丁烷塔(TW-B48)。项目实施后涠洲终端原油稳定处理流程见图1.4.14-2。

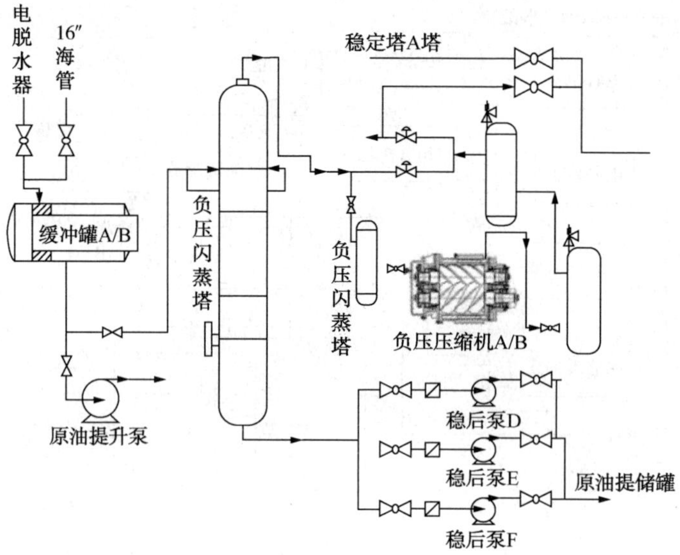

图 1.4.14-2　项目实施后涠洲终端原油稳定处理流程图

(3) 项目实施效果

涠洲终端原油负压闪蒸项目投资 2500 万元，项目实施后每天可节约天然气 2.3 万 m^3，年节约天然气超过 800 万 m^3，创造了可观的经济效益，减少了大量温室气体的排放，为涠洲作业区及湛江分公司节能减排工作做出了贡献。同时涠洲终端肩负着为涠洲岛供电和供气的社会责任，一直向涠洲岛地方供电、供液化气，通过新奥燃气公司和北海管道燃气公司向北海市供天然气，该项目的实施缓解了涠洲岛上万户居民民生用电、用气紧张的难题，大大促进了涠洲岛和北海市经济的发展和社会的稳定。

1.4.15 “南海奋进号”LPG 系统和燃气系统综合调整项目

(1) 项目实施背景

文昌 13-1/2 油田“南海奋进号”FPSO 位于海南文昌海域，2002 年 7 月建成投产，2006 年 10 月完成 LPG 回收处理系统改造，截止到 2011 年底，累计生产 LPG(Liquefied Petroleum Gas：液化石油气)产量 17.5 万 m^3，项目取得了良好的经济效益，同时也为公司节能环保做出了很大贡献。近年来随着油田产量的逐年递减和设备老化，油田产气量减少，造成 LPG 系统进口压缩机无功损耗大、故障率高，对 LPG 回收系统平稳运行和油田发电机组用气造成的影响日趋明显，油田电力用气需求和 LPG 系统运行时效无法得到可靠保障。

LPG 进口压缩机故障停机后，不仅不能生产 LPG，而且失去了为热介质锅炉和透平补气的作用，在平台进行货油外输等作业耗电量增大时，需要以柴油作为替代燃料供透平使用。

兼顾节能和 LPG 系统稳定运行要求，2012 年文昌作业公司启动了 LPG 压缩机系统和燃气系统综合调整项目，LPG 正常回收的同时给燃气压缩机前涤气罐补气，保障透平用气；另外通过对燃气系统管线进行改造，在当 LPG 系统需要停产维护时，LPG 进口压缩机仍可正常运行，直接给燃气压缩机补气，改造后透平发电机组不再需要柴油作为补充燃料。

(2) 项目实施内容

① 压缩机优化

综合原进口压缩机存在的问题，要求新 LPG 进口压缩机能更安全、可靠，并能满足紧凑的现场安装空间和未来伴生气产量下降后的处理要求。新 LPG 进口压缩机选择无油喷液润滑螺杆式两级压缩机，该机组采用独立的润滑油回路对轴承进行润滑，解决了重组分气对润滑油的影响问题，其在陆地石化等企业使用效果良好，能满足现场生产要求。原有的 600kW 压缩机更换为 356kW 的低功率压缩机，改造后正常情况下 LPG 生产流程和改造前一样。

② 燃料气系统优化

锅炉原来使用的燃料气仅经过简单的处理，燃料气中 C_5^+ 的重质组分含量高，燃料气燃烧不充分，炉膛内壁容易积炭。通过流程改造，将以前放空至火炬燃烧的 LPG 回收系统脱出重烃的残余气重新利用起来，经过减压并与原燃料气流程整合后，实现两种燃料气的任意比例混合和无缝切换，3 台热介质锅炉能完全使用经过脱除重烃组分的残余气，有效地减少了锅炉内炉膛积炭，提高了锅炉的换热效率，热介质锅炉清炭频率由 1 年 1 次降低到 5 年 1 次。

锅炉燃料气优化改造方案如图 1.4.15-1 所示。

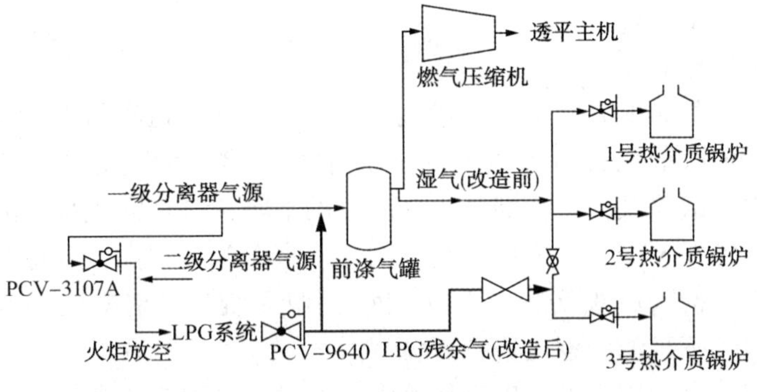

图 1.4.15-1　锅炉燃料气优化改造(加粗部分为改造管线)

③ 主机燃料气涤气罐液烃处理方式优化

燃料气涤气罐工作压力为 2000kPa，在此压力条件下，形成大量的 C_3^+重烃，这部分重烃如果直接排入放空总管，由于压差大，液烃汽化吸热，将导致放空总管部分区域形成大量的冷凝水和积冰区。通过现场分析，利用压力差可以直接将此部分重烃接入常温分离器，再进入精馏单元，分离出轻质油和 LPG，从而彻底解决了直接放空到放空总管时形成的大量冷凝水及冰堵问题，同时 LPG 产量增产 $10m^3/d$。

燃料气涤气罐底部液烃优化改造方案如图 1.4.15-2 所示。

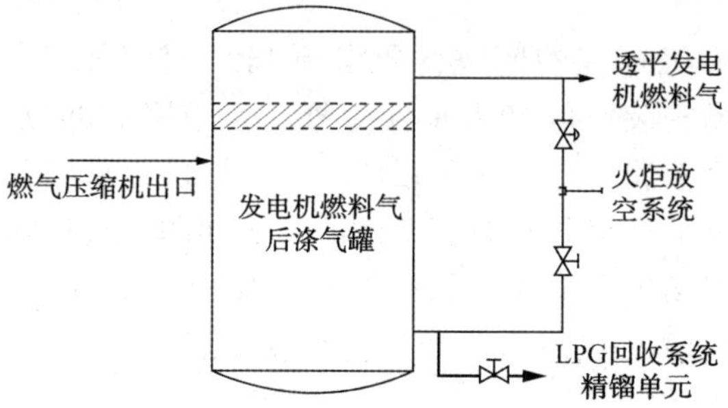

图 1.4.15-2 燃料气涤气罐底部液烃优化改造(加粗部分为改造管线)

④ 实现以透平发电机用气为中心的模式

随着油田产量的不断下降，来自一级分离器的高压伴生气逐渐不能满足透平发电机的用气需求，充分利用二级分离器分离出来的低压伴生气已经迫在眉睫。新 LPG 进口压缩机可实现两级或单级独立工作，通过对来自二级分离器的低压放空气进行增压、净化，作为燃气压缩机的原料气，不仅满足了透平发电机及锅炉等用户的用气需求，同时回收了放空气中的重烃组分。改造后伴生气工艺流程示意图见图 1.4.15-3。

（3）项目实施效果

"南海奋进号"FPSO 的 LPG 和燃气系统综合优化改造项目自 2006 年 10 月实施以来，累计回收液化石油气 $20\times10^4m^3$，取得了良好的环保和经济效益。项目实施前由于设计缺陷及生产后期伴生气产量的下降，LPG 回收系统的关键设备进口压缩机故障频发，由于为进口产品，国外厂家服务费用高，等待时间漫长，多次维修后仍无法彻底解决问题，不仅 LPG 回收系统生产时效受到严峻挑战，透平发电机燃料气不足的问题也迫在眉睫。

在伴生气综合利用方面，生产技术人员通过一系列研究和改造，摸索出一套以保证透平发电机用气需求为中心、以 LPG 回收系统效益最大化为保障的碳元素精细化利用方案，现场实施后取得了良好的效果。

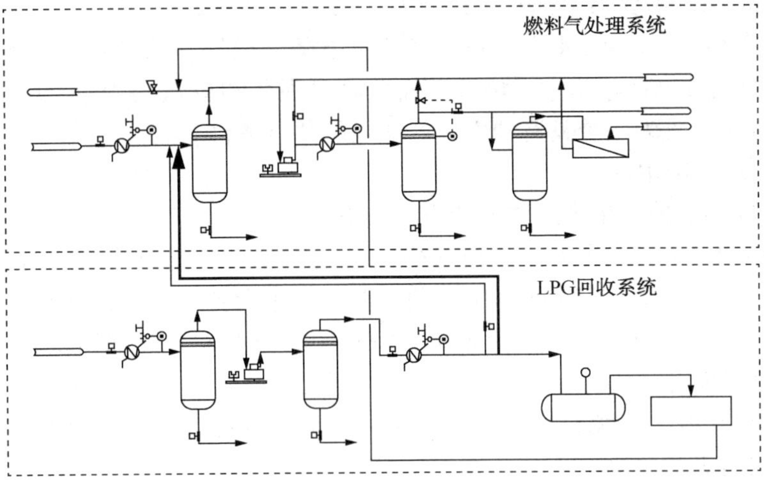

图 1.4.15-3　改造后伴生气工艺流程示意图(加粗部分为改造管线)

“南海奋进号”FPSO 的 LPG 和燃气系统综合优化改造项目的成功实施，不仅提高了 LPG 回收系统生产时效，满足了透平发电机长期用气需求，降低了油田生产成本，取得了显著的经济和节能环保效益，同时也为同类油气田开发后期如何精细化综合利用有限的伴生气资源提供了借鉴。

1.4.16　涠洲 11-4D 独立生产改造项目

(1) 项目实施背景

涠洲 11-4D 油田(即原来的涠洲 10-3 油田)位于中国南海北部湾东北部涠洲岛西南方，距离涠洲 11-4 油田 16km，雷州半岛西海岸约 80km，广西北海港 90km，平均水深 39.5m。涠洲 11-4D 油田目前产油约 100m^3/d，产水约 50m^3/d，产天然气 60000m^3/d，其海上工程项目包括：“南海自强号”(AP 平台)、WZ11-4D-A(四腿四桩)、单点系泊(SPM)、WZ11-4D-A 平台到 WZ12-1A 平台的 8″海底输气管线、WZ11-4D-A 平台到 WZ11-4A 平台的 6″海底输油管线和 WZ11-4D-A平台到 WZ11-4A 平台的 4″海底输气管线。

“南海自强号”是 1993 年从美国购进的一座已退役的旧钻井船，此前曾于 1995 年底经改造后，用作生产储油平台服役于渤海湾。1997 年由总公司调拨给南海西部公司，用于南海涠西南老油田(WZ11-4D-A)改造工程，代替当时即将退役的“南海希望号”生产储油轮，维持老油田的正常生产。作为 WZ11-4D-A 平台的生产支持平台，其改造设计在大连完成，正常投入使用时间为 1998 年，设计寿命 8 年，现已超期服役 5 年，直接影响油田的安全生产。WZ11-4D-A 平台在产井有 4 口，分别为 A1、22#、23# 和 6#井，其中 6#井为高压气井，其产气量为 54000Sm^3/d，主要为 A1 井和 22#井生产提供气举气。

目前，WZ11-4D-A 平台产量已经严重下降，操作、维修和保养费用占整个油田产值的比重也日益增大。因此，需要将自强号和单点 SPM 拆除，将 WZ11-4D-A 平台恢复成为一个具有独立生产能力的井口平台。

（2）项目实施内容

涠洲 11-4D 独立生产总体改造方案如下：

WZ11-4D-A 平台作为"南海自强号"的生产平台，通过栈桥与自强号连接。"南海自强号"分离后，WZ11-4D-A 将作为井口平台独立生产，将 6#井天然气通过 WZ11-4D-A～WZ11-4A 平台 4″单层海管输送至 WZ11-4 油田供其透平发电。改造主要工程如下：

① 优化 6#井工艺流程，将 WZ11-4D-A 平台改造成为一个具有独立生产能力的无人驻守井口平台。

② 满足 WZ11-4D-A 利用 4″输气海管向 WZ11-4A 输送天然气供透平用气功能。

③ 拆除已废弃设备和管线；更换腐蚀严重及存在隐患的管线、电缆。

④ 增加 1 条 8.7/15kV、3×50mm^2、10km 的海底复合电缆和 1 台 6.3kV/0.4kV、200kVA 降压变压器为平台供电。

⑤ 更换井口控制盘，采用电-液动控制井口控制盘。

⑥ 拆除两条至 WZ10-3B/C 平台已废弃 6″原油管线。

涠洲 11-4D 独立生产方案如图 1.4.16-1 所示。

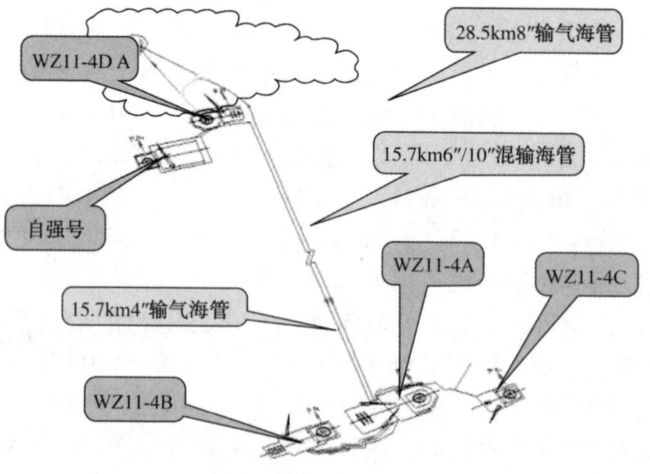

图 1.4.16-1　涠洲 11-4D 独立生产方案示意图

(3) 项目实施效果

涠洲 11-4D 独立生产改造项目实施后，使涠洲 11-4D-A 平台摆脱了对“南海自强号”的依赖，不但保证了油田的安全生产，提高了经济效益，而且每年还可实现节能量 1279tce。

1.4.17 西江油田作业区主发电机单机供电

(1) 项目实施背景

西江油田作业区惠州 25-8 平台总共有 4 台主发电机组(主机)，主要负责为惠州 25-8 平台和西江 24-3B 平台电力系统供应电能。发电机由 MAK 生产的 16VM32C 型柴油机驱动，最大发电量 7680kW，配有电力管理系统(PMS)，当发电机负载超过 85%时报警，当负荷超过 90%时按照优先级顺序脱扣部分生产用电设备，以确保所有关键设备的供电。

在两个平台都没有钻井作业的情况下，日常用电峰值为 6728kW，达到了单台主机负载的 87.6%，非常贴近优先脱扣的执行点(90%)，如果是单台主机供电会有优先脱扣的风险。为了保证惠州 25-8 平台和西江 24-3B 平台电力系统的稳定，日常运行 2 台主机供电。

该运行方式下每台主机的负载只有 3364kW(44%)，出现了“大马拉小车”的状况。该运行方式存在两方面的弊端：一是节能环保方面，主机负载低于 80%达不到运行的最佳效果，热能与电能的转化率低，而且多运行了一台主机，浪费能源的同时也增加了主机尾气的排放；二是维保方面，主机的维保周期是基于运行时间的(比如：每 150h 维保、每 750h 维保等)，多运行一台主机意味着维保人工时和维保费用都要翻倍。

(2) 项目实施内容

针对主发电机负载率低的情况，平台对操作流程进行优化，通过降低电网负载，实现单台主机供电。优化措施主要包括两方面：一是减少非必要用电设备的运行，降低电网负载；二是错开用电高峰，使日常用电峰值保持在 6680kW(单机 85%)以下。项目于 2018 年 12 月完成，具体实施步骤为：

① 分析惠州 25-8 平台及西江 24-3B 平台用电设备功率情况，包括额定功率、实际使用功率及定期和不定期启用的设备统计，调整设备运行，降低电网负载。

从统计的数据中发现，平台的海水系统有优化的空间。平台共有 4 台海水提升泵，功率分别是：A/B 泵 320kW、C/D 泵 160kW。在没有钻井作业的情况下海水的主要用户是主机冷却系统和空调系统，用量约为 1260m^3/h，因此需要启动 2 台大的海水提升泵(A/B 泵)，用电量为 640kW。如果能优化海水管路的流程提高海水利用率，降低海水用量，把其中的一台大泵停掉，就能降低 320kW 的用电量，平台用电峰值就能从 6728kW 下降到 6408kW，下降后用电峰值占主机单机负荷约 83.4%，可以实现单机供电。平台对海水系统进行了以下 2 点优化：

(a) 对 6 台空调用海水进行了优化。优化前每台空调用水 $50m^3/h$、用海水 $300m^3/h$；由于空调系统 2 用 4 备，因此对 4 台备用空调的海水阀进行关闭，优化后减少了 $200m^3/h$ 的海水用量。

(b) 对 4 台主机冷却海水进行了优化。优化前每台用水 $320m^3/h$、用海水 $960m^3/h$；由于主机系统 2 用 2 备，因此对 2 台备用主机的海水阀进行关闭，优化后减少了 $640m^3/h$ 的海水用量。

优化前后海水冷却系统流程见图 1.4.17-1、图 1.4.17-2。

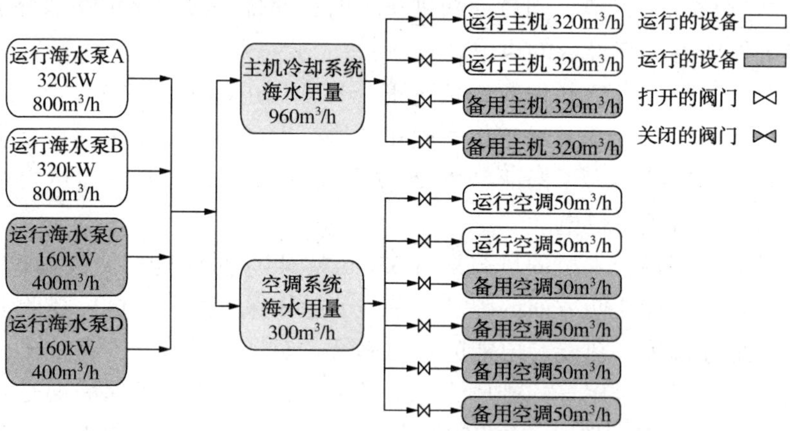

图 1.4.17-1　优化前海水系统流程图

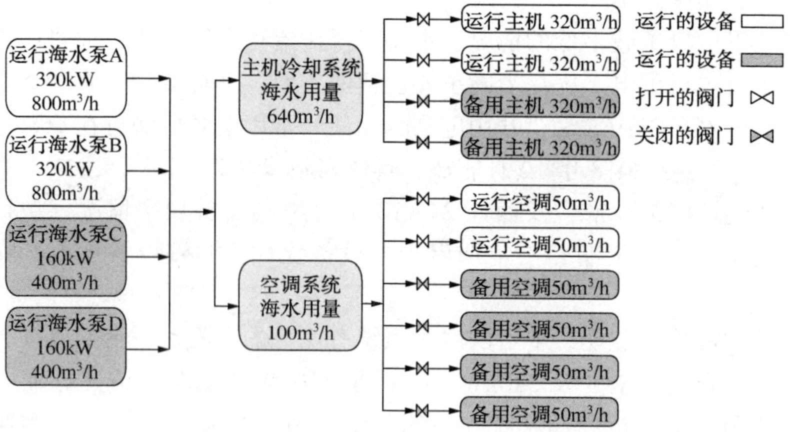

图 1.4.17-2　优化后海水系统流程图

② 强化用电管理，减少负载波动。

设备的日常启停会对电网造成一定的冲击，这部分冲击直接体现在主机负载的波动。如果负载波动超过 10%，会对主机造成损伤。主机最高负载波动的区间为 3187kW−2763kW＝424kW，占主机负载约 5.5%，如果是单机供电，那么负载的波动就是 424kW×2＝848kW，占主机负载约 11%。

为解决负载波动，惠州 25-8 平台与西江 24-3B 平台共同制定了《惠州 25-8 平台主电网用电规程》主要内容如下：

(a) 西江 24-3B 平台生产部门需大功率(超过 200kW)用电时，需提前通知惠州 25-8 平台动力值班人员或者平台中控。

(b) 西江 24-3B 平台钻井部门需大功率(超过 200kW)用电时，需提前先通知西江 24-3B 平台的生产方(电气主操或平台中控)，再由西江 24-3B 平台生产方通知惠州 25-8 平台动力值班人员或者平台中控，以邮件和电话方式告知。紧急情况下，西江 24-3B 平台钻井部门可直接电话通知惠州 25-8 平台动力值班人员。

(c) 惠州 25-8 平台生产部门需大功率(超过 200kW)用电时，需提前通知惠州 25-8 平台动力值班人员。

(d) 惠州 25-8 平台钻井部门用电时，需提前通知惠州 25-8 平台动力值班人员或者平台中控。

(e) 所有用电部门在使用大功率负载时，需提前 2h 进行通知。

(f) 通知内容包括：计划用电负荷及用电时间，使用过程中是否有负荷波动要求。

(g) 惠州 25-8 平台动力人员接到用电通知时需确认主机负载余量是否满足需求，判断设备启动时主机负载波动区间是否在 10%以内。如果负载余量不满足或负载波动区间超出范围，需要启动备用主机等待电网平稳后再通知用电部门启动设备。

(h) 所有用电部门在大功率用电时，应尽量平稳缓慢地进行加载，负载波动过大(超过额定功率 10%)会对主机造成损伤，严重时将会造成主机的关停。

(i) 当主电网出现故障，造成各用电部门失电时，应在接到动力值班人员的通知之后再重新开启各用电设备。

《惠州 25-8 平台主电网用电规程》实施后，主机电网有了明显的改善，负载波动控制在 8%左右，顺利地实行了单机供电。

(3) 项目实施效果

项目实施前，平台用电负荷处于 PMS 优先脱扣的临界点，而且主机负载波动超过了单机负载的 10%，实现不了单机供电，因此需要 2 台主机供电，而每台主机的负载只有3364kW(44%)，负载利用率低，热能与电能的转化率低，造成了能源的浪费。

项目实施后，停了一台海水提升泵，降低了电网总负荷，而且与西江24-3B共同实行了科学合理的电网用电规则，减少了主机负荷的波动，顺利地实行了单机供电，节省了原油的消耗，降低了主机的维保费用，也减少了主机尾气的排放。该项目只是优化了操作流程，没有投入任何经费就达到了预期的效果。项目具体效益如下：

① 降低原油消耗

经过测算，项目实施前年发电耗油率为257mL/kWh，项目实施后年发电耗油率为249.29mL/kWh，在年发电总量为51253932kWh的情况下，年节约原油395.17m^3，节能量为564.5tce。

② 减少润滑油消耗

主机润滑油消耗120L/d，单机运行全年可减少润滑油消耗43800L，可降低润滑油费用43800×17=744600元。

③ 降低主机维保费用

主机中修、大修时间延长一倍，年节约费用100余万元。

由此可见，项目实施后的经济效益好，社会效益、环境效益显著，是非常可行的。

1.4.8 陆丰13-2DPP闪蒸设备节能改造

(1) 项目实施背景

中海石油深圳分公司陆丰油田作业区陆丰13-2DPP自建成投产以来，由于自产油品闭口闪点低(不小于29℃)，远低于发电机原动机不低于60℃的安全使用规范要求，故陆丰13-2DPP主机燃料用油一直为流花油田的原油，通过三用船定期从流花油田运输至平台并存储于250m^3的原油储存罐(DPP-T-7001B)中。正常生产工况下平台每10天左右就要进行一次船打重油作业，流花原油由于黏度高，对发电机原动机高压油泵柱塞有不同程度磨损，且频繁的打油作业增加了发电机燃料用油和设备维修的成本，同时也存在船舶撞平台、打油管线泄漏等较大的安全风险。为响应国家和中海油节能、减排和成本控制政策，作业区和平台相关专业人员对陆丰13-2 DPP主机燃料用油情况进行研究讨论，分析了将主机燃料用油流花原油改为平台自产原油的可行性。通过对平台自产原油进行化验分析得知，自产原油较之流花油黏度低，可减少原油黏度对主机设备的影响。因此，自产原油只要满足闭口闪点不低于60℃就可以给主机原动机进行供油。鉴于此，决定在陆丰13-2 DPP安装原油闪蒸系统来提高原油闪点，从而将主机燃油由原来流花原油变为平台自产原油。

（2）项目实施内容

陆丰 13-2DPP 闪蒸设备节能改造项目于 2012 年开始启动，2012 年 10 月闪蒸厂家人员至平台进行现场调研，并于 2014 年 9 月完成了现场改造和设备安装，经调试完毕于 10 月正式投入运行。正式投运以来，闪蒸系统运转良好，平均日处理合格原油 30m^3，可以满足主机燃料用油的需求，极大降低了主机燃料用油成本和船打重油作业的安全风险。

项目实施前主机燃料油系统流程为：平台定期进行船打原油（流花自产原油）至原油储罐，储罐内原油经原油分油机处理后输送至原油日用罐中，日用罐内原油再分别经主机燃油增压橇、循环橇、过滤橇，最后供给主机发电机。

项目改造完成后原油分油机至下游流程不变，原油分油机上游流程更改为：原油缓冲罐（V-2004）→闪蒸系统→原油储罐（T-2058）→原油分油机→主机燃油系统。

项目改造后原油真空闪蒸设备布置在陆丰 13-2DPP 中层甲板上，设计处理原油能力 4m^3/h。闪蒸系统主要由真空闪蒸塔、真空冷凝系统、冷却水系统、气动系统、氮气系统、输油系统、电控系统等组成，闪蒸设备节能改造项目总投资 671.4 万元。

（3）项目实施效果

闪蒸系统投用以来，陆丰 13-2DPP 依靠闪蒸设备处理自产原油完全可以满足主机发电机用油需求，从而节省了船打流花原油的作业费用，也因此可避免船打原油期间相关的安全风险。

① 直接经济效益及节能量

项目实施前，据统计 2013 年陆丰油田年使用流花油田原油 20m^3/d，全年共船打原油 39 船次。其中 20 船油在守护轮的日常拖航中完成，每船费用为 8.4 万元，航行消耗柴油量为 10t。另外 19 船油从码头出航，先经流花再去陆丰，往返按 3 天估算，每船费用为 50.4 万元，每次消耗柴油量 33t，全年船打原油船舶作业费共计 1125.6 万元。项目实施后，陆丰 13-2DPP 主机燃油使用平台自产原油，约 20m^3/d，无需拖轮穿梭，每年可节省船打原油船舶运输费 1125.6 万元，节能量为 1206tce。

② 间接经济效益

受流花油黏度影响，项目实施前主机设备附件全年维修费用约 49 万元。在冬季季风季节，船打重油的风险很高，为了保证船打重油的安全性，该项每年投入大约 20 万元。项目实施后，节省费用共 69 万元。

1.4.19 恩平 18-1 平台生产加热器降低负荷运行

（1）项目实施背景

恩平 18-1 油田原油为高密度、高黏度和低含硫重质稠油，原油流动性差。平台设有生产加热器对原油加热，以降低原油黏度，提高原油流动性，保障原油外输泵正常运行。设计上恩平 18-1 平台外输原油保持在 70℃，生产加热器功率经常在 60%以上，功率负荷大，加热器多次出现跳停故障，加热盘管高负荷下结焦的可能性也较大。为了降低生产原油加热器风险，确保安全生产减少加热器能耗，恩平 18-1 生产人员考虑通过降低加热器负荷来优化工况。

（2）项目实施内容

经过分析与试验，油田确定了降低生产加热器负荷并适当降低外输原油温度的方案，通过方案的实施可以在保障生产平稳的同时产生节能效益。

平台投产后，设计要求原油外输温度 70℃，经过讨论分析，决定采用对原油外输进行逐步降温，减少生产加热器的负荷的方法来进行初步试验。原油的外输温度 2018 年 2 月底以前基本控制在 69~70℃外输，从 2018 年 3 月份开始，逐步对外输温度进行降温至 64℃。

原油外输温度降低后，生产加热器功率同时降低。2018 年 2 月份以前的生产加热器输出功率占额定功率 60%以上，采取降温节能外输后，生产加热器功率由 700kW 下降到 570kW。生产加热器功率降低后，“海洋石油 118”FPSO 上主机负荷明显减小。

（3）项目实施效果

恩平 18-1 平台生产加热器降温项目实施后，经过一段时间的运行、观察，效果显著。在确保外输安全、平稳的前提下，有效减少了油轮主机原油消耗，降低了设备故障率，取得了良好的效益。加热器额定功率为 1150kW，加热器功率由日常 60%降低至目前的 50%后，按照每年生产 330 天计算，每年减少消耗的电量为 910800kWh，按照油轮发电量消耗原油量 155g/kWh 计算，每年节约原油消耗 144t，折合标煤 201tce。

1.4.20 番禺 4-2B 平台降低压井柴油消耗优化与应用

（1）项目实施背景

番禺 4-2B 平台位于我国南海东部海域热带低压气旋活跃区，年平均台风次数可达 10 次，油田原油物性差，地面原油密度 0.900~0.971g/cm^3（20℃），平均 API 度为 19.16，属于较稠油藏，平台有生产油井 32 口。为了避免油井关停后原油凝固堵塞油管，或者原油中携带的泥沙沉积到泵腔体内卡泵，需要在台风撤离关停或修井作业时对油井实施压井作业，用柴油置换油管内原油。

多年来油田一直沿用之前工程经验，采取笼统压井模式，对含水率超过 80% 油井不压井，对含水率低于 80% 油井压至电潜泵入口，以 2016 年为例，单井含水在 80% 以下有 4 口，按照油管体积计算，压井至电潜泵入口需柴油约 59.42m^3。台风过后恢复生产时，会出现个别油井无法正常启动的情况，在二次压井后电潜泵能重新启动，再次消耗柴油约 15m^3 左右，共耗柴油量 75m^3，同时还需耗费大量时间和人力。

（2）项目实施内容

针对柴油消耗量高、压井作业时间长、二次压井、现场人员劳动强度大等问题，结合番禺 4-2B 油田地质油藏特点，油田对柴油压井方式进行了系统性分析和优化。具体实施过程如下：

① 凝点分析确定需压油井

将平台油品送陆地实验室分析化验后得知，番禺 4-2B 平台原油凝点为 12℃，倾点为 15℃，海床最低温度为 16℃，由于井口采油树至井下安全阀部分通过海水导致温度较低，此段原油容易发生凝固，因此该部分的分析研究至关重要。由番禺 4-2B 单井原油物性可知，大部分油井原油凝点低于 0℃，凝点在 16℃以上有 7 口井，分别是 B01H/B03H/B06H/B25H/B29H/番禺 10-5-A1H/番禺 10-8-A1H，为防止原油凝固需进行压井。

② 黏度和出砂对电潜泵重启的影响

通过压井作业可以消除原油凝固造成泵无法正常启动的影响，同时可以降低原油黏度，冲走沉降淤积在电潜泵腔体内的泥沙，避免卡泵。

番禺 4-2B 单井原油物性除确定需要压井的 7 口井外其他油井含水均在 95% 左右，不存在乳化现象，流动性好，黏度小，基本不会影响电潜泵正常启动。对各单井进行了持续的取样分析，并借助于在线含砂分析仪持续对井液含砂量进行监测，通过连续监测分析，发现油井现阶段基本不出砂，或者砂体颗粒极细微，不会从井液中沉降淤积堵塞电潜泵腔体。因此，除确定的 7 口油井 B01H/B03H/B06H/B25H/B29H/番禺 10-5-A1H/番禺 10-8-A1H 需压井外，其他油井可以不压井。

③ 压井深度确定

油井正常生产时，油管内原油温度远高于周围介质温度。关井后油管内井液不断向周围介质（海水、地层）传递热量，随着井液温度逐渐降低，内外温差逐渐减小，直到井液温度与外界环境温度相同即与地层温度一致时温降结束。随着深度递增，并在某一深度其对应温度与原油凝点 T_o 一致时，将此深度位置定为 H_o，即原油凝固临界深度，也就是需要压入柴油深度。

根据 DST 测试得到的油层中部地温梯度为 3.63℃/100m，地温梯度公式 $H=27.536T-620.84$（H-地层深度 m，T-地层温度℃）。以 B01H 为例，$T_o=36℃$，根据公式计算可知，柴油压井回挤深度 $H_o=370.5m$（距离海平面），井口采油树距离海平面约 26.5m，故柴油压井深度为 $H=370.5+26.5=397m$，以 5-1/2"油管计算，此段管柱置换需要柴油约 4.94m³。同理，根据以上分析，对其他各井需要的压井深度进行计算，共需柴油约 34.58m³。

考虑到经济性，为尽量节省柴油且达到防凝固的目的，可以将压井深度细分为井口采油树至井下安全阀和井下安全阀至原油凝点两部分。先压部分柴油至凝点，然后井下安全阀以上用海水顶替。以 B01H 为例，具体压井深度剖面如图 1.4.20-1 所示，共需柴油量降低至 16.89m³，节省柴油量 34.58-16.89=17.69m³。

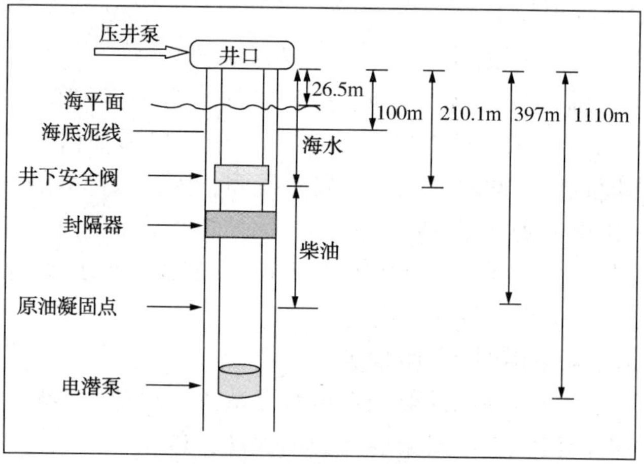

图 1.4.20-1　B01H 压井工艺流程剖面图

2016 年 8 月 1 日避台前对 B06H/B25H 进行了减少柴油压井量的初步试验，在 3 天后恢复生产一次性启动成功，电潜泵各项参数正常。2016 年 10 月 6 日避台对 7 口井进行了优化压井，均重启正常。

④ 生产水代替柴油压井

2016 年 10 月平台生产人员经过不断地思考与实践，集思广益，提出一个新的想法，使用生产外排水进行压井作业，水力旋流器出口生产水 OIW<60μg/g，含蜡含油物质已经大幅下降，温度 80℃左右，非常适合用于冲洗置换井筒内原油，而且耗水量不受限制。

平台制定临时改造流程，充分利用现有冲砂管线，从一级分离器冲砂管汇连一条 2″耐压管线到采油树压井管汇，生产水从水力旋流器出口经冲砂管线到生产水增压泵增压后，经由一级分离器冲砂管线至临时管线，后经采油树压井管汇至采油树，最终到达井底。生产水压井流程图见图 1.4.20-2。

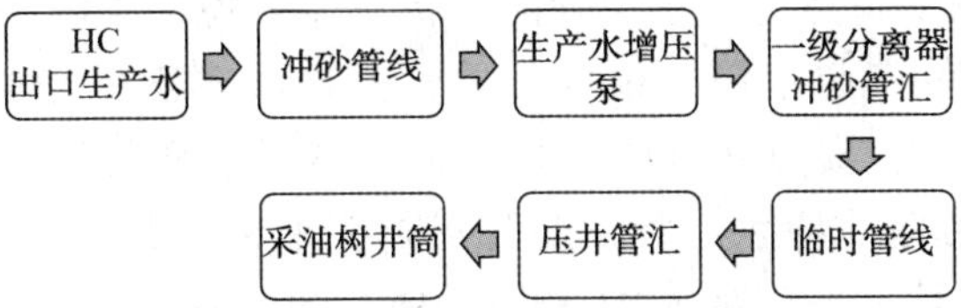

图 1.4.20-2　生产水压井流程图

2016 年 10 月 19 日避台前对 B01H\B03H\B06H\B25H\B29H 在其他优化措施上继续进行了生产水代替柴油压井的试验，在 4 天以后复产时，5 口井均一次性启动成功，电潜泵各项参数均正常，井液流动良好。

(3) 项目实施效果

平台通过高含水井不压井、合理选择压井深度、生产水代替柴油压井等一系列措施，压井方式不断优化，使柴油压井消耗量不断减少，从之前的 75m^3 减少到 0m^3，按平均每年避台风次数 3 次计算，年节约柴油 264m^3，节能量为 319tce。柴油价格按 6000 元/m^3、原油价格按 60 美元/桶计算，平均每年可产生经济效益=年柴油消耗减少量×(柴油价格-原油价格)= 81.5 万元。同时减少海上船舶补给柴油的频次和船舶资源的浪费，也减少了柴油补给作业的风险。

1.4.21　恩平海上平台优化压井节省柴油

(1) 项目实施背景

恩平平台单井原油含水低、凝点高，在平台长时间停产时，需要用柴油压井，避免原油在油管中凝固。根据以往经验，压井时用柴油把油管中的原油压回至电潜泵吸入口，但是这样柴油的消耗量较大，以恩平 18-1 为例，一次压井柴油用量达到 110m^3。恩平油田目前有恩平 24-2、恩平 23-1 和恩平 18-1 平台，按照每年两次撤台和停产检修一次，结合目前恩平 18-1 平台共 15 口井的生产状况，仅恩平 18-1 平台每年进行压井作业需要柴油 330m^3，而恩平 18-1 平台是恩平所有平台中井口数量最少的。由此可见降低压井柴油消耗量对于恩平油田减少作业风险、降低生产能耗是非常重要的。

(2) 项目实施内容

在恩平作业区陆地技术人员的帮助下，恩平 24-2 平台以岩心实验室提供的各单井原油物性数据中原油凝点为依据，并考虑到各井凝点差异，提出只需将原油压回到地温梯度等于凝点温度的地层深度，让原油处于与凝点相当的地温环境的方案。在恩平 24-2 平台 2017 年 6 月停产大修中，单次节约柴油 48.07m^3，取得了明显的节能降耗效果。

恩平油田及时地在油田内部将恩平 24-2 平台经验进行推广，并且针对恩平

18-1平台稠油油藏的特点进行了单独的分析实验：恩平18-1平台现有的生产井均位于珠江口盆地韩江组下段，根据油井资料以及多次的化验结果表明，这13口井的原油含蜡量低，凝点在0℃以下，在常温下不会凝固，只是流动性减弱。根据恩平18-1平台原油特性，平台人员判断在平台关井之后不进行柴油压井是可行的。2017年4月，平台对A3H和A13H井进行压力恢复试验，关井后未进行柴油压井作业，6天后这2口井一次性开井复产成功。2017年6月，在停产大修期间，根据油藏作业部的建议，A3H/A8H/A9H/A12H/A13H这5口井在关井后未进行柴油压井作业，10天后复产，这5口井一次性开井成功。

（3）项目实施效果

以恩平23-1平台为例，2017年全年恩平23-1平台进行台风撤离压井作业3次，每次压井65m³，每次节约柴油20m³，总共节约柴油60m³左右，折合标煤74.3tce。

恩平海上平台优化压井节省柴油项目一直沿用，项目实施效果良好。

1.4.22 陆丰13-2B平台小型燃气发电机节能项目

（1）项目实施背景

陆丰13-2油田原油气油比很低（ODP报告中认为经油藏勘测，该油田气油比仅为2：1），因此平台生产伴生气量较少，不适合作为油田发电机组主机燃料，而这些伴生气若直接排放势必对环境造成影响。为解决这一问题，平台项目组相关专业人员和全球第一家生产微型燃气轮机组的厂家Capstone经过充分交流和讨论，计划在陆丰13-2油田调整井项目阶段（即陆丰13-2DPP平台开始建造阶段）开展中小型天然气发电机组的试验，机组需具备对燃料气要求低、占地面积小、对伴生气量变化有较好适应性、便于搬迁等优点。

鉴于此，陆丰13-2DPP调整项目在设计阶段确定增上小型燃气机，该燃气机为小型可移动性的燃气机组，使用可移动燃气机组的目的是在陆丰13-2DPP伴生气枯竭时可以移动到其他的设施重新利用。

（2）项目实施内容

深圳分公司陆丰油田作业区陆丰13-2DPP平台小型燃气发电机项目于2011年6月开始启动，2012年3月完成海上建造，由于调试阶段发电燃气组分与燃气发电机设计不匹配，厂家工程师建议对燃气工艺进行改造和处理，使得燃气组分中的重组分满足设计要求。后经作业区与厂家多方面的沟通和协商，通过调整燃气机的参数和现场工艺的脱水处理，能基本满足燃气机组的日常运行要求。燃气发电机组于2013年12月开始正式投入运行，该项目投资金额约1250万元。

项目实施前平台生产工艺主要可分为原油处理工艺、生产水处理工艺和伴生气处理工艺。原油处理工艺流程为：陆丰 13-2DPP 井口来液分两路，一路进入测试管汇并进行单井的油、气、水三相计量，计量后该部分流体与 WHP 平台所产来液及井口来液；另一路进入生产分离器利用重力作用进行三相分离，分离出的原油进入电脱水器进行深度脱水，进行深度脱水后的原油进入原油缓冲罐，并经外输泵换热后进入 FSOU 储存。另外，生产水缓冲罐分离出的原油进入污油罐，进入平台的闭排系统，回到生产分离器进行回收。详见图 1.4.22-1。

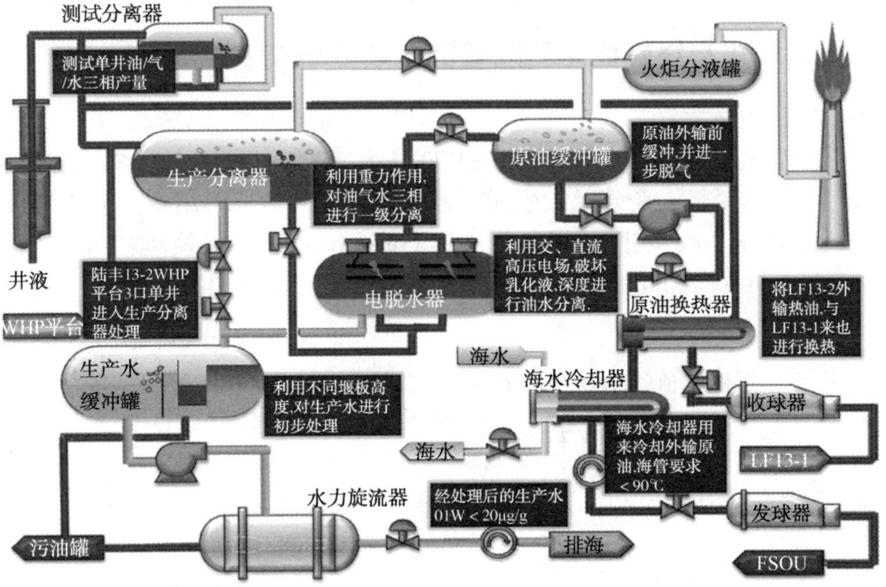

图 1.4.22-1 陆丰 13-2 平台节能项目运行前工艺流程

项目运行后该平台原油处理与生产水处理系统工艺流程不变。对伴生气工艺，改造后在平台燃气发电机组运行时，会有部分伴生气被分流到燃气发电机组前置的涤气罐，经除尘后的伴生气经压缩机压缩和换热后，温度低于 50℃ 的伴生气进入燃气发动机与空气燃烧，燃烧排气推动曲轴连杆机构带动发电机发电。

(3) 项目实施效果

平台由于伴生气量较少，不适合作为油田发电机组主机燃料，而这些伴生气若直接排放势必造成能源的浪费及对环境的污染。增加小功率燃气发电机后，降低了主发电机的功率及燃料油(原油)消耗量，具有非常好的节能减排效果。

平台对小型燃气机正式投产后 5 个月的主机原油消耗量进行了详细测算，通过燃气发电机投用前后发电单耗进行对比，项目运行期间(2013 年 12 月 ~2014 年 4 月)实际节约原油 61.77t。从陆丰 13-2DPP 平台的 ODP 报告中可知，到 2018 年前该平台电负荷较为稳定，若其他条件(包括燃气发电机组运行时率、平台负荷等)不变，将本项目测算期(5 个月)拓展到全年(12 个月)，可估算出该项目每年节约原油约为 148.25t，节能量为 211.8tce。

陆丰 13-2 平台上的燃气发电机组在使用过程中故障率较高，由于技术封锁等原因，燃气发电机组发生故障后厂家售后服务滞后，且某些部件的更换需要国外调取，故障率过高，对平台人员精力和经济的消耗不容忽视，技术壁垒成为陆丰 13-2 平台燃气发电机运行时率偏低的主要原因之一。另外，陆丰 13-2 平台伴生气组分中 CO_2 含量较高，对燃气机的工况造成了一定的影响。

1.4.23 东方终端优化工艺参数，减少热媒炉启用台数

(1) 项目实施背景

东方终端主要处理来自 DF1-1、LD22-1 和 LD15-1 平台的天然气和凝析油，上岸天然气经过脱烃、脱碳及脱水后，经压缩计量外输下游用户。凝析油设计处理能力共计 172m³/d，实际处理量共计约 45m³/d。凝析油经换热、闪蒸、稳定处理合格后进入 3 个 400m³凝析油储罐，并定期外运。流程如图 1.4.23-1 所示。

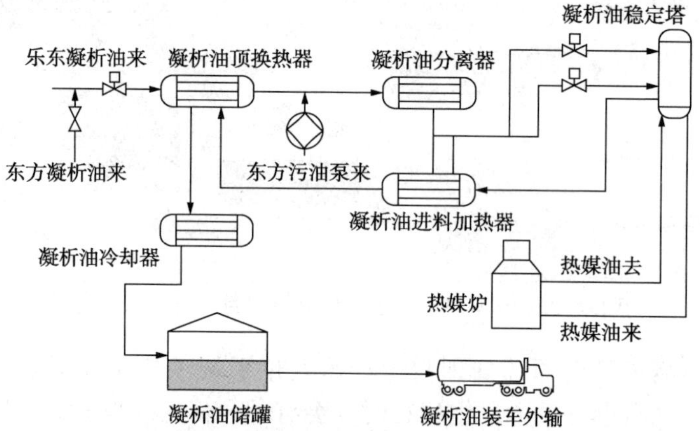

图 1.4.23-1 凝析油处理工艺流程

终端在设计之初就建有两套凝析油处理装置(东方和乐东)，均采用燃气热媒炉对凝析油进行加热以脱除不稳定轻烃，降低饱和蒸汽压。正常生产时，乐东平台产凝析油进乐东凝析油处理装置，东方平台产凝析油进东方凝析油处理装置，为保证外输凝析油质量合格，需保持凝析油稳定塔温度恒定，这要求两套凝析油处理装置的热媒炉一直处于运行状态。但随着生产年限的增加，凝析油处理量减少，处理时间不连续，热媒炉在很长时间内处于空转状态，造成能源的极大浪费。为此终端根据实际生产情况及现场工艺流程，通过简单的流程改造、工艺参数优化和生产管理制度改进，在保证凝析油正常处理的同时，停运东方凝析油

处理装置热媒炉，只运行乐东凝析油处理装置热媒炉，以实现减少自耗气用量、节省用电量，达到节能降耗的目的。

（2）项目实施内容

① 工艺流程更改

终端两套凝析油处理装置在建造时，建有一条2″互通管线。导通互通隔离阀，让东方凝析油进乐东系统处理，实现整个终端凝析油的集中处理。

② 工艺参数优化

终端外输凝析油要求含水≤0.5%，饱和蒸气压≤70kPa，由于稳后凝析油密度较轻（相对密度0.7左右），按照设计参数，凝析油稳定塔控制温度为153℃，压力为0.4MPa，凝析油分离器压力为0.7MPa。终端通过多次实践，调整控制参数，把凝析油稳定塔温度控制为135℃，压力控制为0.3MPa，凝析油分离器压力控制为0.55MPa，经化验外输油品质量合格。通过这一调整，降低了热媒炉的热负荷，减少了燃料气消耗。

③ 工作制度改进

凝析油主要来源为上岸段塞流捕集器，在实际生产操作过程中，每个班次可集中处理凝析油1~4次，每次处理约10t，耗时约4h左右。基于这一实际情况，在两套凝析油处理装置联通后，终端改进工作制度错开两套装置处理时间，以实现减少热媒炉空转的目的。

（3）项目实施效果

停运东方终端一套热媒炉系统后，根据生产日报统计，每天平均可以减少燃气量约750m^3，一年可以节省：750×360＝270000m^3，经济效益约30万元。因热媒炉风机停运减少用电量1.75×24×360＝15150kWh，停运行热媒循环泵可减少用电量：11×24×360＝95040kWh，二者合计年节电110190kWh，年节省电费约0.90×110190＝9.92万元。根据1万m^3天然气折算为11tce计算，那么该项目年节省天然气可折算标煤：27×11＝297tce；根据1万kWh电折算为1.229tce计算，那么该项目年节电可折算标煤：11.0190×1.229＝13.54tce；则该项目合计年节能量为310tce。

1.4.24 东方终端优化工艺参数，减少干气压缩机启动台数

（1）项目实施背景

东方终端总共有3台Solar公司生产的C40型透平压缩机组，采用“两用一备”的运行方式，以确保对下游用户的供气稳定。通过压缩机的增压功能，将经过脱碳后的天然气压力由2.8MPa增压至5.0MPa，输送至下游管输公司。

终端初期外输天然气量保持在13万m^3/h左右，两台透平压缩机的NGP分

别为 93.6%和 92.2%，NPT 分别为 77.3%和 82.3%，烟气温度分别为 555℃和 580℃，平均燃料气总耗量达 63100m^3/d。

目前外输管输公司的气量不足 10 万 m^3/h，而单台压缩机的设计处理能力为 10 万 m^3/h。在目前工况下启用两台压缩机之后 NGP 分别为 86%和 86%，NPT 分别为 70%和 65%，两台机组均保持低负荷运行状态，未能达到压缩机的最佳运行工况，致使压缩机的效率降低，自耗气量增大，并且增加了机组的保养频率。

(2) 项目实施内容

2014 年初，东方终端响应总公司节能减排号召，针对管输用气减少到不足 10 万 m^3/h 的情况，将透平压缩机由原来"两用一备"的运行方式更改为"一用两备"。此后压缩机的 NGP 提高至 95.7%，NPT 提高至 90.2%，烟气温度为 590℃，燃料气用量减少为平均 42457m^3/d。

(3) 项目实施效果

东方终端改变压缩机运行方式以来，单台透平压缩机运行状况良好，系统压力和外输气量稳定。将透平压缩机由原来"两用一备"的运行方式更改为"一用两备"后，每年能节省燃料气(63100-42457)×365=753.5 万 m^3。按照向管输公司销售天然气价格计算，由此每年带来的经济效益近 700 万元。

1.4.25 涠洲终端未稳定轻烃闪蒸罐改造项目

(1) 项目实施背景

涠洲终端精馏系统的脱乙烷塔底液作为脱丁烷塔的一股进料，自流进入脱丁烷塔；重烃闪蒸罐(V-B09)的重烃作为脱丁烷塔的第二股进料进入脱丁烷塔。塔底热源由脱丁烷塔底重沸器(HE-M09)提供，温度控制在 165℃左右，这样保证脱乙烷塔里的液化气、轻油混合组分中的液化气绝大多数能够从塔顶脱离出来。塔底馏分油进入未稳定轻烃闪蒸罐(V-B50)，这部分组分绝大部分是轻油，但含有少量的液化气，需要从未稳定轻烃闪蒸罐(V-B50)减压后分离出去重新回收，其中未稳定轻烃闪蒸罐(V-B50)上部的液化气组分闪蒸后从上部进入闪蒸器冷凝器(HE-M53)降温后，与原稳塔回流罐(V-A16)的液相会合，进入重烃闪蒸罐(V-B09)，重新进入脱丁烷塔进行蒸馏。未稳定轻烃闪蒸罐(V-B50)闪蒸后的液相进入脱丁烷塔底换热器(HE-B51)降温，再进入水冷器(HE-B52)冷却至常温后，作为轻油产品送去轻油储罐(T-B76A/B)。

① 存在的问题：

未稳定轻烃闪蒸罐(V-B50)气相出口管线原设计为 2″管线，随着轻烃产量上升，闪蒸罐回压升高，轻油进罐饱和蒸气压上升，这样轻油在进入轻油储罐后导致会有少量的轻烃组分挥发出去，造成不必要的浪费，甚至带来一定的安全隐患。

② 原因分析：

经过涠洲终端生产部门人员仔细分析，得出导致以上情况出现的主要原因有：随着涠洲油田的不断开发，轻油产量已经大幅上升，原来的未稳定轻烃闪蒸罐(V-B50)气相出口的2″管线已经不能把罐中的液化气组分及时分离出去，导致压力明显上升。未稳定轻烃闪蒸罐(V-B50)的上部气相出口管线设置有水冷器，由于现在轻油产量大幅增加，上部的水冷器换热负荷也不能及时将气相及时冷却下来，这也是导致压力上升、轻油进罐饱和蒸气压上升的一个原因。

(2) 项目实施内容

2011年6月19日，把2″管线更换为4″管线，其目的是降低背压，降低轻油进罐饱和蒸气压，提高液化气回收率，改造后流程见图1.4.25-1。

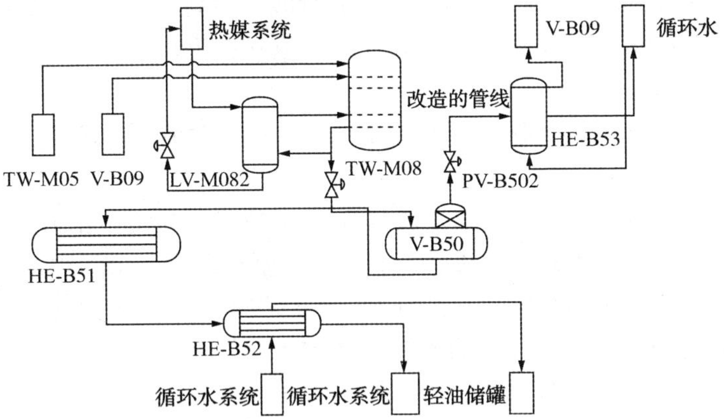

图1.4.25-1　改造后工艺流程图

(3) 项目实施效果

改造前未稳定轻烃闪蒸罐(V-B50)压力为0.65MPa，改造后操作压力为0.6MPa，压力下降了0.05MPa，轻油饱和蒸气压力也降低了10kPa左右，每天可增加液化气大约2m³，相当于减少2m³液化气冷放空。

1.4.26 “南海奋进号”新增浮选器装置

(1) 项目实施背景

文昌13-1/2油田地处海南省文昌市以东132km的海域上，水深117m，由一艘15万t级储油轮“南海奋进号”(简称“FPSO”)和文昌13-1、文昌13-2两个井口平台组成。文昌13-1平台、文昌13-2平台生产井全部采用电潜泵生产，设计年产原油250万t。生产井液分别流经2.5km和4.3km海底管线及单点进入FPSO，进行油、气、水分离处理。经过脱水和脱气的合格原油直接进入货油舱储存，然后通过外输计量系统，定期将原油输入穿梭油轮运走。分离出的原油伴生气部分经增压处理后作为燃气透平发电机燃料，剩余部分进入火炬烧掉。分离出的生产水则进入污水处理装置，进一步处理合格后直接排海。

文昌油田污水处理系统设计处理能力为12000m³/d，随着油井产水量的增加以及更换大泵的改造，生产水产量将超过目前污水处理系统的处理能力，达到18000m³/d左右，所以需要进行改造。

（2）项目实施内容

“南海奋进号”对污水处理系统的改造方案为：在生产甲板新增一套二级气浮装置，气浮装置处理能力为8000m³/d，入口压力约为300kPa。污水处理系统改造工艺流程：将三个一级分离器混合腔底部4个冲沙口管线汇成一根管线用于排水，三根汇到一起后进入新增的气浮装置，同时接入生产水下舱的管线。为了满足气浮装置入口压力要求，在生产水下舱管线上设置一个压力调节阀。新加的4个冲沙口排水管线与原有的生产水出口相对独立，可以方便隔离。改造后的工艺操作可以分为以下三种：

① 当生产水量小于8000m³/d时，生产水总管线的调节阀全关，生产水全部进入气浮装置；

② 当生产水量大于8000m³/d，通过气浮装置入口的流量信号调节生产水总管线调节阀，使大约8000m³/d的生产水进入气浮装置，剩余的水进入生产水舱；

③ 当生产水量大于8000m³/d、但生产水舱洗舱时，生产水总管线的调节阀全关，气浮装置两级并联，使所有的生产水进入气浮装置。

项目改造后生产污水处理工艺流程图见图1.4.26-1。

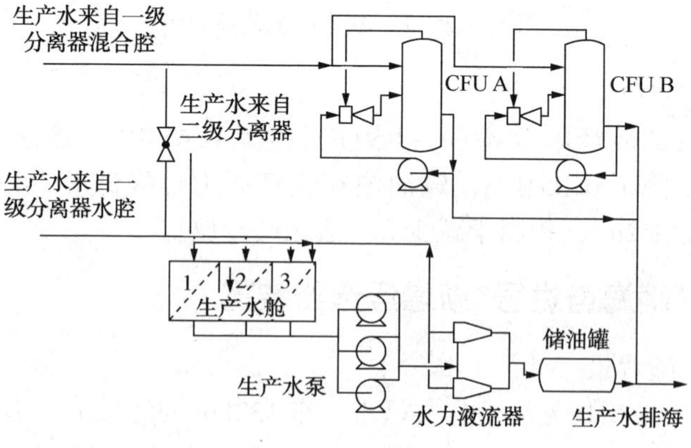

图1.4.26-1　项目改造后生产污水处理工艺流程图

（3）项目实施效果

“南海奋进号”新增浮选器项目实施后，不但解决了原有生产水装置处理量不足的问题，还大大提高了工艺系统的稳定性、安全性和经济性，每年可实现节能量448.6tce，节能效率达到33.23%，取得了较好的经济效益和社会效益，且技术成熟可靠。

1.4.27 西江油田生产工艺参数调整

(1) 项目实施背景

“海洋石油115”FPSO作为西江油田作业区的终端设施担负着整个油田的原油处理、储存和外输任务。按照“海洋石油115”的设计要求，FPSO热处理器(FPSO-V-2001)操作温度为84℃，电脱水器(FPSO-V-2002)和电脱盐器(FPSO-V-2003)操作温度为100℃，货油舱原油操作温度为60℃。在油田投产初期，为了保证原油生产安全、流程稳定和产品合格，FPSO操作人员严格按照设计要求参数进行操作，投用了两台热处理器加热器(FPSO-H-2002A/B，总功率2500kW)和两台电脱预热器(FPSO-E-2003A/B，总功率3400kW)，以此来满足加热效果，因此生产工艺系统需要大量热能，同时，大舱原油加热也需要大量热能。工艺流程见图1.4.27-1。

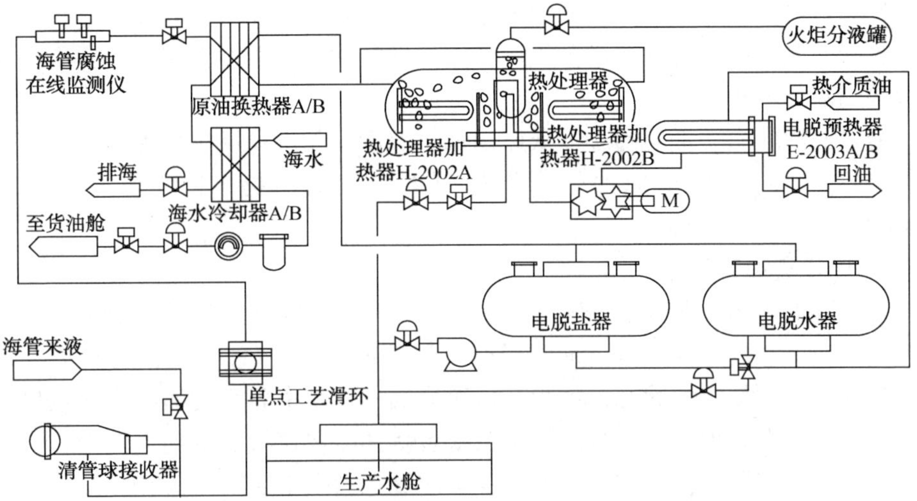

图1.4.27-1 “海洋石油115”生产工艺流程

随着FPSO流程逐步稳定和对本油田油品性质的了解和掌握，油田人员不断对操作条件进行研究分析，探索降低油田能耗的可行性。在保证安全生产、满足原油外输条件的前提下，降低原油热处理器、电脱水器和电脱盐器的操作温度，将生产工艺处理系统热负荷降低，优化货油舱日常操作温度，可以大幅降低锅炉燃油的消耗量和温室气体的排放量。

(2) 项目实施内容

为了减少生产流程热量消耗，实现降低燃油消耗并减少温室气体排放量的目的，FPSO 生产部门认真分析了油田投产后上游平台的来液温度、含水和乳化液情况的变化，结合前期总结的流程优化方法，进行了以下流程上的改进：

① 保证下舱原油品质的前提下，降低生产热负荷。

油田人员针对操作条件开展实验，逐步降低 FPSO 生产工艺流程操作温度，并以 5℃为阶段性降温周期进行现场观察及数据分析。在操作温度调整的同时，为保证原油下舱品质，确保原油合格下舱，现场增加了原油热处理器进出口、电脱水器和电脱盐器出口油品品质的监测频次。

现场降温过程主要分为两个阶段：

第一阶段停止原油热处理器加热器(FPSO-H-2002A/B)，停止加热器后，热处理器(FPSO-V-2001)的温度由 84℃降至 80℃，电脱水器和电脱盐器的温度由 100℃降至 95℃，化验数据显示，第一阶段降温对原油品质无明显影响。

第二阶段通过调节电脱预热器(FPSO-E-2003A/B)的温控阀，降低电脱水器及电脱盐器的操作温度，并以 5℃为阶段性降温周期进行数据分析，直至将电脱预热器温控阀关闭。关闭后下舱原油平均含水从 0.05%略升至 0.08%，但下舱原油的含盐等其他指标都在要求范围内，原油在货油舱内经过沉降后，完全满足合格货油的品质要求。

通过此次实验，油田逐步降低原油加热温度，直至停用热处理器加热器和电脱预热器。这样在保证原油生产处理效果较好的前提下，将生产工艺系统 5900kW 的热负荷全部减掉。

② 优化货油舱日常操作温度，降低热量消耗。

为了降低 FPSO 货油舱的热能损耗，油田人员对现场实际操作情况进行了研究讨论分析。发现在保证舱内原油沉降效果的前提下，FPSO 货油舱在原油外输后不需保持持续加热的状态，因为在每次原油外输结束后，货油舱会有大量的空舱空间，此时继续加热，大量的热量会随着货油舱覆盖气扩散到大气中，造成大量的热损失；在原油储存期间原油温度会不断与外界(空气、海水)进行热交换，货油舱原油无需长时间保持高温。原油在货油舱通过静置重力沉降方式进一步脱水，只要保证大舱温度高于原油凝点温度，并保证原油具有一定的流动性即可。

根据以上分析，对 FPSO 大舱加热制定四点日常操作原则：

① 不加热空舱，根据货油舱舱容情况灵活调整锅炉与循环泵的运行数量；

② 大舱不保持高温，即在日常操作中大舱温度保持在 50℃左右，既高于原油凝点温度 39℃，又使原油具有一定的流动性；

③ FPSO 的 10 个货油舱进行间歇性分舱加热，并利用调整下舱的高温原油

（约 72℃）来进行温度控制；

④ 在外输前 3 天再将待外输原油货油舱温度进行逐步加热至 60℃，满足外输原油操作温度。

通过以上原则的实施，实现了货油舱加热过程节能降耗的目的，热介质锅炉的燃油消耗也随之降低。

（3）项目实施效果

项目实施前，由于严格按照设计操作温度控制，工艺系统与货油舱原油加热需要大量的热量，也因此消耗大量燃油。项目实施后，在保证油水处理效果与外输原油品质的前提下，优化了操作方式与流程温度，使得热量需求大幅下降，大大降低了燃油的消耗量。

① 经济效益

以项目实施前后数据作为对比（2009 年前与 2009 年后运行参数）：

实施前每生产一方原油实际消耗燃油 0.00331m^3，优化改进后，2010—2014 年每生产一方原油需要消耗燃油大约 0.00265 m^3，2015—2018 年每生产一方原油需要消耗燃油大约 0.00183m^3，2010—2014 年按产量 10599943m^3计算，以逐年单位产品能耗提升产生的效果计算，节约原油共 7000m^3；2015—2018 年按产量 11626655m^3计算，以逐年单位产品能耗提升产生的效果计算，节约原油共 17166m^3；2010 年至今共节约原油 24166m^3。

② 环保效益

项目自 2010 年至今节省燃油 24166m^3×0.878t/m^3 = 21218t，按原油的碳含量 85%、1kg 原油产生 CO_2为 3.1kg 计算，总计减少 CO_2排放量为 65775t。项目根据西江油田多年来实际工况的变化，已将两台热处理器加热器（FPSO-H-2002A/B，总功率 2500kW）取消并拆除，两台电脱预热器（FPSO-E-2003A/B，总功率 3400kW）根据实际需要进行使用。

此项目自 2010 年实施以后，FPSO 外输货油各项指标都非常好，含水仅为 0.05%，至今外输 397 船，外输原油品质全部合格，未曾收到过投诉。项目在零投入的情况下，具有良好的可持续性节能效果。

1.5 通用节能技术及案例

在中国海油涉及的海洋石油开采、炼油化工、燃气发电等领域存在着诸如机泵优化改造、锅炉效率提升、绿色照明节能等通用的节能技术。在对通用节能技术的不断探索与应用中，中国海油实施了一批节能节水效果好、生产效率优化提升的项目，积累了丰富的经验。

(1) 机泵改造

在对机泵的使用和改造过程中，中国海油针对不同的使用环境和类型，实施了泵类变频、柔性连接、叶轮改造等节能实践，有效改善了泵类使用效率，明显节约了生产耗电。

(2) 锅炉改造

围绕锅炉的使用，采用先进的技术、设施、工艺等，积极对锅炉效率低、能耗高、生产能力不匹配等问题进行整改，达到最优的使用状态，提高能源利用效率。

(3) 绿色照明

紧跟国家节能减排大势，在厂区、设施间积极推广绿色照明系统的应用及改造，降低照明的能源消耗，同时又展现了中国海油照明的低碳节能理念。

1.5.1 番禺油田原油外输泵叶轮改造

(1) 项目实施背景

原油外输泵也叫卧式多级离心泵，是一种增大传送介质压力、提高介质流量的外输设备，在海上石油生产过程中，原油外输泵主要承担着将平台生产处理后的原油通过海底管线加压输送到油轮的任务。

番禺油田创建之初拥有 PY4-2A 和 PY5-1A 两座平台，原油处理量大，单个平台处理量可达 83000 桶/天，为满足生产需求选用型号为 4X11DA-A 的高压六级卧式离心泵，泵的额定流量为 213m^3/h，额定功率为 496kW，最大输出压力为 6.8MPa，效率为 58%，转速为 2981r/min，工作温度为 84℃。

在长达十年的连续开采后，原油处理量大幅降低，输出液量无法满足泵的原始设计泵效，且 2012 年油田新建平台，新老平台共用一套原油外输管线(最大压力 5.0MPa)，限制了泵的输出压力。

(2) 项目实施内容

在保证外输流量的基础上，为降低外输泵电能损耗，实现节约能源减少浪费的目的，并从本质上排除外输泵外输压力高所带来的潜在隐患，决定在原有外输泵基础上，直接拆除泵的两级叶轮，降低泵的最大输出压力。此项目于 2016 年 7 月全部改造完成，项目将油田 6 台六级卧式离心泵改造为四级卧式离心泵，拆除了其中的第二级与第五级叶轮。

(3) 项目实施效果

该措施工作量小，改造简单，整个改造过程只需要拆解外输泵壳，拆除第二级与第五级叶轮即可，无需其他变动。改造后泵的最大出口压力由改造前的 6.8MPa 降至 4.8MPa，降低 2.0MPa；驱动电机功率由改造前的 23A 降为 16A，降低 7A；外输控制阀开度由改造前的 16%增大到 22%，增加 6%，外输控制阀开度得到有效改善。

每台外输泵改造费用 12.5 万元，一共改造 6 台，合计改造费用 75 万元。改造后，经测算电机每天耗电量由改造前的 7617kWh 下降为 5299kWh，每天节约 2318kWh，每年节约用电 85 万 kWh，节能量为 104tce，有效节约了能源。

1.5.2　PY30-1 平台中压海水电潜泵改造

（1）项目实施背景

PY30-1 平台配置三台海水提升泵，为 3.3kV/1200m^3/h/620kW 中压电潜泵，一用两备。为满足平台海水需求，必须启动透平主发电机组后才能投用；在复产项目期间，使用透平发电柴油消耗量大；另外，台风复产时必须等透平发电机组启动后才能投用海水泵，影响复产速度及基本生活需要。

同时，“番禺 30-1 平台钻井模块向生产模块反向送电”项目对降低平台电耗提出了更高的要求，因此，平台提出将一台中压海水提升泵变更为一台低压海水提升泵，新低压电潜泵为 400V/400m^3/h/185kW；同时加装一台启动变频器，降低启动电流。改造后，应急发电机除了应急负载之外，还可以拖动该低压电潜泵，满足生活用水。

（2）项目实施内容

该方案提出后，经过讨论和评估，进行了如下项目实施工作：

① 400V 海水提升泵安装。

考虑到原海水提升泵 A/C 泵安装在中压盘 MA 段，B 泵安装在中压盘 MB 段，所以将 3.3kV 中压电潜泵 A 泵改为 400V 低压电潜泵，即新泵安装在原海水提升泵 A 泵井眼。由于新泵排量小、直径小，所以重新制作泵头到扬程管的变径和扶正器，以满足 400V 电潜泵的安装。

② 400V 海水提升泵电缆敷设及接线。

考虑特殊情况下可能恢复 3.3kV 海水提升泵，所以保留原 3.3kV 海水泵的现场接线箱及电缆；重新敷设 MCC 至海水泵现场的低压电缆，并安装新接线箱。自 MCC 至现场敷设 3 条 3×50mm^2+E 的铠装动力电缆，和一条 7×1.5mm^2 铠装控制电缆，并在现场安装防爆接线箱和按钮控制箱，然后和 400V 海水泵出线进行电气连接。

③ 400V 海水提升泵启动变频器安装。

考虑到 400V 海水泵要在应急情况下使用，且应急发电机只有 800kW 容量，所以增加启动变频器来降低启动电流，实现应急发电机拖动 400V 海水提升泵。利用低压盘 MCC-13-1 备用柜(200kW 容量)进行馈电，在 MCC 安装一台 400V/

185kW 启动变频器，输出至 400V 海水提升泵，从而实现软启动。

（3）项目实施效果

该节能改造项目在平台复产期间，减少了柴油消耗，在节能减排方面发挥了重要作用，取得了明显的经济和环保效益。由 620kW 的大泵更换为 185kW 的小泵，日均节约电能 10440kWh，累计节约电能 128.4 万 kWh，折标煤约 157.8tce。

此外，400V 海水提升泵小巧灵活，在复台工作、大修工作中，起到重要的支持作用。

1.5.3 丽水 36-1 气田终端贫液增压泵变频改造

（1）项目实施背景

丽水 36-1 终端处理厂天然气脱碳系统有两台贫液增压泵，一用一备，额定流量 480m^3/h，扬程 410m，额定功率 800kW，额定电压 10kV，额定电流 56A。

实际电流 52A，功率 700kW 左右，增压泵流量 400m^3/h，出口阀开度只有 30%，此时效率达不到 70%，而额定效率是 80%。

加装变频器后，在满足工艺流程要求的情况下，降低频率可以极大地提高泵效、降低功率，节约用电。增加变频器同时还具有以下优点：①贫液增压泵由工频启动变为软启动，减小了对电网的冲击，启动电流不超过电机额定电流的 1.2 倍。②工频满载运行的功率因数为 0.84 左右，实际运行功率因数远低于 0.8，采用变频调速系统后，功率因数可提高到 0.9 以上。③转速降低，设备磨损减轻，延长了维护周期和设备寿命。

（2）项目实施内容

为保证设备可靠运行，采用了一拖二带隔离自动旁路的方案，即增加工频/变频旁路切换柜，使系统既可切换到工频运行，又可切换到变频运行。当变频设备需要检修时，系统可继续工频运行，不致造成生产中断。为简化现场操作，将工频/变频切换旋钮安装在配电室，现场只需要进行启动/停止操作。

变频调速系统由用户开关、一拖二带隔离自动切换旁路柜、GD5000 系列高压变频器、高压电机等组成。一拖二隔离自动切换旁路柜是由 4 个高压隔离开关 QS1～QS4、6 个真空接触器 KM1～KM6 组成。自动旁路柜严格按照“五防”联锁要求设计，变频器输入输出真空接触器 KM2 和 KM3、KM5 和 KM6、KM1 和 KM4、KM2 和 KM5 电气闭锁，确保变频调速系统的安全运行。

经过与工艺部门的协同调试，在满足工艺流程要求的情况下，变频器运行频率为 44.8Hz，电机电流为 44.5A 左右，功率约为 600kW。

（3）项目实施效果

单台贫液增压泵改造前功率约为 780kW，改造后约为 600kW，则改造后年节约用电量 1576800kWh，折合标准煤 193.45tce。

1.5.4 歧口 18-1 平台外输泵柔性联结节能改造

(1) 项目实施背景

歧口 18-1 平台外输量较投产初期大幅下降，目前外输量已远远小于单台外输泵的额定排量，造成电力的大量浪费。并且造成歧口 18-1 平台至渤西处理厂的混输海管输水量无法降低。

QK18-1 平台生产系统外输量靠出口调节阀控制，随着油田生产流程的变化，外输量减小，调节阀由于性能原因无法将外输量减少到要求值，生产操作人员只能依靠外输泵出口球阀进行截流辅助减少外输量。这种方法操作量大，控制效果差，同时造成球阀冲蚀，内漏严重。为解决以上问题，需要采用新的外输量控制方法。目前主流的控制泵的排量方法有：①变频器控制；②自动调节阀控，这两种方法已经取得广泛的运用，并已经被证明了有效性。针对本平台现状，引进了一种新的技术——永磁涡流柔性传动技术，这项技术通过改变电机和泵的转差来调节泵的转速，继而实现控制流量的目的，同时还有结构简单、节能效果明显等优点。

(2) 项目实施内容

外输泵柔性联结节能装置是通过调节扭矩来实现速度控制，电机输出到永磁涡流柔性传动调速装置的扭矩和永磁涡流柔性传动调速装置输出到负载的扭矩是相等的。当永磁涡流柔性传动调速装置接到一个控制信号(如压力、流量、液面高度等)后，信号传到永磁涡流柔性传动调速装置的执行器，执行器对信号进行识别和转换后，产生一个机械操作指令，来调节导体与永磁体之间的气隙大小，从而根据适时的负载输入扭矩的要求，调节永磁涡流柔性传动调速装置输出端的扭矩大小，来最终改变电机输出功率大小，实现电机节能和提高电机工作效率。此项目可降低设备维护成本，提高能源效率，延长电机寿命，保护设备免受过载损坏。

歧口 18-1 油田共有 4 台外输泵，其中 A、B、C 泵为相同系列泵，其电机额定功率为 281kW，额定电压为 380V；D 泵为单独型号外输泵，其电机额定功率为 315kW，额定电压为 3.3kV，本次仅针对 D 泵改造。

(3) 项目实施效果

在歧口 18-1 平台，该项目的实施年节能量为 309t，年温室气体减排量为 505tCO_2，有较好的节能减排效果。项目总投资为 86 万元，年可节约因天然气消耗产生的费用为 40.38 万元，项目投资回收期 2.37 年，经济效益显著。同时，项目仅对电机与泵之间的连接进行改造，设备改造相对简单，占地面积较小，易于施工改造。

1.5.5 东方终端脱碳二期水力透平泵改造

(1) 项目实施背景

东方终端二期脱碳装置投产以来，1#水力透平泵故障率较高，长时间运行2#半贫液泵。由于没有水力端，故电能消耗多。现增加一台水力透平泵，把高压溶液具有的能量利用起来，以减少电能消耗。东方终端二期1#半贫液泵是进口设备，发生故障后维修周期长，只能用2#半贫液泵。2#半贫液泵是普通的离心泵，不能利用其吸收塔底富液的压力能。

(2) 项目实施内容

东方终端二期脱碳装置增加一台水力透平半贫液泵，与原有的两台半贫液泵并联，最大限度地利用被输送介质具有的压力能，减少能量损失。

(3) 项目实施效果

东方终端二期脱碳装置通过增加一台水力透平泵，与原有的两台半贫液泵并联，最大限度地利用被输送介质具有的压力能，新增3#半贫液泵目前运行良好，每天可节约用电9600kWh，按年运行300d计算，年可节电288万kWh。节能效果十分明显。

1.5.6 南海盛开号锅炉节能改造

(1) 项目实施背景

南海盛开号是由一艘原名“海皇号”的油轮(1975年建造)改装而成的FSOU，于1993年完成改装工作后，入ABS船级，在南海珠江口盆地陆丰13-1油田投入使用。

南海盛开号之前使用一台蒸发量为65t/h的蒸汽锅炉，炉龄老，蒸发量大，利用率低，燃料油为外购180CST重油。世界船用锅炉燃烧原油的技术日渐成熟，锅炉使用180CST重油作为燃料经济性差；同时，根据2010年后的生产使用情况，30t/h的蒸汽量已经足以满足生产的日常需要，只是在外输卖油期间才用到60t/h的蒸汽量，所以该锅炉是“大马拉小车”，非常不经济；同时由于只有一台锅炉，而且炉龄大，一旦出现故障，没有备用的锅炉可用，会影响到整个油田的生产。为响应国家和中海油节能、减排和成本控制政策，同时保证生产的稳定性，南海盛开号对FSOU锅炉系统进行了燃油和系统改造可行性研究，以提高经济性和可靠性。

(2) 项目实施内容

为解决原锅炉经济性差、油耗高的问题，南海盛开号计划对锅炉系统及其燃油供给系统进行改造，使用两台新的30t/h蒸发量的船用锅炉替代原有的65t/h

锅炉，正常生产时使用一台，外输作业时使用两台，用陆丰油田生产的原油作为燃烧原料，大大提高了锅炉系统的经济性及可靠性。蒸汽锅炉及辅助系统的设计、制造和检验必须符合 GB/T 14650—2005《船用辅锅炉通用技术条件》和相应的行业技术标准。锅炉厂家需取得 ABS 船级社的证书，设计及选型需符合其相关要求，必要的设计及技术文件需经 ABS 审核认可。

(3) 项目实施效果

锅炉升级改造后，盛开号的生产稳定得到了保障，同时减少了能源的消耗、降低了污染物的排放，该项目共投入 1320 万元。经测算，在生产条件相同的情况下，旧锅炉平均每月消耗重油 830t，折合标煤 1185tce，新锅炉平均每月消耗原油 690t，折合标煤 985tce；改造之后平均每月节省燃油 140t，年节省燃油 1680t，节能量为 2400tce。

1.5.7 南海胜利 FPSO 锅炉改造

(1) 项目实施背景

南海胜利 FPSO 锅炉为三菱 D 型水管锅炉。锅炉改造前运行中存在一些问题，如下：

① 原炉管设计为适合烧油的碳钢管，从 2013 年底脱硫系统试运行后，燃烧介质改为重油或脱硫伴生气交替，但炉管材质没有更换为适合燃气的高温低合金钢；

② 使用负荷过低(设计要求不能低于 60%，改造前维持在 30%左右)，致使锅炉水管过热碳化；

③ 屏管、墙管、蒸发管都有泄漏补焊的经历，并存在结灰、碳化、腐蚀、管内水垢的现象，其中 35 支墙管有 12 支发生过碳化泄漏的情况。

以上问题导致锅炉水管结垢严重。一般情况下，向火侧先结水垢，背火侧后结水垢；粗糙度高的部位先结水垢，粗糙度低的部位后结水垢；流速慢的部位先结水垢，流速快的部位后结水垢。由于水垢是热的不良导体，所以水垢的厚度不均，就导致炉管的局部温度差异较大，从而导致锅炉水管老化、碳化失去原有形状甚至变形，极易出现裂纹。之后一旦有停炉、启炉的动作，由于热胀冷缩的原因，就会出现漏泄的现象。而且水垢的产生严重影响了锅炉效率，造成燃油热利用率低，增加燃油消耗，运行效率较低，能源浪费严重。

同时，锅炉系统设计也存在一些问题，锅炉给水系统中加给水加热器设置在给水泵与锅炉之间，这样设置导致给水加热后析出的氧气无法排除，并随着给水进入锅炉内部，进而腐蚀锅炉的给水系统和部件，同时腐蚀性物质氧化铁进入锅炉内，腐蚀的铁垢会造成管道内壁出现点坑，阻力系数增大。

(2) 项目实施内容

为解决锅炉系统存在的问题，南海胜利号在 2018 年坞修期间对锅炉水管全部进行更换，以提高锅炉效率，降低燃料消耗，提高燃料热量利用率，并有效解决现场因锅炉水管腐蚀弯曲而产生的隐患，保证安全生产的顺利进行。同时坞修期间对锅炉热水井进行改造，在热水井中增加加热盘管来实现热力除氧。

南海胜利号根据锅炉水消耗量及热水井容量等参数计算出加热盘管的热交换面积，进而设计出加热盘管在热水井内部的走向和长度，确保改造后的加热盘管能满足现场要求，有效除去锅炉水中的氧气及其他气体。

(3) 项目实施效果

南海胜利号锅炉在使用了 45 年后，由于结垢问题严重影响了锅炉效率，造成燃油热利用率低，燃油消耗增加。锅炉完成改造后，锅炉效率大幅提高，经测算，锅炉消耗重油每天节省 2.1m^3(对比正常 2018 年 1 月 15—24 日和 2018 年 10 月 1—10 日正常生产时锅炉平均耗油差值)，运行统计期 87 天内(2018 年 10—12 月，除台风期)，总计节省重油为：2.1×87×0.9365＝171t。

统计期内折标煤为 244.4tce，节能效果明显。

1.5.8 珠海终端照明系统节能改造

(1) 项目实施背景

珠海终端于 2005 年投产，投产时整个终端厂的照明系统主要包括高杆灯、防爆平台灯、厂前区庭院灯等，由高压钠灯、金属卤化物灯、自整流汞灯以及各种节能灯具组成。从节能环保等方面来考虑，这些灯具都存在一定的弊端，结构上它们多了很多元器件，比如整流器、触发器等，这些元器件不仅因为体积大占用很大的空间不便于安装，而且发热严重浪费能量，有的灯具内的还有有毒气体。另外，同样功率的普通节能灯相比较 LED 节能灯来说，亮度也相差很多，这样在需要同样照明强度的环境下，就不得不安装功率较大的节能灯来提供照明，导致电能浪费。

(2) 项目实施内容

为了改进终端照明系统的弊端，节省更多的电能，从 2010 年后开始逐步对终端的照明系统进行整改，采用合适的 LED 灯具来代替高压钠灯、金属卤化物灯、自整流汞灯以及各种节能灯具。项目累计投入费用 125.3 万元，所有改造在 2018 年之前全部完成。

(3) 项目实施效果

改造后终端整个照明系统节省了电力消耗，具体效果如下：

终端厂区一共 12 个高杆灯，每个高杆灯上 9 个灯具。改造前每个高杆灯上是9盏1000W的高压钠灯，共108000W。改造后为9盏400W的LED灯具，共43200W。按照每天运行12h算，9个高杆灯改造前每天使用电度数为972kWh，改造后为388.8kWh，每天节约电力为583.2kWh，每年节约209952kWh。

终端厂区原来的防爆平台灯都是150W的金属卤化物灯，总个数为350，改造为45W的防爆LED节能灯。按照每天运行12h算，相比之前每天节省的电力为441kWh，每年节约158760kWh。

厂前区庭院灯共108个，改造前每个灯杆上是2个100W的节能灯，按照每天运行12h算，每天共使用电力为259.2kWh。改造后每个灯杆上只有1个60W的LED灯具，按照每天运行12h算，共77.76kWh。对比改造前每天可节约电力181.44kWh，每年节约65318.4kWh。

综上高杆灯、厂区防爆照明灯具及厂前区庭院灯改造后每年共节约电力434030.4kWh，节能量为53.3tce，年节省费用约38.2万元。

1.5.9　海洋石油102FPSO照明灯具改造

（1）项目实施背景

海洋石油102FPSO工艺甲板照明系统，自投产以来，照明一直处于点亮状态，这样一来，既浪费电能，又使得灯具损坏的概率大大增加，这些探照灯一般安装在高空部位，维修起来非常困难。本着节能减排、降低维护成本的理念，平台人员根据实际情况，决定对照明系统进行改造，设计安装一套时控装置，使得照明在晚上亮起，白天自动熄灭，以达到节能减排、降低维修成本和减少现场工作量的目的。

（2）项目实施内容

本次改造涉及的照明灯见表1.5.9-1。

表1.5.9-1　海洋石油102FPSO照明灯具改造汇总

灯具种类	探照灯	泛光灯	荧光灯	舱顶灯	障碍灯
数量/个	24	33	31	50	3
功率/W	250	400	80	60	60
总计功率/kW	24.86				

海洋石油102 FPSO于2013年10—11月对照明系统进行了改造，安装时控装置后，每天预计照明灯点亮11h。

（3）项目实施效果

项目实施后，每天预计照明灯总功率24.86kW，点亮11h，每年节约电能99813kWh，实现节能量12.1t标准煤。

电费按照0.5元/kWh计算，年节电费约5万元，节省备件费约3万元。高空照明维修可以从每年一次延长至两年一次，平均每年节约维修费约4万元，每年总计节约12万元。

1.5.10 营口终端处理厂高杆灯节能改造

(1) 项目实施背景

营口终端处理厂目前使用普通照明灯具共计807盏，年消耗电量538860kWh，支付电费约54万元，且灯具日常维修工作量大，需要投入较大的人力、物力成本，节能性与经济性较差。

目前市场上LED照明灯具技术已基本成熟，它是解决传统灯具能耗高、故障多、亮度差等问题的有效途径。针对营口终端处理厂道路照明、发电机房、操作间、工艺装置、道路高杆灯照明进行LED灯具节能改造，灯具类型包括：金卤灯、钠灯，预计改造数量为104盏。

(2) 项目实施内容

厂区道路照明、发电机房、操作间、工艺装置、道路高杆灯照明更换为LED灯具。

(3) 项目实施效果

项目实施后，每年节约电量69873kWh，每年实现节能量9t标准煤。按照工业用电1元/kWh计算，每年节电费用为69873元；另按照LED与普通灯具的质保年限不同(传统灯具约12—18月，LED灯具约60个月)计算，每年维护成本约为5万元，每年节约费用约为12万元。

1.5.11 涠洲终端照明系统节能改造

(1) 项目实施背景

涠洲终端积极响应中国海洋石油集团有限公司节能减排号召，将实施绿色照明工程列为重点节能项目之一，并取得了良好的效果。

经过分析，涠洲终端原有照明系统主要存在以下问题：

① 照明器材选择不合理。在以往订购照明器材时，为节约成本，终端过多地关注其当时的价格，而忽略了维修工作量、维修成本以及对其性能的综合考虑。

② 落后的控制管。涠洲终端之前对厂区照明系统的控制主要由人工控制，人工操作照明箱或低压控制柜内的断路器或开关来接通或断开照明电源。这种做法不但烦琐而且需要工作人员的精心操作，如果因某些原因没有手动断开电源，则该部分灯就成为长明灯，造成电能的大量浪费。

(2) 项目实施内容

照明光源的节能主要取决于其发光效率。根据厂区照明的特点，一般情况下高压钠灯是首选光源，其次为金属卤化灯和荧光灯。照明灯具的节能在于灯具效率的高低，灯具效率越高，光源发出的光利用率就越大。

镇流器是气体放电灯较为常用的驱动装置，可分为电感镇流器和电子镇流器，电感镇流器又分为传统电感镇流器和节能型电感镇流器。由于技术方面的原因，电子镇流器在路灯照明中尚不能大规模使用，因此目前我国仍以电感镇流器为主，且就现状而言以传统电感镇流器居多。由于传统电感镇流器本身功率因素很低，消耗的电能甚至可以达到光源用电的1/5，是导致功率因素降低与电能消耗增加的重要因素之一。而新型节能型电感镇流器可以将传统镇流器功耗降低一半，各项电气性能也明显改善，因此应优先考虑选择节能型电感镇流器。

涠洲终端通过改造，采用定时控制器与光控来取代人工控制，利用定时器来控制厂区照明线路，实现照明灯的自动开关。每个定时器都有几个时间段可供选择设置，调整好定时器上的时间设置后，可按设定的时间段来自动开启或关闭照明，使路灯的开关灯时间真正做到与天黑天明同步，实现无人管理的智能运转，在节省人力的同时大大节约能源。另外，定时器同时设计有手动控制，在需要对灯具或线路维护时，可由手动来完成通断，方便维护。

在进行照明设计时，应有多种符合要求的设计方案供进行综合分析比较，以便从中选出技术领先、经济合理又节约能源的最佳方案。在终端处理厂进行高杆灯改造时，通过优化设计方案，将原有固定照明灯具的底座由两孔固定式改变成可旋转式，这样的好处是在某个区域如因生产需要临时加装照明灯具时，可在不影响区域照明的情况下将固定在底座上的灯具旋转一个角度来完成，避免了加装临时照明灯具的工作，提高了工作安全系数，节约了用电。

(3) 项目实施效果

涠洲终端厂区目前照明灯系统安装总功率约为70kW，单日白昼时分多消耗的电能约为840kWh，若这些照明灯处于常年无人管理状态，多消耗的电能约为302400kWh，按照电能折标准煤系数计算(0.1229kgce/kWh)，项目实施后每年可实现节能量约为37.16tce。在节能的同时实现了灯具照明自动控制，解决了现场人工通断的技术问题，降低了员工的工作量，提高了工作效率。

1.5.12 珠海终端公寓楼电热水系统太阳能改造

(1) 项目实施背景

珠海终端公寓楼热水系统属于中央电锅炉加热系统，电锅炉加热系统由四台额定输入功率为54kW的电锅炉为热源，同时运行互为备用，型号为DRE-80-

54，位于公寓楼的楼顶。热水泵流量 $2m^3/h$，扬程 24m，功率 0.75kW，一用一备，用户有两层，每层 25 个房间，共 50 户，基本能满足用户需求。因高峰时间段用水量变化较大，且用水高峰时增压泵未能提供足够的流量，影响公寓正常用水；另外水压稳定性不够，水温变化较大，影响用户体验，且缓冲罐故障率高，经常需要维护。

（2）项目实施内容

为了解决用水峰谷时段水压不稳定的问题，在电加热器的进水端增加了变频控制器，用水低谷时段低频率运行，高峰时段工频运行。同时增加太阳能设备，在白天收集太阳能加热水温，并存储起来，作为对电锅炉加热的一个热能补充。项目于 2007 年 12 月改造完成，项目新增太阳能集水罐、太阳能集热板、变频器控制系统等设备，同时改造了相关的管线、电气、仪表控制等配套设施，新增系统占地空间 $250m^2$，水罐重量 10t，项目总投资 26.5 万元，具体改造内容主要有两部分：

① 增压泵改造。

设备隔离断电、断水；拆除两台旧增压泵及两台循环泵；热工区制作增压泵、循环泵及变频器柜底座支架，采用不锈钢焊接制作；底座安装打膨胀螺丝固定；更换安装两台新增压泵及循环泵；更换单向阀及球阀；安装电磁阀、水位计、压力表传感器；敷设主电源电缆 100m 及接线；敷设楼顶至楼下热水罐循环泵给水管 PP-R 热熔管线；变频器通电调试。

② 楼顶循环泵移。

更换安装两台增压泵；制作焊接新增压泵底座；制作热水管线支架 63 个；从公寓楼上敷设两条热水管线到热水罐旁边；电源控制箱从楼顶挪到热水罐旁；敷设电源电缆及电机接线；通电测试。

（3）项目实施效果

项目改造前，由于仅利用电能加热，在用水的高峰时段不能很好地平衡出水压力，造成水温波动大，体验效果不佳；在低谷时段不可避免地又造成能源的浪费。项目实施后，在白天用水低谷时段，太阳能集热板能够把水加热到 60～70℃，并储存在集水罐中，并且变频控制器能够实现此时段的低频率运行，既满足在只有少量用户时的使用工况，又节约电能；在用水的高峰时段，集水罐中的热水又能补充电锅炉加热的功率不足问题。经终端实际测算，每年可节约电力 18.2 万 kWh，节能量为 23tce。

2 炼油化工节能技术及案例

2.1 催化装置冷再生催化剂循环技术

催化装置冷再生催化剂循环(CRC-FCC)技术适用于石油炼制中催化裂化新建装置，也适用于现有催化裂化装置节能挖潜改造。

该技术通过吸收国内外同类生产装置的操作经验，结合重油催化裂化的实际情况，在反应再生系统设计上采用了以下技术：在再生催化剂循环线路上增加冷却器降低再生催化剂的温度，再生器再生后的高温催化剂大约为700℃，经过CRC冷却器冷却后再生催化剂温度降至650~670℃，进入预提升段靠汽提蒸汽将催化剂提升进入提升管反应器与原料油接触反应。通过降低再生剂的温度，进而降低重油提升管剂油接触温度，实现了“低温接触、大剂油比、高催化剂活性”的催化裂化反应要求，从而提高了反应选择性，提高了轻油总收率和产品质量，降低干气、焦炭产率，从而降低装置能耗，降低烟气排放量。

技术解决了现有技术普遍存在的反应温度和剂油比的矛盾，实现低温接触、大剂油比、提高进入提升管的催化剂的平均活性，使得催化剂活性中心数也大幅度提高，大大强化了遵照正碳离子机理进行的反应，如裂化反应和氢转移反应，使生成C_3、C_4的选择性显著提高，热裂化反应生成C_1、C_2的选择性显著下降，进而提高轻油总收率和产品质量，提高汽油辛烷值、降低油品烯烃和杂质含量。采用大肚子提升管和较长的反应时间，操作条件更加灵活，汽油改质反应温度等条件可以根据产品要求灵活调节，有助于提高轻油收率和油品质量，保证汽油低烯烃含量。

(1) 项目实施背景

中海石油中捷石化有限公司炼油生产部50万t/a重油催化裂化装置于2005年8月16日建成投产，经过多次局部改造后，装置加工能力可以达到38万t/a，主要加工常压渣油占70%、减压蜡油占30%，加工催化料主要为锦州9-3、渤中28-2、旅大27-2、锦州25-1，密度在920~950kg/m^3，残炭在4.7%~6.0%左右，装置投产运转至今，干气和焦炭产率高；受取热能力限制，处理能力偏低，产品总液收率较低。

(2) 项目实施内容

2012 年 6 月份，中海石油中捷石化有限公司对 50 万 t/a 重油催化裂化装置进行了节能减排技术改造，采用了洛阳维达石化工程有限公司开发的冷再生催化剂循环专利技术(CRC-FCC)。改造范围主要为反应提升管和再生部分，新增 1 台 CRC-再生剂冷却器，上部进口 Φ1200mm 与再生器密相侧面开口处进行焊接，靠松动风保持流化输送，下部下料口 Φ800mm 与再生滑阀和重油提升管新增的预提升段设备相连。改造后操作条件更加灵活，反应温度和剂油比等条件可以灵活调节，可实现“低温接触、大剂油比、高催化剂活性”的要求，可使热裂化反应产物(干气)的产率大幅度下降，焦炭产率降低，轻油总收率提高，处理能力增加，装置能耗降低，并且烟气排放量也降低。

(3) 项目实施效果

经过 CRC 改造后，装置能耗降低了 6.98kgoe/t，与改造前相比，每吨原料烟气排放量降低 150Nm^3，节能减排效益显著。每年新增效益可达 6810.25 万元，1.5 个月就可完成项目回收。

2.2 PSC-300 型导叶式旋风管改造技术

中国石油大学(华东)开发的导叶式旋风分离技术，三旋的结构 PSC 型，其核心部件为 PSC-300 型导叶式旋风管，其突出的性能优点是对 10μm 以下的细颗粒抗返混能力强，分离效率高。

该技术优化了导向叶片结构参数，能够控制叶片流道内和叶片出口的气固两相流动，强化分离作用，减小流动阻力与磨损；采用带有开缝的排尘结构，能够合理分配上、下行气量，既保证排尘通畅，又可减少灰斗内的颗粒返混夹带，提高细颗粒的分离效率；采用带有减阻构件的排气芯管结构，能够控制和调整排气芯管内的流动状态，削弱气流旋转强度，抑制或消除“滞流”“倒流”等耗能流动，实现排气芯管内的流动减阻。

该技术单管处理量大，设计值可到 3000~3500m^3/h，是目前国际上已推广应用立管三旋单管中最大的。经过参数优化匹配的各部分结构设计，在操作工况波动较大时仍能够有效保持旋风管内气固两相的良好流动形态与流动分布，保证分离性能具有较宽的操作弹性，在单管气量 75%~115%间波动时，效率变化较小。磨损轻微，检修工作量最小。无泄料盘，排尘口直径为 Φ85mm 左右，不会发生堵塞问题。抗返混夹带与窜流返混能力强，可基本除尽 7μm，出口烟气中含催化剂细尘浓度在 100mg/m^3以下，尤其是对细粉具有很高的分离效率。

(1) 项目实施背景

中海石油中捷石化有限公司炼油生产部 50 万 t/a 重油催化裂化装置于 2005

年8月16日建成投产，装置烟机自2005年投产运行以来故障频繁，其主要原因三旋效率低，卧管式三旋抗返混能力差，单管频繁堵塞，导致出口烟气中催化剂含量增高至250mg/Nm^3，造成烟机无法运行，改造前已造成炼油经济损失达2850万元，同时导致烟气排放粉尘加剧。

（2）项目实施内容

为保证烟机长周期安全运行以及空气排放粉尘达标，以实现高能量回收系统的经济效益，中捷石化有限公司对该装置采用了新型导叶式旋风分离技术。

2010年11月改造后装置开工运行，经过多次对烟机入口烟气中催化剂的浓度及粒度进行采样分析，以及对烟机主轴振动的监测，各项指标均表明：三旋改造后分离性能完全达到烟机入口条件要求，能够保证烟机的长周期安全运行。

（3）项目实施效果

通过PSC-300型导叶式旋风管改造，烟机入口粉尘颗粒由原来10~45μm降至8μm以下，在实际应用过程取得了较大的经济环保效果，同时烟机的投用增大了装置加工处理能力，降低装置整体能耗，由75kgoe/t能耗降低至65kgoe/t以下；烟机可长周期运行，每天可节约用电为53700kW，每天节省电价的直接经济效益为3.76万元，全年经济效益达1372.4万元，1.5个月就可实现项目投资回收。

2.3 锅炉定排扩容器排气回收技术

定排扩容器排气中携带大量蒸汽随不凝结气体排出，造成热量及凝结水损失严重。在除氧器排气出口，安装排气冷却器，使除氧器排气经过排气冷却器后，用低温的除盐水冷却后再排入大气，这样排气中携带的蒸汽、凝结水迅速降到饱和温度以下，不再随不凝结气体排出，只有不凝结气体排入大气，避免了排气携带蒸汽现象，并且加热了冷却介质除盐水，除盐水经过加热后，回到锅炉疏水箱，排气热量得到利用且回收了凝结水。

（1）项目实施背景

山东海化热电新厂现在有3台定排扩容器，6#、7#、8#炉的公用一台；9#、10#炉的公用一台，老电厂一台，其排气中携带大量蒸汽，随不凝结气体排出，造成热量及凝结水损失严重。

（2）项目实施内容

山东海化集团热力电力分公司实施项目，在排扩容器排气出口安装排气冷却器，每台扩容器安装一台排气冷却器。通过3台排气冷却器的安装，使排扩容器排气经过排气冷却器后，经低温的除盐水冷却后再排入大气，使得排气中携带的蒸汽凝结，不再随不凝结气体排出，避免了排气携带蒸汽现象。同时加热了冷却介质除盐水，新厂除盐水经过加热后回到锅炉疏水箱，老厂除盐水回到除氧器。项目实施后排气热量得到利用且回收了凝结水。

（3）项目实施效果

6#、7#、8#炉的定排可利用排气量为7000kg/h，每年可回收热量54572GJ。如果煤的热值取29.3GJ/t，则每年可节约原煤1862.5t，每年可回收凝结水23739.6t，每年节约资金82.7万元。

9#、10#炉的定排可利用排气量为4800kg/h，每年可回收热量37556G。如果煤的热值取29.3GJ/t，则每年可节约原煤1281.8t，每年可回收凝结水16337.4t，每年节约资金56.9万元。

老厂5台炉定排可利用排气量为6250kg/h，每年可回收热量39469GJ。如果煤的热值取29.3GJ/t，则每年可节约原煤1347t，每年可回收凝结水17169.6t，每年节约资金59.8万元。

项目实施后，3台定排每年可节约原煤4491.3t，可回收凝结水57246.6t，回收热量和回收凝结水共节约资金199.4万元。

2.4 复合相变换热器烟气余热回收技术

复合相变换热器是一种用于低温排烟热源回收的装置，采用复合相变换热器回收锅炉尾部烟气余热。当烟气通过复合相变换热器的对流排管时，将热量传递给管内的除盐水，烟气温度降低，而除盐水吸收热量后温度升高，并且使一部分水蒸发变为水蒸气，水蒸气沿对流排管上升进入凝汽器，被凝汽器管内冷补充水冷却，凝结成水，沿下降管返回对流排管中，补充水被加热后，送至除氧器中。通过这种设备，可以安全大幅度地降低锅炉排烟温度，能够使管壁温度避开腐蚀严重到烟气露点附近，并将热量用于提高补充水的温度，提高机组循环热效率。

（1）项目实施背景

山东海化集团热力电力分公司三电厂1#、2#锅炉排烟温度较高，仍有一定的烟气余热回收空间。同时需要避免管壁温度达到腐蚀严重的烟气露点。

（2）项目实施内容

山东海化集团热力电力分公司三电厂在1#、2#锅炉尾部烟道加装复合相变换热器。在锅炉末级空气预热器后面，布袋除尘器之前的水平烟道中，加装复合相变换热器。回收烟气余热，将热量传递给管内的除盐水。除盐水吸收热量后，温度升高，部分蒸发变为水蒸气，沿对流排管上升进入凝汽器，加热锅炉补水。能够避免管壁温度达到腐蚀严重的烟气露点附近，安全大幅度地降低锅炉排烟温度，并将热量用于提高补充水的温度，提高机组循环热效率。

(3) 项目实施效果

1#炉正常运行期间，通过水温计算复合相变换热器吸收的热能，每天可节约标准煤7.93tce。按年运行240天，区分冬季与夏季工况，可节约标煤约1332tce。

2#炉正常运行期间，通过水温计算复合相变换热器吸收的热能，每天可节约标准煤8.91tce，按年运行240天，区分冬季与夏季工况，可节约标煤约1497tce。

每年可产生经济效益为198.03万元，约3年即可收回投资。

2.5 换热网络优化

换热网络是石化企业生产装置能量回收利用中的一个重要子系统。在生产过程中，冷工艺物流需要加热，而热工艺物流需要冷却，如果用热流来加热冷流，这样就可以回收能量。为达到能量回收的目的，装置设置一些辅助的加热设备和冷却设备，换热流程中的换热器、加热器、冷却器、混合器和分流器的组合便构成了换热网络。

传统的换热网络存在布局不合理，装置局部操作、调节手段不灵活等问题，或者存在跨夹点传热等不合理现象。需要从整体的角度出发，系统地考虑，采用夹点理论等技术手段，优化换热网络，寻求最优的方式解决装置存在的问题。

2.5.1 中海沥青(四川)有限公司常减压装置换热网络优化

(1) 项目实施背景

中海沥青(四川)有限公司常减压装置设计处理负荷为60万t/a，以渤海绥中SZ36-1原油为原料，常顶出汽油，常一线出DST-20#油，常二线和减一线出DST-5#油，常三线、减二线出1#润滑油，减三线出2#润滑油，减四线出3#润滑油，减渣油作为道路沥青。闪底油设计换热终温为303℃，目前实际换热终温为280~285℃(对应加工负荷为70~75t/h)，当加工负荷为55t/h时，对应闪底油换热终温为265~270℃。闪底油实际换热终温较设计换热终温低很多，主要有两方面的原因：一方面常压炉燃料消耗大，另一方面侧线产品空冷、水冷负荷大。

(2) 项目实施内容

中海沥青对常减压装置进行了换热网络优化：

针对中段取热温差大现象，改变中段取热控制方式。将常二中和减二中调节阀更换为三通调节阀，原流量计移至三通调节阀后，流量仍通过中段循环泵变频控制。

针对换热网络中存在跨夹点传热的现象，实施优化：①调换6组换热器换热顺序；②将换热器E108A/B和E110A/B沥青由走管程改为走壳程，原油由走壳程改为走管程；③新增3台换热器，分别为原油-减三线(Ⅱ)换热器E107B、原油-减二线换热器E106B和原油-常三线(Ⅱ)换热器E105B。

(3) 项目实施效果

项目实施前，常减压装置平均能耗为11.758kgeo/t，换热网络优化后常减压装置能耗较优化前降低了0.816kgeo/t。

优化前换热终温平均为285℃，优化后换热终温提高至299℃，节省加热炉有效热负荷794kW/h。按照天然气低位热值8500kcal/Nm^3、加热炉效率90%计算，可节省天然气89.32Nm^3/h。年加工时间按8000h计算，扣除减二线少发的蒸汽价值，年效益可达到143.9万元，1年即可收回投资。

2.5.2 中海沥青(营口)有限责任公司常减压装置换热网络优化

(1) 项目实施背景

中海沥青(营口)有限责任公司常减压装置实际生产产品方案与设计工况存在较大差别，现有换热网络、分馏塔操作参数均偏离设计值，造成装置生产能耗相对较高。原油换热终温偏低，约278℃换热网络制约了装置能量回收。常压炉出口温度为370℃，闪底油在常压炉中温升较大，导致常压炉在较高负荷下运行。此外，由于装置采用90$^{\#}$沥青操作方案，减压炉运行负荷低，减渣出减压塔温度约338℃，大大减少了进入原油换热网络的热量，导致原油换热终温偏低。

(2) 项目实施效果

换热网络优化项目投用后，换后温度上升10℃，装置能耗降低约0.7kgeo/t。年节约60万Nm^{3}天然气，合计145万元，投资回收期约3年(以上天然气热值按9100kcal/Nm^3、价格按2.4元/Nm^{3}计算)。

2.6 储罐外浮顶保温

炼油企业原油罐升温切水和维持温度均需耗用蒸汽，而原油罐的浮顶面积很大且无保温材料，因热量散失造成能量的大量浪费，由此，通过对罐顶进行保温材料安装，以减少热量的损失。

本技术主要使用特种太空隔热保温涂料，型号为“华创太空NH2”型和“华创太空NH1”型，它是由特种中空陶瓷微粒和惰性乳胶构成。NH2型涂料导热率很低，仅为0.014~0.018W/(m·℃)，保温效果显著，同时具有优良的耐腐蚀性能，涂膜耐粉化和耐候性好，与基层附着力强，具有很好的延展性(>50%)，产品无毒，无环境污染等优点。通常在介质温度为100℃时，其钢结构表面只需喷涂约2.5mm，就可使表面温度下降到40~60℃，且重量轻，体积小。散热强度降低幅度(节能率)达50%。

(1) 项目实施背景

中海沥青(四川)有限公司原油罐(大小均为3万m^3)升温切水和维持温度均在耗用蒸汽，而原油罐的浮顶因面积大且无保温材料，因热量散失造成能量的大量浪费。原油罐浮顶受承载力的限制，难以采用常规保温材料，新型NH型特种涂料解决了此难题。

2011年11月11日对G02原油罐的外浮顶表面温度进行热成像，以检测其热量散失情况。当时环境温度约为13℃，G02原油罐内油温约为61.4℃，液位高为9.85m，外浮顶热成像检测，储存油温为61.4℃，浮顶平均温度为50.8℃，温差10.6℃。

(2) 项目实施内容

项目通过对罐顶表面采用手工除锈，然后吹扫干净。使罐顶表面无锈、无灰、无油、无水即可。除锈等级为st2.0级。

根据罐顶表面具体情况局部或全部涂刷1~2遍防锈底漆，然后采用华创太空NH2型保温涂料喷涂。调整好涂料的稀释度，充分搅拌均匀，确保每次喷涂的厚度和质量。喷涂施工分6~8次进行，每次喷涂厚度大约150μm，平均总厚度不小于1100μm。每遍喷涂完后视环境温度和阳光强度间隔2~6h，待涂层完全干固后再喷涂下一遍。对于喷涂后外表面出现不均匀处进行补喷。根据NH2型涂料的特性，涂料使用量约为1.2kg/(m^2·mm)。

华创太空NH2喷涂完成后，表面再喷涂一层NH1型涂料，厚度约200μm。涂料使用量约为0.50kg/m^2。

(2) 项目实施内容

中海沥青根据装置加工原油性质和产品方案，通过增设管线、换热流程匹配调整等实现换热网络改进和提高原油换热终温。通过增设管线避免原油在电脱盐系统未投用时进入电脱盐系统，减少散热损失；合理分配原油脱前、脱后、闪蒸三段换热负荷，强化装置热量回收，提高原油换热终温，减少加热炉加热负荷及燃料消耗。在确保产品质量的前提下进一步优化装置用能，增强装置操作弹性及多工况操作适应性，有效降低装置能耗。

(3) 项目实施效果

项目实施后，和工况相似的G02原油罐进行罐顶表面温度对比，在使用接触式温度测定仪检测的情况下，保温罐G01罐顶表面温度比G02罐顶表面温度低10℃，收到了较好的节能效果，散热强度降低49.77%，年节约蒸汽量约1000t。1座3万m^3的原油储罐年节约21.6万元，投资回收期约2.3年。

2.7 溴化锂余热制冷和罗茨机组的组合抽真空技术

溴化锂余热制冷技术用于减顶油气冷却，最大限度减少可凝气体抽出量，有利于提高真空度。

罗茨和水环真空泵的组合工艺，主要原理为塔顶不凝气相进入闭式液环压缩，通过旋转使封液在椭圆形泵体内形成液环。由于叶轮的偏心设计，液体在叶片之间的空间内做往复运动，在吸气阶段，液环逐渐远离轮毂，将泵送介质沿轴向从吸气口吸入。在排气阶段，液环逐渐逼近轮毂，将泵送介质沿轴向从排气口排出至气液分离器。与传统蒸汽抽真空系统相比，一方面能够降低蒸汽用量，另一方面减少酸性水产生量，降低环保压力。

（1）项目实施背景

湛江燃料油公司是一家生产重交沥青的企业，有一套 80 万 t/a 的沥青装置，采用蒸汽抽真空，能耗相对较高。

（2）项目实施内容

湛江燃料油公司对抽真空系统经过摸索，实施两次改造，形成溴化锂制冷与罗茨抽真空组合工艺。利用装置减一、减二、减三、减底渣油换后余热，与脱盐水进行换热，制成 90～120℃左右的热水，利用热水作为溴化锂机组的驱动动力，制出 7～15℃冷水，利用冷水来冷却减顶油气，冷却至 15～20℃，冷却后的瓦斯气再用罗茨机组抽真空。

罗茨+水环抽真空机组设备的选型满足生产工艺要求，水环泵冷却水出口温度不大于 40℃，罗茨泵入口加缓冲过滤罐，避免杂质进入罗茨泵，减少维护工作量，控制方案改造与优化，由 PLC 控制改为 DCS 控制，提高自动化控制水平。

（3）项目实施效果

项目实施后瓦斯气量降低了约 22%，增加了轻油收率，真空度可达到 99kPa 以上。由于机械抽真空技术耗能主要是真空泵的电耗，蒸汽抽真空主要耗能是抽空蒸汽，从设计能耗看，蒸汽耗能大约是真空泵的电耗的 6 倍，因此采用机械抽真空，能耗较低。

蒸汽抽真空年运行费用为 475 万元，罗茨真空机组年运行费用为 15.84 万元，技术替代效益为每年 459.16 万元。

溴化锂制冷机组富余冷水供冷替代电力空调每年节省电力成本 6.87 万元。

以年加工 60 万 t 原油、年运行时间按 7200h 计算，项目每年的总经济效益为 466.03 万元。

2.8 循环水旁滤 AGF 浅层砂过滤技术

A. G. F 浅层沙滤过滤器可用于工艺循环冷却水旁滤系统，当系统处于过滤状态时，未经过滤的水通过三层布水器，配合球形外壳，以接近平流的状态到达过滤器内的填料层。当水流过填料层时，杂质被截留在填料层内。过滤器底部有

55个蘑菇状的过滤集水器，将过滤后的水均匀地收集并流出。

处于反洗状态时，随着杂质在填料层中的不断聚积，压头损失将不断增大。当压头损失到达一定的设定限度时，系统将自动转换至反洗状态，以清洗聚积起来的杂质。反冲洗运行过程由PLC控制完成。在A. G. F系统中，特殊设计的集水器使填料层在反洗状态时形成内环流，填料之间互相搓洗，最大限度地提高反冲洗效率，减少所需的反洗水，同时反洗时不跑沙。

（1）项目实施背景

中海油气（泰州）石化有限公司循环水水质不理想，循环水的月平均浊度为18. 58NTU。采用核桃壳过滤器，每班（12h）冲洗一次，冲洗时间30～40min，冲洗用水量大，且操作工的劳动强度高。

（2）项目实施内容

2012年5月份，中海油气（泰州）石化有限公司装置检修时，公司投资24万元实施循环水过滤系统改造项目，循环水旁滤系统使用两种48″AGF过滤器，新鲜水补水系统采用两只48″AGF过滤器串联，流量为20～30m^3/h，使用后新鲜水浊度稳定下降；循环水旁滤采用两只48″AGF过滤器并联，流量为80m^3/h，使用后循环水水质明显改善。

（3）项目实施效果

项目实施后，新鲜水、循环水浊度降低，现场水质好转，在改造前后，循环水的浊度由月平均浊度18. 58NTU下降至4. 9NTU，新鲜水的浊度由月平均浊度23NTU下降至12NTU，效果明显。

循环水旁滤系统使用A. G. F过滤器，每6h自动冲洗一次，冲洗时间10min左右，节省反洗用水1. 2m^3/h。新鲜水补水系统使用A. G. F过滤器，节省反洗用水0. 3m^3/h。每年可节省新鲜水1. 26万t，节约水费6万元，投资回收期4年。

2.9　加热炉耐高温反辐射技术

LH-W-3耐高温反辐射节能涂料由辐射粉体基料、粘结剂、烧结剂和载液组成。能够增加基体表面黑度，增强基体表面对热源传来热量吸收后的“二次辐射”传热。

该涂料具有节能，耐高温，抗高温气流冲刷、抗热震、抗多种有害气体侵蚀，延长炉体寿命等多种功能特性。它可喷涂在各种加热炉的内衬表面，不起皮、不开裂、不剥落，能耐1800℃高温；500℃时，法向辐射高达0. 9，性能稳定。平均能够降低炉外壁温度10℃以上，提高热效率0. 7%以上。

（1）项目实施背景

中海油气（泰州）石化有限公司常炉、减炉炉壁温度约60℃，有下降潜力。

(2) 项目实施内容

2012 年 5 月份装置检修期间，公司投资 34.56 万元实施加热炉辐射室内涂料喷涂改造项目。通过对产品使用寿命、喷涂后效果等问题的调查比较，选用上海乐恒生产的 LH-W-3 耐高温反辐射涂料对炉内辐射室进行重新喷涂。

(3) 项目实施效果

经项目实施前后标定对比，常炉炉壁温度平均下降 8.5℃，减炉炉壁温度平均下降 10.8℃，效果达到预期，目前加热炉炉壁温度基本稳定在 50℃左右。经测算，年节约天然气消耗量 4.34 万 m^3，年增加经济效益 15.1 万元，投资回收期约 2.3 年。

2.10 换热器节能技术

2.10.1 螺旋折流板换热技术

换热器结构采用螺旋折流板式，可以降低换热器压降；换热管束采用内波外螺纹传热管，可以强化传热效果。预期能够减少过程阻力 40%，提高换热效率 30%以上。

(1) 项目实施背景

2012 年中海油气(泰州)石化有限公司实施能量优化利用项目，通过换热网络分析及优化等发现设备运行工艺参数及设备运行过程中存在的问题，发现部分换热器壳体容易形成结垢，且阻力降较大。

(2) 项目实施内容

结合螺旋折流板高效换热器在石油化工行业的应用经验，采用江苏中圣高科技产业有限公司螺旋折流板高效换热器的专利产品，通过增加换热器、增大换热面积，调整换热流程等方法实施了能量的优化。项目实施后，系统压降明显降低，换热终温提高。

(3) 项目实施效果

通过能量优化改造，原油进脱盐罐温度提高了 30℃，由原来的 112℃上升到 142℃，脱后原油进闪蒸塔温度提高了 15℃，由原来的 180℃上升到 195℃，原油换热终温提高了 22℃，由 295℃提高到 317℃，优化后的换热网络取得了较好的换热效果。一次换热温度的上升有效提高了电脱盐系统运行效果。由于原油进闪蒸塔温度提高了 15℃，减少了闪底油的出量，使得原油中的轻组分尽可能在闪蒸塔汽化，同时提高闪底油换热终温，减少常压炉加热负荷，有效地增加热量回收，从而降低装置能耗。

优化前，装置在 165t/h 处理量下，原油泵出口压力 2.5MPa，脱盐后原油压力 0.8MPa，脱前原油压力差为 1.7MPa；优化后，在 175t/h 处理量下，原油泵出口压力 2.2MPa，脱盐后原油压力 1.1MPa，脱前原油压力差为 1.1MPa。在处理量提高 10t/h 情况下，原油换热流程压力有了大幅下降，有效降低了装置动力消耗，从而降低装置能耗。

经计算，此次改造可降低加热炉热负荷约 309×10^4kcal/h，加热炉效率按照 90%计算，则可节省燃料油 343kg/h，降低装置能耗约 1.96kgeo/t，年节能量约为 3640tce，年效益增加 1372 万元。

2.10.2　换热器结构改造

(1)项目实施背景

中海石油化学股份有限公司合成氨装置原始开车和性能考核过程中发现，废热锅炉换热器 103-C2 出口温度已经到达低变炉催化剂设计末期使用温度 218℃，103-C1/C2 汽化率高达 32%，高于设计值 24.5%，高压蒸汽产量达不到设计值，整个二期合成尿素装置出现蒸汽不平衡。由于低变催化剂入口温度高，加速了催化剂的初期活性急剧衰退，装置能耗增加。

废热锅炉 123C 废热回收系统自装置原始开车以来，工艺气出口温度高、高压蒸汽产量不足，其原因是 123C 存在工艺气在换热器壳侧折流板内部串气走旁路的现象，换热能力没能达到设计值(123C1/C2 设计热负荷 169.66GJ/h)，导致快锅负荷较高等现象，也使得装置能耗偏高。

(2) 项目实施内容

对两台换热器 103-C1/C2、123C1/C2 进行了加装叶式密封和延长折流板改造，强化传热。

(3) 项目实施效果

改造后的 103-C 总汽化率平均降低了 3.84%，103-C 出口工艺气温度平均下降了 9.7℃，高压蒸汽产量增加了 10061kg/h。123-C 改造后，在运行负荷(91.2%)相同的运行工况，高压锅炉给水流量增加 12049kg/h；高压蒸汽产量增加 13688kg/h。

103-C 换热器改造投资直接发生费用 115 万元，投资回报周期约为 6 个半月，节能量 2349.47t/a；123-C 换热器改造投资直接发生费用 180 万元，投资回报周期约为 9 个月，节能量 2598.23t/a。

2.11　余热回收技术

余热回收利用是指将工业过程产生的余热再次回收重新利用。余热温度范围广、能量载体的形式多样，又由于所处环境和工艺流程不同及场地的固有条件的限制，生产生活的需求，设备形式多样，如空气预热器、窑炉蓄热室、余热锅炉、低温汽轮机等。常见的工业余热回收利用方式，有多种分类方式，根据余热资源在利用过程中能量的传递或转换特点，可以将国内目前的工业余热利用技术分为热交换技术、热功转换技术、余热制冷制热技术。

在炼化与化工企业中，较为常见的是低温热的利用及烟气余热回收。

2.11.1 原油管线伴热增加热水伴热

炼化企业原油管线通常存在大量伴热管线，部分企业采用蒸汽进行伴热。如果企业其他装置有低温热水可供利用，能够有效减少蒸汽的消耗。

(1) 项目实施背景

中海石油东方石化有限责任公司原油管线采用蒸汽伴热，同时其他装置内有低温热水可供利用。如采用低温热水对原油管线进行伴热，可以节省大量蒸汽。

(2) 项目实施内容

将一期热水由硫黄装置边界引至原油罐区边界，在原有蒸汽管线上新接入一条热水管线，实现原有蒸汽伴热管线进热水功能，此条管线可利用热水伴热，也可利用蒸汽伴热。罐区加温时，可根据天气情况调整热源，满足罐区加温需求同时降低能耗。

(3) 项目实施效果

该项目在2018年3月实施后，2018年3—10月消耗低温热水 $7200\times8=57600$(t)，占比100%，折算成1.0MPa蒸汽为 $7200\times2.29\div76\times8=1736$(t)，未消耗1.0MPa蒸汽(蒸汽管线已加盲板)。

而2017年总消耗1.0MPa蒸汽10824t，2017年3—10月消耗1.0MPa蒸汽8078t。相当于减少蒸汽消耗 $8078-1736=6342$(t)。

2.11.2 轻柴油热量利用改造优化

(1) 项目实施背景

中捷石化三催4号轻燃料油从汽提塔塔底抽出，经过4号轻燃料油-热水换热器(E1206)冷却至160℃，利用热媒水回收低温热。但是目前低温热系统产量过剩，回收低温热不利于节能减排。

(2) 项目实施内容

新增原料油-4号轻燃料油换热器，对原料油预热流程进行优化：原料油自原料油罐经原料油泵送至新增换热器壳程。4号轻燃料油(199℃，62t/h)从汽提塔塔底抽出进新增换热器管程，换热后温度降至162℃进E1206换热器；原料油温度由134℃提高到152℃进原料油-分馏塔底油换热器，降低了原料油预热消耗的分馏塔底油热力，从而提高分馏塔底油产汽量。

（3）项目实施效果

项目实施后，分馏塔底油蒸汽发生器每小时多产中压蒸汽 0.75t，年节约标煤约 644t，年增加经济效益约 70 万元。

2.11.3　95+高效超净加热炉余热回收系统

（1）项目实施背景

中海石油宁波大榭石化有限公司 150 万 t/a 连续重装加热炉，设计热负荷(含对流段)为 134MW。原设计无烟气余热回收系统，实际排烟温度为 145℃，热效率约为 91.87%，存在较大的节能潜力。

对于提高加热炉热效率，普遍做法是增设空气余热回收系统，但国内外通用余热回收系统中加热炉的热效率一般很难突破 93%，即使可以超过 93%，由于空气预热器露点腐蚀问题、低温烟气风机无法正常运行等原因，使得加热炉余热回收系统很难保证长周期稳定运行；“95+高效超净工业炉技术”是上海浩用独立研发的专有技术，采用该公司多项专利技术为基础，从根源进行考虑，对燃料进行预处理，从源头上避免低排烟温度露点腐蚀情况的发生。

（2）项目实施内容

为了进一步提高加热炉运行热效率到 95%以上，降低装置能耗，减少污染物的排放，在该地区建设标杆绿色加热炉，采用“95+高效超净工业炉技术”对该项目加热炉进行余热回收系统改造。

重整加热炉余热回收系统主要改造内容如下：增加一台 LAP 低温段空气预热器；增加一台冷凝水燃料换热器；增加二台鼓风机、一台引风机；新增一套复合阻蚀剂系统；新增与各设备连接的烟风道及烟风道挡板；改造燃料管线系统；新增测温、测压仪表系统；新增余热回收系统的土建基础与操作平台；改造燃烧器；新增可燃组分在线监测系统；圆筒炉部分增加一台 FPH 高温段燃料气预热器。

（3）项目实施效果

重整装置 95+系统自投用以来，运行较为稳定，通过系统投用后的标定情况与投用前情况进行比较分析，燃料经过处理后总硫含量由 13~18mg/Nm^3 降至 2~5mg/Nm^3；系统投用后，热效率具有明显的提升，加热炉热效率由 91.5%提升至 94.6%(DCS 数据)，标定值由 91.5%提升至 95.117%；燃料气耗量整体下降 1046Nm^3/h(按基准燃料气计算)，除去凝结水换热器、燃料气预热器补给的热量以及少产蒸汽减少的燃料气外，燃料气耗量净下降 467Nm^3/h(按基准燃料气计算)，较大幅度地减少了燃料气消耗量，减少了装置的能耗成本。

2.11.4 低压蒸汽加热燃料气回收利用项目

(1) 项目实施背景

中海石油化学股份有限公司 80 万 t 甲醇装置利用我国海南东方气田丰富的天然气为原料生产甲醇。甲醇技术采用 DPT 工艺，该装置于 2010 年 10 月份投产。甲醇二期装置随着生产工况的变化，有 10~15t/h 的低压蒸汽放空量，而转化炉高、低压燃料气没有经过预热直接进转化炉燃烧。装置内每小时 0.4MPa(g)低压蒸汽富裕 10~15t，转化炉高压燃料气温度 5~20℃，转化炉低压燃料气温度 20~35℃。

(2) 项目实施内容

通过利用低压蒸汽加热转化炉高、低压燃料气，可以回收利用多余的低压蒸汽，同时转化炉也可以节约燃料天然气。增加两组换热器，利用富裕的低压蒸汽加热转化炉的高、低压燃料气，提高转化炉燃料气入口温度，达到节能减排的目的。利用装置富裕低压蒸汽预热转化炉燃料气，EOR 工况消耗低压蒸汽约 6422kg/h，SOR 工况消耗低压蒸汽约 6415kg/h。即：同样燃料气流量条件下，有约 3.15Gcal/h 的能量通过换热进入了燃料气，进而带入转化炉。

(3) 项目实施效果

改造后直接节约高压燃气 543Nm^3/h，天然气热值以 21532.306kJ/Nm^3(2015 年 6 月手动分析平均热值)、一年以生产 8000h 计，每吨中压蒸汽消耗天然气 125Nm^3，每标准立方米天然气 0.76 元，每吨脱盐水 5.53 元。

① 年效益：$(543+0.445\times125)\times8000\times0.76+5.07\times8000\times5.53=386.393$(万元)

② 年节能：$(543+0.445\times125)\times21532.306\times8000/29.308=3518.4$(t 标煤)

③ 减排烟气：节约燃气 $543+0.445\times125=598.625$($Nm^3$/h)，根据转化炉实际运行情况可减少烟气 4765.65.33Nm^3/h，年减排烟气$=4765.65\times8000=3812.52$(万 Nm^3)。

2.12 油气回收技术

原油的二次加工过程、储运过程、装卸过程均有可能产生和排放油气，如催化裂化等过程中常会产生炼厂干气，油品仓储区装卸过程可能产生闪蒸气等。这些油气的综合利用日益受到重视，运用油气回收技术回收油品在加工、储运、装卸过程中排放的油气，防止油气挥发造成的大气污染，消除安全隐患。通过提高对能源的利用率，减小经济损失，从而得到可观的效益回报。

2.12.1 惠州炼化燃料气一体化项目

(1) 项目实施背景

原石化公司石化四部润滑油加氢装置自产气体产品包括干气和低分气，其中低分气作为装置加热炉燃料气使用，产量完全满足加热炉需求；自产干气少部分输送至石化五部使用，剩余大部分干气因原石化公司其他装置无使用需求而被迫排放至地面焚烧炉焚烧(2015 年焚烧量约为 8000t)，造成了大量的资源浪费。

(2) 项目实施内容

随着原石化公司合并至惠州炼化，公司 2016 年 4 月 20 日确定实施燃料气一体化项目，将石化四部富裕干气产品全部回收利用。通过项目建设，将石化四部富余干气通过燃料气管网输送至惠州炼油北厂区燃料气管网，轻烃通过新增管线输送至南厂区轻污油管线，以达到资源回收利用的目的。项目在干气压缩机出口缓冲罐 D203 顶部出口干气管线新增一条去石化四部边界燃料气的管线，将分离轻烃后的干气送至大燃料气管网。

(3) 项目实施效果

燃料气一体化项目改造前，石化四部干气输送至石化五部产量为 0.45t/h，而从 C201 顶压控排放至焚烧炉干气量有 1.36t/h。经过优化调整操作及技改项目改造投用后，输送至燃料气管网的干气为 0.95t/h，1 号白油产量增加至 5.15t/h，实现了排放焚烧炉干气全部回收利用。

通过燃料气一体化项目技术改造，石化四部能够将全部干气产品通过压缩机进行压缩，压缩后的气相产品输送至边界外总燃料气管网，一部分供给石化五部，另一部分反向输送至惠炼南厂区；压缩后的凝液继续返回至 1 号白油回流罐，将凝液中的 1 号白油组分重新回收。通过技改项目的实施，装置干气系统轻烃全部回收至 1 号白油，没有了轻烃输送至罐区储存的环节，避免轻烃在储存过程中产生的安全隐患和环保问题；石化四部干气全部回收利用，往焚烧炉排放大量减少，减少了焚烧炉废气排放量，减少废气排放对环境的污染。

装置按年运行时间 8400h 计算，每年反向输送至南厂区燃料气管网干气量：0.5t/h×8400h=4200t，每年增加经济效益：2046 元/t(不含税)×4200t=859.32 万元；1 号白油每年增产量：0.86t/h×8400h=7224t，每年增加经济效益：2652 元/t(不含税)×7224t=1915.80 万元；每年共增加经济效益 2775.12 万元。

项目投用后，石化四部分馏塔顶干气得已全部回收利用，减少地面焚烧炉排放量，焚烧炉二级火嘴不需频繁打开，吹扫氮气消耗减少。每年可减少氮气量：$30Nm^3/h \times 8400h = 252000Nm^3$，合算 315t，即每年可节约氮气消耗费用：500 元/t×315t=15.75 万元。

项目投用后，干气压缩机负荷由50%增加至95%，装置耗电量增加。干气压缩机电机功率增加30kW，每年增加电量消耗：30kW×8400h=25.2万kWh，即每年增加电费：0.65元/kWh×25.2万kWh=16.38万元。

干气并入燃料气管网后，为消除管线带液隐患，投用管线伴热蒸汽，每年增加蒸汽消耗：0.5t/h×8400h=4200t，每年增加蒸汽费用：195.8元/t×4200t=82.24万元。

综上所述，燃料气一体化项目每年可净增加经济效益：2775.12+15.75-16.38-82.24=2692.25(万元)。

2.12.2 中海沥青储运罐区油气回收技术改造

(1) 项目实施背景

中海沥青股份有限公司仓储工段的石脑油和柴油储罐、污油罐、污油池、事故水池等设备，自2016年5月建成投用以来，无油气回收处理设施。生产过程中产生的大量油气，部分挥发扩散到大气，对环境造成污染；不符合国家油气环保达标排放要求。

(2) 项目实施内容

根据公司环保达标排放综合治理计划，经有关技术人员研究，上报公司批准，在生产二区仓储工段新上一套油气处理系统($400m^3/h$)，对轻质油罐、污油罐、污油池及事故水池等设施的油气进行回收处理。油气处理采用先进的"柴油吸收+有机复合材料膜分离"方式，根据油气量大小，自动调整负荷，以满足需要。实施改造如下：

在仓储工段安装油气回收处理系统($400m^3/h$)一台；对焦化石脑油储罐0301-01A/B、焦化柴油储罐0301-02A/B、污油罐0302-01A/B、污水调节罐0401-01A/B、污油脱水罐0401-02A/B共10台储罐的紧急泄放人孔进行优化改造，安装油气检测设备、自动调节阀门等，通过储罐呼吸阀与油气回收设施相连接，将储罐挥发的油气进行回收；对含油污水格栅池、含油污水提升池、处理后水提升池、污泥池、污油池等设备的池顶面采用玻璃钢瓦封闭覆盖，安装油气检测设备、自动调节阀门等，通过池子顶部的自动调节阀与油气回收设施相连接，将池内挥发的油气进行回收；油气回收装置所产生的吸附后柴油通过富油泵进焦化柴油储罐0301-02A/B进行循环利用。

(3) 项目实施效果

油气回收装置投用后，对挥发性油气回收率达到99%以上，尾气中非甲烷总烃浓度不大于$120mg/m^3$(新标准GB 31570—2015)，苯、甲苯、二甲苯排放浓度分别≤$4mg/m^3$、$15mg/m^3$、$20mg/m^3$(新标准GB 31571—2015)，达到国家油气排放环保要求。

油气回收装置所产生的吸附后柴油通过富油泵进焦化柴油储罐 0301-02A/B，达到循环再利用的效果。回收油气可实现节能量 328t 标煤，实现经济效益 68.49 万元。

2.13 无级调速系统在压缩机组的应用

无级气量调节系统是贺尔碧格公司专门为往复式压缩机开发的液压式气量无级调节系统。它的主要工作原理是计算机即时处理压缩机运行过程中的状态数据，并将信号反馈至执行机构内电子模块，通过液压执行器来实时控制进气阀的开启与关闭时间，实现压缩机排气量 0~100%全行程范围无级调节。

2.13.1 无级调速系统在煤柴油加氢裂化压缩机的应用

（1）项目实施背景

惠州炼油煤柴油加氢装置的新氢系统共配备四台新氢机（107-K101A~D），设计为三开一备。正常生产时新氢量的控制是通过旁通调节方式，旁通返回的气量约为一台机 30%的气量，这样就造成大部分氢气反复地被压缩从而增加了装置的能耗。虽然往复机设计时设有 50%负荷的档位，但是这个档位只是在压缩机切换和开机过程中的一个中间调节档位，主要功能一方面是避免压缩机负荷大幅变化对机组造成损坏，另一方面是保证切换过程中总的氢气量平稳。若机组长时间在 50%负荷下运行，会带来机组吸气阀过热等相关问题。

（2）项目实施内容

鉴于 HydroCOM 气量无级调节系统在往复机气量控制方面的先进性和产品的成熟性，结合往复机的运行特点和装置的实际情况，惠州炼油决定对煤柴油加氢装置的往复机 107-K101B 增上无级气量调节系统。

压缩机增上 HydroCOM 气量无级调节系统项目主要内容包括：增加执行机构、中间接口、液压装置、控制系统和安装调试五部分。压缩机增上 HydroCOM 系统后，压缩机负荷可降低到 65%以下。

（3）项目实施效果

煤柴油加氢装置的无级气量调节系统在投用后运行基本平稳，显示了良好的经济效益，装置满负荷生产期间，无级气量调节负荷在 45%~50%的范围内。装置满负荷运转状态下，107-K101B 的现场电流在 120A 附近，而无级气量调节系统未投用时机组的电流在 320A 左右。项目实施后平均每天节省电量 46620kWh，机组每年运行时间若按 8000h 计算，全年节省电量 1554 万 kWh，节约电费 1056.72 万元，投资回收期 6 个月。

2.13.2 无级调速系统在蜡油加氢压缩机的应用

(1) 项目实施背景

惠州炼油蜡油加氢共有3台新氢机(106-K101A~C)，正常生产时两开一备。一台新氢机能提供100000Nm³/h的氢气，装置最大负荷时的耗氢量约150000Nm³/h，也就是说在一台机满负荷的情况下，另一台机只需要不到50%的负荷即可，而新氢机的负荷调节有0%、50%、75%、90%、100%五个挡位，不但不能满足装置负荷的无级变化调整，而且低负荷(50%、75%)下运行，进气阀长期处于全行程开启状态，阀片温度容易升高而影响进气阀使用寿命，大部分时间两台机都是处在90%负荷(余隙调节)下运行，多余氢气通过三返一回到入口，能耗较大。

(2) 项目实施内容

为了减少新氢机的返回量，同时适应生产的负荷调整，至少需要一台压缩机具有气量无级调节功能。惠州炼油对106-K101A进行改造，采用一套贺尔碧格HydroCOM气量无级调节系统。主要包括：增加执行机构、中间接口、液压装置、控制系统和安装调试五部分。系统由贺尔碧格(上海)设计，广东茂化建惠州分公司施工。

(3) 项目实施效果

使用气量无级调节系统后回流量明显减少；在装置满负荷运行时，每天可以节约用电32300kWh，年实现经济效益780万元，投资回收期7个月。

2.13.3 无级调速系统在制氢装置原料气压缩机的应用

(1) 项目实施背景

目前泰州石化运行一部制氢装置生产负荷长期保持在40%~50%，原料气压缩机为100%负荷运行时压缩气量为24500Nm³/h，返回气量为13000Nm³/h，外送气量为11000Nm³/h，实际负荷为47%。制氢装置产氢量过剩，仍有降低负荷的空间，如果增加无级气量调节器，会节省很大一部分电能的消耗。

(2) 项目实施内容

泰州石化对制氢装置原料气压缩机K101B进行改造，增加无级气量调节器。该套无极气量调节系统主要实施内容分为现场部分以及中控部分。

(3) 项目实施效果

制氢原料气压缩机K101B无极气量系统投用后，装置针对负荷进行相应的标定调试，装置运行负荷维持在53%左右，无极气量一级负荷器100%负荷下，电机功率$P=1728$kW；无极气量一级负荷器55%负荷下，电机功率降至最低$P=$

1032kW，此时为压缩机最节能状态。经计算制氢装置在53%负荷下原料气压缩机K-101B(无级气量调节一级55%负荷)每年节省电费：0.7×696×8000=389.76(万元)

本节能项目当年即可收回投资。

2.13.4　无级调速系统在石蜡基新氢压缩机的应用

(1) 项目实施背景

目前泰州石化新氢压缩机200-K102B为沈阳远大生产，负荷调节方式为吸气阀卸荷器，分别为0、50%、100%负荷调节。当前石蜡基润滑油加氢装置生产负荷在75%左右，压缩气量为10751Nm^3/h，返回气量为7471Nm^3/h，实际负荷为60%。如果增加无级气量调节器，会节省一部分电能的消耗。

(2) 项目实施内容

增加新氢压缩机200-K102B无极气量调节系统，节约新氢三返一部分的能量损耗。

(3) 项目实施效果

结合目前公司生产状况，新氢压缩机200-K102B以70%负荷运行，满负荷指示功率为1591kW，一年运转8400h，年节约电量400.932万kWh，电费按0.6元/kWh计算，每年节约电费约240.56万元。考虑到实际使用情况，节约电量会更多，因此节能效果会更加显著。

计算结果如下：

节约的压缩机指示功率=1591×(1-70%)=477.3kW

年节约电费=477.3×8400×0.6=240.56(万元)

本节能项目最保守估计回收期为一年两个月，每年可节约电费200余万元。

2.14　开停车放空天然气回收技术

化肥装置开车不可避免过程气排放，尽管开车排放气在一定程度上属于可控制范围，按惯例，在可平衡的条件下排放气可尽量回收利用，但大量过程气目前无法平衡，只有排放。

过程气的回收目前主要集中为低压气体的回收，且一般用于多套装置正常、中小修的事故排放气体的回收。对于开车高温、高压排放气体的回收利用则是一个新的课题。本技术利用开停车过程中放空的天然气，经过选择合适路径，冷却、返回至原料气压缩机入口，进行回收利用，有效解决了开停车过程中放空天然气的未能合理利用的问题。

（1）项目实施背景

海洋石油富岛股份有限公司系中国海洋石油集团有限公司下属的中海石油化学有限公司的控股企业，是一家以天然气深加工为主、从事化肥、化工产品的开发、生产及销售的现代化大型企业，也是海南省目前最大的化工企业。公司已建成年产化肥 30 万 t、年产大颗粒尿素 52 万 t 的化肥一期装置，年产化肥 45 万 t、年产大颗粒尿素 80 万 t 的化肥二期装置、年产 60 万 t 的甲醇一期装置和年产 80 万 t 的甲醇二期装置。

现场装置开车(冷态、热态开车)期间，由于工艺需要，有一定量的天然气、工艺气需要排放(以下简称乏气)，造成了资源的大量浪费；特别化肥一期在冷态、热态开车期间，转化炉盘管升温保护用天然气直排，浪费更为明显。

（2）项目实施内容

① 化肥一期转化炉盘管升温用天然气原经 8"-GN-01016 管、HV01005 对空排放，HV01005 可在就地手动或控制室手动遥控操作；自 HV01005 阀前管道(8″-GN-01016-D3-H80)引出支管(GN101-150-10TB1-N)进入新增换热器 E-101，经循环水冷却降温至 40~60℃后经管道 GN102-150-10TB1-N 接入天然气压缩机进口缓冲罐(01-F001)进口总管 12″-GN-01001-B1。换热器用循环给水(CWS101-200-2TB1-N)引自 16″-WCS-01102-N，回水(CWR201-200-2TB1-N)送至 16″-WCR-01102-N。

② 化肥二期转化炉盘管升温用天然气原经 V1090-10″-1P1 管、HV1108 对空排放，HV1108 可在就地手动或控制室手动遥控操作；自 HV1108 阀前管道(V1090-10″-1P1-PP(70))引出支管(GN201-200-10TB1-N)进入新增换热器 E-201，循环水冷却降温至 40~60℃后经管道 GN202-200-10TB1-N 接入压缩机进口过滤器(143-L)入口总管 NG1070-16″-3P1-N。换热器用循环给水(CWS201-300-2TB1-N)引自 HW1102-24″-W1-N，回水管(CWR201-300-2TB1-N)送至自 HW2005-24″-W1-N。

（3）项目实施效果

化肥一、二部天然气回收系统投入运行后，按每年冷态开车一次、热态开车 5 次计算，以首次回收天然气量推算，化肥一部可回收天然气 105 万 m^3，折标系数按 10.788tce/万 m^3 计算，年综合节能量约为 1132tce，折合成氨 1071t，折算成尿素为 1870t，按尿素 2000 元/t 计算，年实现经济效益约为 374 万元。

化肥二部可回收天然气 18 万 m^3，折标系数按 7.4tce/万 m^3 计算，年综合节能量约为 133tce，折合成氨 127t，折算成尿素为 222t，按尿素 2000 元/t 计算，年实现经济效益约为 45 万元。

全年累计可减少甲烷排放 103 万 m^3，由于甲烷的温室效应是二氧化碳的 21

倍，折成碳排放为15500t，温室气体减排效果十分显著。

2.15 甲醇驰放气膜分离回收氢气技术

甲醇驰放气膜分离系统是利用一种高分子聚合物薄膜来选择“过滤”驰放气，从而达到分离回收氢气的目的。当驰放气中的几种气体经过聚合薄膜时，各气体组分在聚合物中的溶解扩散系数的差异，导致其渗透通过薄膜壁的速率不同，由此可将气体分为“快气”(如H_2O、H_2、He等)和“慢气”(如N_2、CH_4及其他烃类等)。当混合气体在驱动力——膜两侧相应组分分压差的作用下，渗透速率较快的气体优先通过膜壁而在低压渗透侧被富集，而渗透速率相对较慢的气体则在高压滞留侧被富集。选用膜分离，从甲醇装置驰放气中回收氢气，增加产品产量，节约能源资源，节能效果显著。

(1) 项目实施背景

中海石油建滔化工有限公司60万t/a甲醇装置在催化剂运行末期时发现：驰放气除48000Nm^3/h去变压吸附PSA回收氢外，还有超过4000Nm^3/h通过旁路放空，甲醇产量比设计值有所下降。驰放气量随着合成催化剂活性的逐步下降而增加。

(2) 项目实施内容

中海石油建滔化工有限公司增设膜分离回收氢气装置，膜分离回收氢气装置主要设备为洗涤塔、膜分离管等，处理能力为15000Nm^3/h，旨在合成催化剂运行末期回收多余驰放气中的氢气，达到增产3~4t/h的效果。

(3) 项目实施效果

中海石油建滔化工有限公司于2013年12月24日—2014年1月26日分别进行膜分离回收氢装置满负荷、1/3负荷、停车状态的性能考核，收集不同运行状态的数据，并计算出在整个催化剂周期(3年)内，回收多余驰放气中的氢气增加的甲醇产量，3年共节能28630.96tce，年平均节能量为9543.66tce。

2.16 50%烧碱三效蒸发技术升级改造

烧碱32%~50%三效浓缩蒸发技术是目前世界上先进的碱蒸发技术，其主要技术特点是能耗低，这是由于次级蒸发器的碱液沸点较低，可以利用前效加热室的蒸汽冷凝液预热进本效的碱液，同时部分冷凝液可进行闪蒸产生二次蒸汽用于加热，提高了蒸汽利用率。

(1) 项目实施背景

山东海化氯碱树脂有限公司拥有年产25万t离子膜烧碱5万t(折百)蒸发固碱生产装置，蒸发固碱仅生产50%烧碱，采用瑞士博特生产工艺，经两效蒸发浓缩生产出50%烧碱产品，装置50%烧碱生产能力年产8万t，由于产品市场原因现实际开工生产规模年产5万~6万t，由于该蒸发工艺是采用两效蒸发、两次换热，余热没有得到充分利用，因此，蒸发浓缩蒸汽吨碱消耗较高，平均在775kg/t以上，比同行业平均水平500kg/t高出275kg/t，直接影响到公司的经济效益和节能指标的完成。

(2) 项目实施内容

将传统的两效32%~50%烧碱浓缩蒸发装置升级改造为三效32%~50%烧碱浓缩蒸发装置，该蒸发技术先进，工艺成熟，充分利用原蒸发浓缩装置所有设备，新增一个32%碱闪蒸罐和三效蒸发器及其附属设备，电解工序来的32%碱液送到32%碱闪蒸罐，闪蒸室处于负压状态，32%碱液在闪蒸室内产生预闪蒸浓缩，闪蒸浓缩后的碱液由碱液循环泵送到Ⅰ效降膜蒸发器，浓度从33%提升至37%。浓缩后碱液经Ⅰ效碱泵加压后，分成两路经过37% NaOH-蒸汽冷凝水换热器和37%NaOH-50%NaOH换热器加热后进入Ⅱ效降膜蒸发器，浓度提高至42%，浓缩后碱液再经过Ⅱ效碱泵加压后，分成两路经过43% NaOH-蒸汽冷凝水换热器和42% NaOH-50% NaOH换热器加热后进入Ⅲ效降膜蒸发器，浓度被提高至50%。达到浓度的碱液经Ⅲ效碱泵加压经42% NaOH-50% NaOH换热器和37% NaOH-50% NaOH换热器冷却后，送至50% NaOH-冷却水冷却器冷却到45℃进入罐区。

该改造项目针对公司设备生产工艺状况，经充分论证，为保证设计目标在三效蒸发的基础上又增加了一个32%闪蒸罐，使节能效果更加明显，使热能更加得到充分利用，经生产考核节能效果优于设计指标，达到了预期效果。

(3) 项目实施效果

该项目采用目前比较先进的三效蒸发技术，在原来两效蒸发基础上进行升级改造，增加三效蒸发器使热能得到充分利用，进一步降低蒸汽消耗。该项目改造完成后，吨碱节约蒸汽282.3kg，实现年节约蒸汽14115t，节约成本171.65万元，年节标煤1287.28t，年综合效益171.65万元。装置运行3.5年即可收回投资成本，节能效果显著，达到了预期效果。

2.17 循环水系统优化技术

从流体力学基本原理可知，影响水泵功率的三大内在因素为：扬送的流量、扬程、运行效率。其中运行效率取决于水泵的效率性能，扬程用于克服管网阻力，流量用于工艺过程的冷(热)量交换和传送。从传热学基本原理可知，循环水量又取决于换热单元的热负荷、冷热流温差和传热系数。也即对某特定工艺的换热网络，若所移去的热量通过平衡后变少，换热器的热阻变少，循环水的供回水温差按设计规范要求控制在合理值内，那么流量就可以减少。根据上述原理，如果对某特定工艺，进行以下优化改造步骤，可从根本上解决循环水系统的高能耗问题：

① 通过优化改造换热网络，消除因结垢或藻类滋生引起的热阻、做好管网的流量平衡并合理控制供回水温差，取得泵站最合理的扬送流量；

② 通过配水管网优化，消除不利因素，如阀门损失、局部管路阻力偏大、并联管路性能差异大而引起的水力失衡、真空度控制不合理引起扰流等，从而降低管网阻力，取得水泵最合理的工作扬程；

③ 根据优化后的工作点参数(流量、扬程、效率、装置汽蚀余量)，采用三元流技术设计出高效的水泵叶轮，以高效节能泵替换原有不匹配、低效率的水泵，确保泵站处于高效率运行状态；

④ 充分考虑因热负荷及环境温度变化引起的变工况运行，根据系统运行特征对泵站进行优化设计和管理。

根据目前已在全国成功实施的800余套循环水优化系统的节能效果分析，与原有循环水系统相比，该技术的节电率一般在20%~85%。这表明目前我国工业循环水系统仍然存在能耗过高的情况，有较大的节能潜力。

(1) 项目实施背景

中海石油化学股份有限公司海南基地的60万t/a甲醇、80万t/a甲醇，30万t/a合成氨、45万t/a合成氨循环水系统存在以下问题：

① 60万t/a甲醇、30万t/a合成氨和45万t/a合成氨水泵效率较低，存在一定的提升空间；

② 水泵性能曲线与管网性能曲线匹配度差，存在水量浪费现象，或者通过关小泵出口阀控制流量而导致流阻增大的现象；

③ 系统流阻过大；

④ 冷却塔冷却效果不佳，冷却能力有待提升。

(2) 项目实施内容

① 输水管网优化

针对管网系统中的设计不合理、运行调节不当及管网组件性能不良而造成的系统整体能耗的增加，采用精确检测、建模分析的手段，纠偏局部流阻不合理现象，优化分配平衡流量，避免不同装置或者不同换热器之间的抢流，增强瓶颈换热器的换热能力。

② 设计、定制高效水泵、叶轮

设计并定制高效水泵技术是指将现场实际运行状况和世界上先进的CFD设计技术相结合，达到大幅提高运行水泵效率的技术。

③ 增加水轮机替代风机电机

利用循环水系统中富余能量，通过水轮机驱动风机取代原有电机驱动，直接推动冷却塔风机旋转，从而达到节能目的。

化肥一期共 9 台凉水塔风机，已改造 1 台，新增改造 6 台水轮机替换原有电机；

化肥二期共 8 台凉水塔风机，已改造 3 台，改造 6 台水轮机（包括替换原有 3 台）；

甲醇一期共 3 台凉水塔风机，已改造 1 台，改造 2 台水轮机；

甲醇二期共 4 台凉水塔风机，已改造 2 台，改造 2 台水轮机。

④ 增加循环水在线优化监测系统

通过采集换热器压力、温度、流量数据，采用数学模型，对换热器冷热端物料进行模拟分析。保证换热器循环水合理流速，避免流速过低结垢；对存在问题换热器进行在线诊断，提出优化建议，对危险工况进行预警；对用水不足或余量较大换热器进行优化调整。

（3）项目实施效果

海南基地循环水系统整体优化节能改造项目技术比较成熟，同行业已有较多成功案例。实施后每年可节约电量 2573 万 kWh，折合标准煤 7719t，减排 22462t CO_2，年节约电费 1801 万元，有良好的降本增效和节能减排效果。

2.18 永磁调速技术

永磁调速是近年来新材料、新技术发展进步的节能产品，相比较其他任何节能设备，永磁调速器的突出优点在于：永磁耦合器通过磁感应原理进行扭矩传动，由没有接触的两个部件组成：安装在负载轴的永磁转子和安装在电机轴的导体转子。电机转动过程中，导体转子通过切割永磁转子的磁力线产生磁感应力，实现电机与负载之间的扭矩传递，并且可以在一定范围内通过调整永磁转子与导体转子之间的距离（即气隙），达到不同的扭矩传递和速度传递的要求。根据工况需要进行调速，可达到节能的目的，同时也解决了机械对心和振动等问题，提高了系统运行的稳定可靠性，降低了故障率，减少维护保养时间，降低了设备维护保养成本。

在实际工程应用中，为了保证负荷最大时风机或水泵系统满足输出要求，通常需要按系统的最大输出能力配备风机或水泵系统。而实际工况并非需要系统在满负荷下运行，采用永磁调速技术后可依据生产工艺的实际需要，通过调节有效磁力耦合面积来调节风机或水泵的转速，从而满足系统实时的流量/压力要求。

2.18.1　中海化学补水泵永磁调速器改造

（1）项目实施背景

中海石油化学股份有限公司补水泵运行过程中通过阀门调节满足系统要求，一用两备，从现场运行数据得出，阀门开度基本维持在25°~30°保持不变，开度值取30°，对应的电机运行电流为140~150A，已经超出电机额定电流137.9A，电机处在超载运行状态，水泵出口压力为0.25MPa，存在严重憋压情况，基本接近水泵额定压力，出现阀门出口门节流损耗严重。

（2）项目实施内容

通过永磁调速器改造，取代原来的刚性联轴器联接方式，实现水泵转速可调。调节过程中以流量或压力等作为控制目标信号，将此信号接入DCS/PLC系统，通过"目标流量或压力值—控制器—电动执行机构"来自动调节水泵转速，达到目标流量值、压力值，实现节能。通过增加就地控制箱，可实现就地手动调节。

（3）项目实施效果

永磁调速改造后，电机启动前可将电机与水泵完全分离，保证电机绝对意义上的空载启动，同时电机停机前也可将电机与水泵完全分离，保证电机的空载停机，这种保护会大幅度增加电机的运行寿命、同时可保护电机后续启动电气柜等设备，可增加系统的运行稳定可靠性。

改造后的电机输出功率为26.6kW，节约电功率56.4kW，节电率为68%。电费单价按照0.7元/kWh，年平均运行时间8000h，设备年节电总量33.2万kWh，年节约电费23.24万元。

2.18.2　大榭石化减一中泵永磁调速器改造

（1）项目实施背景

中海石油宁波大榭石化有限公司225万t/a沥青装置P1216/1电机用的是高压电机，电机与泵体是普通的联轴器。目前装置运行负荷较低，该泵流量长期低于额定流量运行，存在大马拉小车现象。

（2）项目实施内容

为了节省电耗，将减一中泵P1216/1安装磁力耦合器，可以根据系统工况进行负载的转速调整，达到节省电能的目的。通过永磁调速器改造，取代原来的刚性联轴器联接方式，实现水泵转速可调。

（3）项目实施效果

P1216/1磁力耦合器投用后，电机电流普遍比工频运行时降低30%以上。按照上半年平均加工量530t/h，减一中泵流量约为200t/h。磁力耦合器投用后电流降低2.4A，年节电量36.4万kWh。根据《综合能耗计算通则》(GB/T 2589—2008)，电力当量折标系数0.1229kgce/kWh计算，项目投用后与投用前相比，年节能量为44.74t标煤。

2.18.3 惠州炼化加热炉鼓风机永磁调速器改造

(1) 项目实施背景

惠州炼化112单元两台加热炉的鼓风机流量采用入口调节阀进行调节，调节阀开度根据加热炉氧含量及炉膛负压自动控制。目前入口调节阀处于较小开度(25%左右)，调节阀前后压差大、节流严重，造成风机运行噪声大、能耗高、系统振动大，存在一定的生产隐患。

(2) 项目实施内容

项目采用“自冷型永磁调速系列耦合器”，更换磁力耦合器后，可实现在电机转速不变(即不更换电机)的情况下，适当降低风机的转速，使电机的输出功率适应送风量的要求，风机入口调节阀可开大。这样既能大量节能，也可以减少噪声、减小振动，降低故障率，提高设备使用寿命。

(3) 项目实施效果

改造后，鼓风机入口调节阀处于较大的开度，以K-103为例，相同负荷下最大开度由40%增加到84%，节流严重的问题得到改善，系统振动和噪声都有所降低。由112-K-103改造技能核算可知，每年能节省电费377173元，按单台磁力耦合器14万元左右成本计算，不到半年可收回投资成本。而该磁力耦合器结构简单，故障率低，无备件需求，可使用30年以上，可见节能效果非常明显。

3 天然气发电和冷能利用技术及案例

3.1 联合循环发电机组节能技术

3.1.1 联合循环发电机组滑参数停机技术

(1) 项目实施背景

根据 S109FA 型联合循环发电机组操作手册，运行人员在机组启动过程中将使用一种控制方式叫"温度匹配"。"温度匹配"控制方式其实就是控制燃气轮机的排烟温度，其控制范围在 371~566℃之间；温度匹配的目的是为了减少汽轮机在启动过程中的热应力，延长汽轮机的寿命。

经过研究小组的研究和探讨，深入分析其控制原理，发现可以发展性地把其控制方式运用到 S109FA 型联合循环发电机组的滑参数停机过程中，就是对温度匹配功能的"反向"利用。将其利用在滑参数停机过程中，可实现合理的温降速率，不断调低温度匹配定值，从而达到燃气轮机的排烟温度缓慢稳定下降的要求。一直把汽轮机缸内温度降至 371℃，从而实现滑参数停机要求。

(2) 项目实施内容

2013 年 5 月份，中山嘉明电力有限公司 S109FA 型联合循环发电机组通过温度匹配控制方式进行滑参数停机。要实现 S109FA 型联合循环机组滑参数停机就必须保证在整个停机过程中使燃气轮机排烟温度缓慢、稳定地下降，从而保证余热锅炉产生的蒸汽温度也按照规定的温降速率下降，要达到这个目的，就必须从燃机控制上找到切实有效的方法。

GE 燃机控制系统为 MARK-VI 控制系统，该控制系统属于 GE 公司技术专利，对国内相关设备制造厂家没有开放。研究人员从 S109FA 型联合循环发电机组控制系统 MARK-VI 的原有功能上着手，开发和探索实现机组稳定安全的滑参数停机方法。

(3) 项目实施效果

使用温度匹配滑参数停机方式，汽轮机高压缸缸内温度降至 371℃能够比自然冷却提前 42h 满足停机盘车条件。根据机组正常运行时 78%左右的负荷率，机组额定负荷为 390MW，则平均每小时发电 304MW · h。如果提前 42h 发电，多发的电量为12768000kWh，按当地平均上网电价计算，因此可创造的经济效益为700余万元，扣除各种成本，利润也是非常可观的。

3.1.2 机组正常停机逻辑优化技术

(1) 项目实施背景

按照机组原设定程序停机，存在停机时间偏长，气耗率高，余热锅炉憋压，汽轮机侧高、中、低压蒸汽旁路在停机过程中需开启泄压从而造成蒸汽热损失，停机后汽轮机高压缸进口金属温度较高，次日启动进汽等待时间较长等诸多不足。

(2) 项目实施内容

将M701F3型单轴燃气-蒸汽联合循环发电机组正常停机过程由汽轮机先降负荷然后燃气轮机再降负荷解列的控制策略，优化为燃气轮机先降一定负荷后汽轮机再降负荷的模式，缩短了停机时间，降低气耗率。

(3) 项目实施效果

优化后的各运行参数均满足正常生产要求，而且停机时间减少5.7min，每次停机可节约1007m^3天然气。全年按800次启停计算，可节约天然气约80万m^3，节气效果显著。

3.1.3 联合循环发电机组冷海水利用技术

(1) 项目实施背景

莆田电厂利用福建LNG接收站毗邻，在LNG接收站内，-162℃的低温LNG经低、高压输送泵输送至开架式气化器(ORV)，海水泵将平均20℃的海水输送至ORV加热低温LNG，使LNG气化为5℃的天然气，气态天然气送至用户，同时海水被冷却，冷海水经排水涵道回流至大海。

(2) 项目实施内容

莆田电厂利用福建LNG接收站ORV排放的冷海水，用作凝汽器的循环冷却水。因冷海水量大，将该冷海水引入电厂循环水泵前池，作为凝汽器的循环冷却水，利用其冷能，可有效降低循环水温度，提高凝汽器真空度，从而提高机组效率。冬季低温天气，当凝汽器真空达到最佳真空时，可降低循环水泵出力，从而节约循环水量。

(3) 项目实施效果

采用此工艺，电厂循环水温度平均降低了0.5℃，凝汽器真空提高了200Pa，汽轮机功率提高了0.39MW。机组年运行时间按设计的4000h计算，则全厂四台机组每年可多发电量为436万kWh。按当地上网电价计算，一年可多收入约210万元。

3.1.4　联合循环发电机组运行优化技术——规范辅机启停

(1) 项目实施背景

中山嘉明 S109FA 燃气-蒸汽联合循环发电机组参与两班制调峰，机组启停频繁。

(2) 项目实施内容

中山嘉明通过摸索研究，运行部及时规范了 S109FA 燃气-蒸汽联合循环发电机组启停时，各辅机启停的条件、次序、具体时间，节省厂用电。

(3) 项目实施效果

每次开停机至少可以节省 18000kWh 电量，按当地平均上网电价计算，则每次开停机创造的经济效益约为 1 万元。

3.1.5　联合循环发电机组运行优化——利用凝汽器真空补水

(1) 项目实施背景

中山嘉明电力有限公司二期项目两台 9FA 燃气-蒸汽联合循环发电机组，按设计要求，正常运行时需要启动凝结水输送泵向锅炉汽水系统、凝结水系统进行补水。

(2) 项目实施内容

中山嘉明电力有限公司二期项目 3 号、4 号 9FA 燃气-蒸汽联合循环发电机组，完成凝汽器真空补水改造，通过优化操作，在机组正常运行、凝汽器真空稳定后，停用凝结水输送泵，在不影响凝汽器真空情况下直接从补水箱靠凝汽器负压补水，减少辅机运行。

(3) 项目实施效果

凝结水输送泵正常运行时功率为 50kW，改造为凝汽器真空补水后，每套联合循环发电机组每天节约电量 1200kWh。按照每套机组每年 300 天运行时间，每年一共节约电量 720000kWh，特别是二期机组运行小时数较长，效益更加可观。

3.2　分输站加热炉燃烧器节能技术

3.2.1　高效燃烧器改造技术

(1) 项目实施背景

福建 LNG 泉州分输站燃烧器与加热炉匹配性有待提高，泉州分输站原燃烧器输出功率 200kW，加热炉额定功率 120kW，造成资源浪费，热效率低。泉州站改造前单机电功消耗 0.5W，燃烧器运行时，烟囱时有黑烟冒出，燃料燃烧较为不充分，燃烧器运行噪声非常大。

(2) 项目实施内容

福建LNG泉州分输站实施加热炉改造。更换全自动燃烧器，将现场燃烧器更换成意大利利雅路全自动燃烧器，具有自动检漏、自动吹扫、熄火关断、燃气高低压保护、自动调节大小火等基本功能，并可以提供燃烧器运行状态、报警状态、燃气泄漏信号上传接口，接受远程紧急停车(ESD)信号和报警停机信号。利雅路全自动燃烧器核心为程序控制器，控制燃烧器按运行时序进行工作，并不需要外设PLC参与控制。

重新设计控制系统运行逻辑，自动控制系统是加热炉运行管理系统的核心，自动控制系统主要功能为提供人机界面，监控加热炉温度、压力、液位等各项参数，远程启/停机，与上位机SCADA进行通信等。自动控制系统不应参与燃烧器本体的运行控制。因此，重新设计控制系统逻辑，然后重新为PLC编程。

(3) 项目实施效果

改造后的燃烧器输出功率为58~220kW，可根据用热需求调节热负荷，有效避免“大马拉小车”，加热炉热效率显著提升。改造后根据燃料消耗量、排烟热损失、散热热损失估算，加热炉运行热效率为90%。

改造后燃烧器具有低NO_2和低CO排放特点，符合EN676标准。燃烧头实施创新设计，保证燃烧充分，可以实现低污染排放条件的燃烧。改造后燃烧器运行噪声不超过75dB，若不接近燃烧器，几乎听不到声音。

改造后设备前期投资成本降低约50%，设备维修故障率低，维修备件成本降低约30%。以泉州站为例，改造前每小时耗气15m^3，改造后单机每小时耗气10m^3，每年运行按2000h计算，单机可节约用气量10000m^3，成本降低3.8万元，改造后单机电功消耗0.25kW，单机节约0.25kW，每年运行按2000h计算，单机可节约耗电量500kWh，降本金额0.037万元。单台加热炉每年节约3.84万元，且加热炉安全性能显著提升，运行维护成本大幅下降，燃烧器运行安全稳定，操作、维护便捷。

3.2.2 加热炉燃烧器节能改造

(1) 项目实施背景

大鹏LNG管线分输站向城市用户供气时，由于调压节流所产生的焦耳-汤姆逊效应，使出站天然气温度会低于合同规定的供气温度，故需设置加热炉对调压前的天然气加热。由于加热炉燃烧器能力是根据下游客户远期需求进行设计，存在大马拉小车的情况。自投产以来，问题突出表现在：

① 加热炉的负荷一直是人工调节，按出炉温度或出站温度决定何时启停炉。

这样的运行模式，造成启停频繁或出炉、出站温度偏高，从而导致燃料气浪费。

② 加热炉燃烧器功率偏大。以广州东站为例，A 炉 10%负荷足以满足加热要求。

③ 加热炉控制点为加热炉水温而非炉温，整个控制过程滞后严重。

（2）项目实施内容

① 更换低功率的燃烧器。经实测，原来的燃烧器功率过大，若为满足现场加热需求将负荷调低，则会令燃烧器工作于比较低效率的工况。而且烟气温度低，燃烧生成的水更容易冷凝下来，造成火筒和烟筒腐蚀。更换成小功率燃烧器，将有利于提高燃烧效率和燃烧温度，对提高效益，增加设备寿命都有好处。

② 改变加热炉负荷自动控制的控制点。原设计膨胀罐和加热炉主体只有两根细钢管连接，导致罐内的和主体中的水混合困难，从而使设置于膨胀管上用来探测水温的温度计严重滞后，基本失去了作为控制点的作用。在这次改造中，将控制燃烧器启停的水温变送器，安装在加热炉主体上，令控制系统能快速作出反应，并使监控过程更贴近现场实际情况。

（3）项目实施效果

项目实施后改变了原加热炉大马拉小车的状况，节约了燃料气的消耗，实现了节能减排。改善了燃烧器的自动控制，使控制比较灵敏，控制精度更高。每年可节约燃气 95t 左右，约合 43 万元，14 个月即可收回全部投资，效益显著。

3.3　BOG 压缩机运行模式优化技术

（1）项目实施背景

根据 Antoine 蒸汽压方程，计算出不同压力下 LNG 饱和温度，结合 LNG 接收站运营情况，得出大型 LNG 储罐压力变化规律：

① 罐压较低时，罐压上涨速度较快，随着罐压的升高，上涨速度逐渐变缓；

② 罐压上涨速度受外输量影响较大，生产线数量少时罐压上涨较快，生产线数量较多时罐压上涨速度较慢；

③ 卸船初期，由于外界热量进入会导致罐压迅速上升 3～4kPa。

根据 BOG 压缩机的处理能力，结合船期、天气及电价峰谷周期，来优化 BOG 压缩力的运行模式。在电价谷值运行 BOG 压缩机，峰值停运 BOG 压缩机。外输量较小时，根据罐压调整 BOG 压缩机启停，在卸船作业前储罐压力控制在 18～20kPa，保证其安全进行，采取适当卸货方式来控制储罐压力。

（2）项目实施内容

BOG 压缩机运行模式优化，结合不同储罐压力、外输量、气源、卸船作业、BOG 压缩机运行等工况，总结出储罐压力的变化规律；结合电价谷峰周期对

BOG 压缩机运行模式进行优化，不仅能满足生产需要，而且能降低 BOG 运行时间和运行负荷，节约电力。

（3）项目实施效果

BOG 压缩机每年可节省 126.7 万 kWh，每年可节省电费约 96 万元。每年可少运行约 2300h，灵活合理调整各个压缩机的运行时间，可适当延长 PM、CM 周期，带来长远的经济效益。能够更加灵活地控制储罐压力，提高安全运行可靠性。

3.4 海水加氯工艺优化技术

（1）项目实施背景

LNG 接收站海水加氯设施优化技术，在优化降低海水加氯浓度的同时，控制海水管道内海生物附着，在满足生产需要的同时，减少余氯排放，降低设备故障率，减少用电成本。

（2）项目实施内容

基于实际运行情况，对海水加氯工艺进行优化及改进，将持续加氯浓度由原设计的 3μg/g 优化至不超过 1μg/g，同时将两台电解海水加氯装置并联运行优化为单台持续运转，实现了设备常年连续、稳定运行，电解海水加氯设备的故障率和维修工作量明显下降。另外，减少了余氯排放，降低了环境影，节约了企业用电成本。

（3）项目实施效果

设备运行平均耗电量比优化前降低 38%左右，节约电力效果明显。

3.5 利用管存能力优化生产操作技术

（1）项目实施背景

LNG 接收站长输管道具有管存能力，能够通过干线压力操作加以利用。工业用电的波峰、波谷电价差可以加以利用，充分利用供电峰谷优惠电价。

（2）项目实施内容

充分利用长输管道的管存能力，干线压力的操作范围控制在 7.5~9.0MPa；尽量利用峰谷电价在夜间等低价时段增加生产线运行时间；生产线运行时尽量保证整条生产线设备运行在最佳效率点。

（3）项目实施效果

通过该项技术，不仅可以实现高压泵、压缩机、海水泵等重点耗能设备在最佳效率区间工作，节约电力。而且更多集中利用波谷电价，可以降低能源成本。通过这项措施，每年可节约成本 2000 多万元。

3.6 减少 LNG 接收站 BOG 产生技术

(1) 项目实施背景

由于液化天然气(LNG)的物理特性，接收站将不可避免的产生 LNG 的蒸发气(以下简称 BOG)。LNG 接收站 BOG 排放量和排放占比见下表，主要项目是“储罐 BOG 蒸发量”和“管道 BOG 蒸发量”，解决了这两个问题就解决了接收站大部分的 BOG 排放量。

序号	项目	日均排放量/(t/d)	排放比率/%
1	储罐 BOG 蒸发量	33.3	45.9
2	管道 BOG 蒸发量	27.5	37.9
3	设备做功 LNG 消耗	9.6	13.2
4	装车 BOG 排放量	1.3	1.8
5	其他	0.9	1.2
合计		72.6	100

(2) 项目实施内容

为了减少这部分 BOG 的产生，LNG 接收站采用 LNG 静态保冷方式(即非装车时间间断供液保冷)对槽车装车零输出管道系统进行保冷。关闭接收站 LNG 高压外输零输出管道系统隔离阀，防止 LNG 进入该管道系统，减少 BOG 的蒸发。

通过上述方式，减少了 BOG 产生量。

(3) 项目实施效果

项目实施后，接收站 BOG 排放量由 72.6t/d 下降到 31.0t/d，当年使 LNG 管道产生的 BOG 排放减少了 1613.8t。按当年 LNG 实际销售价计算，共创经济效益 900 余万元。

3.7 BOG 回收利用技术

目前国内 LNG 接收站普遍采取再冷凝技术处理 BOG，这种方法必须借助有外输的工艺才能实现。在包括试车、检修等无外输情况下，产生的大量 BOG 直接排空燃烧，造成大量的经济损失和环境污染。近些年一些 LNG 接收站的试车期达到 30 天，燃烧的天然气价值达 1500 万~2000 万元。甚至在外输条件不具备的前提下，无法使用再冷凝技术时，BOG 燃烧时间长达半年之久，损失巨大。

3.7.1 福建 LNG BOG 回收利用技术

(1) 项目实施背景

福建 LNG 项目采取的高、低压 BOG 外输、浙江 LNG 采用高压 BOG 外输及海南 LNG 低压 BOG 外输直供客户的技术原理如下:

① 高压 BOG 直接外输

LNG 接收站内新增一套 BOG 压缩系统,将常压的 BOG 分两段加压至下游输气干线所需要的压力直接送至输气管网。

② 低压 BOG 直接外输(以福建 LNG 为例)

接收站调试初期,在下游城市燃气用户用量较少并可接受较低交付压力下,将 BOG 通过低温 BOG 压缩机加压后直接送至输气管网,送至低压用户。

BOG 被压缩机加压到 0.65MPa(表压),经再冷凝器的筒体(此时无 LNG 进入再冷凝器)到高压泵的进口汇管,由高压泵的进口汇管经新增 6″的旁通管线到高压泵的出口汇管,再由高压泵的出口汇管到 ORV 的进口汇管,经 ORV 升温后外输。受 BOG 压缩机出口压力(表压 0.65MPa)限制,将不能供给燃气电厂机组调试。

当接收站用气低峰、无高压外输计划时,无法启动低温 BOG 压缩机回收 BOG,BOG 只能通过火炬放空。

(2) 项目实施内容

福建 LNG 新增高压 BOG 压缩机直接外输工艺,当输气干线下游用户总用量超过接收站产生的 BOG 量时,便可基本全部回收 BOG,较少浪费、节约能源;采用独立两段压缩,控制逻辑也相对独立,对现有装置影响小,且不受现有装置输出影响;其中第一段压缩机还可作为现有 BOG 压缩机的备用设备,整套系统也可作为现有 BOG 冷凝回收系统的备用,将来在外输量较小和设备检修时也可利用,增加了装置的运行可靠性;BOG 经前置强制空冷式加热器升温后,压缩机便可选用国产常温压缩机,设备投资减小,建设周期也可缩短。

对低压 BOG 工艺流程进行改造,不需对控制逻辑进行修改,实施安全、简便、快捷,投资小,见效快。缺点在于只能低压输出供给城市燃气用户,不能供燃气电厂发电;回收量受管道覆盖地区城市燃气用量限制,当城市燃气用量小时,只能回收部分 BOG;由于低压输出时与现有的输出系统须共用一根 LNG 管道,当接收站高压输出系统开始充液调试时,便不能再采用此方案回收 BOG。

(3) 项目实施效果

该套设备运行消耗主要是电力,每日回收 BOG 产生效益远高于电费成本。

按照每日回收 70tBOG、按第一船 LNG 价格估算，每日能回收价值 35 万元的 BOG。

3.7.2 海南金海浆纸 BOG 低压供气项目

(1) 项目实施背景

中海石油海南天然气有限公司海南金海浆纸 BOG 低压供气项目与海南 LNG 项目一同实施和投产。

(2) 项目实施内容

项目实施包括对 BOG 压缩机出口加装三通，引出低压管道，设计实施与海上天然气管道输送的天然气进行混合配比技术和计量调压装置，保证对客户供气的流量和热值稳定。项目实现“低投入、高收益”的预期目标。

(3) 项目实施效果

项目实施后直接节约 BOG 能源排放 20 万 m^3/d，产生经济效益 65 万元/d，年创造效益约 2.4 亿元。

项目实施后避免了“先升压，再降压”的工艺厂流程，平均每方气节约电费 0.015 元，每天节约电费 0.3 万元，年节约电费 95 万元，寿命期 25 年可节约生产成本 2375 万元。

3.7.3 槽车密闭装车操作技术

(1) 项目实施背景

福建 LNG 接收站建设有 30 个槽车装车撬，由于槽车充装过程中，槽车罐内 BOG 闪蒸，通常产生的大量 BOG 只能排放到 BOG 汇管，造成能源的浪费。

(2) 项目实施内容

福建 LNG 接收站通过对 LNG 槽车装车流程的深入研究，开创性提出了密闭装车操作方法。即装车全程关闭气相臂手动阀，在槽车罐压较高时，开启槽车上进液的阀门，通过上进液使过冷的 LNG 与 BOG 气体接触，冷凝槽车罐中的 BOG 气体，将 BOG 气体液化成 LNG，槽车罐压会逐步下降，在压力降至 200~300kPa 左右时，开启底部进液，从而实现槽车 BOG 的零排放。

(3) 项目实施效果

按密闭装车操作方法操作，在充装时可比原有操作方式减少 BOG 产生约 200~300kg/车，若按每天 100 辆槽车计算，日减少 BOG 产生量约 30t，每年减排 BOG 约 10000t，每年减少 BOG 回收电费约 384.5 万元，若该部分 BOG 实现零排放将创造上千万元的经济效益。

3.8 槽车残液回收技术

(1) 项目实施背景

玉溜卫星站通过 LNG 槽车运输来补充 LNG 资源，并利用贮罐与槽车之间的压力差，来实现卸料。随着外部供气管网延伸，出站供气压力提高，由此造成 LNG 槽车卸料时间从原来的 3h 增至 4h，且槽车低温气体(即 BOG)回收不干净。

(2) 项目实施内容

玉溜卫星站通过工艺改造，增设天然气压缩机，把槽车内的 BOG 通过压缩机抽至站内储罐。通过天然气压缩机有效地回收 LNG 槽车残液及低温气体，达到场站卸料重量数据与上游出站装车重量基本持平，尽可能降低因槽车卸料(回收)不干净导致的净重差。

(3) 项目实施效果

通过增设天然气压缩机，提高了卸料效率和经济效益。经实际操作、测算，现在每辆槽车可以提早 1h 结束卸料，每辆槽车至少可以减少卸料损耗约 100kg 的 LNG，2013 年至少可减少卸料损耗约 201t，实现效益 112.5 万元。

3.9 空分厂放空氮气回收

(1) 项目实施背景

福建 LNG 接收站氮气系统由两套成套设备组成。一套是膜制氮成套设备，主要由空气压缩机、过滤器和膜分离系统组成，膜制氮系统的设计能力为 $70Nm^3/h$，氮气纯度可达到 98%；另一套是液氮成套设备，通过槽车运输到 LNG 接收站，储存在液氮储罐内，由一个液氮储罐和两台并列的空气气化器构成，两台气化器一用一备，当出口温度较低或一台需要除霜时就需要运行另外一台，气化器设计每小时输送氮气流量为 $400Nm^3/h$。正常运行时，通过膜制氮系统为下游用氮设备提供氮气，高峰期用氮时，两套系统需要同时开启。膜制氮和液氮系统产生的氮气首先送至氮气缓冲罐中，再通过压力控制阀分为两路，一路为间歇用氮设备，一路为连续用氮设备。目前，接收站主要通过槽车运输液氮气化后供接收站生产和吹扫置换使用。

冷能空分(简称“CAP”)的液氮贮罐 T721 每天蒸发液氮约 6t(按 0.3% 蒸发率算)，合约 $200Nm^3/h$。按照传统做法，该部分氮气被直接排放放空，排放的氮气为成品氮气，可回收利用，如果将液氮贮罐 T721 蒸发的氮气经过压缩机压缩后通过现有的管廊铺设管道输送供应给接收站使用，不仅能够提高 CAP 的气态氮利用率，而且提高接收站氮气供应可靠性和降低运营成本，实现循环经济。

（2）项目实施内容

CAP液氮贮罐T721蒸发的低温氮气经过换热器升温到常温（>0℃）后，进入无油螺杆压缩机压缩到900kPa（G），通过现有CAP管廊铺设约1000m 2″管道至接收站氮气管网，提供氮气给接收站使用（压缩机后端设置缓冲罐）。接收站原液氮供应系统将作为第一备用，当LNG接收站氮气用量大于140Nm^3/h或CAP氮气供应装置故障时，由接收站液氮供应系统提供氮气补充。CAP厂内备用罐T732作为第二备用，当CAP氮气供应装置故障和接收站液氮供应系统同时故障时，由CAP液氮备用罐T732（手动切换，0.6MPa）提供氮气补充（因液氮罐内泵扬程和供应压力受限，而无法直接采用冷能空分液氮罐液氮直接供应模式）。

（3）项目实施效果

采取冷能空分管道直供接收站氮气为主，接收站液氮气化供应为辅（作为第一备用），冷能空分液氮罐气化直供作为应急（作为第二备用）的多种供应方式，大大提高了接收站运行的可靠性、安全性，同时，降低了液氮运输和接卸风险。

管道直供氮后，若相比液氮供应模式，等额结算预计可节约年购液氮成本121.94万元。若相比膜制氮和液氮共同供应模式，膜制氮（额定功率为60kW）产能按照设计70Nm^3/h来计算，则每年运行电量为52.56万kW，对应能耗折标煤为64.60t，年运行电费为42.05万元。剩余70Nm^3/h采用液氮供应，则需采购液氮成本（含燃油费）每年为60.97万元。在这种模式下，管道直供氮年共可节省的费用为103.02万元。

3.10　真空泵节能改造

（1）项目实施背景

燃气发电厂的常规抽真空系统一般装设两台较大功率的真空泵，它们在机组启动时对凝汽器及相联接各管路系统进行抽真空，发电机组稳定运行后真空泵仍运行以维持凝汽器的真空，在发电机组完全停运后才停止运行。然而，机组在正常运行中，只有少量的不凝结空气漏入了真空系统，较小的负载，却使用大功率真空泵，造成很大的电能浪费。

（2）项目实施内容

中山嘉明在机组正常运行、真空稳定情况下，可用一台功耗低、效率高的真空泵替代常规大功耗真空泵运行维持真空度，达到节能的目的。

（3）项目实施效果

中山嘉明实施该项目后，与运行原来的大真空相比，电流降幅超70%，年节电67万kWh，节省费用43.7万元，投资回收期小于2年。由于此项技术成熟且实施效果较好，先后在多家电厂得到推广应用。

3.11 压缩高能耗设备运行优化

(1) 项目实施背景

福建 LNG 接收站 5#、6#储罐项目建成后，有 3 台低温 BOG 压缩机和 1 台常温高压压缩机，低温 BOG 压缩机分为 50%、100%两种负荷模式，在进行 5#、6#储罐项目设计时，接收站 BOG 处理方式为“低压(低温 BOG 压缩机)+高压(常温高压压缩机)”运行模式，即非卸船时 2 台低压压缩机(200%负荷)连续同时运行，卸船时提前开启常温高压压缩机连续运行。

自 2019 年 5 月 5#、6#储罐投用以来，在非卸船时采取 2 台低温 BOG 压缩机(200%负荷)连续运行可将储罐压力控制在 19~22kPa(G)，卸船时必须启动常温高压压缩机才能将储罐压力控制在 20~24kPa(G)。常温高压压缩机运行时输送相同数量的 BOG，其用电量是低温 BOG 压缩机的近 4 倍。因此，基于储罐放空压力及降低生产运行成本考虑，挖潜再冷凝器处理能力，优化接收站 BOG 压缩机运行模式迫在眉睫。

(2) 项目实施内容

接收站 BOG 处理方式由实施前的“低压(低温 BOG 压缩机)+高压(常温高压压缩机)”处理模式转变为实施后的“低压 3 台(250%负荷)”运行模式，具体操作方式详见下表。

	实施前	实施后
非卸船期间	√2 台 BOG 压缩机(200%负荷)连续运行； √储罐压力高于 22kPa 时，启动高压压缩机	√储罐压力在 18~22kPa 时，运行 2 台 BOG 压缩机(200%负荷)； √储罐压力高于 22kPa 时，运行三台 BOG 压缩机(250%负荷)
卸船期间	√2 台 BOG 压缩机(200%负荷)连续运行； √来船期间提前启动高压压缩机，每船运行时长约 24h	√来船期间运行三台 BOG 压缩机(250%负荷)，每船运行时长约 24h

通过挖潜再冷凝器的处理能力，优化接收站压缩机运行模式，即从“低压(低温 BOG 压缩机)+高压(常温高压压缩机)”模式转变为“低压(低温 BOG 压缩机)3 台(250%负荷)”模式，可在大大缓解储罐放空压力的同时，降低接收站生产运行成本，另外进一步增加常温高压压缩机及低温压缩机预防性大修窗口，提高压缩机可靠性。

(3) 项目实施效果

通过优化接收站压缩机运行模式，每年可节约使用电量 350.72 万 kWh，节能 431.04t 标准煤，节约电费 252.52 万元。

4 船舶节能管理及节能技术和案例

4.1 船舶调度典型做法

4.1.1 工程勘察作业调度优化典型做法

(1) 船舶原有调度模式及缺点

中海油服物探事业部工程勘察作业公司，运营管理"海洋石油 707"船等 4 艘综合勘察船，主要为海上油田平台场址、管线路由、移动式钻井船井场等提供基础设计所需工程地质基础资料，同时，查明海底地形、地貌以及影响基础稳定性的不良地质现象。其中，渤海移动式钻井船井场调查项目在每年的勘察作业中占比较大，且任务量稳定，该类调查具有批次多、时间灵活、单个任务工期短、地域分散等特点，近两年，主要安排"海洋石油 707"船来实施。原有渤海井场调查模式为：完全依据业主下达任务的先后顺序来安排作业。这样，由于任务涉及区域分散性的特点，导致"海洋石油 707"船转场航行航线规划不够经济合理，造成油耗增加。

(2) 船舶调度节能优化

加强与业主的沟通，考虑到业主并非对每一个井场都需求紧迫，提前针对近期的作业井场进行批量作业，并从节约航程角度出发，更为合理地规划作业顺序，以达到节省燃油的目的。从近 5 年实际情况看，渤海每年下达钻井船井场任务都在 60 个左右，每年的任务下达批次约 15 次，平均每个批次 4 个井场。一般每批次任务中有 1 个井场为急需井场，其他 3 个则可以根据地域分布，以最节省的航程，合理设计作业顺序。

针对渤海钻井船井场任务下达具体情况，"海洋石油 707"船按照井场位置分布，每次出航前充分比较各种作业顺序所需航行的总距离，选择最短航程，设计最优作业顺序。通过对作业顺序的科学规划，有效缩短了每个航次总体航行距离，从而节省出可观的航行油耗。

(3) 项目实施效果

根据近年渤海钻井船井场实际数量测算，渤海平均每年约 60 个井场，大致分 15 个航次、每航次平均 4 个井场来开展。井场地理位置可以按主要的曹妃甸、锦州、旅大、蓬莱、渤中、垦利等区块来考虑，每航次选择其中 4 个区块，根据各工区相对距离关系，估算出每航次按照最优方案，可平均节省航程约 50 海里，一年可节省航程 750 海里。按“海洋石油 707”船经济航速 12 节、每小时油耗 0. 5t 来计算，每年可节约燃油 31. 25t。

4. 1. 2 环保船海上平台穿梭航行调度优化典型做法

(1) 船舶原有调度模式及缺点

海油发展采油公司拥有多艘环保船，船舶海上平台之间的穿梭全部由租船方进行安排，租船方安排的合理与否，对缩短船舶穿梭航行时间，节约燃油有很大的影响。船方可以控制的是，在满足租船方作业时效的条件下，穿梭过程中尽量使用节油航速。

该调度模式从船方的角度来看主要有以下不足：

① 调度随意性较强，缺少计划性。

如从 A 平台有货至 B 平台，货送到后不久再次送到 B 平台，这样无形当中增加了船的航程，增加了油耗。再如，有一批货物需要 A 送到 B/C/D 平台，如果航线设计不当，很容易增加航程，油耗增加。

② 船舶穿梭航行以快速为主，不使用节油航速。船舶穿梭航行时，无使用节油模式的意识，主机大负荷运行，油耗量快速增加。

(2) 船舶调度节能优化

经公司与租船方多次沟通，租船方逐步加强了船舶现场平台穿梭调度管理，优化了调度流程；船舶在征得租船方现场同意的情况下，尽量采用节能航速穿梭。

同时，租船方现场每日详细制定各船穿梭计划，提前将工区各作业点需要的货品清点出来，按照航程最短的原则安排船舶穿梭；尽量避免了计划外货品的单独运输。通过调度，明显缩短了船舶穿梭航程，节约了能源；船方在此基础上随时和现场进行沟通，在满足作业需求条件下尽可能采用节油航速进行穿梭。

(3) 效果分析

经测算，在同一工区，船舶每年穿梭距离减少了 1000 海里。按照穿梭航速 10 节计算，减少船舶航行时间 100h，节约燃油量估算约 32t，节省费用接近 20 万元。

4. 1. 3 港作拖轮拖航期间风流运营与船舶调度优化典型做法

(1) 船舶原有调度模式及缺点

海油发展采油公司拥有多艘港作拖轮，港作拖轮属于港口能耗大户，船舶主机功率大，能耗高，航行期间容易受风力与流水影响。特别是拖航作业中，受水流影响尤其严重。港作拖轮传统调度模式为：调度过程中未充分考虑自然环境对船舶拖带作业的影响，仅考虑风浪对船舶安全的影响。在拖航作业中，未考虑潮水对船舶的影响，因此，在作业中经常出现船舶顶流的情况，导致船速明显下降，拖航时间延长，主机负荷增大等，造成船舶能耗激增。

（2）船舶调度节能优化

船舶拖航期间，结合本船及被拖船船舶情况，制定船舶拖航方案。在拖航方案制定中，明确本船航行位置与航点，充分考虑船舶拖航区域水深、宽度、通航密度等情况，对于需要特别考虑的区域，如海事机构限定白天进入区域、因水深不足需要乘潮水进入的区域等，则应充分考虑潮汐对本次拖航航行的影响。对于拖航作业前往珠海西江内河水道、广州内港、东莞等珠江内河水系时，退潮潮流为 2 以上时，在制定拖航方案时，开航时间优先考虑主顶流区域航行时间，尽量选择涨潮或平潮(停潮)时段，避免退潮时段进入该类水系。

船务部作为船舶管理及能耗管理主要部门，除指导船舶做好安全措施、保证航行安全以外，将节能降耗、降本增效也作为主要工作之一。拖航前，与船舶船长取得联系，商讨本次拖航安全工作要点，并结合现场实际情况采取建议的方式与船长交流船舶节能情况，在不影响船舶安全的前提下，尽可能协调好船舶节能降耗工作。

（3）效果分析

该方法符合航海实际情况，通过对船舶航程整体的规划，计算预抵每一处的时间，结合地方潮汐规律，查阅潮汐表等资料，最终确定开航时间。通常，海上拖带主机螺距 70%，航速为 6 节左右，如遇顶流航行，则航速可下降至 4. 5 节左右，如顺流则可达到 7~8 节速度。因此，航行期间选择顺流航行可直接提升船速 33%以上，如对比顶流与顺流，拖航期间航速差别可达到 50%。

2015~2017 年，公司先后承接航建公司“海洋石油 261”“海洋石油 268”应急避台拖带作业，“海洋石油 261”由珠海拖至东莞中联船厂，并由东莞中联船厂拖至惠州 NO1 锚地。拖带作业由 6500 马力双燃料港作拖轮“海洋石油 521”“海洋石油 522”执行。在任务执行中，公司船岸员工充分发挥人员主观能动性，结合过往经验，确定拖带作业进港时间。珠海高栏至桂山岛 48 海里，桂山至东莞中联船厂 56 海里，海上拖航速度 6 节，“海洋石油 521”船与“海洋石油 261”船提前接拖完毕，乘涨潮潮水进入珠江水道，期间，在主机功率不变的前提下，保持 7 节以上高速进港，较退潮时船速提升 3 节，节约航行时间 6h，单程节约柴油燃料 2. 5t，为公司创造良好效益。

通过结合潮汐变化，珠海公司先后完成对外拖带作业 10 次，分别进出西江、珠江等潮汐较大的内河区域，采取涨潮或平潮拖带进入、退潮拖带驶出的方式，操作简单，能够提升拖航速度33%，缩短拖航时间，明显提升拖航效率，节能降耗30%以上，有效地降低了船舶燃料成本，提高了公司市场竞争力。

4.1.4 港作拖轮定速巡航与船舶调度优化典型做法

（1）船舶原有调度模式及缺点

港作拖轮，为了保证船舶操纵灵活，通常采用4：1长款比船型，以“海洋石油521”船为例，船长40.8m、船宽11.5m、型深6m，船型结构决定了港作拖轮稳定性良好、操纵性灵活的特点，但船型结构也造成了船舶航行中船舶阻力大、航速无法达到较快速度的特性。船舶与车辆相同，主机慢速情况下，油耗降低，但单位距离内航行时间长；高速航行时，船舶油耗与船速三次方成正比，高速将造成油耗飙升。因此，只有选择最经济航速航行，才可达到最佳航行效果。

港作拖轮由于作业特性的问题，经常需要前往周边港口作业。以珠海公司为例，珠海公司承接珠海高栏、惠州港、粤东LNG终端三地大型船舶靠离泊及守护作业，其中，珠海到惠州航程103海里，惠州到粤东LNG航程110海里。船舶沿海调遣中，公司未充分考虑船舶船型及主机特性，由船长决定航行速度及航行方案，因此，船舶能耗较高的情况时有发生。

（2）船舶调度节能优化

一般货船与三用工作船均设定有船舶主机定速数值，此数据即为主机经济数值，该数值充分考虑了船舶船型、主机、船速、油耗等多方面的关系，通常，船舶出厂时已进行了相关测定工作。但是，港作拖轮通常进行港内作业，航行时间较短，因此，未对经济航速进行测定工作。

公司组织相关人员进行经济航速研究，包括：查阅主机相关参数信息，查找主机最经济功率输出负荷；查阅船舶试航期间燃料消耗记录；查阅主机台架试验期间燃料消耗数据；根据日常作业完毕后返航中数据测算情况进行分析。通过上述数据测算与现场实测数据，最终确定在70%螺距、主机负荷40%情况下，船舶可达到最经济航速。船舶作业完毕返航中或船舶沿海调遣至周边港口作业时，优先选择经济航速航行（如作业时间紧迫除外），并提前做好船舶开行时间确定，确保准时、准点抵达。

“海洋石油521”“海洋石油522”“海洋石油525”“海洋石油526”船结合自身主机参数、船舶船型、船舶日常能耗数据测定，均自行完成了船舶经济航速测定，为船舶沿海调遣等长途航行作业节能降耗打下了坚实基础。

（3）效果分析

以“海洋石油521”船为例，该船舶2016年共作业300艘次，其中LNG船靠离泊作业44艘次。通过船舶定速航行数值的测定与对比，船舶采用100螺距时，船舶主机负荷较大，船舶燃油消耗量为 0.7t/h，航速 12 节；采用经济航速，螺距 70%，主机负荷 40%，船速 10 节，船舶燃料消耗率 0.36t/h，节能效果显著。

4.1.5　港作拖轮单车航行与船舶调度优化典型做法

(1) 船舶原有调度模式及缺点

港作拖轮在作业完毕返航中，或者长途航行且海况良好，对抵达时间要求不高的情况下，船舶采取单车航行，为最经济最节能的方式。但船舶一般采用双车航行，双车航行船舶稳定性好，操纵性能优越，便于驾驶员控制船舶，同时使用双车航行，两台主机同时运转，则航行中油耗较高。若采用单车航行，船舶单位能耗明显下降，可节约能耗 30%以上，但船舶操纵性能有所下降，对驾驶员要求较高，天气极其恶劣情况下，操纵存在一定困难，且只能在船舶作业时间宽裕时使用。

(2) 船舶调度节能优化

为降低船舶能耗，公司决定船舶在无特殊情况下均采用单车航行模式，当船舶作业结束后期无作业安排时，船舶停止一台主机工作，使用单台主机航行。但该模式下，由于舵桨位置未在船中线上，会出现船舶向主机停车一侧偏航现象。经过研究，该问题通过使用在用车反向压舵得以解决。船舶使用单车航行后，船速下降 30%作业，油耗下降接近一半，综合油耗下降至 71%作业，降耗效果明显。

“海洋石油 521”“海洋石油 522”“海洋石油 525”“海洋石油 526”四条港作拖轮，如航行距离超过 10 海里，且无后续作业时，均采用单车航行返回码头。单船前往桂山(距珠海 48 海里)、东莞中联船厂(距珠海 103 海里)也均采用此种模式航行，节约船舶燃油，效果显著。

港作拖轮单车航行，不需使用额外资金新增或修改船舶设备，操作简单，使用方便，节能降耗效果明显。同时，港作拖轮单车航行也是船舶驾驶员的一项基础要求，因此，无需特殊培训。当船舶遇突发事件或航行密集区、狭水道时，可直接启动另一台主机，确保船舶安全。

(3) 效果分析

对“海洋石油 522”船进行实测，在静水情况下，船舶双车航行，螺距 70%，双主机推进，船速 10 节左右；单车航行，船速 7 节左右。因此，在同等航行距离 10 节情况下，单车航行能耗降低 29%。由于主机马力大，因此单车航行主机功率增加可忽略不计，单车航行节油性明显。

4.1.6　港作拖轮作业中船舶操作节能降耗典型做法

(1) 船舶操作模式及特点

港作拖轮作业，主要是通过缆绳拖带或者船头顶推大型船舶，协助大型船舶调整位置，安全、平稳地靠离码头。通常，大型船舶靠离泊作业需要 2 艘甚至 5 艘拖轮同时作业，在引航员指挥下，相互配合，完成船舶作业全部过程。因此，拖船与引航员、拖船与拖船、拖船与大型船舶之间，均需要密切配合。

一个经验丰富、优秀的拖轮船长驾驶员，需要对整个船舶靠离泊过程、港区内风流情况、码头分布等信息非常了解，对整个作业流程充分预判，同时，也要对本次作业引航员作业方式、作业习惯非常熟悉，才能够更加完美地配合，确保作业流畅顺利。

目前，港作拖轮使用的主机(柴油机)均为成熟型产品，因此，操作过程对节能降耗影响非常大。采取节能模式操作拖轮，能够有效地降低作业中的拖船能耗。

(2) 船舶操作方案优化

作业中，引航员使用高频指挥拖船，通常，下达指令包括“打车”“中速”“慢车”“最慢”“停”等几种常见口令。每一个港口，拖轮配备情况不同，如珠海港，有 2900 马力、3600 马力、4000 马力、5000 马力及 6500 马力等多种船型，因此，在作业中，首先要明确本船与被作业船舶的作业马力，听从引航员指挥，积极迅速开展作业，同时也应关注大型船舶作业动态，避免由于本船顶推拖拽力度过猛，其他拖轮无法达到同等作业效果，造成反向作业，浪费时间与拖船马力。如：在作业中，本船船首作业，按照引航员要求开展顶推，但是被作业船舶已明显出现船头快速贴近码头、船尾拖轮无法通过顶推控制船舶的情况，该情况下依然使用“大车”顶推，则可能造成被作业船舶被动，若引航员下达紧急指令，要求本船放缆并拖拽船头保持船位置，则操作危险且浪费燃料。如果采取均衡用车，在发现大船出现被动时，稍微减少顶推用车大小，使被作业船舶趋于平稳，则可减少本次作业时间与作业消耗。

在船舶平稳靠上码头后，带缆工作开始，大型船舶带缆时间较长，特别是油轮、LNG 船靠泊栈桥式码头情况。船舶使用钢丝缆，缆绳重量大，且需要 16~24 条不等的缆绳。通常，引航员在船舶主要缆绳带好后，要求拖船继续中速顶推，此时，拖船需要密切关注大型船舶带缆动态，并评价潮流、风力情况，如流水不急、吹拢风，随着缆绳增多，可考虑逐步根据现场情况减少用车力度，并逐步停车，以减少船舶作业能耗。顶推力度的减小应循序渐进、逐步减小，并随时观察大船动态。实施前，需要对现场进行充分评估，在保证安全的前提下，减少用车力度。

船舶在作业中，需要有较多时间等候待命。可变螺距船舶当收到停车指令后，可减少主机转速及螺距，通常使用 10%螺距即可保持船舶贴紧大船但是不产生推力，不影响大型船舶作业，如使用 40%螺距对吹，通过舵桨夹角大小控制船舶，则会造成能耗的浪费。

(3) 效果分析

通过上述手段的采用，可在一定程度上减少无用功造成的能耗浪费。由于港作拖轮作业较多，积少成多，能够逐步减少船舶燃料消耗。

4.1.7 港作拖轮作业备车时间选择优化典型做法

(1) 船舶操作模式及特点

港作拖轮，是船舶中的一种小众船型，总体数量少，与其他船舶相比存在一定的特殊性。港作拖轮对船舶驾驶员操纵有着更高要求，全凭驾驶员的双手操纵船舶舵桨，通过舵桨360°回转与推力大小控制船舶，确保船舶完成贴靠，转向、顶推、吊拖等多项动作。

以“海洋石油521”“海洋石油522”船为例，船舶采用瓦锡兰34DF双燃料主机，由于主机使用双燃料，因此，主机安保系统较多，船舶主机启动需要提前暖缸热车，工序结束后需要20min以上，方可启动解缆。如船舶提前解缆离泊漂航于航道中间附近等候大型船舶，此时怠速能耗80kg/h，如为克服风流对船舶位置漂移的影响，能耗将达到200kg/h，因此，控制好备车时间，可避免船舶漂航等候期间的燃料浪费。公司作业船舶以10万~30万t级散货、LNG、油轮为主，大型船舶进入港内航道后，抵近泊位开始减速运动，船舶推进速度的降低造成舵效变差，容易受风流等因素影响，造成船舶紧迫危险的发生，因此，拖轮就位必须及时准确。

通过船舶船长驾驶员周密计划，与大型被作业船舶准时准确位置对接带缆，可以避免由于船舶航道等候期间主机空转造成的燃料损失，降低船舶单次作业能耗。但港作拖轮船长/驾驶员需要提前关注并计算大型船舶进港航速、航行动态，准确计算船舶抵达接拖位置ETA(预计抵达时间)，并随着大型船舶速度变化而不断修正，同时，对本船备车解缆及航行至接拖位置时间进行计算，并且要对本次引航作业引航员有一定了解，避免由于每个引航员操作方式不同而造成的作业被动局面。

(2) 船舶操作方案优化

当接到作业通知后，港作拖轮船长提早对被作业船舶信息进行核实，如船舶类型、预计靠泊码头位置、引航员准确登船时间、登船位置等信息，通过对信息的收集、分析，判断船舶预计抵达带缆位置时间。引航员登船后通知拖轮做好准备。如：珠海港NO1号浮引航员登船位置至珠海港NO17浮船舶预计带缆位置需航行8.1海里，大型船舶待引航员登船后，需逐步加速进入航道，预计需要耗时1~1.5h抵达带缆位置，由于预计抵达时间较长，且船舶吨位大小不一，大型船舶加速情况与航行速度不同，因此，ETA(预计抵达时间)存在较大变化。因此，拖船在作业中，船长驾驶员需对被作业船舶动态及预抵时间时时观测，确保拖船离泊作业时间准确。

待被作业船舶到达指定位置前，船舶提早准备，做好主机、辅机、舵桨及驾驶台电航仪器检查工作。船舶按照大型船舶进港动态，缓慢用车离泊，慢速驶往航道接拖地点附近，慢速航行，船舶主机能够充分预热，较快速用车能耗有所下降，同时，有利于主机良好工况的保持。

(3) 效果分析

使用上述方式，准确预计抵达时间，避免拖船提前离码头造成的作业时间延长，能够有效降低船舶燃油、润滑油及设备运行磨损带来的损失，预计单次可节约燃油消耗 0.08～0.12t。以 2016 年全年 400 次作业计，可节约燃油消耗超过 30t，节约燃油成本 18.2 万元，有效降低了船舶单次作业成本，提升了市场竞争力及企业效益，同时，降低了碳及氮氧化物排放量，更加环保。

4.1.8 港作拖轮作业中带缆后拖航优化典型做法

(1) 船舶操作模式及特点

港作拖轮，是船舶中的一种小众船型，总体数量少，与其他船舶相比存在一定的特殊性。港作拖轮对船舶驾驶员操纵有着更高要求，全凭驾驶员的双手操纵船舶舵桨，通过舵桨 360°回转与推力大小控制船舶，确保船舶完成贴靠、转向、顶推、吊拖等多项动作。

因此，港作拖轮驾驶员在船舶节能降耗中至关重要，优秀的驾驶员可以通过对作业全程的把控，合理使用车舵，控制船舶作业，在较低能耗的前提下满足作业要求。若粗放作业、大车启停、船舶连续运转，虽也可满足作业要求，但是，能耗将远大于精细化操作之后的能耗。

(2) 船舶操作方案优化

当接到作业通知后，船舶提早准备，做好主机、辅机、舵桨及驾驶台电航仪器检查工作。船舶按照大型船舶进港动态，缓慢用车离泊，慢速驶往航道接拖地点附近，慢速航行，船舶主机能够充分预热，较快速用车能耗有所下降，同时，有利于主机良好工况的保持。

拖轮抵达接拖地点时间与被作业大型船舶抵达时间相同，过早抵达，需要长时间漂航等待，过晚抵达需要拖轮启动高速追赶被作业船舶，船舶燃油消耗与船速成三次方关系，每增加一节船速均需要成倍消耗燃料。

待船舶抵达后，完成接拖工作，此时，船舶可适度放长缆绳，保持拖缆与本船甲板夹角 30°左右，慢速减车逐步停止主机运行，利用大船航行拖力，拖带拖轮航行。以“海洋石油 521”为例，高栏作业期间，接拖地点通常为高栏 16 号浮附近，航行至鑫和码头附近需要 4 海里，船舶处于减速运动，需要约 45min 抵达，之后港作拖轮被大型船舶拖带航行。被大型船舶拖带，第一，可以节约港作拖轮燃油消耗；第二，通过港作拖轮阻力的拖拽，有利于大型船舶降速，避免抵近码头附近时，使用拖轮拖拽降速；第三，港作拖轮船舶体积及阻力较十万吨以上大型船舶小很多，对大型船舶航行影响可忽略不计。

待船舶抵近码头附近，港作拖轮协助大型船舶开展靠泊作业，作业中在听从引航员口令操作同时，也要对大型船舶靠泊进程进行评估分析，避免由于本船顶推力度过大，造成被作业船舶未能平行进靠，靠泊速度超过安全警戒范围。作业除遇到突发应急事件，加减车应当柔和，充分考虑本船设备特性。拖轮作业完毕返航中，应视后续作业安排，如无作业，则采用单车航行返航，降低船舶油耗。

（3）效果分析

经过 2015 年、2016 年两年采用节能模式作业后的作业数据分析，较 2014 年接船之初 0. 4t/艘次降低至 0. 32t/艘次。2016 年，全年组作业 400 艘次，节约柴油 28. 8t，经济效果明显。

4. 1. 9 航道优化提升船舶能效典型做法

（1）船舶原有调度模式及缺点

“海洋石油 286”“海洋石油 289”“海洋石油 291”运营初始阶段，靠离深圳码头都是委托代理预定香港航道和引水，主要依托代理协助，船舶只需根据代理提供的时间点准时抵达指定区域，香港引水上船，通过香港水道进出深圳码头，如此运营模式产生了高额的费用。通过部门领导、各轮船长及船舶调度多次探讨及从多方了解进出港问题，确定了公司自行申请航道的方案。船舶若完全满足要求通过航道进出深圳，只需提前一天向深圳交管申请，即可按照交管排班免费通行。

（2）船舶调度节能优化

公司船舶具备优越的操控性，经各轮船长及公司的严格评估，船长有把握操纵船舶在确保安全的前提下通过铜鼓航道进出深圳码头。调度室通过与深圳交管、码头及代理咨询了解，明确了铜鼓航道的申请时间、通过条件、所需材料和交管排班完毕后接收通知的方法，并通过与船舶的密切配合，完全熟悉了整个操作流程，确保每班次船舶按照预定时间点通过铜鼓航道完成进出港。

（3）实施效果

按照代理及香港引航站费率标准，通过一次香港水道费用大概在 1. 3 万～1. 5 万元，而通过铜鼓航道完全免费。据统计，平均一年三艘船舶共进出深圳码头30余次，除了特殊时段(包括铜鼓航道夜间封航、港珠澳大桥特殊施工、特种船舶进出深圳码头封航等时段)船舶必须通过香港水道7~10次外，其余全部通过铜鼓航道，每年航道成本节约30余万。

4.2 船舶设计源头节能

4.2.1 船舶节能优化整体设计思路

为更好适应市场环境变化，提高船舶市场竞争力，体现承、租双方“命运共同体”的理念，中海油服在船舶建造设计环节过程中采用节能减排新技术及设备配置，从源头上做好节能减排措施，并为船舶管理节能打好了坚实基础。中海油服船舶事业部是目前中国近海实力最强和规模最大、全球排名第五位的近海石油工作船专业承包商，经营和管理约130艘船舶，包括多用途船、三用工作船、供应船、守护船、倒班船等，占国内海洋石油船舶服务市场53%的份额。多年来，船舶事业部从船舶设计、建造、海上作业和节能管理的全过程中采用节能减排技术，自2008年开始新造船舶全面采用节能减排新技术及设备配置，共计新造48艘新型节能船舶。船舶事业部通过一系列的船舶节能减排技术和措施的应用，在船舶节能减排方面取得了较好的效果。

具体做法包括：

(1) 船体线型优化设计，降低船舶阻力

线型设计是关系到船舶水动力性能、经济性能的全局性设计内容之一，它与船舶的快速性、耐波性、排水量、总布置等密切相关。船舶线型设计在满足总布置、排水量等要求的前提下，要充分考虑船舶快速性和耐波性的要求。船舶设计初始即采用CFD等手段优化船体线型，船舶线型设计优化主要考虑以下方面：

① 船体首部线型优化。调整首部线型横剖面水下面积，减小设计吃水附近的首部水线面和形状，改善进流角，优化横剖面线等。

② 船舶球鼻艏优。优化球鼻艏形状和位置，可以改善船舶的兴波阻力。

③ 尾部呆木优。优化呆木形状和位置大小，可以使水流更顺滑。

④ 尾部线型优。调整尾部线型，如使横剖面V型线型减斜率加大，水线面去流段更光顺平滑等，使阻力性能、倒车性能、耐波性等得到改善。

⑤ 船舶附体优。船舶附体包括螺旋桨、舵、轴支架、导管和侧推等，其产生的阻力可达船舶总阻力的5%~10%。对常规推进船舶来讲，通过导管安装角度优化、尾轴支架安装角度优化等简单手段可以有效降低阻力。采用一些船尾附体，如反作用力鳍、前置导管、附加推力鳍、尾端球、桨后固定叶轮等，不仅能改善尾部的流场，降低黏压阻力，还可使螺旋桨的推进效率提高。

⑥ 优化上层建筑设计，降低风阻。主要措施有：上层建筑的前端尽可能设计成流线型；在转角处尽量避免直角，可以选择适当导角；尽量减少上层建筑的个数，避免两个建筑之间形成分离区域；对于干舷较大的船舶要注意水面以上线型的设计，可以将艏部线型适当抬高形成外飘以减少艏部的流动分离，同时为后面的上层建筑提供较好的流场。

（2）动力选型配置优化配置

海洋石油支持船具有多运行工况的特点，每个工况所需的主机总功率都不一样，合理的动力配置尤其显得重要。根据不同船型的不同运营工况和使用特点，分别从以下方面进行优化：

① 对于大马力三用工作船，采用四机双桨的推进系统配置。

② 对新建 8000~30000hp 的三用工作船均采用四机双桨推进系统配置。相对于原来的双机双桨配置，四机双桨"化整为零"的应用可结合实际工况灵活调节船舶动力设备的使用，从而减小无功损耗。经济航行时仅使用两台主机，四台主机交替运行可使单台主机运行时间缩短，维护成本降低。三用工作船除在进行拖带、起抛锚作业时使用满负荷以外，绝大部分时间非满负荷运行，如：经济航速、巡航守护、DP、靠离平台等，仅需使用 10%~50%的船舶总功率，这时四机双桨燃油经济性较好。以常用航速为例进行对比分析：三用工作船的常用航速通常为 10~12 节，取平均值 11 节进行计算，四机双桨配置时，15000hp 船型百海里节约燃油约 4.3t，12000hp 船型节约燃油约 3.4t，8000hp 船型节约燃油约 2.3t。

③ 对于平台供应船，采用电力推进系统配置。选用电力推进系统（变频电机驱动全回转舵桨装置），舱室利用率高、布置方便，可优化布置乙二醇特殊舱室。电动推力系统替代常规轴系驱动的可调距桨推进系统，可减少因轴距过长产生的能量损耗。设置四台发电机组，船舶负荷根据作业模式灵活调节，自动启、停发电机组，每台发电机组均在最佳的耗油量工况下工作，去除"大马拉小车"的无功损耗，可实现节能 3%~5%。电力推进在停靠平台和采用动力定位时优势极其明显，常规 CPP 推进的船舶在停靠平台时，不仅要使用艉侧推器，耗费额外的功率能量，而且需要螺旋桨采用一进一倒车的方式产生力矩，和/或借助舵叶产生横向推力，这些都较大地浪费功率和能量。而电力推进借助全回转舵桨，在任何时候都能达到功率最佳配置，这样会降低燃油消耗。据 SIEMENS 专家统计分析，同功率的船电力推进要比常规 CPP 推进耗油减少 10%左右，航速可提高 0.5 节。1800 DWT（5000hp）供应船，靠泊作业通过使用电力推进装置每小时可以节省约 0.16t 燃油。

④ 对于大型多用途船舶，采用混合推进系统配置。对深水三用工作船采用

柴电混合推进系统，更显节能减排效果。根据作业性质不同，采用多种模式分配功率，高效节能。新型三用工作船推进设备是常规机械推进和变频电力推进形式（柴电混推），功率分配有 9 种模式，可以根据作业方式和海况的变化选择不同功率分配进行各种作业，合理的功率分配能够大大减少燃油的消耗。

（3）减摇水舱优化

在海洋工程船上设置减摇水舱可以保证海工作业船在大风浪中的耐波性，减小其在恶劣海洋环境条件下的大幅横摇运动，改善其舒适性和安全性，提高海工作业船的作业效率，减少船舶作业风浪等待时间，减少相同任务量下所需作业时间，进而降低能量消耗。耐波性的改善可使船舶在更高的海况下作业，增加船舶的年可作业时间。减摇水舱的优化可以从以下 3 个主要方面进行：

① 减摇水舱尺寸和数量的确定。合理设置减摇水舱的高度以及水舱沿船长方向的长度，减少舱内液体沿船长方向的运动，根据具体情况将其沿船长方向划分成 2 个减摇水舱。

② 减摇水舱装水量的优化。在设计初期，从减摇水舱减摇率出发，减摇水舱分别装载不同的水量，通过仿真分析，针对不同装水量及不带减摇水舱工况进行零航速不规则波条件下的横摇运动响应预报，计算其减摇率，选择最优的装水量。

③ 减摇水舱阻尼格栅形式的优化。被动式减摇水舱设计的另一个重要内容就是阻尼格栅的设计，阻尼太小可能导致共振区外的横摇增大太多，而阻尼太大，又不利于共振区的减摇。经过阻尼隔板的数量和布置方式优化，内侧挡板的形式和数量优化后，得到的挡板方案为最优方案。

（4）船舶总体布置优化

船舶总布置优化包括有机舱布置优化、货舱布置优化和上层建筑优化等。机舱优化主要是优化主要设备和管缆的布置，提高空间利用率，省出宝贵的空间供货舱利用。货舱布置优化可以采用创新的货舱布局，合理配置燃油、泥浆、盐水、淡水、散料、钻井水和甲板货等货物的舱容大小，以提高货舱容积；必要时采用可兼装多种物资的货舱设计，使单船可以适装更多种类的物资。上层建筑设计优化包括采用新型全封闭流线型上层建筑等，封闭的上层建筑可以增加首部利用空间，相比以前开敞式上层建筑，所需要的上层建筑长度可缩短，从而增加开敞甲板的面积；流线型上层建筑还可以降低船舶航行时的风阻，并且全封闭式上层建筑可以避免首部甲板上浪，增加系泊船员的安全性和舒适度。

新船型普遍采用了船体优化设计、不同船型推进系统的动力配置优化、优化船舶运动性能、总布置优化等以上新措施，使得新建船舶的整体性能得到很大的提升，船舶航行阻力普遍降低 8%以上，船舶货物装载能力提升 5%以上，船舶的全年作业率提升 20%以上，不同船型的燃油消耗率大大降低，普遍节油 10%以上，使得船舶的全生命周期经济效益大大提升。

4.2.2 “海洋石油 721”船节能优化设计案例

（1）船舶概况

“海洋石油 721”深水物探船总长 107.4m，型宽 24m，型深 9.6m。该船工作水深可达 3000m，可在 5 级海况和 3 节海流情况下正常采集地震数据作业，可拖带 12 根 8000m 地震采集电缆和 8 排气枪震源。“海洋石油 721”作为物探船主流技术的代表，采用先进的柴电推进系统驱动，有效降低了船舶燃油消耗及船舶的振动和噪声，从而更好地提高了水下信息采集的质量，并在高航速、低噪声、绿色环保等方面均有改进。同时该船配备了新一代的地震数据采集系统、综合导航系统、电缆横向控制系统及全套物探机械设备遥控操作系统，在极大提高工作效率的同时，大大节约了作业成本。

（2）船舶节能优化设计内容

“海洋石油 721”船与前期建造的姊妹船——“海洋石油 720”相比，在船舶节能设计中采取了以下两个优化措施：

① C-JOY 船舶控制系统功能实现。地震勘探作业最终的目的就是获得特定工区内的地震信息数据，那么在有效安全地完成特定工区内面元覆盖的同时，减少区域外的无效覆盖，才能提高作业效率。那么在作业中，需要不断地进行修正舵角、船向来调整电缆的位置，以贴合之前的面元。在传统模式下（未装 C-JOY），导航员需要不断地给驾驶员指令，驾驶员通过驾控台的操作来控制船舶的舵角和推进装置，以实现船舶的横向偏移和速度的变化。由于船体位置相对于舵角存在滞后性，往往会横移过多，出现面元覆盖不上或者浪费面元的情况，使补线率升高，延长作业时间，能耗增加。另一方面，由于人工操纵控制船速时，速度精度在 0.2 节/次左右，频繁的操作降低了主推进的效率，间接增加了能耗。

“海洋石油 721”船设计上使用了船载 C-JOY 船舶控制系统。导航工程师直接在仪器房完成船向和船速的控制（驾驶台值班员辅助操作），根据面元以及潮流的变化提前给出指令，并通过更小的偏移量设置，使船位保持在指定位置，避免面元的浪费。实现对船速进行精确控制后，相比以往人工手动控制方式，C-JOY 船速的控制精度达到 0.05 节/次，并可有效控制船轨迹，使之更精准高效地贴合作业面元。此外，C-JOY 控制系统使用船舶推进系统的综合控制模式，主推进的变频调速系统能够自动地根据操控指令调整转速，从而提高作业效率；尤其在船舶速度频繁调整的状态下，节能效果尤为突出。

② 震源空压机变频技术应用。在地震采集作业中，震源空压机需高效运行

以保证震源系统 $60m^3$/min、2000psi 高压空气的供应，压力波动范围需保持在±20kPa 之间。传统物探船舶的震源空压机工作方式为恒压供气。恒压供气通常采用额定转速下加载、卸载的控制方式，即当输出压力大于设定压力时，卸载阀自动打开卸压，使电动机空载运行；当输出压力低于设定压力时，备用机组开始加载运行。备用机组每次需在全负载状况下启动，启动电流大，造成电能大量浪费且加快电动机轴承的磨损。且海上工况复杂多变，造成空压机组的频繁加载、卸载。

“海洋石油 721”船震源空压机采用了压力自动控制系统，实现了空压机驱动电机的变频控制。系统把管网压力(即满足生产设备要求的最低压力)作为设定压力值，储气罐内的压力产生控制信号输送给变频器调速，通过变频器控制电动机的转速，使实际压力始终接近设定压力值(压力自动控制阀辅助精确控制)，保持了供气压力的稳定，压力波动范围保持在±20kPa 之间，从而消除了震源空压机的频繁加载、卸载运行。

(3) 船舶节能优化设计效果

以 2017 年实际数据为例，“海洋石油 721”船与“海洋石油 720”船工作量及能耗对比情况如下：

船名	柴油/t	标煤/t	CMP 公里	单位作业量能耗	每平方公里油耗/t
海洋石油 720	8595	12525	17428	0.72	0.493
海洋石油 721	11283	16441	23518	0.70	0.479

经以上对比可以看出，“海洋石油 721”船综合节能效果高于“海洋石油 720”船 2.80%，节能效果明显。

4.2.3 “海洋石油 286”船节能优化设计案例

(1) 船舶概况

“海洋石油 286”船是中国首艘作业水深达到 3000m、作业能力在国际同类船舶中处于一流水平的多功能水下工程船，具备大型深水水下结构物安装、软管铺设、锚系处理、IMR/ROV/饱和潜水作业支持等功能。该船主要技术参数如下：总长 141.05m，型宽 29.00m，型深 12.80m，设计吃水 8.50m，满载排水量 24460.60t，主吊机能力 400t，入 CCS 和 DNV 双船级。

该船方案设计和基本设计由世界知名船舶设计公司 SKIPSTEKNISK AS(以下称挪威 ST 公司)完成，详细设计由上海船舶研究设计院承担，建造船厂为广州中船黄埔造船有限公司。该船于 2015 年 3 月 7 日投入运营，顺利完成了膨胀弯下放解钩、海管及海缆水泥压块覆盖预调查、水泥压块下放解钩、饱和潜水支持、海底注水软管敷设等 17 个工程项目，通过船舶操控和海上作业，体现出了其优越的性能，受到承揽项目甲方的一致好评，成为众多船东、船厂争相效仿的母型船，被业内誉为“定海神针”。

(2) 船舶节能优化设计内容

① 采用综合热源系统充分利用柴油机缸套水的余热。该船配置了总装机功率达到 21344kW 的主发电柴油机组，高温淡水中蕴含了较多能量，如果不加以合理利用，只能被冷却水带走。由于该船定员 150 名，冬季环境下的供暖及热水对热量的需求较大。综合上述两种因素，该船选用了综合热源系统。

综合热源系统主要由如下主要设备构成：6 台热水/热水换热器，用于从每台主发电柴油机中汲取热量，可以在各种工况下，最大限度地减少对燃油的额外消耗；1 台燃油/电热水锅炉，用于当余热不足时进行热量补充；2 台热水循环泵组，一用一备。整个系统加热量高达 600kW，热水出水温度高达 90℃，完全满足了全船工作及生活对热量的需求。

② 采用了变频风机以及变频主海水泵。作为一艘集深水水下大型结构物、柔性管/软管/脐带缆铺设、IMR/ROV/饱和潜水作业支持、锚系处理功能于一身的深水多功能水下工程船，该船拥有多种不同的运行工况。在不同的工况下，对能量的需求相差较大，这直接反映到主柴油发电机组的运行数量和运行负荷上。而为主柴油发电机组运行服务的机舱风机以及冷却水泵，其额定排量一般按照主柴油发电机组满负荷同时运行的工况进行设计，长期累计的能量浪费无疑是巨大的。

该船设置了变频风机及变频海水泵，变频设备能根据主柴油发电机组的实际负荷实时改变排量及压头，在满足柴油机正常运行的情况下，既削减了能量的损失，又减低了设备运行时的磨损。

③ 系统优化设计。在该船建造过程中，处处考虑系统日常操作的节能，各项辅助设备的配置，除了满足最大负荷下使用的需求和 DP 工况下冗余度的要求，还尽可能地满足最低负荷状态下和常用工况下系统的节能。尤其在水泵、风机、空调压缩机的配置等方面，最大限度地减少正常操作时船舶的能耗，有效实现全船生命周期内的节能，实现真正意义上的节能减排。

④ 主吊机设备节能。主吊机在设计阶段即引入了节能及节约成本的理念，正常工作模式时使用 12 脉冲变压器供电，而应急模式时使用 6 脉冲变压器供电，既保证了设备在电源出现故障时可以安全终止作业，又节约了成本。

(3) 船舶节能优化设计效果

该船取得了 Clean 船级符号，符合 DNV 和 CCS 船级社关于船舶清洁设计的较高标准要求，全面满足国际一流船舶的各项节能环保要求。同时该船在节能领域的探索具有一定的创新性和标杆性作用，推动了船舶的节能工作，加快了节能技术的推广和应用，带动了船舶能效水平的提升，为船舶行业绿色发展做出了贡献。

4.2.4 “海洋石油295”船节能优化设计案例

（1）船舶概况

为推动公司挖沟业务高效、快速发展，海油工程建造一艘管道挖沟动力定位工程船，命名为“海洋石油295”。该船总长95.2m，型宽22.6m，主发电机功率4×2400kW，主推进功率2×2600kW，最大航速14节，定员90人，DP2级，入CCS级，主要定位于渤海和东海海域海底管道后挖沟、膨胀弯安装、应急维抢修等作业。该船从整体布置、工艺流程、设备配置等方面开展了节能优化设计，从源头提升了船舶能效水平。

（2）船舶节能优化设计内容

① 空调节能设计。该船整体为中央变频空调，采用溴化锂吸收式制冷机。与其他类型的制冷机相比，溴化锂吸收式制冷机以热能驱动，能利用低品位热能如废汽、废烟、废热水等余热制冷，仅需消耗少量的电能用于循环泵，这部分电能与电动压缩式制冷机相比很少。该船夏季由溴化锂吸收式冷水机组和R-407C螺杆压缩式冷水机组提供冷媒水制冷，冬季利用主发电柴油机的废气及缸套水的热量，此外该船空调采用回风交换设计，重复利用热能。船舶空调夏季负荷670kW，冬季热水采暖负荷199kW，平均负荷按照434.5kW计算，每年可节约256tce。

② 缸套水废热利用。该船利用热交换原理合理利用缸套水余热，共设置4台1131kW的热交换器用于交换主机缸套水中的废热能源，通过流量控制、热量收集、温度控制单元，达到收集废热转换为可用能源的目的。船舶每台柴油机缸套水流量为65m^3/h，进出口水温分别约为71℃/91℃，4台主机缸套水可利用总热量约为5916kW，按照年运营200d考虑，每年可利用缸套水废热折标煤达3492tce。

③ 高温废气利用。该船主发电柴油机排气管中设有废气锅炉，充分利用主发电机组运行时排气管中的高温废气热量产生热水，热水供空调溴化锂装置、热水柜（用于提供生活热水）等设备使用。整个循环仅利用主发电机运行时的排气余热即可，大大提高了船舶的余热利用率，节省了能源。经测算，主机年废气可利用热量折标煤达3036tce。

④ 节水设计。该船配有2台10m^3/d的蒸发式制淡装置（2×295kW），该装置充分利用主发电机组运行时冷却水管路中的高温缸套水对进入制淡装置蒸发器的

海水进行加热蒸发，蒸发的海水再经制淡装置的处理将海水制成淡水，以补充船舶的淡水资源。抽水马桶是船舶的主要淡水使用设备，船舶在设计时厕所水源采用节能型海水淡水两用马桶，而且海水淡水互为备用。

利用缸套水废热制造淡水，按照年运行 200d 考虑，年节约淡水达 4000t，节能 348tce。抽水马桶设计每年可节约淡水约 240t(该船抽水马桶日用水量约为 1.2t，运营天数按照 200d/a 计算)。

⑤ 集成化电站配置。该船通过优化设计，正常情况下发电机负载率均在 80%以上，发电机长期处于经济运行工况区。为应对停泊负载相对较小的情况(约 730kW)，以避免大马拉小车(开动主机 2400kW，负载率 30%)情况的出现，该船设计一台 1000kW 辅发电机在船舶停泊时使用。

(3) 船舶节能优化设计效果

该船秉承集团公司绿色低碳理念，重点创新性利用国内外先进节能技术开展船舶节能优化设计，通过节能措施的落实，每年节约了大量的能源及淡水，每年创造经济效益约 500 万元。

4.2.5 “海洋石油 252/253”船节能优化设计案例

(1) 船舶概况

作为保护海洋环境的一个创新项目，多功能环保船“海洋石油 252/253”建造于 2006 年底，被设立为中国海油的一项科研课题，这是中国海油继为惠州 1000 万 t/a 炼油项目建造我国第一艘专用溢油环保回收船之后，在节能环保方面做出的又一重要举措，得到了国家各相关部门的大力支持。该项目于 2008 年 8 月 7 日正式启动，2009 年 2 月初江西同方江新造船公司从 6 家竞标企业中胜出，成功中标这一建造项目。

两船分别于 2010 年 6 月/7 月在江西九江同方江新船厂建造完成并交付使用。船长 68.05m，满载排水量 3491t，自持力 30d，最低配员 13 人，主要用于海上溢油回收、勘探测试过程中废液回收等作业。同时具有海洋工程船舶辅助作业功能：如供应与守护能力，向平台供应燃油、淡水、钻井器材及生活物资能力等。

(2) 船舶节能优化设计内容

柴油机功率输出只占燃油燃烧总热量的 30%~45%，以余热形式损失的热量占到燃油燃烧总能量的 70%左右，其中通过排烟废气带走的热量占到总能量的 30%左右，其他能量通过换热和辐射损失。因此，为了回收利用废气能量，减少燃油消耗，降低碳排放，节约成本，同时考虑到“海洋石油 252/253”船长期在北方海域作业，热需求较大，因此，两船在设计阶段确定了建造主机废气锅炉的方案。

主机排烟温度达到400℃，余热潜力巨大。利用废热锅炉，可以最大限度地利用废气能量。通过研究分析，“海洋石油252/253”船主要用热方式为日常生活用热水、冬季取暖、冬季设备间加热、有溢油回收作业或回收钻井液时舱内液货加热(非常用工况，但需求热量较大)，各种作业方式几乎用不到蒸汽加热。考虑主机排烟温度值，通过计算，选用废气热油锅炉作为主机废气余热回收设备。导热油在废气锅炉盘管内循环，主机排出的高温废气加热盘管内导热油，使导热油温度升高。通过热油循环泵，将被加热的导热油输送到各用热装置，实现废气的余热利用。

(3) 船舶节能优化设计效果

两艘船舶通过设计废气热油锅炉，充分利用了主机废气能量，大大提高了燃油的利用率。“海洋石油252/253”船在北方海域工作，主要服务于天津港、葫芦岛港及龙口港附近工区。工区所在地在冬季气温较低，0℃以下天数较多，在12月底至来年2月份，零下10℃以下天数占大多数，因此全船取暖耗热量较大。利用废气锅炉产生的热能，可以节约大量燃油消耗。

经测算，在北方片区整个冬季，“海洋石油252/253”船在整个冬季，单船可节约能源22.05t燃油，节约金额为13.6万元。其他季节(按照260d计)，由于取消了全船取暖，船舶耗热源主要为平时的生活用热水，经测算，单船可节约燃油15.6t，折合金额为9.65万元。

在回收钻井液工况下，季节不同，原油品质不同，达到油品所需温度的锅炉工作时间也会不同，因此油耗会有差异。按照加热初始温度0℃、终温50℃计算，加上生活用暖，所需热量为960kW。该情况下，单独使用船舶燃油锅炉无法满足需要，燃油锅炉需要24h运行，油耗量每天需要1.4t；而利用废气锅炉，燃油锅炉每天只需运行12h左右，每天可节油0.7t。按照工作30d计，可节约燃油21t，折合金额13万元。

4.2.6 “海洋石油230/231”船节能优化设计案例

(1) 船舶概况

“海洋石油230/231”是继“海洋石油251/252/253/255/256”后的第二批环保船，是中海油打造海上溢油回收舰队的中坚力量。两船于2014年3月在广州文冲船厂开工建造，“海洋石油230”船2015年7月通过验收出厂并交付使用，“海洋石油231”船2015年10月通过验收出厂并交付使用。两船为姊妹船，设备配置和船型完全相同。两船长69.30m，满载排水量3471.7t，自持力30天，最低配员13人，主要用于海上溢油回收(包括轻质油回收)、勘探测试过程中废液回收等作业。同时具有海洋工程船舶辅助作业功能：如供应与守护能力，向平台供应燃油、淡水、钻井器材及生活物资能力等。

（2）船舶节能优化设计内容

为了进一步深挖节能潜力，减少燃油消耗和碳排放，“海洋石油 230/231”船舱室和室外照明在建造阶段采用了利用 LED 灯替换老船使用的普通荧光灯的方案。

“海洋石油 230/231”船选用海星海事生产的 JCY21-2AFL 220V2×8W IP56 型和 CCD8-L 220V 9W 型 LED 灯具计 133 只作为仓顶灯和应急仓顶灯，采用 JCY21-2AEFL 220V2×8W 型 11 只作为带临时应急灯的应急仓顶灯，采用 JPY27-2L 220V2×8W 灯具 69 只作为蓬顶灯，采用 JBY20-1L 220V×8W 型 34 只作为角灯。上述 247 只灯具，完全代替了老式的 20W 普通荧光灯，通过和老式荧光灯的特点比对，LED 灯具在相同的照明条件下，可以实现较大的节能量。

（3）船舶节能优化设计效果

由于船舶采光条件比较恶劣，所有照明灯具基本上需要全天开启，采用新型的 LED 照明灯具，在同等照明条件下，功率大幅度降低，大量的灯具更换，可以实现较大程度的节能效果。经测算，采用 LED 灯具后，单船全年照明可节油 4.975t，折合金额 3.08 万元，两船合计节约 6.16 万元。同时，船用 LED 灯灯具价格大约为普通荧光灯的 2 倍，灯管价格为普通荧光灯管的 10 倍。考虑到 LED 灯管寿命为普通荧光灯管的 10 倍左右，因此，维护成本没有上升。单船初期投资费用虽然多出预算 10 万元，但通过节能效果产生的效益，3 年半可收回全部投资。

4.3 船舶操作及技改典型节能案例

船舶操作及技改节能涉及类型众多，由于每条船舶遇到的问题不同，所以解决问题的方式也不同，但基本都是通过对船舶上设备进行改进、强化管理或者优化作业方式实现船舶的节能。中国海油所属船舶均具有很强的节能减排意识，在日常工作中不断发现能源消费的瓶颈，提出问题并找到解决问题的办法，船舶在日常作业中的能耗逐步得到降低。

4.3.1 “滨海 517”海底电缆船队电缆 U 形连接优化

（1）作业概况

海底电缆作业通常采用 patch 的作业方式，即铺完电缆后将缆头在水下使用小艇牵上仪器船进行地震资料数据采集，地震数据采集完成后再将缆头牵出至水下由收放缆船将收起电缆移至下一个 patch 进行施工作业。“滨海 517”海底电缆船队采用 Searay428XL 型海底电缆，patch 施工时，水下电缆数越多电缆交叉打架的可能性就越大，同时所需的电缆延长段也大幅增长，由此导致施工效率明显降低，施工难度和施工成本也极大增大。“滨海 517”海底电缆船队于 2011 年组建成立，依据当时情况收放缆船均按照 6 缆作业能力改造，后期因市场需要改为 12 缆作业，通过实际作业船队发现在 12 缆作业时具有以下不足：

① 效率较低。12 缆作业时电缆头数也是 12 个，每次 patch 采集开始之前或结束之后都需将缆头牵进或牵出，所需时间长；因 12 根电缆都是独立铺于水下，每次收放缆都需将 12 根电缆进行单独收放，使得收放缆船调头极为频繁。

② 成本较高。U 形连接前 patch 施工作业需使用的延长段约 23. 4km，BCXU（电缆接口箱体）需 12 个，施工设备的增加使施工成本增加。

③ 施工风险增大。由于缆头太多，收放缆船在收放电缆或定位船在进行声学二次定位穿越浮球区的时候挂浮球的风险成倍增加；同时过多的缆头也增加了小艇水下作业的时间与工作强度。

（2）节能优化方案

针对缆头在仪器船就位一端过多导致的各种问题，船队经过充分论证并反复试验，确定了海底电缆 U 形连接方案，将其中四根电缆在另一头与相邻的电缆连接起来，减少 4 个缆头。变更为海底电缆 U 形连接方案后，收放缆方式的改变使每 patch 大约节省 2. 5h 的收放缆时间；缆头数量的减少使每 patch 大约节省 3h 的牵缆头时间；U 形连接后同样的生产情况下设备使用减少，约可减少 4 个 BCXU 的使用与 6km 电缆延长段的使用。

（3）实施效果

U 形连接后施工流程中的收缆放缆方式得到改进与优化，传统的收缆均是从一根电缆的缆头收至缆尾，然后船航行至另一根电缆的缆头收至缆尾；4km 长的电缆加上 2km 长的延长段，从一根电缆的缆尾航行至另一根电缆的缆头直线距离约 6km，航行需半小时。U 形连接后由于 U 形连接的相邻电缆通过延长段连接起来的，收缆船收至一根电缆的缆尾后紧接着就可实现对另一根电缆的回收，收放缆方式的改变单 patch 约可节约 2. 5h 的收缆时间。

U 形连接后 12 缆 patch 作业时水下缆头的数量由 12 个减到 8 个。由于 U 形连接中有 4 根外围电缆通过邻近电缆实现了间接与仪器船室内供电单元的连接，仅延长段就可减少 6km 用量，BCXU 供电箱体可减少 4 个。因缆头数量的减少，实际施工应用中 U 形连接后与 U 形连接前相比，牵缆头的时间约可减少 3h。

通过电缆的 U 形连接不仅施工所需的设备得以减少，生产效率也得到了提高。生产时效的提高按船队的作业能力全年约可创造经济效益 1400 万元。

4. 3. 2 “海洋石油 751”船震源空压机合理启停优化

（1）作业概况

“海洋石油 751”物探震源船总长 66. 8m，型宽 15m，船舶自持力为 30d，最大航速 13 节，额定载员 45 人，入级中国船级社，总吨位 2878t，续航能力 8000

海里。该船配置8排空气枪震源，最高工作压力3000psi。“海洋石油751”船使用3台LMF51S/138-207-D型空压机，可提供每分钟51m^{3}的2000/3000psi气源，原动机为卡特彼勒3512C柴油机，额定功率为1118kW。机组有手动和自动两种工作模式，手动模式下PCS(压力控制系统)通过鱼式阀调节压力；自动模式下，PCS与控制柜通信，调节空压机进气量，调整柴油机转速，鱼式阀关度始终在98%~100%，避免了机组做无用功。在双源10040cu. in的震源容量下，自动模式时机组平均燃油效率是110LPH。正常作业情况下，震源空压机在放枪前开始启动一台，在测线开始前至测线结束后再增加启动一台，保持测线期间两台作业。因项目作业时需三条震源船配合作业，加上海况、测线等因素的影响，导致停炮时间不一，长时间的停炮势必造成空压机长时间空载运行。

(2) 节能优化方案

“海洋石油751”船轮机部加强与导航、震源沟通，在保证作业质量的前提下，合理启停震源空压机，减少了空压机的运行时间，降低了油耗，达到了节能减排的目的。

三条震源船配合作业，再加上一些天气机械故障等因素，造成停炮时间很长，长则七八个小时，短则两三个小时，震源收枪的话又很费事费力。在船队经理的鼓励下，轮机部认真研究，使用鱼式阀憋压(鱼式阀封闭高压管路气体保持储气瓶枪阵的压力再关闭机组)实现了机组全停。

机组运行时间少于1h，机体内的冷凝水不能被有效分离，将损伤机器。而且频繁启动的话又对启动电瓶马达联轴节等不利，且影响使用寿命。综合考虑，船舶采取短时两台机组轮流停机、超短时不停机的方式，延长每台机的单次运行时间，减少启动次数。这样就兼顾了经济性与节省性(减少机器损耗)两方面的需求，达到了目的。

(3) 实施效果

合理启停震源空压机后，一年可节约燃油309t，其中鱼式阀憋压节约58. 8t，节能效果十分明显。除此之外，“海洋石油751”合理启停空压机后，还减少了润滑油滤器气阀等备件的使用，降低了维修费用。减少工时，尤其是采取鱼式阀憋压方式，不仅减少了震源收枪工时，而且为值班人员检修保养设备提供了时间，也就为工区作业争取到了宝贵的时间成本。

4. 3. 3 “海洋石油721”船多缆齐收作业方案优化

(1) 作业概况

“海洋石油721”物探采集船采用国内外主流电缆扩展技术，电缆由扩展器牵引，利用缆间扩展绳将电缆逐根扩展。这种方式也决定了收缆方式必须先将最内缆收到甲板，再由内而外依次一根根收起外缆。这种收缆方式模式固定，没有考虑外界条件的具体变化，创新力不足。以 10×6000m 电缆配置为例，在台风形成后，为了在海况变差之前顺利收上扩展器，就需要提前 36h 开始计划收缆，如果按 12×8100m 配置计算，则收缆时间需要 48h，该模式僵化固定了收缆时间。收缆时间的延长也降低了船舶对于灾害天气的灵动性，能否最大限度地减少收缆时间成了保安全促生产的关键。“海洋石油 721”船经过多次讨论确定多缆齐收的技术创新可以解决这一难题，该技术可使 12 缆船收缆时间基本同 8 缆船收缆时间持平。

（2）节能优化方案

多缆齐收的具体思路是先将一侧的最内缆 a 往前收，断开链接的缆间扩展绳后，继续单收这根电缆，并通知导航将 a 电缆深度往上浮，与其他电缆深度错开，等收到 500m 左右时（这个长度非常重要，收得太长起不到节省时间的目的，太短对电缆安全不利），开始收相邻的另一根电缆 b，待断开缆间扩展绳，收到第一根电缆的接头时，b 与 a 错开的纵向距离不能是 150m 的整数倍，这是为了防止这两根电缆上的鸟设备相互碰撞发生设备的损坏或者电缆缠绕（船舶电缆配置上鸟设备均在第一和第四线圈上）。待 b 收到 500m 时，同理开始收外侧电缆 c，为了保证水下安全，一侧齐收 3 根为最优化，也就是左右两侧齐收 6 根电缆。收缆过程中需要注意齐收的电缆深度要错开，导航值班员随时关注水下状态，若有电缆发生交叉，告知甲板人员同步收电缆。后甲板人员随时关注船尾电缆状态，发生交叉也要同步齐收。配合收电缆人员在摘除鸟设备时，动作要迅速，因为电缆在停止状态，容易往一边漂，造成前部电缆发生缠绕。这就是多缆齐收的思路，经过实施操作，证明其具有操作性强、实用性高和安全性有保证等特点，可以在所有 6 缆以上的物探船使用。为了保证水下设备安全，实施多缆齐收要在海浪低于 2m 以下时进行。

（3）效果分析

根据 2015 年 8 月至 2017 年 12 月 21 次多缆齐收数据记录，10×6000m 电缆配置齐收 14 次，单次节约时间为 16.5h；12×8100m 电缆配置齐收 3 次，单次节约时间为 23.5h；12×6000m 电缆配置齐收 4 次，单次节约时间为 18h；收缆时“海洋石油 721”船每天平均油耗为 40m^3，两年半时间共节约燃油 608.3m^3，大幅度地降低了船舶燃油的消耗，多缆齐收真正实现了节能增效的目标。

通过此次技术创新，树立了国内外物探收缆技术新标准，电缆的快速回收，提高了船舶在灾害天气面前的灵动性；提高了解决水下拖带设备故障的效率，降低了船舶油耗；建立了操作规程，通过加强人员培训，提高了人员对水下设备的控制能力和操作水平，进一步保证了水下设备的安全回收；收缆时间的减少，降低了人力消耗，安全系数进一步提高。

4.3.4 “海洋石油 721”船清除海生物操作优化

（1）作业概况

2017 年 1 月，“海洋石油 721”物探采集船来到了位于非洲西海岸的加蓬工区，此工区地处非洲中部西海岸，横跨赤道线，常年海水温度 20℃以上，这就造成了海生物在电缆上的快速繁殖。工区开始作业不到一个月，由于拖带电缆上海生物的生长增加了电缆拉力，作业船速从 4.6 节降到了 3.6 节，对常规 190km 的测线长度，由于船速降低，每条测线作业时间多用时 6.5h；同时海生物在电缆上生长密度的变化造成转向期间各电缆的拖直速度不同，极易引起多条电缆交叉，造成设备故障。因此，需要持续地、及时地清理掉电缆上的海生物。如果按照常规收缆清理方法，平均一次收放时间需要 4 天左右，而每个月至少要清理一次，按工区作业 5 个月算，就需要清理时间 20 天，大大增加了无功能耗。

（2）节能优化方案

技术人员受到工作艇水下更换设备的启发，针对清理部位的不同，制定出了利用双工作艇水下作业的两个方案，这两个方案相辅相成，共同完成整个水下设备的海生物清理工作。

方案一，基于拉力监控和 QC 质控，制定详细清理海生物计划，利用转向时间，双工作艇同时下水作业，每根从电缆尾部一直清理到 5 号罗经鸟，每根电缆清理大约需要 6h。这个方案在转线过程中，不占用作业时间，并且可以循环进行，所有电缆清理过一轮后，接着进行第二轮、第三轮等，直到作业结束，节省了收缆清理所需时间。

方案二，在清理海生物时，由于浮鱼定深绳 17m（定深绳太长导致电缆深度很深），而且加上前导段的作用，5 号罗经鸟之前的电缆浮不到水面，位置很深，无法用工作艇清理海生物，如果收到甲板清理，收缆速度必须控制在 0.13m/s 内，12 根电缆全部清理一遍大约需要 52h。经过现场技术人员讨论和模拟，制定出了双工作艇的工作方案，收缆外扩时，电缆防折器收到水面，前部电缆可以浮到水面，充分利用工作艇清理速度快的优势，在水中完成对海生物的清理工作，大幅度提高了清理速度，一次清理时间由过去的 52h 缩短为 29h。

（3）效果分析

方案一的实施，使海生物的生长维持在较低水平，节省了收缆清理占用的时间，按照每 1 个月至少收缆清理 1 次计算，整个工区至少要清理 5 次，每次清理需要 4d 时间，共计节约时间 20d，收放缆作业日油耗为 $40m^3$，工作艇月耗燃油 $6m^3$，共计节约燃油 $740m^3$；方案二在整个加蓬工区中实施了 5 次，甲板清理每次需要 52h，而方案二仅需要 29h，则共节约 115h，收缆清理时每天燃油消耗

$40m^3$，共计节约燃油 191.7m^3。两个方案的实施使“海洋石油 721”船在加蓬工区作业 161d 期间共节约用燃油 931.7m^3，节能效果十分显著。

通过此次技术创新，树立了国内物探海生物清理技术新标准；双工作艇水下作业不占用作业时间，均在转向期间进行，较收缆清理大幅度提高了作业效率；同时双工作艇的工作模式是一个动态作业模式，很好地控制住了电缆上海生物的生长，压制了因电缆上海生物的密度变化引起的噪声，提高了作业质量；实施后建立了一整套方案实施流程，编制了操作规程和 JSA 分析库，使方案实施更安全、高效。

4.3.5 “南海 218”船主机电子调速器系统改造优化

（1）作业概况

“南海 218”船是一艘 7000hp 三用工作船，该船 2001 年由江苏扬子江船厂建造，投产后主要在南海海域进行油田守护、供应、拖带作业。该船主机主要参数：直列六缸四冲程增压，型号 SBV6M628，厂家 DEUTZ。近年来，四台主机调速器系统运行时经常出现故障，设备运行不稳定，船舶能耗较高。

（2）节能优化方案

该船主机调速器系统为 ALSTON 电子调速器和执行器，控制器型号为 VIKING22，执行器型号为 EUROPA2221-1G-8R。经过查阅大量的图纸资料，分析该船主机电子调速器系统故障的主要原因是电子调速器控制器里的电子元件老化，致使无法正常调速。原电子调速器控制器和执行器已停产，不能正常提供备件，因此通过常规的维护、检修已不能保障该系统的正常使用，必须整体改造。

经船舶人员评估，以“723 型”数字式电子调速器为调速控制核心，通过电液执行器（Woodward UG-A）来控制主油门连杆及高压油泵开度，可以很好地控制转速。电液执行器从功能上来说具有安全、可靠、操作简单、易于维修等特点。经过约 24h 的主机负荷试验，主机电子调速器系统运行平稳，主机在单机、双机的情况下，转速控制都相当稳定。主机双机负荷平衡反应快速，在负荷不断变换情况下都能保持双机负荷分配均匀。

（3）实施效果

经过半年多运营效果评估，改造后的主机电子调速器系统一直运行稳定，转速控制相当精准。主机双机负荷平衡反应快速，在各种海况下都能满足海上油田生产需要，保证了船舶生产作业的安全。实施后，2016 年较 2015 年同期比总能耗下降 22.97%，除去 2016 年市场原因，实际主机运转能耗每小时下降 4.6%，提高了设备实际功效。因此，该项改造达到了预期的效果，改造方案取得了成功。

4.3.6 “海洋石油 201”船双节点海管作业线节能技改

（1）作业概况

“海洋石油 201”船原设计为单节点海管下作业线，不能满足双节点海管进入铺管作业线的要求。如果将已经预制完成的双节点管线改为单节点管线铺设，会对项目工期和项目费用带来极大影响。在保证项目工期和节约成本的前提下，“海洋石油 201”船团队集思广益讨论得出了 2 套方案。

（2）节能技改方案

方案一：利用 A 甲板左舷废舱口盖，通过管子吊斜吊的方式将双节点管线运送至左辅线及主线 0 站存放。

方案二：通过主吊机把预制完成的双节点管线吊至托管架上，通过作业线内的天车、气动绞车、张紧器等辅助设备把管线反向运至左辅线及主线 0 站存贮。

通过进一步详细的研究、论证，对比两种方案的优劣性，选用第一套方案作为此项目改造施工方案。

方案确定下来之后，“海洋石油 201”团队仅用了一天时间就利用船舶现有资源(27m 带封头水泥管)完成了实际验证，为下一步施工争取了宝贵的时间，节省了费用。

通过实践发现海管在下放期间可能会碰到舱口盖上沿，“海洋石油 201”船利用船上现有的材料制作了一组可拆卸的支撑滚轮来解决此问题，支撑滚轮从设计到制作仅用 2 天，拆装便捷，2 人即可轻松拆装，不影响舱口盖的开、关。在实际的作业中，确认支撑滚轮状态良好，防碰撞的同时也能起到定位防滑的效果。双节点管线下至作业线后通过横移小车运送，可利用主焊区两侧存管台(以 18″海管为例，存贮支架能够贮存至少 13～16 根海管)，减少了因天气原因产生的待机。利用原有行车轨道梁临时加装 5t 电动天车辅助管子吊吊下方双节点海管，减少人员手动拉倒链时间，并且天车可方便拖动海管前后移动，增加了安全系数。

（3）实施效果

该项目大大提升了工作效率，项目实施后，完成预制的管线不用全部存放在作业线，预存部分管线后在铺管作业中可随时存放，方便灵活，且锚固件及阳极管可随时根据需要调整。该项目全都是利用该船现有资源进行改造，没有其他多余资金的投入，不产生新的海管预制成本、不耽误工期。该方法从船首舱口到主线吊运一根双节点海管仅需 30min，而原方法需 45min。经测算此方法可以节省时间 37.25h，节省船舶费用 37.25h×9.6 万元/船时＝357.6 万元。

4.3.7 “海洋石油 201”船深水管线铺设新型弃管回收钩节能技改

（1）作业概况

“海洋石油 201”船在荔湾 3-1 深水海管项目及番禺 34-1 海管项目施工过程中进行海管临时弃管回收作业时，多次出现弃管回收钩子及索具卡环与作业线滚轮或托管架滚轮卡住的现象，需多次收放 A/R 缆，甚至动用主吊机辅助将钩子及卡环拉出，以完成弃管回收作业。这种情况极大程度地增加了弃管回收的工作时间，更有钩子刮伤滚轮涂层的现象，从而导致海管涂层刮伤，影响海管铺设质量，同时很大程度上减小了船舶应对恶劣天气时的机动性。针对弃管回收过程中钩子或卡环卡滚轮的现象，船舶经过多次讨论，认为将弃管回收钩子设计成长管体与钩头、吊点组合的形式，可以弥补弃管回收的缺陷。

（2）节能技改方案

将弃管回收钩子设计成长管体与钩头、吊点组合的形式，提高卡环及钩头高度，以适用海管临时弃管回收作业，避免钩头及卡环卡滚轮的现象出现。该方案确定下来之后，船舶团队成立专项小组，根据“海洋石油 201”船的滚轮间距、形式、铺设管径、张力等条件对弃管回收钩子进行加工设计，不断实践改良。

新型弃管回收钩子在现场海管弃管回收施工中有如下优势：有效避免了弃管过程中卡滚轮现象，为弃管及回收节省了时间，平均节省 201 船天；有效避免了划伤滚轮情况，减少滚轮破损划伤海管的可能性；增加了船舶应对恶劣天气的机动性；能同时接触存管区及托管架两个滚轮，减小了 A/R 缆与钩子的连接难度，缩短了连接时间。

（3）实施效果

此项目的改造成功大大提升了“海洋石油 201”船弃管工作效率，节省了船舶成本。经测算，与之前采用旧型弃管回收钩子相比，采用新型弃管回收钩子单次弃管回收作业节省约 10h 的时间，单次作业节省油耗费用 12 万元，单次作业节省船舶费用 99.2 万元。

4.3.8 “海洋石油 201”船停泊发电机加装节能技改

（1）作业概况

“海洋石油 201”船单台发电机功率为 5760kW，船舶在锚地停泊时使用单台发电机，船舶总功率 2066.2kW，平均每天耗电 42171.6kWh，此时油耗高达 9.1t。由于油耗偏高，船舶“节能减排、降本增效”专项督导小组决心解决该问题，降低船舶停泊油耗。

（2）节能技改方案

根据船舶实际情况，船舶采取了一系列的节能措施。通过合并住舱、限时供应热水、合并鱼肉库、统一时间洗衣服、减少机舱风机、优化照明、改用自然通风等措施，降低船舶负荷，降低用电量，最终降低燃油消耗至8.5t/d。采取设备断电措施，能停则停，毫无保留，仅剩保障船舶安全、正常待航的设备，此项措施把全船负荷降到最低的930kW，油耗降至7.2t/d。油耗降低至7.2t/d后，仍未达到有关要求和目标，因此在此基础上船舶领导班子提出是否可以参考其他船舶经验，使用停泊机来代替船舶发电机，以消除“大马拉小车”的现象。之后“海洋石油201”船历时一个月的时间，投入人工时约3515h，最终将停泊发电机安装调试成功。

（3）效果分析

停泊发电机运转正常后，平均每天油耗降至4.92t，与主发电机平均每天7.2t的消耗比较，每天可节约2.28t。停泊发电机的使用，大幅度地降低了船舶燃油的消耗，真正实现了停泊期间节能减排的目标。

4.3.9　“海洋石油202”船工作锚机变频器水冷系统节能技改

（1）作业概况

“海洋石油202”船定位锚机是依靠大型变频电机驱动的，这套变频电机的驱动是由西门子提供。通常变频系统在工作时会产生大量的热量，热量需要风冷加水冷的方式进行移走，该船主要依靠变频柜水冷却系统。但这套系统故障多发，严重制约船舶施工质量。系统主要存在以下三个方面问题：

第一，为保证冷却水通道畅通，避免冷却管路结盐，另外考虑到变频器属于精密电气设备，因此只能采取淡水添加乙二醇的混合液冷却，既能保证冷却效果，又保证了设备电气绝缘性能的要求。船舶淡水供应能力有限，因此在设计之初就将冷却系统设计成为循环使用系统，这就导致在使用过程中，冷却水回流时会携带很多杂质进入冷却水箱，乙二醇与这些杂质长期接触会存在结垢的现象，且杂质随着冷却水的流动会导致冷却水通道阻塞。

第二，变频器内部冷却回路出现堵塞后，冷却系统冷却液压力升高，流量减小，影响冷却效果，锚机变频系统频繁出现高温故障，影响施工进度，且高温导致变频柜内部元器件加速老化。

第三，在长时间运转后，冷却液电导率会大幅上升，导电能力增强，泄漏电流增大，进而导致变频器绝缘值下降，造成变频系统绝缘故障，设备无法使用，这就需要对冷却液进行整体更换。

（2）节能技改方案

船舶为冷却系统添加一套电离滤器系统，从而降低了冷却液电导率，提高了变频器绝缘值，消除了变频系统绝缘故障。船舶工作人员在变频柜冷却系统的主进水管路和主回水管路添加一套电离滤器，由于空间的限制，在变频柜冷却系统外侧对电离滤器进行安装固定，电离滤器的安装解决了变频系统绝缘值降低问题，同时也解决了冷却系统结垢问题，间接解决了锚机变频系统高温故障。

（3）效果分析

冷却系统添加一套电离滤器系统，使冷却液去离子化，以每年更换2次冷却水计算，每年可节省冷却液约2200L，折合物料费用约3万元。不考虑设备维护损耗，仅更换冷却液工作可节省人工时约60h，且更换冷却液必须停机，会导致设备待机2h，项目实施后可消除2h固定待机时间，约合10万元。

同时项目实施后避免了频繁对变频器内的冷却腔进行检查与更换，锚机变频系统故障减少。以曹妃甸海管更换项目为例，减少锚机和船舶故障待机12h，节约项目成本60万元，共冲洗28个变频柜，总计节约维修服务费用约20万元。

4.3.10 “海洋石油202”船工作锚缆冲洗泵节能技改

（1）作业概况

“海洋石油202”船有12台工作锚机，在施工期间需要进行频繁起抛锚作业，回收锚缆时，钢缆会粘带大量海泥进入锚机舱，需要长时间启用消防泵冲锚系统对锚缆进行冲洗。之后发现，由于管线口径小，泵的排量大，管线背压很大，长时间启用消防泵，容易造成泵的故障，且立式的马达和泵体尺寸庞大，维修时需要投入大量人力。且消防泵配用功率高达55kW，这种大排量的水泵长时间用于锚缆冲洗会造成很大的能量浪费。针对这一问题船舶制定了改造方案，决定利用修船改造更换下来的老旧材料和小功率旧水泵自行加工制作两套冲锚水泵系统，这样既节省了人工时，又盘活了老旧物质，节约了购买新泵和定制管线的庞大开支。

（2）节能技改方案

改造初期，船舶工作人员对架设水泵的地点进行了综合勘察，最终决定将水泵布置在辅机舱海底门总管附近。首先，辅机舱空间宽敞明亮，便于施工和操作；其次，可以就近在海底门上引水，缩短系统管线的尺寸，节省材料。两台旧水泵的排量均为100m^3/h，一备一用，管径1000mm。考虑到平时锚链冲洗也要启用消防水，所以此次改造也一并将锚链的冲洗系统换成新的冲洗系统。

（3）实施效果

消防泵维修约每年5次，每次需投入30个人工时，项目实施后每年可节省

150 人工时。消防泵排量为 150m^3/h，功率为 55kW，新装的水泵排量为 100m^3/h，配用功率为 30kW，按照该船发电设备的耗油量 183g/kWh 计算，换用新的冲锚水泵后每小时可节省燃油 4. 58kg，每天节省燃油 109. 9kg。以 2016 年埕北海管铺设项目为例，工期 16d，项目共节省燃油达 1760kg。

4. 3. 11 “海洋石油 231”船冬季锅炉油耗定值管理

（1）作业概况

“海洋石油 231”船为 4404kW 的溢油回收船，该船船长 69. 30m，满载排水量 3471. 7t，自持力 30 天，最低配员 13 人。该船除了溢油回收功能和钻井液回收功能以外，兼具三用工作船的功能，可为平台提供油、水、散料、货物供应服务。该船配备一台 700kW 的以导热油为介质的燃油锅炉来满足生产生活需要，未安装废气锅炉。该船工作海域为渤海海域，冬季时工区气温低，在无钻井液回收作业的情况下，全船生活供暖和部分设备保温由燃油锅炉提供。

一般情况下，冬季热油锅炉按照出厂预设的热油温度值启停。通过热油循环泵驱动加热后的热油在系统内循环，加热空调盘管，为全船提供暖风。此操作模式导致冬季生活区舱室温度较高，影响船员的舒适性，有时不得不通过加大新风量或打开舷窗进行温度调节。这样，就造成了额外的能量损耗，能源消耗增加。船舶工作人员讨论决定采取措施将额外的能源损耗降低至最小，同时又能提高船员生活环境的舒适性，使得锅炉产生的热量利用率最大化。

（2）节能技改方案

经过讨论，船舶确定整体思路为：核定原始状况下锅炉的日均能源消耗，通过评估酌情对原目标值进行减小，确定新的合理日均能源消耗目标，通过船员的一些技术和管理手段，来达成结果。

第一，技术手段。设定目标值，目标值从原来的日均冬季锅炉油耗 0. 3t 降低为 0. 25t。为达成此目标，需要采用一些技术手段，包括：

① 调低热油锅炉的停炉温度，幅差值保持不变。通过调节温控器，调低热油锅炉停炉温度。此过程需要反复实验，配合空调加热盘管进油温控阀开度的调节，直到舱室温度在可接受的程度。

② 空调加热盘管进油温控阀开度的调节。外界热负荷不变，只调节停炉温度，只会让热油温控阀开度增加，增加热油的热量交换量，使得锅炉启停频率增加，因此需要手动设置加热盘管热油进油温控阀的开度，使进油量保持不变。

③ 合理调节空调风机的新风量。改变以前通过加大新风量的措施来对舱室进行温度调节的做法。

第二，管理手段。包括：冬季保持舱室门关闭。进出门后及时关门，减少热量损失。全船检查热油管路保温层，有破损及时补齐，降低循环管路的热量损失。溢油回收舱加热盘管不用时，及时将进出油阀关闭，并保持该阀严密。对于长期无人停留的舱室，关小空调风口。

（3）实施效果

该方案于2016年冬季在“海洋石油231”船进行试运行，收到了一定的效果。在方案实施前，经过统计，锅炉冬季日均耗油量为0.3t，采取方案后可控制在0.25t，每日节油0.05t。按照冬日100天计算，整个冬季可节油5t，可节约成本3.1万元。

4.3.12 “海洋石油230”船夏季空调温度控制节能

（1）作业概况

“海洋石油230”船为4404kW的溢油回收船，该船长69.30m，满载排水量3471.7t，自持力30天，最低配员13人。配备两台88kW的中央空调压缩机和一台15kW的中央空调风机。该船除了溢油回收功能和钻井液回收功能以外，兼具三用工作船的功能，可为平台提供油、水、散料、货物供应服务。

据研究，26~28℃是人体感觉最舒适的温度，天气炎热的时候，如果室内外温差过大容易引发“空调病”。夏季，对船舶而言，空调的能耗占整个船舶发电量的25%~30%。一般船舶对中央空调的温度设定大都在24℃左右，长期低温运行，空调负荷是很大的，空调温度提高1~2℃，不仅不影响舒适度，对空调设备也是一种保护，且节能效果明显。

（2）节能技改方案

“海洋石油230”船装有上海衡拓实业发展有限公司生产的CZK(S)-200型中央空调一套。空调压缩机功率为88kW(2台)，风机功率为15kW，风机采用定速风机，转速不可调，可以近似认为风机功率恒定。空调压缩机采用四级功率调节，分别为100%负载运行、75%负载运行、50%负载运行、25%负载运行，调载是通过PLC控制压缩机上的调载电磁阀来实现。如设定温度为24℃，则23℃停压缩机，25℃开压缩机，压缩机运行一段时间后进入温控程序。温控程序中，当回风温度在25℃以上时，压缩机满载运行；当回风温度降至24.5℃时，75%卸载电磁阀打开；当回风温度降至24℃时，50%卸载电磁阀打开，直至停机。若中间回升温度，回风温度回至24.5℃时，50%卸载电磁阀关闭，75%卸载电磁阀打开；回风温度回至25℃时，75%卸载电磁阀关闭，压缩机满载运行。船舶人员通过空调控制面板上的菜单修改PLC内部程序中回风温度设定值调节温度。空调设定温度提高1℃，空调压缩机相比未调节前，在轻载状态下运行时间增加，能源消耗随之降低。

（3）实施效果

“海洋石油 230”船经过一段时间的观察统计，在未提高设定温度时相似的外界环境温度下，压缩机每天各个负载运行时段平均值为 40kW；采取提升 1℃的措施后，每天为 37kW，每天可以节约电能 72kWh。按照每 kWh 耗油 200g 计算，每天可节油 0. 0144t，每月可节油 0. 432t，节约成本 2600 余元。按照渤海地区空调使用时间 4 个月计算，每年可节约成本接近 11000 元。

4. 3. 13　设施公司间歇性启动设备管理节能

（1）作业概况

设施公司管理船舶船型包括环保船、LPG 船、港作拖轮。在节能减排大背景下，深挖各船节能潜力，成为设施公司节能工作的重点。各船在设计建造阶段已经评估选择了各种节能措施，如船型选择、设备选型、各系统设备的匹配、废热利用等。各船如需进一步利用新技术进行节能改造，节能产出比不佳，因此，在当前条件下，通过提升管理，优化管理方案，对各个设备节能潜力进行挖掘。

船舶主空压机和生活水泵为间歇性启停设备，通过气压来控制设备的启停。当压缩气体损耗大时，主空压机运转频繁，压缩空气损耗过大或用水量增加，生活水泵运转频繁。设备的频繁运转，导致能耗增大。控制间歇性设备的运转时间，可以实现一定程度的节能。设施公司以“海洋石油 231”船和“海洋石油 362”船为样本船，通过加强压缩空气系统的保养，消除压缩空气泄漏，减少主空气压缩机运转时间；通过日常节约用水，减少生活水泵的运转时间，达到节能效果。

（2）节能技改方案

调整设备运行方法包括：进行全船所有的压缩空气管路检查，保证无漏气现象。主空压机加强维护保养，提高打气效率。根据说明书数据要求，参考空压机实验数据，实际测定充气时间，如果和理论值偏差过大，找出原因，并处理。平时不常用的空气管路，主阀保持关闭，使用时打开，以避免无法检查到漏气管路；各船杂用空气管路，平时关闭。“海洋石油 231”船气控阀门管路，平时保持关闭。节约用水，尽量减小用水量。以上方法在“海洋石油 231”船和“海洋石油 362”船上试行后，“海洋石油 362”船主空压机月度运行时间从原来的每月运行 80h 降低到 72h，生活水泵每天减少运行 1h；“海洋石油 231”船主空压机从原来每月运行 240h 减少到 150h，生活水泵每天减少运行 1h。

（3）实施效果

通过方案的实施，“海洋石油 231”主空压机每月减少运行时间 90h，节约电能 666kWh，生活水泵每年可节约电能 547kWh，全船全年可节约电能 8539kWh，折合油耗 1. 7t，节约成本 1. 05 万余元。“海洋石油 362”主空压机每月减少运行时间 8h，节约电能 88kWh，生活水泵节约电能和 231 相同，每年节约电能 547kWh，全年全船节能 1603kWh，折合油耗 0.32t，节约成本 1987 元。

4.3.14 “海洋石油 361”船经济航速节能

（1）作业概况

“海洋石油 361”船是一条 LPG 液货船，由广州航通船业有限公司建造，2009 年 2 月交付使用。该船船长 96.8m，总重 2961t，载重量 2238t，采用广州柴油机厂生产的 8320ZCD-8 型柴油机作为推进动力，主机功率 2206kW，螺旋桨采用 5 叶定距桨。该船为阳江油气库码头运输液化石油气，主要装货港为涠洲终端码头、文昌平台、九丰码头，每月航次为 6~7 次，单次航程约 450 海里。该船主要以液货运输为主，在满足货期要求的前提下，一定的航程内采用经济航速可以节约燃油。在实际的能源管理中发现，该船每百海里燃油消耗较高，存在一定的节油潜力。

（2）节能技改方案

船舶工作人员通过分析船的营运特点、航程、航行任务，结合柴油机的工作特点，确定了百海里最佳油耗，达到了节油效果。

经济航速的确定需要对该船进行各方面评估。“海洋石油 361”船采用的主机为广柴 8320ZCD-8 型柴油机，除了进出港航行，主要靠燃烧重油运转。经济航速的确定方法如下：

① 确定柴油机最佳燃油消耗率航速下百海里耗油量。由柴油机负荷特性曲线可知，该型号柴油机在 490r/min 时，燃油消耗率最低，即每 kWh 能量所需的燃油量最低。主机在此转速下运行，测试船舶航速为 11.5 节左右。若该航速满足营运需求，在此航速下，测量百海里耗油量为 3t 左右（此数据随海况不同略有波动，取统计平均值）。

② 确定满足设备工况要求和营运需求航速下的百海里耗油量。“海洋石油 361”船每月航行 2000 海里左右，一般需要 5 个航次，每航次航程 400 海里左右，单程大约 200 海里。按照 11.5 节航速计算，单程需要 17.4h；经了解，单程航行时间增加到 20h 是可以接受的。因此，把船舶航速设定在 10 节，测量百海里油耗。航速 10 节时，主机转速为 400r/min，主机工况良好。此时测量百海里油耗为 2.83t 左右（此数据随海况不同会有波动，取统计平均值）。

③ 测试其他航速下百海里油耗。测试 11 节航速下百海里油耗，船舶航速为 11 节时，百海里油耗量在 2.65~3.25t 之间，统计平均值约为 2.9t，高于 10 节航速油耗。

④ 测试 9.5 节航速百海里油耗。航速 9.5 节时，百海里油耗值可降到 2.81t，

和10节航速差别不大，主机燃烧状况较好。

一般情况下，“海洋石油361”船以10节航速航行即可满足营运需要，由测评结果知该航速下也可达到节油目的。当在恶劣天气条件下航行时，不受经济航速限制，主机可降速运行。

(3) 实施效果

采用经济航速，在保证设备正常运行情况下，达到了节约成本的目的，其带来的经济效益是可观的。按照“海洋石油361”船在11节航速下的百海里油耗为3t，10节航速下百海里油耗为2.87t计，每百海里可节油0.17t。按照每年航行20000海里计算，年节油量可达34t重油，节约成本13.6万元。

4.3.15 “海洋石油231”利用可调桨节能装置航行

(1) 作业概况

“海洋石油231”船为4404kW的溢油回收船，该船船长69.30m，满载排水量3471.7t，自持力30d，最低配员13人，配备两台2202kW的主推进柴油机通过变速齿轮箱分别驱动一具可变螺距的螺旋桨。该船除了溢油回收功能和钻井液回收功能以外，兼具三用工作船的功能，可为平台提供油、水、散料、货物供应服务。

该船配备了可调螺距螺旋桨。船上常见的可调螺距螺旋桨控制方式为两种，一种是转速与螺距联动控制，一种是恒转速控制(其中恒转速控制模式在实际使用中占到95%以上)。转速与螺距联动控制的优点在于螺旋桨效率较高，油耗较低，转速和螺距的匹配是在试航时设置，并且由于目前主流匹配技术的限制，匹配点的选取比较粗放，并不能稳定使用，所以实际航行时不能运行在最佳推进效率，仍具有一定的节能潜力。恒转速控制的优点是船舶的操作灵活，可同时使用消防炮、侧推及其他设备(在机动操作时，必须选用恒转速控制)。航行工况下使用恒转速控制，在机桨最佳配合点外时推进系统的效率偏低，主机功率不能完全被桨叶吸收，功率损耗较大，主机油耗相对较高。

环保船运行工况多样，细分工况有靠离码头及平台、锚作、拖带航行、运输、平台守护等，其中运输和平台守护工况占到75%。此时均处于低航速工况，如使用恒转速控制模式，则主机输出功率损耗较大，螺旋桨效率低下，相对油耗较高。如使用转速与螺距联动控制，由于调整的机桨配合点达不到最佳，故螺旋桨效率也没有达到最高。因此，通过技术改造手段，利用软件编程技术和工业通信技术，对原有CPP控制系统进行功能增强，使得柴油机转速和螺旋桨桨角尽量在各个工况下进行最佳匹配，挖掘主机的动力潜力，提高主机功率的利用率，可以实现节能目的。

(2) 节能技改方案

为降低航行油耗，“海洋石油 231”船装配了目前世界先进的可调螺距螺旋桨节能控制装置，该系统可以连续地在不同航行工况下使船舶主机转速和可调桨螺距达到最佳匹配，内置由于载货、天气状况和海况的变化而使船舶处于不同负荷状况下对船舶航行进行优化的自动算法程序，在船舶低航速工况下也可以通过内置算法实现螺旋桨桨角对主机转速的最佳匹配，从而降低低速条件下的油耗。节油量的大小取决于船舶现有航行模式下主机工作在非设计工况下的匹配点的多少。该系统通过以下原理来降低油耗：在偏离机桨最佳匹配点航行条件下提高主机功率的利用率，提高整个推进系统的效率，即航速一定的情况下，降低燃油消耗；在降低可调桨推力损耗和燃油消耗的前提下提高航速，即燃油消耗量一定的情况下，航速得到提高。

驾驶台面板的功能是提供装置接入和脱开信号。通过操作相关的按钮对装置进行操作，该面板兼具显示功能，可显示船舶对地航速和瞬时油耗。驾驶台控制面板可提供两种节油模式，即定航速节油模式和定油耗模式。采用定航速节油模式时，船舶航速保持定值，通过改变主机转速和可调桨桨角的最佳匹配点来适应不同船舶负载从而使航速保持恒定。采用定油耗模式时，油耗保持恒定，也是通过调节机桨最佳配合点保持油耗恒定。该装置一般常用定速节油模式。

(3) 实施效果

该装置在 2017 年 5 月份安装完毕后进行了实际航行测试，分别测试了 10 节、11 节、12 节、13 节航速下不同模式的燃油消耗，并对各模式下的燃油消耗量进行了比对。通过比对可知，使用节能装置，和定速航行模式比，在 10~13 节航速下，节能比例为 32.8%~14.15%，随着航速的增加，节能率减小；和联合控制模式相比，在 10~13 节航速下，节能比例为 9.6%~7%，在 13 节航速左右，节能率较小，其他航速下，节能率基本相等，接近 10%。“海洋石油 231”船每月行驶超过 1000 海里，采用节能装置后，全年节约油耗约为 115t，折合金额 71 万元。

4.3.16 “海洋石油 361”船节能技改

(1) 作业概况

“海洋石油 361”船是一条 LPG 液货船，由广州航通船业有限公司建造，2009 年 2 月交付使用。该船船长 96.8m，总重 2961t，载重量 2238t，采用广州柴油机厂生产的 8320ZCD-8 型柴油机作为推进动力，主机功率 2206kW，螺旋桨采用 5 叶定距桨，目前为阳江油气库码头运输液化石油气。

在实际营运过程中，“海洋石油 361”船发现如下问题：船舶不能达到设计航速，船舶运行一段时间后特别是船体脏污后，航速一般只有6~8节，如果遇到风浪时船舶航速甚至只有3~4节。船舶航行时主机转速达不到设计要求，主机热负荷比较高，海况好的时候主机转速只有380r/min，海况差的时候只能在330r/min左右运转；主机热负荷比较高，一般排温超过420℃。螺旋桨质量比较差，连续两个坞修发现桨叶上有腐蚀瘢痕，并且在0.7R处桨叶有贯穿性裂纹；桨毂处海生物附着严重，造成螺旋桨推进效率低下。以上问题，导致船舶航行百海里油耗偏高。

（2）节能技改方案

经过对主推进系统进行系统性的分析研究，发现造成该现象的根本原因为主机与推进系统存在不匹配现象。厂修时测量该船螺旋桨重量、叶片尺寸及螺距等数据，与同型船舶比对(包括实际尺寸与推力计算书相比)，其数据比其他同型号船略大，推断该现象致使主机负荷过大，转数不能达到正常值。螺旋桨存在材质问题，连续两个坞修发现桨叶上有腐蚀瘢痕，并且在0.7R处桨叶有贯穿性裂纹，而且桨叶表面有腐蚀麻点，螺旋桨叶面长有海生物(海蛎子)，严重影响螺旋桨正常推进。

主机与推进系统不匹配的状态严重影响了船舶推进效率，进而影响了船舶营运效率，同时也增加了燃润油料的消耗，故有必要通过技术手段来改善机桨匹配度，从而达到提高营运效率及节能降耗的目的。

通过充分的计算，修正了螺旋桨的重量、盘面比、螺距，确定了新的材质。全新的推进系统适应主机功率，安装后扭振实测结论：轴系在主机使用转速范围内，各轴段扭振实测应力和扭矩均小于CCS所规定的允许值。推进系统的技术改造提高了主机的功率输出和桨的推进效率，有效改变了原来机桨不匹配带来的主机工况不佳、航速慢的弊端，为提高船舶营运率及船舶安全生产提供了有力的保障。

（3）实施效果

通过推进系统的性能优化，改善了主机工况，转速和航速得到提高，节油效果也明显提升。新桨装复后，“海洋石油361”船舶工况标定结果为重油百海里油耗1789.9kg，柴油百海里油耗469.1kg，船舶节油效果明显。按照正常工作量每年航行20000海里计，每百海里节油0.596t，每年可节约燃油119.2t，折合金额47.68万元。同时更换新桨后船舶航速、主机工况等都有了很大改进，通过实际数据分析，即便在恶劣海况条件下船速仍提高了33.89%，主机热工况大幅改善，百海里油耗降低达16.11%。

5 节水技术及案例

5.1 节水技术概述

工业节水技术是指可提高工业用水效率和效益、减少水损失、可替代常规水资源等的技术，包括直接节水技术和间接节水技术。发展节水技术对促进节能、清洁生产、减少污水排放保护水源和发展循环经济有重大作用。

中海油所属单位在生产中积极实践，通过新技术应用及精细化管理等一系列措施，水资源节约取得了显著成效。

在上游企业发展非常规水资源利用，积极回收雨水、山泉水等，发展海水直接利用技术和海水淡化处理技术，提高海水淡化综合效益。

在中、下游企业发展和推广蒸汽冷凝水回收再利用技术。优化企业蒸汽冷凝水回收网络，发展闭式回收系统。推广使用蒸汽冷凝水的回收设备和装置，优化蒸汽冷凝水除铁、除油技术。积极采用反渗透等技术，加强中水回用，节约新鲜水减少排污。

5.2 节水技术典型案例

5.2.1 涠洲 12-1PUQB 海水淡化项目

(1) 项目实施背景

涠洲 12-1PUQB 平台每天消耗淡水 $30m^3$，平台淡水罐容量 $160m^3$，通常每 5 天需从海南马村码头补充淡水一次。因平台艏向问题，天气差时守护船无法向平台供水，油田曾出现过连续 5 天没有淡水使用情况。为了节约淡水资源，充分利用平台本身资源优势，达到节能减排的目的，湛江分公司在 PUQB 平台增加一套海水淡化设备。

(2) 项目实施内容

目前海上平台上采用的海水淡化方式主要有负压闪蒸和反渗透膜过滤两种。负压闪蒸方式是利用喷射器创造真空环境，使海水在较低的温度沸腾蒸发，从而产生淡水。反渗透膜过滤法是一种膜分离技术，利用膜的渗透作用将海水中的水和溶解盐分离，产生淡水。

反渗透膜过滤方式能耗低，消耗海水量少，平台改造工作量也较少，膜处理设备供货周期短。经估算，对于 WZ12-1PUQB 平台年节约淡水约 9000m^3，减少因补充淡水而靠拖轮次数约 45 次。拖轮补充淡水一次分摊费用约为 6 万元，年节约费用约 270 万元；另外，按 3 元/m^3 水价考虑，年节约水费为 2.7 万元；由此得出年节约总费用为 272.7 万元。经过专家审核，最终选择反渗透膜过滤方式。

(3) 项目实施效果

设计产水量为 60m^3/d，回收率在 25%左右，产水 TDS 在 350mg/L 左右，除盐率在 99%左右。

2015 年 4 月 24 日涠洲 12-1PUQB 造淡系统试运行，经过测量造淡机造出淡水量约 72m^3/d，水质达到生活饮用水标准。

项目投用后，涠洲 12-1PUQB 和涠洲 12-1A 平台除了厨房用水，油田日常淡水消耗皆改为造淡水，涠洲 12-1PUQB 新鲜水消耗 30m^3/d 下降至 5m^3/d，涠洲 12-1A 平台新鲜水消耗从 32m^3/d 下降至 6m^3/d。每年可减少拖轮补充淡水 100 多次，节约淡水 1.5 万 m^3。

5.2.2　崖城 13-1 气田海水淡化项目

(1) 项目实施背景

崖城 13-1 气田距离三亚市 100km，日常物资补给只能通过拖轮从三亚运送，生活所需淡水也不例外，而淡水消耗量极大，因此需要拖轮频繁运送，这就增加了拖轮往返平台的次数。如果平台能够利用海水淡化满足自身用水，一方面可以减少购买淡水和拖轮运送的费用，另一方面在恶劣天气里拖轮无法供给的情况下也能保证平台用水，因此海水淡化的意义重大。

(2) 项目实施内容

崖城 13-1 气田海水淡化系统共有两套，主要由两台 C'TREAT 海水淡化机通过海水淡化除盐的方式向平台的生产作业人员提供生活用水和为高压水冲洗系统、洗眼站提供所需淡水。同时，也为生产所需的冷却水系统提供备用淡水。

海水淡化机所需海水由生活平台的海水提升泵提供，海水通过淡化机经过反渗透方式淡化除盐和相应的 pH 值控制、过滤杂质，得到的合格的生活淡水直接注入淡水储存罐储存，然后再由淡水增压泵输送至淡水压力罐，淡水压力罐将生活淡水分配到下游的所有用户。高压水冲洗系统由一台高压水泵将淡水加压后再分配到平台的各个高压水配水站。

(3) 项目实施效果

崖城 13-1 气田两套海水淡化系统分别于 1996 年和 1999 年投入使用，每套造淡系统造水能力为 20m^3/d，至 2014 年累计共生产淡水大约 25 万 m^3，倘若这些淡水全部由守护船供给的话，每年守护船会因为单纯补给淡水而多往返20多次。据测算守护船往返一次所需的柴油费用为10万元，加上每次购买淡水的费用，每年在淡水使用上公司将多花费200万元，而每年造淡机的运行费用只有20万元。通过平台海水淡化系统自给自足，大大节约了费用。

5.2.3 高栏终端山泉水回收利用

（1）项目实施背景

白云天然气作业公司珠海高栏终端，地处海边山地，厂内大部分地基都是削山碎石填埋而成，空余地带栽种大量绿化草木。由于这种碎石土壤保水性差，即使春夏的暴雨，也是落地即渗漏得不见踪迹。为了使绿化草坪和树木茁壮成长，一年四季都需要大量的绿化用水，特别是夏秋季节，灌溉日用水量曾达到800m^3/d。绿化用水主要用经处理后的污水，但由于终端用水量大，需要频繁向绿化水池中补充市政自来水，造成终端用水量大，经济成本增加。

面对如此大的绿化用水量，需要尽快找出开源节流的办法。经过对高栏终端地理位置和环境条件的考察，了解到高栏终端建在广东省珠海市高栏港经济开发区，高栏港海域属热带海洋性季风与亚热带大陆性季风环流相互影响，并以海洋性季风气候为主要特征的区域性过渡型气候，夏季多东南风，光照充足、气温高、湿度大；夏秋季常受台风影响，风力强、雨量大；春季冷暖气流交替，阴雨多雾；周边山泉水丰富，因此可充分利用此特点，将山泉水进行回收并利用。终端6m标高区的山脚下，有三四处比较大的山体泉水，由50m标高区域和附近山上的雨水沉积而成，水量较大，常年不间断，可提供充足的山泉水源。经化验，水质指标各项指标符合绿化用水标准，无需添加任何药剂处理，通过将山泉水回收利用，可有效缓解灌溉用水压力，节约市政用水量。

（2）项目实施内容

由于过度频繁地补充市政自来水至绿化水池，造成终端用水量偏大，而山泉水水质各项指标符合绿化用水标准却未被利用，造成自然资源的浪费，结合高栏终端实际运行情况以及所处的地理环境和气候环境，需解决的核心问题在于山泉水的处理及回收利用。高栏终端通过对水处理系统整体运行状况和山泉水回收利用项目进行讨论，并结合数据分析，于2014年12月开始对水处理系统进行改造工作，2014年12月下旬完成投用。改造主要通过收集山泉水、增设一个引流装置和10m^3的蓄水池，两台排量为5m^3/h的自动控制潜水泵将山泉水收集后通过潜水泵排至绿化水池。

（3）项目实施效果

经测算，干旱时期每天可收集泉水近100m^3；丰水期或大雨后，收集水量可比干早期大 2 到 3 倍，在基本上没有投入资金设备的情况下，此项每年节水 3 万 m^3以上，每年实现节约成本 10 万以上。项目实施后高栏终端日均用水量由 1057m^3降低到 679m^3，彻底告别了用自来水浇灌的历史。

5.2.4　西江油田 FPSO115 收集空调冷凝水

（1）项目实施背景

西江油田作业区海洋石油 115 为浮式生产储油卸油装置，油轮日常维修管理人员较多，人员主要的生活办公区较宽广。油轮位于南海东部海域，天气炎热，生活楼制冷供风系统全年正常运转，目前中央空调系统分为两套，一套专为生活楼制冷供风，配置 3 套风机换热；另一套为中央控制室及各配电间制冷供风，配置 1 套风机换热。风机在换热过程中一直伴随着冷凝水的产生，冷凝水总产生量每天大约为 4m^3，每月产生量 120m^3，直接回收至冷凝水舱，再由船系人员定时将冷凝水通过冷凝水泵循环至海水压力柜以满足日常生活所需。

油轮甲板面较为宽阔，甲板人员每周至少对甲板进行一次全面冲洗，冲洗过程中需使用淡水，冲洗甲板的淡水用量以 25m^3/周/次计算，每月需 100m^3淡水。如果将该淡水管线引流至淡水系统，以每月回收量 120m^3计，正好可以满足冲洗甲板用水需求。

（2）项目实施内容

为了将回收的冷凝水应用到淡水系统以满足现场冲洗甲板，实现节约能源减少浪费，油田对回收管线进行了改进，改进于 2015 年 12 月底完成。项目在考虑油轮管线工艺布局、船体构造及油轮的特殊载体要求、减少现场施工时间及耗材所需及油轮热工作业的风险性较高等各种因素前提下，直接将冷凝水回收泵出口管线上增加三通，并增加一管线至淡水系统，再配置两个截止阀门，项目总投资 5 万元。

（3）项目实施效果

项目改造前，冷凝水由泵输至海水压力柜，之后用于日常洗漱。对于海上而言，淡水珍贵，这样存在较严重的能源浪费。项目改造后，每月中央空调回收的冷凝水可以直接用至甲板冲洗，每年可以节约淡水 14400m^3，减少了油轮淡水使用量，且降低了制淡装置的能源消耗，变相提高了制淡设备使用周期，减少了零配件耗材。

5.2.5　乐东 22-1 气田雨水及空调冷凝水收集项目

（1）项目实施背景

乐东 22-1 气田原设计淡水公用站的水源是饮用淡水，而公用站水的主要用途是清洗设备和甲板，如果平台饮用淡水用作此用途的话，不仅造成淡水资源的大量浪费，而且由于海上淡水运输成本非常昂贵，还会造成气田运行成本的增加。

乐东 22-1 气田所在地区降水丰富，并且 3 台中央空调产出大量的冷凝水，平台飞机甲板收集的雨水和空调冷凝水都比较洁净，完全能达到清洗设备和甲板的要求，所以如果能对其进行收集并加以利用的话，不仅能节约淡水资源，还能降低气田的运行成本。

（2）项目实施内容

该项目通过增加一个 $10m^3$ 储罐及相关雨水和空调冷凝水收集管线，平台直升机甲板较干净的雨水和生活楼四楼的空调冷凝水因自身重力直接排入位置较低的雨水收集罐，同时对原有的淡水管线进行改造，既可以由原有的淡水管线给淡水公用站供水，又可以由雨水收集罐的水通过淡水泵加压后给淡水公用站供水。

（3）项目实施效果

乐东 22-1 气田通过实施雨水及空调冷凝水回收项目，利用新增的一个 $10m^3$ 的储罐收集雨水和空调冷凝水，通过平台原有的淡水泵增压给淡水公用站供水，实现了雨水和空调冷凝水的回收利用，年节约淡水 $720m^3$，年节约成本 2.88 万元，同时还可以减少拖轮补给次数，减少燃油消耗。此项目改造简单、改造工作量小、改造成本低，对公司节能和降本增效工作有很高的现实意义。

5.2.6 涠洲终端雨水回收项目

（1）项目实施背景

涠洲终端地处广西涠洲岛，终端建设时未考虑进行雨水回收、海水淡化等淡水替代方案，终端淡水系统的水源来自位于岛中心(距终端约 4.1km)的四口水源井。终端每年生产需要以及绿化、清洗等消耗的淡水量极大，涠洲岛地下水可供利用量仅为 500 万 m^3/a，岛上淡水资源非常紧张，用水过多会使涠洲岛地下水资源面临海水内侵地下水的危机，所以有效减少涠洲终端从当地的取水量，不仅能起到节约成本的作用，而且对保护当地的淡水资源也非常重要。

涠洲岛地区年平均降水量 1700mm，最大降雨月份降雨量 623mm，最小降雨月份降雨量 180mm，年平均降雨天数约 180d，降水量丰富，非常利于雨水回收。若能对雨水进行收集利用，能极大地缓解对淡水资源的消耗。

（2）项目实施内容

项目充分利用柴油储罐区和原油储罐区地面土壤硬化和已有的 $500m^3$ 的缓冲池，在原有排水沟系统上增加支渠通至缓冲池，增加 2 台潜水泵、1 台反冲洗水泵、一台机械过滤器和一台过滤砂罐。

（3）项目实施效果

涠洲岛地区年平均降水量 1700mm；最大降雨月份降雨量 623mm，最小降雨月份降雨量 180mm，年平均降雨天数约 180d，降水量丰富，非常利于雨水回收。

涠洲终端年雨水量为 25000×1.7=42500(m^3)，按有效利用率为 35%计算，则约为 14000m^3。当地用水价格约为 10 元/m^3，每年可节约取水费用 14 万元。同时项目实施后减少了水源井向终端的输送水量，也减小了电能消耗。

5.2.7　南山终端生活污水循环利用改造项目

(1) 项目实施背景

南山终端生活污水主要来自终端人员日常生活中的洗涤、厨房用水等，原生活污水处理流程为：生活污水→排污井→三级化粪池→直接排放渗入土壤。

为积极响应国家节能减排号召，贯彻执行中国海洋石油总公司提出的“零排放”理念，南山终端深度挖掘各种节约用水的措施，计划对生活污水处理设施进行改造，利用处理后的生活废水作为绿化用水。

(2) 项目实施内容

生活污水处理设施改造后的工艺流程为：生活废水→化粪池→厌氧调节池→好氧池→膜池→中水池→绿化。

生活污水为较易生化水，有机物大部分可被生化作用消耗，故前期采用生化性较高的 A/O 工艺，有效降低有机物含量，同时达到去氮除磷的效果。A/O 工艺法也叫厌氧好氧工艺法，A(Anacrobic)是厌氧段，用于脱氮除磷；O(Oxic)是好氧段，用于去除水中的有机物。

深度处理采用 MBR 技术，利用膜的高效截留性能，以及与 A/O 工艺良好的配合，保证出水水质和水量指标。

(3) 项目实施效果

南山终端污水处理设施设计处理水量 2t/h，经处理的污水用作绿化水，替代原来使用的新鲜水，经统计，南山终端为此每年可减少新鲜水消耗 1.5 万 m^3。南山终端取水成本约为 10 元/m^3，则每年可节约取水费用 15 万元。

5.2.8　高温凝结水换热除铁除油技术

“磁增益复合除铁”技术复合了高梯度磁分离技术(HGMS)和吸附过滤的特性，利用氧化铁特殊的磁物理特性，来实现对凝结水中氧化铁物质的针对性去除。当含有微量铁的凝结水在流经磁增益器内的磁场环境时，水中氧化铁即在高强度磁场中被磁化而具有一定的磁性，并被高聚磁功能陶瓷填料上的高能磁吸附极吸附截留。在磁增益器后接屏障精滤罐进行保护性过滤，经过上述磁增益器和后级屏障精滤罐的连续处理，凝结水中的悬浮态和胶态铁即被基本去除，水中其他悬浮杂质也被较彻底地过滤。

“阻截除油”是一种基于新理念、新材料开发的新型油水分离新工艺，实现阻截除油的物质基础是一种特殊功能纤维——HK 纤维，当 HK 纤维遇水时，极性的水分子即与纤维表层的官能基团发生强电性缔合（键能高于水分子间的氢键），从而在纤维表面形成较稳定的缔合水膜。从而成功地实现了油水分离，这种效应被定义为动态选择阻截膜效应，也就是水过油不过。

该技术可以使处理后的水含油量达到 0. 3mg/L 以下、含铁量达到 30μg/L 以下。提高了给水品质，降低了锅炉的排污率。回收凝结水作为锅炉补给水，就可减少补给水处理量，能节约大量用水，降低水处理运行费用。提高给水温度，降低能源消耗。在适当的保温措施下，一般蒸汽凝结水回水的温度可达 100℃或以上，用凝结水作给水就可大量节约能源，减少燃料费用，可获得的经济效益显著。

（1）项目实施背景

原海油发展惠州石化分公司凝结水主要来自 H1、I1 地块的石化一厂和丙烯酸及酯装置所消耗的蒸汽。蒸汽在使用过程中，由于换热器点蚀，在设备的焊接处会有微量泄漏和物质渗透，蒸汽凝结水的带油问题是不可避免的。这种带油的蒸汽凝结水回收后，如果直接作为锅炉给水时，会在锅炉汽包内碳化形成焦油似的块状物，不仅影响过热器的传热效果，甚至引起爆管，或在碱性条件下产生油泡沫、或生成水中漂浮水渣，促使蒸汽品质恶化；再者，由于设备和管道的腐蚀，致使凝结水中带有铁和铜等的金属腐蚀产物。因此，凝结水必须经除铁、除油后才能作为锅炉补给水。

为达到节能降耗、减少排污的目的，将蒸汽换热后生成的凝结水采用磁增益复合除铁+阻截除油技术，回收凝结水的热值，降低能耗及生产运行成本，避免因排放凝结水而造成的热污染。

（2）项目实施内容

石化一厂产生凝结水 30t/h，丙烯酸及酯装置产生凝结水 25t/h，考虑后续的其他项目，为了节约能源避免重复投资，决定对公司范围内的凝结水统一进行回收，建设 2×50t/h 的凝结水回收装置一套。

凝结水回用节能项目选用“换热-除铁-除油”的生产工艺。回收到水处理站界区内的凝结水经换热器回收部分热能后汇集于凝结水箱，经凝结水泵抽提后，进入除铁除油系统，系统采用磁增益复合过滤技术除铁，阻截膜分离技术除油，流程中配置了四道处理工序，依次分别是：除铁磁增益器、屏障精滤罐（Y）、富集阻截除油段（A）、扫描凝聚阻截禁油段（B/C），主要处理设备共计有一组撬装结构和 7 个罐体。

（3）项目实施效果

项目总投资 588 万元，回收凝结水每吨可节省费用 21. 73 元。截至目前，凝结水共回收 518520t，目前节约费用约 518520×21.73＝1126(万元)。投资回收期约 1.5 年。

5.2.9 炼油污水反渗透膜技术

反渗透技术原理是在高于溶液渗透压的作用下，依据其他物质不能透过半透膜而将这些物质和水分离开来。由于反渗透膜的膜孔径非常小，因此能够有效地去除水中的溶解盐类、胶体、微生物、有机物等(去除率高达 97%～98%)。

(1) 项目实施背景

湛江燃料油公司污水处理场 2005 年建成投用，2007 年实施中水回用，2009 年形成一套隔油+气浮+曝气生物滤池+水生植物氧化塘+中水回用的组合工艺，2011 年中水回用率达到 60%。

(2) 项目实施内容

2012 年 3 月份湛江燃料油公司在原有污水处理厂基础上增加一套反渗透膜工艺，反渗透浓水使用化学反应+物理沉淀的组合脱硬工艺，即投加化学药剂，进行物理沉淀，实现了浓水脱钙镁离子的目的。通过处理后的浓水，与水生植物氧化塘组合应用，实现了污水的资源化处理。截止到 2012 年 8 月份，整套装置运行平稳，中水出水水质稳定，中水回用率提高到 80%以上。

2014 年 4 月安装新反渗透膜装置一套，处理量为 $25m^3/h$。设备安装完毕后，连续 72h 调试运行，新反渗透处理量控制为 $20m^3/h$，浓淡水比例为 7：13，产生的浓水再次进入旧反渗透装置，旧装置浓淡比为 3：4，全套中水系统产水约为 $17m^3/h$，产生浓水约 $3m^3/h$，回用率提高到 85%。新反渗透所用的 RO 膜为食品级膜，对水中的盐和 COD 等污染具有很好的去除效果，经测其产水中盐含量小于 10mg/L，电导率小于 40μS/cm，COD 小于 5mg/L。完全达到循环水和冷水池收水的水质标准。

(3) 项目实施效果

根据计算，新反渗透系统的日处理量为 $300m^3/d$，如果新旧反渗透串联运行，回用率最高可达 87%，该套装置可深度处理中水 300t/d，回用水量高达 220t/d，即生产消耗新鲜水相对减少 220t/d，减少污水排放 220t/d。年减排 7.26 万 t 污水，每年可产生经济效益 13.43 万元。

5.2.10 反渗透除盐节水技术

反渗透装置在锅炉软水等装置中普遍应用，在操作过程中有很多优化空间。

(1) 项目实施背景

中海油(青岛)重质油加工工程技术研究中心 10t 锅炉软水装置采用了反渗除

盐透装置，在预处理装置反洗次数、用水量、浓水回收等方面存在管理节水潜力。

(2) 项目实施内容

在保证多介质过滤器和活性炭过滤器前后压差≤0.5kgf/cm^{2}情况下，减少预处理装置反洗次数，由以前每天反洗减少至2次/每周。

对反渗透产水储罐进行扩容，从30m^{3}扩容至100m^3，将反渗透装置启动次数由以前10次/d减少至2次/d，减少启动时冲洗和停止时反冲洗的用水量，每天节约用水130t。

及时对膜组进行在线清洗，保证反渗透装置产水回收在75%设计值，确保装置最大出力。

回收浓水，在反渗透装置浓水出口加装储罐和输送泵，回收外排浓水至消防水罐，作为消防水补水或景观湖补水，浓水全部回收。

(3) 项目实施效果

项目实施后每月节水3000t以上，预计全年节约用水36000t，年节约水费14.4万余元。

5.2.11 炼化废水超低排放与回用关键技术

(1) 项目实施背景

中海石油宁波大榭石化有限公司建设了40万t/a的双膜(超滤+反渗透)+臭氧催化氧化+电催化氧化组合深度处理工程化装置。采用长周期稳定运行的双膜技术对炼化企业外排废水深度处理，80%的产水代替新鲜用水回用作循环冷却补充水及生产工艺用水，产生的20%反渗透浓水由于被浓缩了4~5倍，COD达250mg/L左右，远远超出排放标准，且成分均为残留的难降解有机物，盐含量高，极难处理。

(2) 项目实施内容

本项目中反渗透产水回用，反渗透浓水采用臭氧催化氧化技术+电催化氧化技术处理，达到污水综合排放标准中的一级标准，解决了反渗透浓水处理的瓶颈问题。

项目主要设备包括：

① 预处理系统：核桃壳过滤器、高效纤维过滤器、活性炭过滤器、自清洗过滤器；

② 超滤反渗透系统：超滤装置、增压泵、保安过滤器、高压泵、反渗透装置；

③ 臭氧催化氧化单元：臭氧发生器、氧化塔；

④ 电催化氧化单元：电催化氧化反应器。

最终出水达标排放(其中 COD≤50mg/L)，实现了节水减排的目标。

(3) 项目实施效果

项目实施后，深度污水处理系统装置处理量约 $50m^3/h$，反渗透浓水 COD 在 250mg/L 左右，经过臭氧催化氧化+电催化氧化处理后出水 COD 降至 50mg/L 以下，系统的回用率可达到 80%。年污水减排量为 34.86 万 t，年 COD 减排量为 17.08t，节约新鲜水成本和排污费用合计 73.8 万元。

5.2.12　恩平 23-1/18-1 平台直升机甲板雨水收集

(1) 项目实施背景

淡水是海洋石油生产现场不可或缺的宝贵资源，海上平台目前淡水来源一般有利用造水机将海水处理得到淡水和外购淡水两个途径。鉴于海上的淡水资源比较匮乏的现状，恩平 23-1 和恩平 18-1 平台考虑利用海上雨水较多的优势，对雨水进行收集利用，实现节约淡水资源、有效降低能耗的目的。

(2) 项目实施内容

具体实施方案为：平台生活楼顶层甲板(飞机甲板)设置集水槽，集水槽出口管线增加三通接入到淡水罐，在雨季雨水较多时，可打开直升机甲板集水槽至淡水罐的阀门，收集干净的雨水到淡水罐，供平台淡水管网用户与钻井水用户使用。

收集雨水具体操作步骤为：在直升机甲板确认集水槽已被雨水冲洗干净后，缓慢打开直升机甲板集水槽至淡水罐阀门。根据雨水大小，适当关小集水槽至开排阀门，直到淡水罐液位开始上升。收集雨水过程中，观察淡水罐液位及天气情况。收集雨水结束后，打开集水槽至开排阀门，关闭集水槽至淡水罐阀门。

(3) 项目实施效果

恩平 23-1 平台和恩平 18-1 平台生产平稳后，现场开始组织雨水回收工作。以 2018 年 11 月 6 日雨水回收为例，通过记录下雨时段淡水罐液位变化，计算当日雨水收集量为 1400L。

现场实践证明直升机甲板雨水收集装置效果良好，仅在 2018 年全年恩平两个海上平台共计节约淡水 $76m^3$，目前该节水措施仍在正常使用。

5.2.13　恩平油田空调冷凝水收集

(1) 项目实施背景

淡水是海洋石油生产现场不可或缺的宝贵资源，海上平台目前淡水来源一般有利用造水机将海水处理得到淡水和外购淡水两个途径。恩平油田生产人员在节约淡水方面做了大量的工作，其中一项重要举措是对各设施生活区和组块中央空调制冷过程中产生的冷凝水通过连接管线回收至淡水罐，供各设施冲洗甲板和厕所冲洗马桶等使用，以实现节约淡水资源、降低能耗的目的。

（2）项目实施内容

恩平23-1和恩平18-1平台在设计阶段，就将空调冷凝水回收考虑进内，以节约平台淡水资源。具体实施方案为：在每个空气处理单元撬外增加1″不锈钢收集管线并安装自动排水阀，待冷凝水聚集增多后，自行流入管线，各台空气处理单元冷凝水收集管线汇合后接入平台钻井淡水罐，供平台淡水管网用户与钻井用户使用。如图5.2.13-1所示。

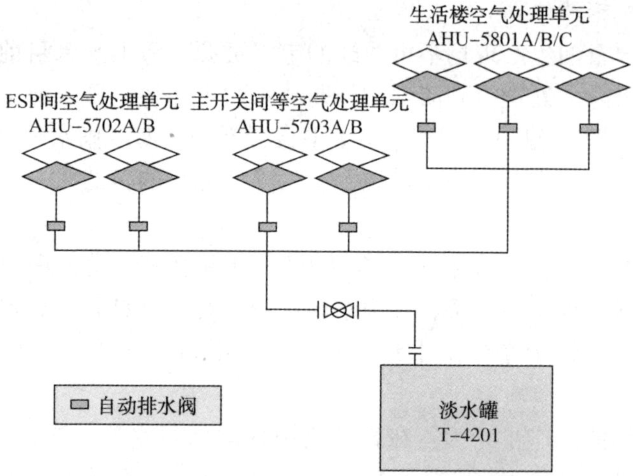

图5.2.13-1　恩平23-1和恩平18-1平台空调冷凝水收集方案示意图

恩平24-2平台在无钻井作业时，平台两台造水机的造水量能够满足工作和生活要求，但造水机连续运转，造成能耗较高。之后平台对冷凝水进行了回收，利用软管对冷凝水排水口和淡水罐进行了连接，冷凝水回收后使造水机能够在间歇性运转情况下即能满足平台淡水需求。如图5.2.13-2所示。

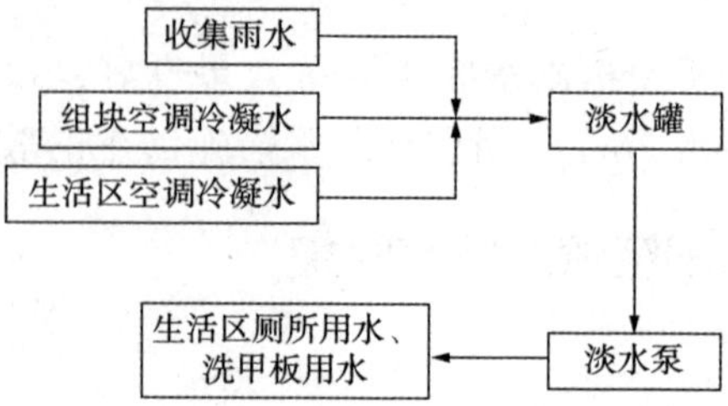

图5.2.13-2　恩平24-2平台空调冷凝水收集示意方案图

“海洋石油 118”FPSO 结合设施自身实际状况，在对空调冷凝水进行收集利用的基础上进行统计分析得出：“海洋石油 118”FPSO 冷库、空调冷凝水回收量每天大约为 15~20m^3，主要用于卫生间的冲洗。由于冷凝水产生量很大且超过日常的使用量，导致冷凝水舱溢满排海浪费，因此现场人员集思广益将多余冷凝水进一步综合回收并利用。由于日常舱底水舱处于空的状态，可以用来作为储存舱的功能，因此现场人员加管线连通舱底水舱的分支管路，并在冷凝水总管加装一个支管到舱底水舱。如图 5. 2. 13-3 所示。

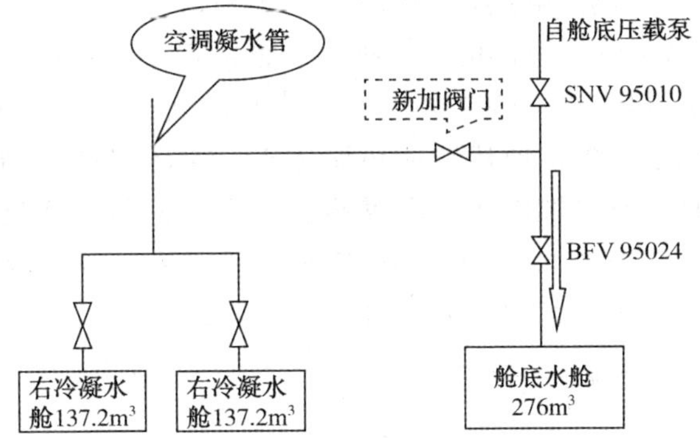

图 5. 2. 13-3　“海洋石油 118”FPSO 空调冷凝水溢流收集示意图

（3）项目实施效果

经统计，2017~2018 年恩平油田海上设施该项目共计节约淡水 2203t。且由于空调冷凝水的循环回收使用可以降低造水机的造水次数，在减少造水机维保成本的同时起到节能效果，但节能效果各设施并未详细统计。目前恩平油田四个海上设施空调冷凝水项目一直沿用且效果良好。

5. 2. 14　涠洲 11-4 油田海水淡化项目

（1）项目实施背景

涠洲 11-4 油田是湛江分公司按照国际海洋油田开发通用标准第一个自主开发、自主经营的油田，于 1993 年投产，到目前生产时间 21 年，累计生产原油 1380 万 m^3，原油采收率 50%，油田综合含水率 92. 5%，现在日产油量依然保持在 1100m^{3}左右，日处理水量 14500m^3，是一个充满活力的老油田。涠洲 11-4 油田位于中国南海北部湾海域内，距广西北海市约 103km，为保证油田工作人员和生产设备的淡水使用，固定或浮式采油平台都需要设置淡水系统。

目前涠洲 11-4 油田常住人口 120 人，人员入住较为充盈，淡水资源需求量也较大，但淡水资源匮乏（涠洲终端淡水资源枯竭）；并且淡水需从海南码头供应，路途遥远，拖轮资源紧缺且拖轮燃油消耗大；此外若天气恶劣拖轮向平台供应淡水困难。

(2) 项目实施内容

涠洲 11-4 油田淡水的来源除了运输船定期补给外，还配备一套 APFA LAVAL MARINE & POWER 公司生产的 D-PU-36-C100/125 型造淡机，主要由蒸汽发生器、冷凝器、喷射器、淡水泵、循环泵、循环水补充罐、板式换热器、防垢剂注射组件、盐度检测仪、控制面板等组成，具有造淡量大、体积小、水质好、效率高、能耗低、维修保养方便的特点。该造淡机工作原理如下：

该造淡机是一种低热真空蒸发-冷却式淡水制造装置，采用闪蒸法原理生产淡水。其利用喷射器将蒸发室内的空气抽出，使之产生一定的真空度，当具有一定温度的海水(海水进口压力 340~360kPag)喷洒在该真空度下具有较高温度的蒸发器(热源由热介质通过板式换热器加热循环水，循环水通过循环泵与蒸发器再次热交换获得)上时，海水被加热至沸腾蒸发，产生的蒸汽通过补雾器滤网后进入冷却器(冷却介质为海水)，冷凝室内的蒸汽释放热量冷凝成淡水，淡水经淡水泵输送至淡水罐。如图 5.2.14-1 所示。

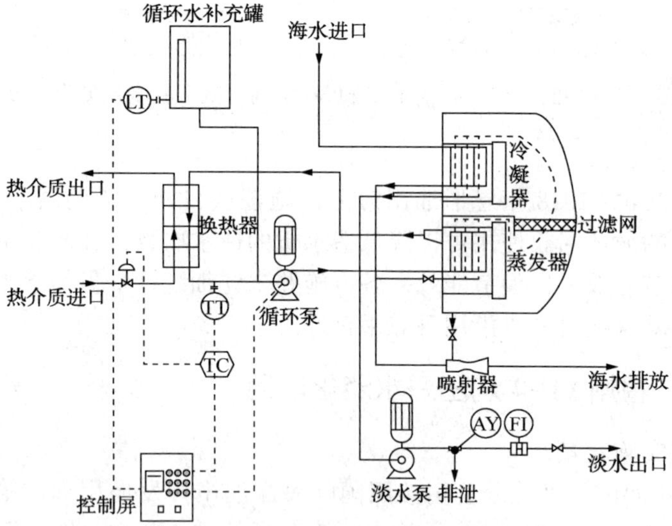

图 5.2.14-1 涠洲 11-4 油田造淡机工作流程图

(3) 项目实施效果

该造淡机设计造淡能力 18m³/d，经过 21 年的使用仍然保持稳定 18m³/d；涠洲 11-4 油田人员在 120 人时每天的洗漱水消耗大约为 20m³，造淡机造淡能力基本能满足油田的洗漱水要求，节水效果非常突出；2014 年累计造淡水量为 4700m³，大大节约了拖轮调度和拖轮燃油费用，同时在天气恶劣拖轮无法加水期间，油田仍然能使用造淡水，解决了油田及员工的后顾之忧。

5.2.15 涠洲 11-1A 改造淡水罐，减少柴油消耗

(1) 项目实施背景

涠洲 11-1A 平台的淡水罐底面积较大，但高度很低(1.6m)，溢流口离罐顶 0.3m，淡水泵吸入口较高，离罐底 0.3m，真正可利用的高度仅仅 1m，总容积 $100m^3$ 的储罐能使用的淡水量不足 $70m^3$。平台每天用水量约 $16m^3$，平均每三天就需要守护船补充一次淡水。平台年耗水 $5500m^3$，以每次加水 $50m^3$ 计算，需要加水 110 次，这增加了甲板部门的加水工作量、守护船靠平台的风险和柴油的消耗。

淡水罐溢流管改造前示意图见图 5.2.15-1。

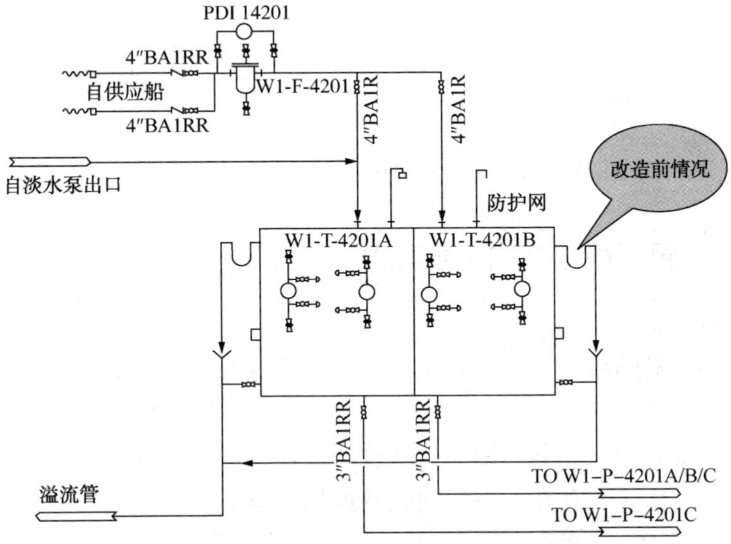

图 5.2.15-1 淡水罐溢流管改造前示意图

(2) 项目实施内容

通过改造涠洲 11-1A 平台的淡水罐溢流管线，由"U"形管改成"n"形管，从而增加了淡水罐可用容积，可达 $100m^3$。淡水罐溢流管改造后示意图见图 5.2.15-2。

(3) 项目实施效果

改造后每次加淡水可以增加 $30m^3$，则加水的次数为 79 次，每年可以减少加水作业 31 次。不但大量减少了甲板部门工作量，同时也可以减少 31 次拖轮补水所消耗的柴油，拖轮每次补水作业大概消耗柴油 $1m^3$，一年就可以节约柴油 $31m^3$。

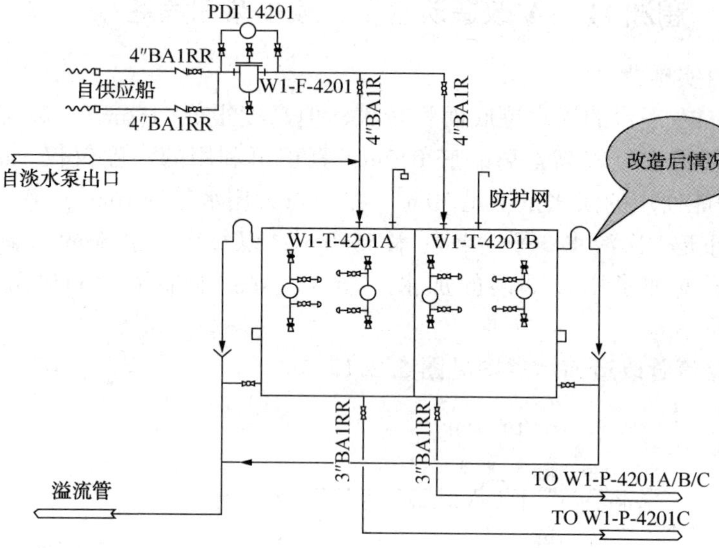

图 5.2.15-2　淡水罐溢流管改造后示意图

5.2.16　涠洲终端节约淡水案例

（1）项目实施背景

涠洲终端积极响应国家、总公司关于建设环境友好型和资源节约型企业的号召，根据湛江分公司节能减排工作要求，结合自身的实际情况，对终端的淡水资源使用进行规范管理、充分利用和合理改造，在节水方面取得了显著的成果。涠洲终端在用水方面原来存在的主要问题及原因分析如下：

① 循环水排污

根据循环水浓缩比的要求，涠洲终端循环水每天必须排污。原来的排污方式每天排污 80m³，并且一边加新鲜水，一边排污水，造成新鲜水浪费。

② 公寓楼用水

公寓楼生活用水管线和水龙头存在滴漏现象；阀门直冲型厕所冲水效果不好，造成用水量增加。

③ 淡水过滤器

淡水过滤器原来反洗频率为一天一次，反洗排出的水均排放到地沟，造成淡水浪费。

④ 炭黑厂用水

炭黑厂是终端的用水大户，每天需用水 200m³。

⑤ 用水管理

部分淡水用户如消防用水、码头用水、厂区生活用水、公寓楼用水等没有计量水表，不能统计各个用户的用水量。

(2) 项目实施内容

① 循环水

(a) 溢流口。通过增加溢流口，可以定期把循环水池上面漂浮的死细菌用溢流的方法排出，净化循环水，减少排水量，达到节水的目的。

(b) 改造排污口。原来的排污口距离循环水池底部约 40cm，这样不利于排出循环水池底部的污物，通过改造，把排污口降低至水池底部，并增加排水口，可以极大提高排污效果，减少排水量。

(c) 循环水塔外围增加挡水圈。在循环水塔外围增加挡水圈，既可以满足生产工艺要求，又可以减少淡水补充量。

(d) 合理安排循环水排污。涠洲终端原来循环水每天排污 80m^3，生产技术人员通过对排污的要求和效果进行分析，改进了排污过程操作方法，在排污过程中不允许加入新鲜水，避免了排出低矿化度的水。同时，将排污周期做以下更改：每周一排水 200m^3，周三、四、五各排水 100m^3，后经过实践完全可行，循环水质完全符合要求，每周可节约淡水 60m^3，每年可节约淡水 3000m^3。

(e) 循环水池淡水回收利用。通过和炭黑厂进行讨论协商，在保证炭黑厂使用水质要求的前提下，通过流程改造，将循环水池的排污水引到炭黑厂进行重复利用。

② 公寓楼用水

(a) 开展公寓楼的淡水管线查漏工作和节水宣传活动，并且关闭了储水池的补水阀门，有效地减少了漏水。

(b) 对厕所便池冲水箱进行更换，更换为节水型冲水箱，分为 6L 和 3L 的水量，按照全年的使用频率，年节约用水近 2000m^3，节水效果明显。

③ 淡水过滤器

对淡水过滤器反涤程序进行修改，根据淡水过滤器反涤特点和淡水质量情况，降低淡水过滤器反涤频率，由原来的每天反洗一次改为两天反洗一次，每减少一次反洗可节约淡水 10m^3，每年可节约淡水 1800m^3。

④ 炭黑厂用水

在上级领导的大力支持下，关闭终端用水大户炭黑厂，大幅减少了淡水的消耗，同时大大减轻对当地的粉尘污染。

⑤ 用水管理

厂区生活水系统、消防稳压系统、公寓楼用水和接待站用水都加装水表，每日记录各个系统的用水量，完善淡水使用管理，实现淡水用户用水的精细化管理。新增水表安装位置分别如下：

(a) 在厂区的生活用水总管出口加装水表一个，型号：LXLC－150，DN150mm，PN1.6MPa。

(b) 在厂区的稳压泵出口加装水表一个，型号：LXLC－50，DN50mm，PN1.6MPa。

(c) 从公寓楼水池到接待站的管线加装水表一个，型号：LXLC－80，DN80mm，PN1.6MPa。

(d) 从公寓楼水池到公寓楼的管线加装水表一个，型号：LXLC－80，DN80mm，PN1.6MPa。

(3) 项目实施效果

涠洲终端实施了一系列节水措施，加强对循环水、公寓楼用水、淡水过滤器、炭黑厂用水、用水计量仪表的管理和技术改造，工业用水年节约 83909m^3，生活用水年节约 8457m^3，节水效果十分明显。